当代中国

哲学

学创新

黄枬森先生
百年诞辰纪念文集

王　东
韩庆祥
徐　春
主编

吉林人民出版社

图书在版编目（CIP）数据

当代中国哲学创新：黄枬森先生百年诞辰纪念文集／
王东，韩庆祥，徐春主编 . -- 长春：吉林人民出版社，
2021.10

ISBN 978-7-206-18516-8

Ⅰ . ①当… Ⅱ . ①王… ②韩… ③徐… Ⅲ . ①哲学—
中国—文集 Ⅳ . ① B2-53

中国版本图书馆 CIP 数据核字（2021）第 195703 号

出 品 人：常　宏
选题策划：吴文阁
　　　　　陆　雨
责任编辑：韩春娇
助理编辑：葛皓冰
装帧设计：昌信图文

当代中国哲学创新：黄枬森先生百年诞辰纪念文集
DANGDAI ZHONGGUO ZHEXUE CHUANGXIN：
HUANG NANSEN XIANSHENG BAINIAN DANCHEN JINIAN WENJI

主　　编：王　东　韩庆祥　徐　春
出版发行：吉林人民出版社（长春市人民大街 7548 号　邮政编码：130022）
咨询电话：0431-85378007
印　　刷：吉林省吉广国际广告股份有限公司
开　　本：787mm×1092mm　　1/16
印　　张：28.25　　　　字　　数：530 千字
标准书号：ISBN 978-7-206-18516-8
版　　次：2021 年 10 月第 1 版　印　次：2021 年 10 月第 1 次印刷
定　　价：76.00 元

黄枬森先生（1921 年 11 月—2013 年 1 月）

1949 年黄枬森、刘苏结婚照

相濡以沫六十年，摄于 2007 年 8 月 29 日

　　2001年11月29日，北京大学哲学系为黄枏森教授举办"21世纪哲学创新暨庆祝黄枏森教授80华诞学术讨论会"，会后黄枏森教授和夫人与弟子们合影

2008年黄枏森荣获蔡元培奖

编 委 会

序　言

2021年11月29日，是黄枬森先生百年诞辰的日子。我们在隆重庆祝中国共产党百年华诞的日子里，又来缅怀黄先生的学术风范。这两个日子赶在一起，既有很多历史偶然性，又有某种内在联系的必然性。

黄枬森是中国共产党培养的、享誉中外的一代新中国哲学大师。他继承了从李大钊到冯定的北大学派、马克思主义中国化传统，成为改革开放新时期、21世纪与当代中国马克思主义哲学创新在学术界的一面旗帜！

黄枬森先生的人生态度、人生理想，沐浴着中国共产党与马克思主义的阳光。他早年受到"童子功"式的中华优秀传统文化训练，接受父辈文化熏陶；中学时代开始接受新学、西学，打开世界眼光；从十六七岁开始，抗战时期在蜀光中学开始接受艾思奇《大众哲学》的思想启蒙，萌发了学习研究马克思主义哲学、把握宇宙人生奥秘的远大理想。1947年、1948年，他在北京大学哲学系学习时，接触中国共产党地下组织，开始系统学习马列主义，并加入了中国共产党，成为一名光荣的共产党员。

黄枬森和新中国一道走过曲折道路，经历过曲折多舛的历史命运；他曾被错误地开除党籍，下放劳动，被取消讲课资格。但可贵的是，他虽历尽沧桑，却依旧保持坚定信念，誓为共产主义奋斗终生。

正是在资料室的十年磨难，反而使他做下了大学问，在拨乱反正、改革开放后破茧而出，成为当代中国著名的马克思主义哲学家、哲学史家、哲学教育家。

从1943年到2013年，黄枬森先生七十年如一日，献身于马克思主义哲学的学习、研究、教学事业，主要成果凝聚为四大哲学创新：

（一）马列经典文献研究与马克思主义哲学史的开拓；

（二）首倡马克思主义哲学理论体系创新论；

（三）中国特色社会主义文化守正创新论；

（四）人学的开创。

黄枬森先生"马克思主义哲学科学化"的理论主张与学术成果，为我们党和国家赢得了广泛国际声誉：1983年5月，他在巴黎召开的联合国教科文组织纪念马克思逝世100周年大会上，作了学术报告《在马克思主义指导下建设中国特色社会主义》，使中国特色社会主义理论首次登上重要的国际学术论坛；1987年苏联的权威学术期刊上发文称，在中国，黄枏森等人开创了一个研究列宁辩证法哲学思想的学派；21世纪在德国马克思的故乡，黄枏森等人开创的"中国马克思学"学术思想也引起国际广泛关注。

黄枏森先生是中国共产党与新中国自己培养的新一代马克思主义理论家，生前受到我们党和国家领导人的高度重视和充分肯定。1996年，被评为北京大学优秀党员标兵；2001年被评为北京大学师德模范，并荣获国家级教学成果奖；受到党和国家领导人的接见；2012年10月，黄枏森获北大哲学系终身学术成就奖；2012年年底，他生前出席最后一次活动、最后一次讲话，就是在北大党委组织的座谈会上，就学习贯彻党的十八大精神，作了45分钟的长篇发言。2013年1月24日溘然长逝，可谓"鞠躬尽瘁，死而后已"。

2021年4月，习近平同志视察清华大学时，提出了一个意味深长、耐人寻味的问题，就是我们的时代、我们的国家、我们的大学，能不能培养造就出自己的学术大师？我们在黄先生这里可以找到对这个重大问题的回答。

在热烈庆祝中国共产党成立100周年，认真学习习近平总书记七一重要讲话的热潮中，由王东、韩庆祥、徐春主编了专题论文集《当代中国哲学创新——黄枏森先生百年诞辰纪念文集》，并由吉林人民出版社出版发行。文集收集了相关文章68篇，53万字。共分七篇，从七个方面展现黄枏森先生的学术贡献、高尚师德、坚定信仰。文章作者既包括陈先达、靳辉明、韦建桦、王伟光等著名专家，也包括黄先生的博士生弟子王东、韩庆祥、杨金海等人，还包括黄老师的家人故友。文集主题鲜明，故事生动，雅俗共赏，在"四史"学习教育活动中，也是一部良好的辅助教材。

他是一面镜子，由此映照出改革开放40余年、新中国70年、中国共产党100年，马克思主义中国化的历史轨迹和哲学足迹；

他是一面旗帜，引导着当代中国与21世纪马克思主义哲学创新的根本方向；

他是一个标杆，有助于我们老中青三代人，找到学习的榜样、人格境界的典范、做人做事做学问的理想目标。

王东

2021年8月

目　录

第一篇
当代中国哲学泰斗

第二篇
马克思主义哲学史学科的开拓

第三篇
哲学理论体系创新论

第四篇
首倡中国特色社会主义文化创新观

第五篇
人学的开创

第六篇
"学而不厌,诲人不倦"的师德典范

第七篇
平凡人生，伟大信仰

第一篇

当代中国哲学泰斗

哲学创新的一面旗帜

黄枬森先生的四大哲学创新

王　东

2013年1月24日，和我们一起朝夕相处而又德高望重的黄枬森先生，遽归道山，永远离我们而去。

1982年我有幸成为黄先生的第一位博士生，追随先生已经整整30年。尤其是自2010年以来这最后3年，更受先生嘱托，常侍先生左右，协助他创办北大马克思主义哲学研究中心，力争使之成为一个重点基地，实现哲学创新，支撑中华复兴。

这些天来，我一直处于深深的思念之中，黄先生的音容笑貌常常浮现在脑海之中，而他晚年的最后拼搏与最后嘱托，更是久久萦绕心头，难以忘怀……

一、黄枬森先生的历史定位

2012年年底、2013年年初，黄先生两次和我说起他和李大钊、冯定开创的北大马克思主义哲学传统的传承关系，认为自己继承的正是李大钊、冯定开创的北大马克思主义哲学传统。他还说，李大钊对北大马克思主义哲学传统、在中国传播马克思主义的开创作用还是为大家所公认的，而冯定的历史作用，则远没有得到应有的历史评价。黄先生还满怀深情地对我说起在1981年、1982年，在改革开放新时期的历史起点上，冯定怎样把北大马克思主义哲学传统的思想接力棒交到他手中……

这就促使我对黄先生的理论贡献与历史定位进行了反复思考、反复琢磨、反复推敲。

黄枬森先生不仅是北京大学资深教授、哲学教育终身成就奖获得者，而且是当代中国著名哲学家、哲学史家、哲学教育家，在马克思主义哲学史、马克思主义哲学体系创新、人学、文化四大研究领域中，都做出了开拓性的重大理论创新；他继承发展了李大钊、冯定开创的马克思主义哲学中国化的优秀传统，成为改革开放新时期马克思主义哲学研究的领军人物；在学术思想界坚持与发展马克思主义哲学的一面旗帜，积极探索开拓中国特色社会主义哲学基础，为学术带头人与杰出理论家；他还继承发扬我党优秀学风、文风、作风，愿以哲学创新为党的十八大后开创新局面、实现中国梦做铺路石子，并以高尚的品德、师德，赢得党和国家领导人的高度评价，广大师生的衷心爱戴。

黄枬森先生生前最大遗愿、最后嘱托，就是好好建设他亲手创立的北京大学马克思主义哲学研究中心，使之成为教育部人文社会科学重点研究基地，为中华民族伟大复兴做哲学奠基、铺路石子。

二、黄枬森先生的五大理论创新、学术贡献

黄枬森是老北大人，也是北大精神的传承者。1942年他考入西南联大物理系，1943年转入哲学系，自此七十年如一日，献身于哲学研究、北大建设。由于种种复杂的历史原因，黄先生曾经不止一次深情地说道："我真正的学术研究是从改革开放新时期开始的，是改革开放赋予我新的学术生命。"

围绕着以马克思主义哲学创新、理论创新，作为中国特色社会主义铺路石子、哲学基础这个主题，在改革开放新时期30年中，黄先生有五点重大的哲学创新和理论贡献（其中前两点也可合二为一，称之为"四大哲学创新"）：

第一，他带头编纂《〈哲学笔记〉注释》（1981），独立创作《〈哲学笔记〉和辩证法》（1984），在马克思主义哲学经典著作研究中独树一帜，为新时期树立辩证唯物主义科学世界观，坚持理想信念不动摇，奠定了重要经典文本研究基础；

第二，他带头开创马克思主义哲学史这门新学科，先后推出《马克思主义哲学史稿》（1980）、三卷本（1987）、八卷本（1996）、一卷浓缩本精品教材（1998），旨在拨乱反正、正本清源，探索中国特色社会主义理论来源和哲学基础；

第三，他带头倡导马克思主义哲学创新，提出马克思主义哲学体系创新论，1993年和肖前先生等一起主编了《马克思主义哲学原理》，后来又以"十年磨一剑"的精神，带领我们这个五十来人的学术团队，在2011年推出《马克思主义哲学创新研究》四部全书，并亲自主编第一卷《马克思主义哲学体系的当代构建》；

第四，他带头创立人学，创建北大人学研究中心、中国人学研究会，先后推出《人学词典》（1991）、《人学的足迹》（1999）、《人学原理》（2000）、《人学理论与历史》三卷本（2005），为以人为本的科学发展观奠定重要的人学基础；

第五，他带头倡导中国特色社会主义文化创新，1995年出版了由他和陈先达、龚书铎共同主编的《有中国特色社会主义文化建设研究》，2005年主编了《邓小平理论与当代中国哲学》。

三、最后十年带头倡导马克思主义哲学创新

自2000年以来这十来年间，从黄先生的八十华诞到九十华诞，尤其是从2010年以来这最后3年，可以说黄先生的学术思想又有一个新的飞跃、新的升华，甚至可以说，这是他作为当代中国哲学家的最后拼搏、最后斗争。

世纪之交的20年间，他常和我说起，他对"世界向何处去，中国向何处去"的哲学思考。也正是2000年，他应邀为"百年来北大学者墨迹展览"题词，写出了他的"中国梦"，为21世纪带来新希望的社会理想，也是21世纪哲学创新主旨：

天下为公，世界大同，干戈止息，四海弟兄。

安居敬业，其乐融融，绿色大地，郁郁葱葱。

科技发达，人寿年丰，精神高尚，礼让成风。

2001年，中国与世界站在新世纪、新千年的历史起点上，也恰逢黄先生八十华诞。我正在筹备组织这一活动、6、7月间到黄先生家时问起活动主题，是否先重点讨论一下他的学术贡献、理论观点、师德师风，顺便也议一议马克思主义哲学创新问题，黄先生语气平和而又十分郑重地对我说道："这么多人都凑到一起不容易，是不是重点讨论一个更有意义的基本理论问题，就是哲学创新问题，21世纪的哲学创新问题，当然首先是马克思主义哲学创新的问题。"于是，他的八十华诞纪念成了首届"21世纪哲学创新论坛"，会后由我主编了专题论文集《21世纪哲学创新》，2001年11月，由中央编译出版社出版。

这一年7月，根据黄枬森等六位哲学家提议，在深圳召开了全国性的大型学术研讨会，主题就是"中国共产党与马克思主义哲学创新"，翌年4月，又由中央编译局出版了由黄枬森主编的论文集《中国共产党与马克思主义哲学创新》。

也正是从这一年开始，黄先生开始了"马克思主义哲学体系创新"的重大课题研究。他很重视人才队伍的组织，发挥集体智慧的力量。正好这一年，北大哲学系马克思主义哲学的三个教研室合并为一，系领导让我出任教研室主任。我在向黄先生请教时，他嘱咐我不仅要把自己的学术研究搞好，还应把整个队伍带起来，发挥集体力量，共同搞好北大马克思主义哲学学科建设与理论创新。

四、黄枬森先生的最后斗争、最后遗愿

黄枬森是一名老共产党员，1948年加入北平地下党。更可贵的是，在改革开放

新时期，晚年的黄枬森保持了一名共产党人的真正本色，不谋私利、不求名利。他没有为个人创收去费心，甚至没有为自家买房，没有为自己与家人谋后路。那么，他干了什么呢？晚年的黄枬森，一个最大的心愿，就是用最后的全部心血，创立北大马克思主义哲学研究中心，千方百计使之建设成为教育部人文社会科学重点研究基地，用马克思主义哲学创新，为实现中华复兴的"中国梦"做哲学奠基、铺路石子。为了实现这个最大心愿，他在90岁高龄，人生最后3年，又用尽心血，先后做了六件大事：

第一件大事，2010年11月29日，这一天正逢黄先生八九华诞，黄枬森先生把我叫到家中，没有说到一件私事，而是嘱我在共同起草的一封致领导书信中，提出了大力加强北京大学马克思主义哲学学科建设的重要建议。

第二件大事，2011年4月，由人民出版社出版了由黄枬森领衔的《马克思主义哲学创新研究》四部全书：第一部，黄枬森亲自主编的《马克思主义哲学体系的当代构建》；第二部，王东主编的《时代精神与马克思主义哲学创新》；第三部，曾国屏主编的《现代科学技术与马克思主义哲学创新》；第四部，赵敦华、孙熙国主编的《中西哲学的当代研究与马克思主义哲学创新》。

第三件大事，2011年11月，年已90岁高龄的黄枬森先生自动请缨，带领王东、杨河、丰子义、郭建宁、孙熙国、聂锦芳、徐春等诸多同志，并协同陈志尚、赵光武等老先生，创立了北京大学马克思主义哲学研究中心。

第四件大事，2011年年底，黄枬森、王东承担了教育部哲学社会科学研究重大委托项目《马克思主义哲学基本理论与现实问题研究》，他带领我们，力图让哲学基础理论研究工作掀开新的一页……

第五件大事，2011、2012年，在其家人与中央编译局支持下，编辑出版了《黄枬森文集》九卷本的皇皇巨著，还有最后两卷，也已经初步编成。

第六件大事，在最近三五年内，已过耄耋之年，甚至超越九十高龄的黄枬森，独立发表论文50来篇。直到他住院前一天，2012年12月27日，他仍在伏案写作，论文题目为《我与哲学》。他工工整整写下4页手稿，由于感到过度疲劳，而不得不搁笔，其时女儿为他一量血压，已降至高压70，低压40……

这就是黄枬森先生的最后拼搏、最后冲刺、最后斗争。

五、党和国家的高度重视

黄枬森先生的道德文章，不仅受到了北大师生的爱戴敬仰，国内外学术界的广泛好评，而且他的学术成就也得到了党中央和国家领导人的高度重视、高度评价。

1981—1996年，他曾连任第一、第二、第三届国务院学位委员会学科评议组成员。2001年，他曾作为哲学界的代表，在北戴河受到江泽民同志接见。2004年，他又作为马克思主义哲学界的资深专家，受到中央特邀参加马克思主义理论工程建设大会，受到胡锦涛同志接见。李长春、刘延东等中央领导，袁贵仁、李卫红等教育部领导，都曾高度评价黄枬森先生的道德文章。2011年3月，刘延东对黄枬森、王东建议加强北大马克思主义哲学学科建议的来信做出重要批示，并在同年6月23日到北大时，亲切接见黄枬森先生，在谈话中高度评价他继承发展了李大钊、冯定开创的北大优秀传统，在改革开放新时期，在坚持与发展马克思主义哲学方面，起到了重要的带头作用。

黄枬森先生逝世后，党和国家领导人非常关心，并参加了遗体告别仪式。中央电视台在新闻联播中作了报道，《人民日报》《光明日报》等重要报刊媒体作了报道。

大力加强北大马克思主义哲学的学科建设，把北大马克思主义哲学研究中心建设好，使之成为教育部人文社会科学重点研究基地，以马克思主义哲学创新，为中华复兴做哲学铺垫——这是黄枬森先生晚年的学术理想与最大心愿，至今已成了他的未了之愿与最后嘱托。

作为后来人、北大人，我们一定要继承黄先生的遗志，发扬黄枬森精神，为实现他的哲学夙愿与最后嘱托，而努力拼搏，共同奋斗！

（王东，北京大学哲学系教授，中国马克思恩格斯研究会副会长，列宁思想研究会会长）

清明时节怀故人

陈先达

　　清明节，中国传统节日中最具亲情、人情味的节日。慎终追远、继往开来，凝集中国文化的伦理观、生死观。在这个节日里，想起刚离世不久的黄枬森先生，百感交集。

　　黄先生比我年长十岁，是我的老师辈。我很早就知道黄先生的大名，但无交往。从20世纪80年代初开始，我与黄先生每年在社科基金会上会碰面。后来黄先生不再参加评审会，我们也会在一些学术会议上见面。黄先生与我可以说亦师亦友。后来，他渐入高龄，我也年老，参加学术会议的"积极性"越来越小，但每年春节都会互致问候。黄先生在马克思主义哲学、哲学史方面的学术造诣极高，是我们的领军者。他晚年仍旧保持旺盛的创造力。人学科学的开创性工作、主编马克思主义哲学创新体系的鸿篇巨作，都表明了这一点。

　　从黄先生八十到九十岁三次重要寿期，我曾写过三首诗祝贺。虽然见面少了，以诗传情，也不失为知识分子的一种交往方式。

　　黄先生八十岁，我七十。我对他笑称，我们是七老八十。他过生日当天，我曾贺之以诗：

　　　　　　身如药树君真健，温和谦恭长者风。

　　　　　　字字珠玑叹妙笔，桃李满园道不穷。

　　　　　　未列门墙心私淑，每聆高论暗称同。

　　　　　　双手过顶三敬酒，我祝先生百岁红。

　　双手过顶，尊以师礼。一眨眼他八十五，我七十五，又以诗为贺：

　　　　　　欣逢八五庆生辰，犹记八十客盈门。

　　　　　　虽说五年弹指过，又见纸贵洛阳城。

> 大名岂独铅字铸，道德文章两相能。
>
> 百岁可期仍健笔，都道哲人似仙人。

末联"百岁可期仍健笔"，是羡慕他年过八十仍笔耕不辍；"都道哲人似仙人"是赞他为人谦和，即使发生争论，笔下没有霸气，仍然娓娓道来，心平气和，从不以势压人。黄先生有学者风、长者风、仁者风。

我八十岁时，黄先生曾寄诗为贱寿祝贺：

> 语言铿锵意蕴真，先生风采早惊人。
>
> 而今耄耋锋尤健，入木三分析理真。

这是对我的鼓励和厚爱。在他面前我不敢妄称高龄，确实也是老人。转日，黄先生九十大寿。"秀才人情一张纸"，我也贺以诗：

> 五十年前是我师，五十年后情更深。
>
> 莫谓荷戟独彷徨，同一战壕两老兵。

"莫谓荷戟独彷徨，同一战壕两老兵"是有感而发的。我知道有些学者对黄先生的某些观点持有异议。这并不奇怪，也很正常。学术讨论有助于学术的发展。但我对在同一刊物约集多人对德高望重的黄先生采取围攻式的批判有不同看法。我也发过两篇文章，对事关马克思主义哲学本质的问题表示看法。"莫谓荷戟独彷徨，同一战壕两老兵"指的是在维护辩证唯物主义，反对否定辩证唯物主义方面，黄先生并不是孤立的。虽然我与黄先生在辩证唯物主义与历史唯物主义关系问题上，在如何论证作为世界观的辩证唯物主义问题上，也有差异和各自不同的论证方法。但在辩证唯物主义和历史唯物主义是不是马克思主义哲学，是不是中国共产党人的世界观这个根本原则问题上，我们是一致的。"莫谓荷戟独彷徨，同一战壕两老兵"，指的就是这场"公案"。

我们哲学界有个流传很广、影响极深的看法，认为辩证唯物主义强调世界物质性、强调世界的存在不依存于主体是在重复西方哲学"主客二分"的哲学错误。其实，主客有分而不能不分。二分是应该承认的，主客绝对对立是应该反对的。承认主客二分、承认在实践基础上主客统一，是坚持辩证唯物主义的重要前提。如果我们的世界是主客不分的世界、既是客体又是主体混合为一的世界，人类的实践和认识就无法进行。

　　冯友兰先生是中国哲学史和哲学大家，他倡导"天人境界"为最高道德境界。但冯先生同样承认："世界本非为人而设，人偶生其中耳。人既生于此世界之中，一切欲皆须于其中求满足。"还说，"世界既是非为人设，故其间之事物，当然不能尽如人意。"如果把中国传统哲学中对圣人、贤人、真人、至人的人格追求，作为本体论和认识论基础，则越界矣。

　　世界是客观世界，是不依存于自我的世界，这是人类实践史和科学史反复证明的真理。自然界并不会因为人化而变为非客观世界。人化世界仍然是客观世界。自然界是不会开玩笑的。它是客观的、有自己运动规律的物质世界。谁要是认为可以主客不分，可以把人的主体意志混同于客观自然，必然受到惩罚。自然对人的报复，说到底是自在自然对自然人化越轨的报复，是客体性对主体性妄自超越的警示。现实自然界中种种生态恶化的情况表明，任何时候人化自然背后都有自在自然在起作用。任何不顾自然本身承载力和规律的人化，都必然遭到惩罚。以人本主义世界观、人本主义自然观、人本主义历史观取代辩证唯物主义和历史唯物主义世界观是不可接受的。我虽然不一定完全赞同黄先生的每一个论点，但我赞同他坚持辩证唯物主义和历史唯物主义是中国共产党人世界观的根本立场。

　　"莫谓荷戟独彷徨，同一战壕两老兵。"黄先生已经作古，可以安息，不用再"荷戟"战斗。他留下的著作和治学精神永远是一笔宝贵的财富。马克思主义哲学界老一辈工作者日渐凋零。我相信，马克思主义哲学界的大批中青年学者，在创新中会继承和发扬黄先生追求真理和荷戟精神。

　　　　　　　　　　　　　　　　　（陈先达，中国人民大学荣誉一级教授）

唁 老 黄

庄福龄

欲哭无泪，欲候无门。同老黄最后话别终因我摔跤后不能立地而成终生遗憾！

黄枬森同志是我尊敬的学长，长时间朝夕相处并肩投入重大课题研究的亲密战友。

我们主要投入的项目是国家重点课题《马克思主义哲学史》八卷本，同为全书主编；十一届三中全会后成立较早的国家一级学会，中国马克思主义哲学史学会，同为该会会长。两副重担，往往是全国奔波和重点审稿相结合，终日埋头于稿件的讨论和篇章结构的部署，争论虽多，求同存异，团结共识，气氛是热烈的，书稿一改再改，集体编写的作用发挥得较好，此情此景，历历在目。全书和分卷主编的作用尤为突出。

在学术观点上，老黄有自己的一套看法，不轻易改变，但做主编又多方倾听意见善与人同，不固执己见，旗帜鲜明，总是寻找适当的表达方式，适当的话语，使多方面的同志便于接受，便于团结共事。

在学风上，老黄注重思想方法，注重理论联系实际，注重学术界的重点思想，有的放矢，对于有争论的观点和问题尤其慎重，力求全面、具体分析，力求贯彻毛泽东哲学思想，他善于从学术上团结大多数。

教材建设、学科建设和理论建设是彼此联系并相互渗透的。上述两个阵地还将在今后的理论建设中、理论思维的传承中发挥应有的历史作用，作为主要负责人之一的黄枬森同志在马克思主义传播史中的地位及其大量的成果是一定会与历史共存，永远为后人怀念的！

（庄福龄，中国人民大学荣誉一级教授，中国马克思主义哲学史学会原会长）

大力推进马克思主义理论创新

在《马克思主义哲学创新研究》发布会上的书面发言

王伟光

各位专家、学者：

各位来宾：

大家早上好！

今天，对我国马克思主义哲学研究来说，是一个值得纪念的日子，黄枬森教授主持研究并撰写的《马克思主义哲学创新研究》正式与大家见面了。我衷心地对《马克思主义哲学创新研究》的完成和出版发行表示祝贺，祝贺《马克思主义哲学创新研究》课题组的同志，正是通过你们的辛勤劳动，才取得这一重要学术成果。

黄枬森教授是我的老师，是我国当代著名马克思主义哲学家、哲学史家和哲学教育家，在马克思主义哲学诸多领域进行的开创性研究，尤其在马克思主义哲学史、马克思主义哲学原理、人学、文化、邓小平理论来源和哲学基础五个方面做出卓越贡献。由黄枬森教授主持的《马克思主义哲学创新研究》成果的问世，必将对我国马克思主义哲学研究工作起到巨大的推动作用。在这里，我就马克思主义理论创新问题谈一些自己的体会，请大家批评指正。

始终坚持与时俱进，不断推进理论创新，是马克思主义的固有品格。《共产党宣言》发表160多年来的历史表明，马克思主义之所以成为代表先进生产力的亿万工人阶级及其政党的指导思想，之所以永葆科学理论的青春与活力，根本原因就在于它始终随着时代和实践的发展，不断更新、充实和丰富自己的理论内容，不断开拓自身发展的新境界。可以说，一部马克思主义发展史，就是一部马克思主义理论创新的历史。

无论世界风云如何变幻，马克思主义揭示的人类社会发展的规律始终在起着决定性的作用。每当历史转折的重要时刻，马克思主义总是要显示出其独有的洞察力和神奇的理论魅力。2008年开始席卷全球的金融危机爆发后，在发达资本主义国家，无论是普通劳动群众还是资产阶级政客和金融家，又一次发出了"资本主义已经走到尽头""马克思又回来了"的感叹，《资本论》销量大增，成为圣诞节的最佳礼品。这就再一次说明，无论采取什么样的方法拒斥它、诋毁它、遗忘它，马克思主义都会一直像"幽灵"一样徘徊在人类的上方，也都会一直像"魔咒"一样环绕在野蛮和疯狂的资本主义战车周围。

20世纪八九十年代，苏联解体，东欧剧变，世界社会主义运动遭遇严重挫折。在这样一种国际背景之下，有人以为，马克思主义过时了，社会主义失败了。一些国家的工人阶级政党或左翼政党纷纷改旗易帜，放弃马克思主义指导思想和社会主义奋斗目标。甚至在我国思想理论界和干部队伍中，马克思主义"过时论"和社会主义"失败论"也有一定程度的影响，一些人的理想信念发生动摇。马克思主义是有生命力的科学体系，是在人类最新实践和最优秀思想成果基础上不断创新的科学理论。在创新中发展的马克思主义不仅不会过时，而且仍然具有很强的现实指导意义，永远具有蓬勃的生命力。

首先，马克思主义是资本主义社会不可克服的内在矛盾运动和工人阶级运动持续发展实践的理论反映，是马克思、恩格斯不断总结世界资本主义的发展实践、总结工人运动和社会主义运动实践的产物。马克思主义是继承人类先进思想，吸收当代哲学社会科学和自然科学最优秀成果，在总结前人经验和实践基础上建立的创造性的理论体系。

其次，马克思主义的立场观点方法，即马克思主义的世界观、方法论，是科学的、正确的，是指南，是思想方法、工作方法，是有普遍指导意义的。恩格斯指出："我们的理论是发展着的理论，而不是必须背得烂熟并机械地加以重复的教条。"[1]他还指出："马克思的整个世界观不是教义，而是方法。它提供的不是现成的教条，而是进一步研究的出发点和供这种研究使用的方法。"[2]毛泽东同志在读苏联《政治经济学教科书》时也说："马克思这些老祖宗的书，必须读，他们的基本原理必须遵守，这是第一。但是，任何国家的共产党，任何国家的思想界，都要创造新的理论，写出新的著作，产生自己的理论家。"[3]邓小平同志也曾讲过，科学社会主义要随着实践的发展而发展，我们不会把科学社会主义退回到19世纪的空想社会主义，也不会让马克思主义停留在几十年、100年前的个别论断上。

再次，马克思主义的基本原理是有普遍意义的。马克思主义所揭示的事物发展

---

[1]《马克思恩格斯选集》第4卷，人民出版社2012年版，第588页。
[2]《马克思恩格斯选集》第4卷，人民出版社2012年版，第664页。
[3]《毛泽东文集》第8卷，人民出版社1999年版，第109页。

变化的客观规律和人类社会发展演变的历史趋势，如，资本主义必然为共产主义所代替，是正确的一般原理。即使马克思主义经典作家个别结论具有历史的局限性，也并不说明可以否定马克思主义的科学性。任何一个历史人物都是有历史局限性的，任何一个理论形态也都是历史的产物。马克思主义经典作家的认识必然受到各自所处的历史和时代条件的制约，其具体结论不能不具有一定的历史局限。马克思主义的科学性主要在于它对自然、社会和人类思维普遍规律的深刻洞察和揭示，在于其世界观和方法论，个别结论和论断的历史局限并不能够否定马克思主义的科学性。

马克思主义的生命力就在于其创造性，就在于始终坚持理论创新。没有创造性，没有理论创新，就没有马克思主义。马克思主义本身就是马克思、恩格斯进行创造性的实践斗争和理论思维的产物。

以毛泽东为代表的中国共产党人，自觉运用马克思主义立场观点方法，深刻分析了中国社会的性质和特征，正确剖析了中国社会各阶级的状况、关系及其在中国社会中的地位，科学把握了中国革命的规律和特点，逐步形成了指导中国革命的正确的路线、方针、政策和战略、策略，实现了马克思主义中国化第一次伟大飞跃。毛泽东认为，中国社会是半封建半殖民地社会，中国革命必须分两步走：第一步，先进行由中国共产党领导的新民主主义革命；第二步，再不间断地过渡到社会主义革命。工人阶级是中国革命的领导阶级，农民阶级则是中国革命的主要同盟军，要团结民族资产阶级和其他小资产阶级，形成最广泛的革命统一战线；革命的对象是帝国主义、官僚资本主义和封建主义；中国社会的特殊性决定了中国革命的特殊性，中国革命的道路是农村包围城市，中心问题是农民问题，主要形式是中国共产党领导的人民战争，以革命的战争反对反革命的战争，武装夺取政权；军队建设、党的建设、统一战线是中国革命克敌制胜的三大法宝。中国共产党人从理论上创造性地阐明了中国革命道路的特殊性，系统地阐明了新民主主义理论，形成了毛泽东思想这一马克思主义中国化的理论成果。党的第七次全国代表大会明确提出，把马克思列宁主义的理论与中国革命实践统一的思想——毛泽东思想，是中国共产党一切工作的指针。

新中国成立以来，党不失时机地制定了社会主义过渡时期和社会主义革命的正确路线、方针和政策，完成了社会主义所有制改造，建立了社会主义制度，取得了分两步走的中国革命的胜利。就实践成果而言，中国革命有两大成就：一是成功进行新民主主义革命，按照《共同纲领》建设新民主主义社会，建立新中国；二是在过渡时期开辟了适合中国特色的社会主义改造的道路，实现了从新民主主义向社会主义的转变，完成社会主义革命。就理论成果而言，关于社会主义过渡和改造的理论，也是毛泽东思想的进一步丰富和发展。

1956年社会主义改造任务的完成，标志着社会主义制度的基本建立，中国进入社会主义建设阶段。社会主义建设阶段，从总体上看，以党的十一届三中全会为标志，可分为前30年与后30年两个时期。前30年是中国社会主义建设道路艰辛探索时期，既是马克思主义中国化第一次历史性飞跃的延伸，又为后30年中国特色社会主义建设提供了物质上、制度上、思想上、理论上的准备。在前30年，毛泽东领导全党和全国人民对社会主义建设道路进行了艰苦卓绝的探索。有成就，也有失误，有经验，也有教训。在曲折探索过程中所形成的关于社会主义建设的一系列正确思想，既丰富了毛泽东思想，又为中国特色社会主义理论体系的形成做了重要的理论准备。

党的十一届三中全会以后，进入了改革开放和社会主义现代化建设的新时期，即后30年时期。在新时期，我们党紧紧围绕改革开放和社会主义现代化建设的实际，以巨大的政治勇气和理论勇气，开辟了中国特色社会主义伟大事业，不断推进实践基础上的理论创新，创造性地回答了"什么是马克思主义，怎样坚持马克思主义""什么是社会主义，怎样建设社会主义""建设什么样的党，怎样建设党"和"实现什么样的发展，怎样发展"的问题，从而形成了包括邓小平理论、"三个代表"重要思想和科学发展观在内的中国特色社会主义理论体系。

理论创新是马克思主义的生命力所在。在推进马克思主义与中国实际相结合的全程中，我们党都是在总结经验、吸取教训的实践中，始终坚持回答"为什么坚持马克思主义指导，怎样坚持马克思主义指导"，不断推进马克思主义中国化的创新。回顾我们党走过的道路，无论胜利或挫折、成功或失误，关键都在于能否坚持不断推进马克思主义理论创新，用不断创新的理论武装全党，以指导不断发展的实践。

坚持理论创新，必须按照马克思主义科学性的要求，与实践相结合。只有把马克思主义基本原理深植于中国革命、建设和改革的现实土壤之中，准确把握马克思主义与基本国情、时代特征与人民群众生动实践的结合点，在实践中不断深化和发展马克思主义，才能使之迸发出无限生机与活力，对实践产生巨大的指导作用。解决中国革命、建设和改革问题，一定要把马克思主义的"一般"原理与中国特殊的具体实际相结合，这就提出了马克思主义中国化、时代化和大众化的问题。

第一，马克思主义中国化的过程，就是马克思主义民族化的过程，就是在实践中深刻认识中国国情、认识和解决中国实际问题的过程。坚持马克思主义与中国实际相结合，走适合我们自己的革命、建设和改革的道路，必须正确认识中国基本国情，准确把握中国社会发展的历史方位，科学把握中国革命、建设和改革的客观规律，实事求是地回答中国革命、建设和改革的一系列实际问题。改革开放的伟大实践证明，只有自觉以马克思主义为指导，坚持以新的实际为中心，在实践中不断回答新问题，总结新经验，形成新结论，才能推动中国特色社会主义事业不断向前发展。马克思主义中国化，就是马克思主义的民族化。推进马克思主义中国化，就要注重中华民族的特殊性，要研究民族的现实需要，继承民族的优秀文化，创造民族的特殊形式，形成民族的特色风格。马克思主义的中华民族特殊形式是马克思主义中国化的重要民族特点。只有同中国具体民族特性相结合，充分体现马克思主义中国气派、中国风格和中国特色，才是中国化的马克思主义。

第二，马克思主义中国化的过程，就是马克思主义时代化的过程，就是在实践中深刻认识世情、正确把握时代特征的过程。任何理论体系都是时代精神的产物。每个时代总有属于它自己的问题，准确地把握和解决这些问题，就能够把理论和实践推向前进。马克思主义就是在把握和分析、回答和解决时代所面临的历史性课题的过程中不断创新和发展的。只有把握时代问题，认清世情，才能确定党和人民所处的时代地位和历史方位，才能把握中国发展的时代命脉和历史趋势，才能回答中国向何处去、中国通过什么样的途径走在时代前列的问题。今天，在和平与发展成为时代主题的条件下，中国共产党人坚持用马克思主义的宽广眼界观察世界，科学判断时代条件和世界发展趋势，认真吸取世界上一切民族和国家的先进文明，带领中国人民紧跟时代前进潮流，成功地走出了中国特色社会主义道路。

第三，马克思主义中国化的过程，就是马克思主义大众化的过程，是武装群众、掌握群众，为人民群众所接受并转化为巨大物质力量的过程。马克思主义具有代表工人阶级和最广大人民群众根本利益的理论品质，这就决定了马克思主义必须同人民大众相结合，为人民大众所理解。理论一旦掌握群众，就能转化为改造世界的巨大的能动的物质力量。任何正确的理论，必须说服群众、掌握群众，与人民群众相结合，为人民所接受，由人民群众创造和发展。理论的巨大成就，来源于其必须走大众化的发展道路，必须与人民群众的实际运动相结合。在马克思主义中国化进程中，一定要让马克思主义中国化成果掌握群众，为群众所接受。要大众化，就必须通俗化，让群众看得懂、用得上。要运用通俗易懂、为人民大众喜闻乐见的表达形式传播马克思主义，使理论从理论家的书本上、从思想家的书斋中解放出来，转变为广大人民群众改造世界的巨大物质力量。同时，人民群众的实践活动又是马克思主义中国化的深厚源泉和基础，人民群众是理论的真正创造者和实践者。

大力推进马克思主义理论创新，是中国共产党人义不容辞的神圣职责，是建设和发展中国特色社会主义的必然要求。只要我们始终坚持实践基础上的理论创新，科学总结党领导人民创造的新经验，及时回答实践提出的新问题，做出新的理论概括，为实践提供科学的指导，努力开辟马克思主义在中国发展的新境界，就必定能开创中国特色社会主义事业新局面，迎来中华民族伟大复兴更加光明的前景，马克思主义特别是中国化马克思主义也就必定能够永葆科学理论的旺盛生命力。

祝发布会取得圆满成功！

谢谢大家！

（王伟光，中国社会科学院原院长，中国辩证唯物主义学会会长）

黄枬森先生的学术品格

韦建桦

黄枬森教授离开我们已经两个多月了。在这些日子里，我常常在夜深人静时翻开黄老师的遗著，回想自己多年来向他求教的经历，耳边总是响起他温和清晰的声音。从我在20世纪80年代校订马克思博士论文的中文译本，到21世纪初在理论工程中主持编译《马克思恩格斯文集》和《列宁专题文集》，黄枬森教授给了我许多帮助和支持。他不仅以深邃的思想和渊博的学识给我以启示，而且以真诚的人格力量和严格的科学精神使我受到感动和教益。去年初春，我对黄枬森教授进行过两次学术访谈。后来我们共同整理了对话记录，并以《关于哲学的十个问题》为标题，将它发表在《马克思主义与现实》杂志上（见《马克思主义与现实》2012年第6期）。黄老师认为这样的对话很有意义，他约我在今年春暖时节再谈一次，并且拟订了题目。如今，这个无法实现的约定只能留在我的追思和记忆中了。这使我一次又一次地感受到失去良师益友的沉痛。

黄枬森教授留给中国理论界的财富是多方面的，其中最重要的是他的研究成果和学术品格。他多年积累的研究成果已经包含在刊行于世的著作和尚待整理的文稿中，而他的学术品格则需要我们从他的奋斗历程、治学生涯、丰富著述和学术活动中进行总结和概括，好让年轻一代学人受到启示，自觉继承。在这里，我想根据自己与黄枬森教授接触的体会，谈几点认识。

一、科学信念是黄枬森学术品格的基石

黄枬森教授毕生坚信马克思主义科学真理。对于他来说，这个真理不仅是治学修业的指针，而且是整个生命航程的灯塔。在《黄枬森文集》自序中，他充满感情地写道："马克思主义不仅给了我科学的思想、智慧，而且给了我科学的理想，使我活得更加清楚、明白。"他说他庆幸自己选择了马克思主义哲学作为一生的事业，因为他由此坚信"全人类彻底解放的目标是一定可以实现的"，"这个目标比极乐世界、天堂、永生这些虚幻的目标能够给人以更实在的关怀，因为它是科学

的结论。"①正是在马克思主义哲学中，他找到了"个人安身立命之处"，获得了"汲取奋进动力的源泉"。②

在黄枬森教授从事哲学研究和教学的漫长岁月里，国际社会主义运动遭遇过严重挫折，我们的国家经历过磨难甚至浩劫，马克思主义面临过挑战、质疑和诋毁，他本人在政治上受到过长达20年的错误处分和无情打击。然而他从未动摇对马克思主义真理的笃信和坚持，反而更加热忱坚毅地进行探索和思考。他对我说过："马克思主义的研究和教学是我的终身事业。甚至在我被开除出党、不让我再讲授马克思主义哲学课程的情况下，我也从来没有想过放弃。"③

在被剥夺教学权利的日子里，在巨大的政治压力和复杂的政治形势使一些知识分子感到犹豫彷徨、心灰意冷的时候，黄枬森教授保持着难能可贵的清醒和冷静，锲而不舍地走自己选定的路，做自己决定的事。他想到的是如何充分利用一切时间和条件，为马克思主义哲学事业开展有益的工作。《〈哲学笔记〉注释》就是在这种情况下由他主持完成。这部50万字的著作，至今仍然以其扎实的功底和科学的价值受到学界重视，使我们受益殊深。他在压力重重的境遇中钻研经典，领悟精髓，博览群书，积铢累寸，为日后的开拓与创新打下了广博厚实的基础。人生的逆境成了他蓄势待发的契机。

黄枬森老师的这种定力、恒心和远见，来源于他的科学信念。他在各种思潮的交锋和真伪难辨的论争中能够始终把握正确方向、坚持科学态度，从根本上说也是凭借他的科学信念。这种矢志不渝的信念是他勤学深思的结果，更是他亲身实践的结晶。青年时代，他勇敢投身于我们党领导的革命斗争；新中国成立以后，他积极参与社会主义建设和改革事业。在他对马克思主义的认识中，包含着对理论是非的缜密思考，也蕴藏着对祖国历史、现实和未来的深情关注。由此树立的信念必定会坚如磐石，也必然会形成一种独特的学术品格。

二、实践精神是黄枬森学术品格的轴心

黄枬森教授经常向我提起恩格斯1895年3月11日致韦尔纳·桑巴特书信中的一句名言："马克思的整个世界观不是教义，而是方法。它提供的不是现成的教条，而是进一步研究的出发点和供这种研究使用的方法。"④在黄枬森教授看来，恩格

---

① 《黄枬森文集》第1卷，中央编译出版社2011年版，第3页。
② 《黄枬森文集》第1卷，中央编译出版社2011年版，第3页。
③ 黄枬森、韦建桦：《关于哲学的十个问题》，《马克思主义与现实》，2012年第6期。
④ 《马克思恩格斯文集》第1卷，人民出版社1995年版，第691页。

斯在这里所说的"研究"不仅仅是指研究理论问题，更重要的是指研究现实问题。他强调马克思主义哲学研究必须始终立足于社会实践，必须在揭示现实世界真实性的同时使理论成为实践的指南，并且在实践中经受检验、得到发展；离开亿万群众改造世界的实践，哲学就会变成空洞的教义和僵死的教条。

在年逾花甲以后，黄枬森教授勉励自己更加自觉地将恩格斯上述教诲作为学术研究的指针。他经常考虑的重要问题是，如何让哲学这株大树深深地植根于当代中国社会变革的丰厚土壤，从而更加枝繁叶茂。我们回顾他最近30多年来的学术活动，可以清楚地看到这种一以贯之的实践取向。改革开放以来，他参加了关于真理标准问题的讨论、关于人道主义与马克思主义关系的讨论、关于人学基本问题的讨论、关于马克思主义哲学研究对象和体系的讨论、关于中国文化建设的讨论。在这些讨论中，他紧密结合当代中国改革发展的实践，提出了一系列理论创见。他以马克思主义哲学为视角，研究和阐述中国特色社会主义理论体系的科学内涵和实践基础，发表了有关推动科学发展、建设和谐社会、繁荣文化事业、重视道德建设等重大问题的论文和演讲。他主张从对当代世界文明和进步潮流的全面考察出发，从对中国革命和建设经验教训的深刻总结出发，从推进中国特色社会主义事业发展的实际需要出发，打破教条主义旧传统，开拓哲学研究新领域。

他对人学理论的思考就是这方面的范例。一方面，他梳理千百年来中西方人学思想史的丰富资源，研究马克思主义经典作家关于人的深刻论述，阐明人学研究的对象、内容、方法和意义，努力为构建当代中国人学奠定理论基础；另一方面，他重视人学研究为经济建设、政治建设、文化建设、社会建设和生态文明建设服务，使这个新开辟的研究领域从一开始就具有实践的特征。他的《中国特色社会主义理论体系及其人学内涵》《以人为本原则在科学发展观中的位置》《论人道主义道德原则在社会主义道德体系中的地位》《马克思主义哲学与人权问题》等论文（均见《黄枬森文集》第五卷），在增强理论自觉、促进科学决策方面产生了积极作用。在人学研究与社会实践的结合中，黄枬森教授总是站在新的历史起点上思考问题，总是着眼于国家的长远发展来探讨问题。

这种强烈的问题意识、深切的现实关怀和执着的实践精神，同样贯穿在他对哲学基本理论的探讨中。因此，我们读他的文章，总能感受到时代的气息与活泼的生机。他的著述贴近我们的社会和人生，摒弃经院习气，戒绝空洞议论；文风朴素清新，力避艰深晦涩，在简约自然中形成了一种"辞尚体要，不惟好异"（见《尚书·周书·毕命》）的中国气派。这一切都体现了求真崇实的学术追求。

三、诚实态度是黄枬森学术品格的内核

改革开放以来，黄枬森教授反复强调，要使我们的哲学像马克思所说的那样成为"自己时代的精神上的精华"①，就必须把哲学作为科学来研究、建设、运用和发展，而科学要求的是诚实和诚朴，反对的是虚假和虚浮。马克思主义经典作家是这方面的典范，他们把诚实视为学术的生命。马克思在谈到自己的政治经济学理论时总是郑重声明：这是他"多年诚实研究的结果"（《马克思恩格斯文集》第2卷，第594页）。所谓"诚实研究"，就是始终对人民真诚，对历史负责；就是依据确凿的事实和缜密的逻辑做出判断、得出结论，一丝不苟、信而有征，反对主观臆断、穿凿附会。黄枬森教授一生恪守这个原则。他坚持了经典作家倡导的学风，同时也继承了中国学术"著诚去伪""论必据迹"（见《礼记·乐记》和欧阳修《或问》）的优良传统。

诚恳质朴是黄枬森教授做人的风格，这种风格体现在他教学和研究工作的各个方面，反映在他与师友、同仁、学生切磋学问的整个过程，同时也表现在他晚年对一生学术历程的反思之中。在同我谈话时，他坦承自己当年在学术论战中，特别是在对儒家哲学和西方哲学的批判中曾经"陷入一些偏向，今天正在努力纠正"。②这些发自内心的话，让我们看到了一个学者的磊落襟怀。

给我印象最深的，是他几十年来对待经典文本的态度。从青年到暮年，他一直孜孜不倦地研读马克思、恩格斯、列宁的著作，务求领悟要旨，得其精义。对于所有重要问题、疑难问题和有争议的问题，他都仔细研读外文原著，对照中文译本，反复斟酌，认真比较，直至彻底弄清经典作家立论的背景、语境、理据和逻辑思路。对于译文中的问题，他心平气和地同我们讨论，条分缕析，推本溯源。他主张在阅读原著时坚持唯物主义认识论，将原著及其表达的思想视为客观存在，实事求是地探求其中的意蕴；主张弄通原著思想再作评价引申，反对捕风捉影、望文生义；主张用实践作为自己观点的最后证明，反对"六经注我"、断章取义，特别是反对把经典作家的只言片语当作绝对真理。这些主张说明，黄枬森教授治学的诚实态度体现了唯物主义和辩证法的根本要求。

诚实的态度使黄枬森教授面对这个喧嚣浮躁的世界始终保持安静，不受诱惑和干扰。这一点对于一个哲学家来说尤为重要。马克思说过："只有从安静中才能

---

① 《马克思恩格斯全集》第1卷，人民出版社1995年版，第220页。
② 黄枬森、韦建桦：《关于哲学的十个问题》，《马克思主义与现实》，2012年第6期。

产生出伟大壮丽的事业，安静是唯一能生长出成熟果实的土壤。"①黄枬森教授的大量学术成果，正是在安静中通过独立思考积累起来的。他说自己一辈子"重视独立思考，不喜追风赶浪。"②即使某些意见形成一股潮流，他也要沉下心来，冷静审视，绝不人云亦云；即使某种观点被视为权威定论，他也要保持思想的独立和自由，从来不把这种权威定论看成是不可逾越的藩篱。正因为如此，他在经典文本研究中能够辨明是非，提出创见。他的论著《〈哲学笔记〉与辩证法》（北京出版社1984年版，收入《黄枬森文集》第1卷第71—313页）就是一个例证。在这部著作中，他根据列宁的《哲学笔记》手稿，重新研究了列宁提出的十六条辩证法要素，厘清了前七条与后九条的关系，纠正了以往哲学家们众口一词、沿袭多年的结论，令人信服地阐明了列宁的辩证法体系。这个独特的贡献受到了国内外学者的肯定。

对于当今学界种种不诚实的现象，黄枬森教授表示深切忧虑。他希望马克思主义理论界勠力同心，清除积弊。他深有感触地说："诚实的态度是实事求是精神的表现。真正要贯彻这种精神，还要求胸怀坦荡，一心为公，摒除各种偏见。因此，一个人要一辈子做到诚实研究，不是一件容易的事情。然而要推动事业发展，我们没有别的选择。"③这是他的肺腑之言。今天，在诚信问题引起全社会关切的时候，黄枬森教授这番话更值得我们深思。

四、创新魄力是黄枬森学术品格的特质

既然真正的哲学是时代精神的精华，而时代及其精神总是不断发展的，那么，马克思主义哲学就必须在实践中不断发展，从而真正成为"文化的活的灵魂"，为推进社会变革发挥先导作用。这是黄枬森教授在新时期反复阐述的观点。他不仅是哲学创新的倡导者，而且以脚踏实地的努力和众所瞩目的成绩，成为这项工程的带头人。我们今天重温他在马克思主义哲学研究领域的开拓性成果，可以总结出许多经验，其中有两个亮点尤为发人深省。

一是清醒认识坚持与发展的关系。黄枬森教授强调，我们的创新是为了在新的时代条件下更好地实现马克思主义哲学的本质要求，而不是改变这个本质，背弃这个要求。他认为"马克思主义中国化一方面是中国化、是创新，一方面必须是马克思主义；"④在坚持的前提下发展，这是决定创新的性质与成败的关键。在21世纪

① 《马克思恩格斯全集》第1卷，人民出版社1995年版，第457页。
② 黄枬森、韦建桦：《关于哲学的十个问题》，《马克思主义与现实》，2012年第6期。
③ 黄枬森、韦建桦：《关于哲学的十个问题》，《马克思主义与现实》，2012年第6期。
④ 黄枬森、韦建桦：《关于哲学的十个问题》，《马克思主义与现实》，2012年第6期。

初主持《马克思主义哲学体系的坚持、发展和创新研究》这一重大课题时，他从始至终严格遵循这个原则。在突出马克思主义哲学的基本立场、鲜明主题、核心观点和科学内涵的前提下，他主张从对时代的考察（包括对世界经济、政治、文化现状和历史的考察）中、从对自然科学和社会科学发展成果的研究中、从对中外哲学思想的分析和综合中汲取新颖的科学内容，按照逻辑与历史相统一的原则加以整合，最终以辩证唯物主义世界观为整体，以历史观、人学、认识论、价值论和方法论为分支，努力形成一个更真实、更完整、更严密的理论框架和逻辑系统。[①]这个观点还有待于实践检验，但这种探索确实为马克思主义哲学体系的当代构建提供了一条富有新意的思路。

二是科学对待创新与继承的关系。黄枬森教授在推动创新的同时，反复强调要十分尊重和公允评价前人的探索历程和研究成果。他指出："马克思主义哲学是对人类哲学传统的继承与创新；马克思主义哲学的新形态也是对前形态的继承和创新。不能把马克思主义哲学从以前哲学继承过来的东西看成是'复辟'，也不能把马克思主义哲学的当今形态从以前形态继承下来的东西看成是'过时'的东西。"[②]秉持这种实事求是的科学精神和历史意识，他全面考察了苏联哲学家在20世纪30年代初构建的马克思主义哲学体系，也就是20多年来受到许多人批评的所谓"旧体系"。他论证了这个体系的科学性，同时也分析了它的局限性。在全面考证和仔细辨析的基础上，他指出这个体系是根据马克思、恩格斯、列宁的哲学思想、参照狄慈根和普列汉诺夫等人的观点构建起来的；如果以明确的对象、真实的内容和合理的结构这三个条件来衡量，那么应当肯定这个体系基本上是一个科学的思想体系，而且在实践中发挥了重要作用。但是它并不是无懈可击的。在内容的完整性、逻辑的严谨性、对其他哲学思想积极因素的包容性以及对时代发展和科学进步反映的敏锐性等方面，这个体系有不足，有缺陷，甚至有失误，我们的任务是对它"加以修正，加以丰富，加以发展"，而不是全盘否定。从黄枬森教授这些审慎周密的分析中我们体悟到，要处理好继承与创新的关系，不仅要有认识，而且要下扎实的研究功夫。在这里，轻率武断的结论不仅于事无补，而且会损害马克思主义的理论创新。

以上是我对黄枬森教授学术品格的四点认识。苏东坡说过："凡学问之邪正，视其为人。"（苏轼《篆髓后一首》）黄老师一生忠于祖国、甘于奉献，为人正直

---

① 黄枬森：《马克思主义哲学体系的当代构建·序》，人民出版社2011年版。
② 黄枬森、韦建桦：《关于哲学的十个问题》，《马克思主义与现实》，2012年第6期。

淳厚、勤勉谦逊、恬淡质朴、表里如一。这种做人的风格决定了他治学的风格。在他身上,为人与治学是一致的,他在这两方面都回应了时代的呼唤和人民的期待。在结束本文时,我想起了马克思的一句话:"哲学家并不像蘑菇那样是从地里冒出来的,他们是自己的时代、自己的人民的产物"。①确实,黄枬森教授当之无愧地属于在时代风雨中与人民同呼吸共命运的一代优秀哲学家群体。归根结底,是时代的进步潮流和人民的伟大实践铸就了他的学术品格。

（韦建桦,中共中央编译局原局长,全国政协委员）

①《马克思恩格斯全集》第1卷,人民出版社1995年版,第219页。

黄枬森对马克思主义哲学的贡献

杨祖陶

黄枬森先生是我国当代杰出的马克思主义哲学家、哲学史家和哲学教育家，不幸于2013年1月24日与世长辞，走完了他坎坷而光辉的九十二个年头的生命历程。先生虽然走了，但他将毕生精力奉献给马克思主义哲学事业的执着与坚守的崇高精神，他做出的一大批有重大影响的学术成果均是学界的珍贵遗产，将永远为后学传颂、学习和研究。

黄枬森先生早年就读于西南联大物理系，由于对哲学的兴趣转而学习哲学，成为我国康德哲学研究先驱者郑昕先生的研究生。黄枬森先生的自然科学与德国古典哲学的基础，使他在马克思主义哲学研究方面有宽广的视野，深厚的功底和深邃的眼光。他学贯中西，对中国哲学与西方哲学均深有造诣，熟悉当代自然科学和社会科学的发展，是一个纯粹的学者。学风上朴实无华，宽容严谨，守正与创新统一，理论与实际结合，善于坚持真理，勇于修正错误。正如他自己所说的："我不在乎人们说我'左'还是'右'，我只坚持我追求的真理。"

黄枬森先生的哲学活动始于20世纪50年代。而真正大展宏图，施展才华，开花结果，著书立说，是在中国实行改革开放以后的30年。他曾对人说："我的学术生涯、学术生命，是从改革开放真正开始的。"从这时起，他密切注视着我国的社会现实和哲学事业的发展进程，笔耕不辍，撰写和发表了大量哲学论著，内容涉及马克思主义哲学的各个领域和社会现实的一些领域，对所有这些领域都分别做出了不同程度的理论创新和重大贡献。我的专业是西方哲学，主要是德国古典哲学，因此很难对他的学术成就做出全面、准确的评估。但我的学术事业与马克思主义哲学有着紧密的联系，深深体会到在我的教学和研究工作中学习、研究和运用马克思主义哲学的基本观点与方法的深刻意义与作用。在这里单就我个人的浅见来看，他至少在以下四个领域内，孜孜不倦，建立起来了四座雄伟的学术丰碑。

一、马克思主义哲学科学体系的创新及其新形态问题

黄枬森先生坚信、坚决主张马克思主义哲学是科学，必须把它作为科学来研究、

建设和发展。他在2005年出版的《哲学的科学化之路》的后记中说："自改革开放以来，我写了不少文章，千言万语，可以归结为这句话：把哲学作为一门科学来建设。"作为一门科学，它必须有自己研究的对象、关于对象的一些基本原理和由它们组成的有逻辑联系的体系。黄枬森先生认为，20世纪20—30年代苏联哲学界所构建的"辩证唯物主义和历史唯物主义"是马克思主义哲学的第一个科学解释体系。但这个体系不够完整严密，从而大大地影响了它的科学性。他主张在坚持这个体系的基本性质的基础上，根据当代科学与实践的水平，创建科学的马克思主义哲学体系。他认为这必须从明确和规定马克思主义哲学的对象的性质入手来解决这个任务。他提出，马克思主义哲学的核心对象是三个层次或三个重叠的世界：把世界作为整体来研究，它的一部分是唯物主义（世界的物质图景），一部分是辩证法（世界的一般辩证规律），这就是辩证唯物主义的世界观。人类历史当然应当包含在作为整体的世界之内，但由于它对人类的至关重要性，可以抽取出来作为历史唯物主义的对象，这就是辩证唯物主义的历史观或社会论，它的组成部分为：实践论（他认为实践不只是认识的基础，而且是整个人类社会的基础），人类社会结构论和人类社会规律论（人类社会辩证法）。而由于意识（或精神）的相对独立性和重要性，又可将它从历史观中分离出来与之并列，这就是意识论（或精神论）。它的组成部分是认识论（他认为认识是一种社会现象，不应像过去那样放在世界观部分内，而应放在从历史观，即社会论中分离出来的意识论部分内），价值论和方法论。黄枬森先生认为马克思主义哲学是一个学科群，它所包含的学科的数目可以、而且必须随着马克思主义哲学的新学科的创立有所增加和变化。在2006年发表的《关于马克思主义哲学科学体系的构想》一文中，他提出了一个马克思主义哲学新体系的构想，认为马克思主义哲学的第二个层次有两个组成部分，一个是历史观，一个是人学。这是因为人类社会是由人来构成的，所以需要有专门研究人的人学，由人再进到研究人类实践活动的"实践论"。

　　黄枬森先生认为，这个马克思主义哲学科学体系可以称之为板块结构的体系。他曾尝试按照列宁在《哲学笔记》中提出的要求建构了一个包含36对范畴的马克思主义哲学体系。这个体系把唯物主义和辩证法融为一体，可以称为辩证唯物主义哲学体系，也可以称为唯物辩证法体系或一般辩证法体系。但他无意用它来替代现有的板块结构的马克思主义哲学体系。他作为一个真正的学者和马克思主义哲学家，依然实事求是地认为，如何按照逻辑与历史一致的原理，从抽象出发、依据对立统一规律，将现有马克思主义哲学组成部分的全部内容建构成一个与现代科学和实践发展水平相适应的、从抽象上升到具体的矛盾运动过程，从而真正成为一个完整严密的科学体系，仍然是马克思主义哲学建设和发展所需要解决的一个重要任务。

但是，如何创建新的马克思主义哲学体系或建构起马克思主义哲学的新形态，是一个始终萦绕在他心中的一个问题。他深知这个问题的解决不是靠哪一个人，而是要志同道合的人们一起共同来解决。他于是邀请陶德麟、赵凤岐、陈先达、陈志尚和蔡德麟等教授一起商讨，并于2001年在深圳召开了一次有全国170多位专家、学者参加的关于马克思主义哲学创新的研讨会，在学界引起了巨大的反响。

二、马克思主义哲学史作为一门科学的理念及其创立和发展

20世纪70年代由黄枬森先生牵头的几位学者曾编写了一个"马克思主义哲学史"的初稿，并曾油印成册交流作为大学教材使用。在这一过程中他关于马克思主义哲学史作为一门科学的理念开始形成起来。改革开放后，他就从正面阐发了他的这个理念，认为马克思主义哲学既然是一门科学，就和其他科学一样有它萌芽、形成与发展的过程，就必定有正确与错误、真理与谬误的相互交织与转化。因此，马克思主义哲学的发展绝不是像过去以为的那样是少数几个领袖人物的哲学著作所构成的真理加真理、没有什么是非功过的过程。而马克思主义哲学作为这样一个曲折、复杂、上升的历史过程，就是马克思主义哲学史。马克思主义哲学史作为一门科学建立起来，其必然的后果就是把马克思主义哲学研究的水平推进到一个新的阶段。基于这样的认识，黄枬森先生和其他学者们共同努力，于1981年推出了我国第一部《马克思主义哲学史稿》，他被公认为是起了第一位作用的主要撰稿人和统稿人。1987年他作为第一主编与北京大学学者共同推出了《马克思主义哲学史》三卷本、计120万字。他不辞辛苦继续前行，1983—1996年，他作为第一主编，与全国各高校和科研机构50多位学者共同努力，历时13载，推出了浩瀚的《马克思主义哲学史》八卷本、计400万字的巨著，从而把我国的马克思主义哲学史的研究推向了世界前沿，大大超越和突破了苏联、东欧以及西方的研究水平。1998年，他还受国家教委委托主编了一卷本的《马克思主义哲学史》新教材，并被确定为国家级重点教材。

黄枬森先生在创建和发展马克思主义哲学史的过程中，显示出他非凡的理论驾驭能力，资料的运用能力，组织领导和相互协作的巨大凝聚力，从而完成了这一利在当代、功在千秋的学术伟绩。

三、马克思主义人学的奠基和创立

20世纪80年代初关于人道主义和异化问题的讨论中有关"人"的理论问题受到文艺界、哲学界和学术界的关注，但与此同时也出现了马克思主义理论体系是见"物"不见"人"的议论。黄枬森先生作为一个正直的学者和真正的马克思主义哲

学家，一方面拒斥了马克思主义不讲人的错误观点，一方面注意到文艺界、学术界所关注的人的理论问题中所指的人是"个人"。他实事求是地承认，马克思主义理论体系中的"空白"虽然不是笼统的"人"的问题，但的的确确是作为"个人"的"人"的问题。因此，对于马克思主义理论体系所要补充的正是关于"个人"问题的研究，即人学。他在1983年3月纪念马克思逝世100周年的全国学术研究会上所作的学术讲演《关于人的理论的若干问题》中，阐发了他的上述那些思想。在以后的几年里，他对西方和苏联研究人学的状况进行了较为深入的了解。发现西方的萨特、加罗蒂、弗罗姆等人已提出了建设一种科学的人学的任务，但却没有真正走上科学建设的道路。苏联在20世纪50年代已出现了一批人学论著，80年代提出了对人进行综合研究的任务和"统一的人学是否可能"的问题，为此成立了专门的研究机构并提出了进一步开展研究的建议。由于苏联解体，这些建议都搁置起来了，但其把人学作为一门科学来建设的思路却是应当肯定的。在这样的基础上，黄枬森先生逐渐形成了这样一种学术追求，就是要在马克思主义指导下开创和建设一门新的"人学"科学，以便对人做综合性和整体性的跨学科研究。

为此，经过3年的持续努力，以黄枬森先生为第一主编的、包括近1500个词条、近100万字的《人学辞典》在1990年问世了。它标志着一门马克思主义新"人学"创立的开始。

在这以后的10年里，他撰写和发表了多篇讨论人学问题的论文，内容涉及人学的方方面面，后经广西人民出版社编辑成册，就成了我国第一部系统阐述当代人学问题的专著——《人学的足迹》。在这本著作中，他把人学的研究对象及性质规定为：它是从各门有关人的科学的相互联系和统一中，研究完整的个人及其存在和发展的一般规律的一门相对独立的、综合的科学。在讨论人学理论的基本构架时，他明确地提出，"人性和人的本质"是人学的第一个根本问题，它要回答的是"人是什么"这个问题，而他认为人的本质就是人的社会实践活动。人学的第二个根本问题则是包括"人权"在内的"人的价值和自我价值"问题。

21世纪初，黄枬森先生在他主编的《人学原理》的导论中系统地论述了他关于马克思主义人学的各个基本问题，对他20年来人学研究的成果进行了概括和总结。2005年他在与人合著的《人学原理》中又以整整的一章详细地论述和发挥了"人的发展规律"的内容。这些规律共有7条：（1）人和环境相互作用的规律；（2）人的实践活动和其他活动之间相互作用的规律；（3）人的社会存在和意识相互作用的规律；（4）人的个体发展的有限性和类的发展的无限性相互蕴含的规律；（5）人的实践的自发性递减与自觉性递增的规律；（6）特殊个人的作用递减与人民群众的作用递增的规律；（7）人的发展的不自觉性、片面性递减和自由性、全面性递增的规律。

这样，黄枬森先生开创的具有深远的理论意义和重大的实践意义的马克思主义人学理论体系，就基本上开始建立起来了。

四、对列宁《哲学笔记》与辩证法的研究

如前面提到的，黄枬森先生早在北京大学文科研究所攻读研究生期间就师从我国首位康德哲学专家郑昕先生，打下了坚实的康德哲学和德国古典哲学的基础。在受到不能讲课而被安排到资料室工作的不公正待遇的逆境下，他发挥自己学术造诣的优势，从1960年起开始对列宁的《哲学笔记》进行注释的工作。经过直到1981年长达20年的坚持不懈的努力，他和北京大学的其他学者们一起，推出了达50万字的《〈哲学笔记〉注释》，做出了苏联哲学界长期没有做出的重大贡献。在此基础上他又系统地总结和概括了自己长期研究的成果，于1984年出版了学术专著《〈哲学笔记〉与辩证法》，开中国学者对《哲学笔记》做出研究性专著的先河。与此同时，他还指导研究生完成了一些很有价值、得到学界肯定和嘉奖的有关《哲学笔记》的著作。对此，苏联《哲学问题》杂志给予了高度的评价，认定在中国出现了一个以黄枬森为代表、以完整研究列宁《哲学笔记》与辩证法为主旨的独特学派。

除《哲学笔记》外，黄枬森先生还顶住国内外学术界对列宁《唯物主义与经验批判主义》贬低、攻击，乃至否定的浪潮，对这部著作进行了实事求是的精深研究，他的结论是这部著作是马克思主义哲学的重大发展。这主要集中表现在它把辩证法和实践观点引入了唯物主义反映论，从而使它发展成了一个颇为完整的辩证唯物主义认识论的思想体系。但他也认为，这部带有明显的论战性质的著作是历史的产物，有其历史的局限性、缺点和不足，如就认识的辩证法而论，就没有讲感性认识如何转化为理性认识的问题；此外如对一些科学家的评价也有失误，等等。

为了如实地认识和评价列宁的理论和实践，黄枬森先生还与人合著了《列宁传》，于1989年出版。这部著作的导言收在1999年出版的《黄枬森自选集》里的标题就是"列宁是人不是神"。

黄枬森先生的学术成就远不止上述的四个方面。我认为，这四个方面是他把马克思主义哲学作为一门科学来研究和建设、来创新和发展的终身追求所取得的标志性的重大成就。这些成就丰富和发展了马克思主义哲学，为马克思主义哲学的理论宝库增添了一大笔财富。他的这种勋业将彪炳史册，永不褪色！

（杨祖陶，武汉大学哲学系教授，西方哲学史家）

沿着黄老师"哲学的足迹"行进

深切怀念恩师黄枬森教授

赵家祥

1987年中国社会科学出版社出版了黄枬森老师的《哲学的足迹》一书，这本书精辟地叙述了黄老师从事马克思主义哲学教学和研究的历程和轨迹。我作为受黄老师教导和指导最多的学生之一，在一定程度上可以说，我在马克思主义哲学教学和研究方面是沿着黄老师"哲学的足迹"行进的。

一

我是北京大学哲学系1959级的本科生。正是在这一年，黄老师被调到哲学系编译资料室工作。期间，他组织一些熟悉外语的学者编写了列宁的重要著作《哲学笔记》的注释。1962年，黄老师给我们年级讲授列宁的《哲学笔记》一书。这是他第一次讲授这本书，我们年级的同学是幸运的。内部铅印的《〈哲学笔记〉注释》作为讲义发给学生。《哲学笔记》中摘录的黑格尔《逻辑学》一书中的段落非常难懂。黄老师用引读的方式一句一句地给学生讲解，使我们懂得了黑格尔抽象晦涩而又颇为深刻的辩证法思想以及列宁对黑格尔思想的评注和发挥。我是这门课的课代表，与黄老师直接接触较多。黄老师渊博的学识、启发式的教学方法、认真负责的教学态度、和蔼可亲的待人风格，深深地感动了我。在学习期间，我还选修了张世英先生讲授的黑格尔的《精神现象学》一书和齐良骥先生讲授的黑格尔《小逻辑》一书。黄老师对《哲学笔记》的讲授，对我学习黑格尔这两本书有很大帮助。所以在毕业论文选题时，我选择了"列宁对黑格尔的批判和改造"这个题目，由黄老师做我的指导教师。经过听黄老师的课和黄老师对我写作毕业论文的精心指导，使我对马克思主义哲学更感兴趣，立志毕业后要从事马克思主义哲学的教学和研究工作。1964年毕业时，我和赵常林、金海民三人被留在正在筹建中的北京大学外国哲学研究所，当时只知道洪谦教授任所长，尚不知还有哪些其他成员。由于我们毕业后就去搞"四清"，接着是搞"文化大革命"，外国哲学研究所在70年代初才开始从事教学和研究工作。由于我更喜欢的专业是马克思主义哲学，所以当1972年我从"五七干校"回到哲学系工作时，就向系领导申请不去外国哲学研究所工作，选择了去当时由孙伯鍨老师负责的"历史唯物主义专题"教学组工作。在"文革"后设置了马克思主义哲学原理教研室以后，我被分配到这个教研室从事教学和研究工作。当时黄老师在马克思主义哲学史教研室工作。虽然这是两个不同的教研室，但教学和研究的内容都是马克思主义哲学。从此我就走上了沿着黄老师"哲学的足迹"行进的道路。

二

20世纪80年代初，我国理论界开展了人道主义和异化问题的大讨论。时任哲学系主任的黄老师，以其学术的敏感性，充分意识到了这个讨论对马克思主义哲学的重要性。经系领导研究决定在1983年3月由我系举办纪念马克思100周年诞辰的全国学术讨论会，讨论会的主题是"人道主义和异化问题"。系领导动员教师撰写论文，为会议的召开做好各项准备工作。我撰写了一篇题为《异化概念在历史唯物主义形成和发展中的作用》，长达22 000字的论文，主要论述和评价马克思的《1844年经济学哲学手稿》一书中的异化劳动理论。这篇论文收入为这次学术讨论会准备的《马克思主义与人》的论文集中，会前由北京大学出版社出版。在讨论会期间，时任《光明日报》总编辑的邵铁真同志，通过理论部编辑李景瑞同志与我联系，要求我把这篇长文压缩成9000字左右的论文，在《光明日报》理论版上发表。这对当时还是一个年轻教师的我来说，是一件在学术生涯中极其令人兴奋的事情，我很快就完成了压缩和修改的任务，该文于1983年4月23日在《光明日报》理论版上以一整版的篇幅发表，文章所持观点得到了许多同行的赞同。1983年4月，我系又举办了一次为纪念马克思100周年诞辰与3月份的讨论会同一主题的学术讨论会，我为会议提供了一篇题为《评"人是历史唯物主义的核心"》、长达25 000字的论文，该文收集在北京大学哲学系编辑的《人道主义和异化问题研究》的论文集中，该论文集于1985年6月由北京大学出版社出版。我提供给两次讨论会的这两篇论文，是我沿着黄老师"哲学的足迹"行进中取得的较为重大的成果。没有黄老师的引导，我在当时是不可能写出这两篇论文的。

三

我在北京大学哲学系从事马克思主义哲学原理（重点是历史唯物主义）的教

学和研究工作。由于深受黄老师的影响，在从事马克思主义哲学原理的教学和研究中，采用的不是从概念到概念、从原理到原理、从教科书到教科书的方式，而是把马克思主义哲学原理、马克思主义哲学经典著作和马克思主义哲学史结合起来进行研究，做到论从著出、论从史出。所以我虽然从事的是马克思主义哲学原理的教学和研究，但对马列哲学经典著作和马克思主义哲学史也比较熟悉，并且写了一些史、论、著结合的论文和专著。黄老师出版的《〈哲学笔记〉注释》《〈哲学笔记〉与辩证法》《马克思主义哲学史》三卷本、八卷本、一卷本等关于马克思主义哲学和马克思主义哲学史的专著、教材，我都认真学习过。2004年，党中央实施马克思主义理论研究和建设工程，2007年我被中宣部工程办确定为"马克思主义哲学史"教材编写组的首席专家（召集人）。我作为一个主要从事马克思主义哲学原理教学和研究的教师，能担当起主持《马克思主义哲学史》教材编写工作的重担，也得益于黄老师多年的教导所打下的基础。而且在编写过程中，我又更加细致认真地学习了黄老师和其他学者撰写的有关马克思主义哲学史的教材和专著。这本教材于2012年5月由高等教育出版社和人民出版社出版。我撰写了本书的绪论和第四、五两章，并做了统稿、定稿工作。没有黄老师及其他先辈和同辈人已经取得的研究成果做基础，我和我们课题组的同仁是很难完成这项艰巨任务的。这可看作是我沿着黄老师"哲学的足迹"行进取得的又一个重大成果。

四

黄老师一生致力于马克思主义哲学体系的构建和创新工作，发表了相当多的研究成果，在我国哲学界产生了重大的影响。21世纪初，黄老师主持"马克思主义哲学体系的坚持、发展与创新研究"课题。该课题于2002年作为国家哲学社会科学的重点课题立项，后又得到北京市社科联出版基金的大力资助。黄老师也吸收我为这个课题组的成员，参加这个课题中的《马克思主义哲学体系的当代构建》这部专著的写作。黄老师认为马克思主义哲学是辩证唯物主义。马克思主义哲学体系是"一总五分"：辩证唯物主义世界观可以看作是总论，辩证唯物主义历史观、辩证唯物主义人学、辩证唯物主义认识论、辩证唯物主义价值论、辩证唯物主义方法论是五个部门哲学或五个分论。黄老师分配我写"辩证唯物主义历史观"这一篇。我参加这个课题组最深刻的体会是黄老师在学术观点上的坚定性和包容性的统一。黄老师认为马克思主义哲学是科学，马克思主义哲学是辩证唯物主义，其体系是"一总五分"，这是黄老师坚定不移的一贯的观点。他对不同的观点既据理驳斥，对持不同观点的同仁又十分友善，从不因为观点不同而拒人于千里之外，从不在学术讨论、争论中"唯我独马"、出语伤人、上纲上线。坦率地说，我对黄老师关于马克思主义哲学的上述几个看法并不完全赞同。如黄老师把历史观作为部门哲学，把它排除在世界观之外，我认为这是不妥当的，没有历史观的世界观就只剩下自然观了，把马克思主义哲学世界观理解为仅仅是自然观显然是不符合马克思的本意的。马克思是把"自然的历史"和"历史的自然"统一在一起的，是把自然观和历史观统一在一起的，马克思主义哲学的世界观应该既包括自然观又包括历史观，是自然观和历史观的有机统一。我对黄老私下表达过我的这种看法。但黄老师并没有因此而不让我参加这个课题组，他仍然对我的观点持包容态度，让我撰写"辩证唯物主义历史观"在全书中占有重要地位的这一篇。当然，在写作过程中，我也十分注意，尽最大的努力不写与黄老师不同的观点。我借黄老师给我的这个机会，在这一篇中写进了我的一些近期研究成果，使我以前形成的历史唯物主义的学科体系得到进一步的完善，有了一些新的面貌。这是我沿着黄老师"哲学的足迹"行进取得的又一成果。

黄老师离开了我们，这是北京大学哲学系的一大损失，是中国马克思主义哲学理论界的一大损失。我对黄老师的辞世感到万分悲痛。我要化悲痛为力量，以有生之年继承黄老师的未竟事业，为马克思主义哲学的创新尽绵薄之力。黄老师的学术思想和科学严谨的治学精神永远激励着我们前进！

（赵家祥，北京大学哲学系教授，系学术委员会主任）

中国哲学界巨擘

缅怀恩师黄枬森先生

余其铨

2013年1月24日，是一个极为寒冷的日子，忽然接到黄萱打来的电话，得知恩师黄枬森先生仙逝。巨星陨落，噩耗惊魂。我像被雷击了一样，木然、茫然地坐在沙发上，除了发呆和麻木之外，我不知道该做什么。几天来，我彻夜难眠，沉浸在无限的哀痛和思念之中，一幕幕过去的人和事在我脑海中转来转去……

1999年年底，应蔡德麟校长和我的邀请，黄先生及南京大学孙伯鍨教授到深圳大学讲学，校园里刮起一阵马克思主义哲学之风，在讲座的教室，人山人海，座无虚席。学术讲演之后的第三天，也即是2000年的1月1日，我们一家及几位学生带着二位老师及他们的夫人一起游中英街、观海洋公园，去南海之滨——广东省最南端的南澳岛看日出。老师兴高采烈、谈笑风生、兴奋不已。那一年，他已80岁高龄了，但身体还是那么好，我们后辈真是羡慕得很。

一晃10年过去了。2011年6月，我在浙江嘉兴会议后，从上海转到北京。到家中去拜访了黄老师和师母，他身体比过去苍老了许多，因为毕竟已是90多岁的老人了。但他的精神却很好，思维非常敏捷，见到我很高兴，问长问短，问及家中每一个人。我不得不悲痛地告诉他，我的燕子走了。他顿时本能地战栗起来，哽咽无语，禁不住悲怆与悲伤。最后，他只说了一句："她还年轻呀！"师母一直在安慰我，要挺得住，不要太难过了。

万万没想到，这是我和黄老师的最后一次见面。

一、春风润物细无声

> 好雨知时节，当春乃发生。
> 随风潜入夜，润物细无声。

这是唐代大诗人杜甫写的《春夜喜雨》中的四句话。用这四句话来形容黄老师对我及我们这代人的教诲和无私的帮助，再恰当不过了。

我是1959年9月入北京大学哲学系学习的。我们很幸运，在这5年的学习中，没有"运动"也没有下放，在校也很少劳动，全部时间除了上课就是读书。我就是在这期间整天钻进图书馆，通读《马克思恩格斯全集》和毛主席的著作，当然是囫囵吞枣，似懂非懂。

还有一个幸运，就是权威的教授、老师给我们上基础课：冯定讲《历史唯物主义专题》；张恩慈讲《反杜林论》；汤一介讲《中国哲学史》；张世英、齐良骥讲《西方哲学史》；黄耀枢讲《自然辩证法》；黄枬森讲《哲学笔记》……列宁的《哲学笔记》非常难读，更是难懂。因为这都是列宁的读书笔记，对名家著作一段一段的摘录，再作评议，而且用了各种各样的符号和各种形状的线条进行表示。我们初读的人就像是看"天书"一样，弄得头昏脑涨。但在黄老师的耐心细微的讲授下，加上各种形式的课外辅导，我们才一步一步地入门，我也才渐渐地对唯物辩证法的研究产生了兴趣。大学毕业论文，我选定"辩证法与诡辩论的对立"为题，批判第二国际的诡辩论。指导老师是黄枬森先生。从此，我与黄老师从相识到相知，建立了深厚的师生感情。

由于撰写毕业论文与黄老师交往就较多了，每次到他家都非常热情接待我，不但解答我学习上的疑难，有时还留下我吃饭。记得有一次，在饭后他对我说："大学学习首先要打好根底，只有根深才能叶茂。学习过程还要认真做笔记，人的脑子不可能什么都能记住。读书和科研还要懂得方法，方法对头，就一通百通了。"他又说，不要急于去发表文章，要练好基本功是主要的。先生的教导，我是终生难以忘怀的。

大学毕业后，我留校任教。接着就下放京郊农村搞"四清"，我与黄老师就很少往来了。"文革"开始，他理所当然成为运动对象。直到1970年开始招生，工农兵学员入学上课，我们老师才开始集中，我有幸和黄老师分在同一个教学小组。给工农兵学员上的课程，主要是毛主席指示我党高级干部必读的六本书。黄老师讲授的是列宁的《唯物主义和经验批判主义》，对他来说是得心应手。分配我讲授的是恩格斯的《反杜林论》。对一位刚毕业不久的人来说，实在太难了。下放农村几年早已忘光了。连过去上学时课堂笔记也没有了，一切得从头学起。辅导我们年轻老师的是"二黄"，一个是黄枬森老师，另一个是黄耀枢老师。我是一边学一边卖，也即是从老师那里学来的就去给工农兵学员上课。

黄枬森先生为了使我们青年教员对恩格斯批判杜林有更深刻的了解，他跑到北京图书馆借出中国唯一的一本杜林的著作——《哲学教程》（德文版），翻译其目录和重要章节，印发给我们。当时，大家非常感谢黄老师的辛勤劳动和无私帮助，因为这方面的反面资料与学术资料实在太难得了。

打倒"四人帮"之后，拨乱反正，恢复高考。1977级和1978级同学入学，开始了正常的教学秩序。我们成立了"马克思主义哲学原著教研室"，后来又改为"马克思主义哲学史教研室"，我又和黄枬森老师在一起工作，那得益就更多了。

1985年，我们找到英国学者戴维·麦克莱伦著的《马克思以后的马克思主义》一书，在教研室的组织下，由我、赵常林、丰子义、刘玉昕、刘利华、李淑珍、张宁、曹玉文等人参加翻译。我们都是年轻老师，外语水平较低，黄老师推荐汤侠生、王太庆、齐良骥、李真、陈启伟、周辅诚等老教授给我们指导和校订。最后，黄枬森老师和汤侠生老师为总校。所以这本书的翻译质量较高。黄老师还给此书写了一篇很长的书评。指出本书的最大特点就是所涉及的范围十分广泛而全面，几乎包括了马克思主义的哲学、政治经济学和科学社会主义在马克思逝世后近百年来在世界各国的传播和发展，它不仅提供了马克思主义发展史的丰富材料，而且提供了进一步研究的线索。这本书出版后，在社会上得到了好评，而且很快销售完了，出版社不得不再次重印。

1990年，我写出《恩格斯哲学思想新探》初稿，请黄老师审阅。由于他对恩格斯的哲学思想非常熟悉，只用了三天时间就全部审读完近30万字的书稿，提出了许多宝贵的意见。比如，要求我敢于评价恩格斯关于哲学基本问题原理的贡献及其局限性；要深入研究恩格斯的辩证法思想，反对西方马克思主义对自然辩证法的否定；要加重对恩格斯哲学与马克思哲学关系的阐述，等等。对于一些重大的理论问题和现实问题，黄老师都做了耐心的指导。

黄老师还为我的书写了书评，给予很高的评价。他指出，近年来出版了一些关于恩格斯的哲学思想的著作，但大部分都是进行历史性的追溯，而分专题逐一深入研究的甚少。本书是少有的，甚至是第一本对恩格斯的哲学思想作专题研究的著作。他还指出，这本书也是对马克思主义哲学发展史研究的一个重要成果。

1991年，我想调往深圳工作，就曾试探地征求他的意见。因为他是中国马克思主义哲学史学会的会长，我是秘书长，同时我还担任《马克思主义哲学史》八卷本的学术秘书，调动工作也得征求他的同意。但出乎我所料，他不但不反对，反而积极支持。他说，搞哲学的长期在一个地方并不好，换个环境可能有更大的发展，深圳是个改革开放的前沿城市，在那里会大有作为的。又说，你去后探讨一下特区如何坚持和发展马克思主义，能否在深圳搞个研究生点，深圳大学与北京大学合作共同招收马克思主义哲学的硕士生和博士生。黄老师的一席话，大大地开拓了我的眼界，拨开了疑云，解除了思想顾虑，下决心大胆地往南走。1993年春，我离京前夕，黄先生特意宴请我们全家。两家老少十口人，欢叙一堂，欢声笑语，共话人生，向往未来。

二、开拓创新编写《马克思主义哲学史》八卷本

打倒"四人帮"之后，学术界焕发新的生机，各类学术团体先后恢复活动，新生的学术团体也纷纷成立，黄老师开始考虑成立中国马克思主义哲学史学会。他对我说，马克思主义哲学的发展也需要一个平台，让大家发表意见，开展争鸣，促进学科的发展。1979年10月厦门会议，正式成立"全国马克思主义哲学史学会"。大会推举了三名会长和三名秘书长，负责学会的各种学术活动。黄枬森是三名会长之一。其实，大家都很清楚，黄老师是学会的核心，许多主意、建议、学术活动内容都是他首先提出来的。黄先生说，我们的学会是业余组织，没有专职干部，各种工作还是大家分担一点比较好，也能更好地发挥每个人的作用。

学会成立后，每年都举行一次年会和各种专业活动，学术气氛异常活跃。但面临最大的困难是活动经费，国家通过中国社科院每年只拨给6000元。用这么一点钱来召开全国性的学术讨论会是万万不可能的。为了筹集经费，三位会长和秘书长绞尽脑汁到处"化缘"，付出了很大的艰辛。

我有时发牢骚：经济繁荣，哲学贫困。黄先生却说：有的！一切都会有的，逆境出哲学嘛！"马克思主义哲学史学会"的活动，对"马克思主义哲学史"这门学科的研究和发展的确是起到了很大的推动作用。几年后，全国重点高校都相继开设了《马克思主义哲学史》课程，各省市也相应建立了"马克思主义哲学史研究会"，马克思主义哲学史的研究出现了蓬勃发展的势头。据1982年《中国哲学年鉴》介绍，马克思主义哲学史，1978年以后才开始把它作为一门相对独立的学科加以专门、系统的研究。但几年以后，取得了大量的成果：翻译、收集、整理了有关马克思主义哲学史的大量资料，编写了马克思主义哲学史教材……理清了马克思主义哲学的发展线索，明确了各个时代马克思主义哲学发展的历史特点，对马克思主义哲学史的研究对象和研究方法，对马克思主义哲学史的分期等问题也进行了较为深入的研究和讨论。学会成立短短4年时间，专家、学者在全国报纸、刊物中发表有关马克思主义哲学史研究的文章超过上百篇。出版的专著、教材也不少。1981年人民出版社出版了由中山大学哲学系主编，全国学者参加撰写的《马克思主义哲学史稿》教材；1982年，陕西人民出版社出版了由孙伯鍨等人撰写的《马克思主义哲

学史》第一卷。这几年，黄枬森先生组织北京大学哲学系"马克思主义哲学史教研室"和"中国现代哲学教研室"的老师，开展《马克思主义哲学史》重大理论问题的攻关研究，也即后来北京大学出版社出版的黄枬森、施德福、宋一秀主编的《马克思主义哲学史》三卷本。这些工作，为《马克思主义哲学史》的进一步研究开拓了方向和打下基础。黄先生考虑更多的是如何将马克思主义哲学史的研究推向更高、更深的发展，写出更多更高质量的文章和专著。这是他考虑向国家申请《马克思主义哲学史》多卷本项目的初心。

1983年，《马克思主义哲学史》多卷本项目批下来了，并且列为我国六五计划中哲学社会科学国家科研重点项目之一。黄老师找我谈话，要我当他的助手，出任项目的学术秘书。本来，黄老师可以一个人当主编，这是应该的，也是理所当然的。但他邀请中国人民大学的庄福龄教授、中共中央党校的林利教授一起担任主编，表现出他的高风亮节、谦虚恭让、淡泊名利的高尚精神。

《马克思主义哲学史》多卷本的写作开始运作，首先的问题是如何组织队伍，这花费了三位主编的大量心血。经过反复思量和周密安排，确定的原则是：第一，要尊重作者本人的意愿和单位的意见；第二，要发挥作者的特长又要考虑作者的个性。只有这样才能建立一个团结的、开拓的、德才兼备的写作班子。多卷本的作者共57人，来自全国高校及科研机关十多个单位。

《马克思主义哲学史》八卷本要写成怎样的一部著作？如何能达到我国当前马克思主义哲学史研究的最高水平？黄老师提出了以下五条原则：一、坚持以马列主义毛泽东思想为指导，解放思想，实事求是地揭示马克思主义哲学发展的历史线索及其规律，做到理论和实践统一，科学性和革命性统一，逻辑和历史统一，观点和材料统一；二、占有翔实而丰富的历史资料，一切论断均有充分材料根据，同时，经过鉴别，充分吸收国内外马克思主义哲学史研究的丰富成果；三、对每一本重要的哲学著作和每一个重要的哲学观点都做出历史的具体的分析和评价，恰当地估计其历史意义和历史地位；四、以革命导师的哲学思想发展为主线，但也给予他们的战友、学生和专业哲学家的思想以应有的地位和足够的篇幅；五、以揭示辩证唯物主义和历史唯物主义的形成和发展为主，但对其他部分如自然辩证法、军事辩证法、伦理学、美学、逻辑学、哲学史思想等也视各个哲学家思想的不同情况给予适当的介绍和评价。今天看来，这五条指导性原则是完全正确的。

黄先生还对《马克思主义哲学史》研究中的一些重大理论问题提出来要大家勇于探讨：一、关于马克思主义哲学史的历史分期；二、关于马克思主义哲学史的研究对象；三、关于马克思主义哲学体系；四、关于马克思主义哲学与中国哲学、西方哲学的关系；五、关于马克思主义哲学的中国化问题。

《马克思主义哲学史》八卷本的写作历时13年，420万字的巨著，到1996年全部出齐。十多年来，花费了作者的辛勤劳动，也倾注了三位主编的不少心血，特别是黄先生做出了不可磨灭的贡献。因为他是写作这本巨著的核心，无论是领导协作方面，还是学术研究探讨方面，他都是起着大家公认的第一位的核心作用。

三、沉潜探索，大家风范

写作《马克思主义哲学史》本身就是探索。像八卷本这样，如此深入、详细地研究、阐述马克思主义哲学的整个发展史，在目前世界上是绝无仅有的，在质量和数量上完全超越了苏联的研究水平。这本巨著的问世，在国内外产生了深远的影响，奠定了马克思主义哲学史成为一门相对独立的新型学科。

黄先生经常教导我说，文章不是写出来的，而是想出来的，想就是"多思"。学哲学就是要勤于探索、善于探索。对重大的理论问题，黄先生总是采取谨慎审视、独立思考的态度。比如对恩格斯提出的关于哲学基本问题的原理，列宁提出的哲学党性原则的问题。黄先生对其内容进行深入的探讨、细微的分析，既坚持其正确的观点，又指出它们的历史局限性。对于重大的理论问题，黄先生总是采取分析的态度：这个原理、观点的精神实质是什么？是在怎样的历史条件下提出来的，随着历史的发展又有什么样的局限性，等等。他最反对教条主义的学习态度。

黄先生勤勉治学、不求虚名。他知识渊博、严于律己、宽厚待人，从不把自己的观点强加于人。对于学术的争论问题，他从不轻率地下结论，更反对盛气凌人的学阀作风。我记得在马克思主义哲学史的会议上，曾经有过三次重大的争论：一是关于异化、人性、人的本质和人道主义问题；二是关于物质一元论还是实践一元论的问题；三是马克思主义哲学是"辩证唯物主义与历史唯物主义"还是"实践唯物主义"的问题。争论异常激烈，有的人的发言咄咄逼人，是冲着黄先生而来的。但黄先生总是神情自若、耐心倾听。他发言的时候，又总是坦诚相见，认真分析摆出自己的观点，又从不把自己的观点强加于人，大多数人对他的观点的分析是认可的。有人说他是学界的楷模，有人说他是大理论家的风范。这是黄先生对北大传统，对蔡元培先生的兼容并包、思想自由的学术研究方针的继承发挥。

黄先生主编的《马克思主义哲学史》八卷本，多年来得到学界的好评，也得过多项奖励，比如"五个一工程"奖、吴玉章奖、首届国家社会科学基金项目优秀成果一等奖，等等。但黄先生从不贪功自赏。说到主编时，他总是说三个人；拿到奖金和奖状时，又总是公正地分发给每一位作者，有时还写信说明和征求大家意见。

所以，十多年来，大家从未因稿费、奖金而有过不愉快的事发生。

黄先生的人品、学品是我们学人的楷模。

黄先生离开我们默默地走了，我失去了一位慈祥的恩师，中国失去了一位大理论家、马克思主义哲学家。他为我们留下了伟大的精神，一份极为珍贵的哲学遗产，留下了中国优秀知识分子的高尚品格和情操。他的著作和精神，将泽溉后人，哺育新的一代。他的名字和他创建的中国马克思主义哲学史学科，将永远留在我们心中。

黄老师安息吧！

（余其铨，深圳大学哲学系教授，曾任中国马克思主义哲学史学会秘书长）

黄枬森先生的理论贡献

侯　才

　　我和黄枬森先生的真正结识，是在1990年我的博士论文的答辩会上，当时，我的导师韩树英先生邀请他亲任答辩委员会的主席。他的谦和的待人态度以及宽容的学术精神，给我留下了深刻的印象。从此，尽管彼此学术观点有所不同，接触也并不多，但却成了"忘年交"。在这里，写下一点不成熟的文字，借以表达对黄枬森先生的怀念和纪念。

　　黄枬森先生把马克思主义哲学理解为以"整体的宇宙"或"宇宙的整体和一般"①为对象的"辩证唯物主义"，一生大部分学术活动致力于"辩证唯物主义"的科学体系的构建和完善。正如他在自选文集《哲学的科学化》的"学术自序"中所表达的："……近30年来……我一直在从事这种研究——怎样把辩证唯物主义和历史唯物主义改造成为完整严密的科学的哲学，其具体措施就是构建一个完整严密的科学的体系。"②正如大家所熟悉的，黄枬森先生最后形成和构建了一个有关"辩证唯物主义"的"一总五分"的宏大体系，给出了一种探索的结果和答案。

　　在这里，我想把黄枬森先生的这一理论贡献放在马克思主义哲学发展历史的两大传统中考察。

　　我认为，在如何对待传统形而上学这一重大哲学问题上，极而言之，在马克思主义哲学发展历史中存在扬弃和复兴形而上学的两大传统，它们分别是由马克思和恩格斯开启和代表的。

　　马克思在创立其"新唯物主义"或唯物主义历史观的过程中，一反西方哲学中从柏拉图直到黑格尔的理念论的传统，运用经验的和实证的方法，从人们的物质生产实践活动出发，把物质生产实践活动视为人的"整个现存的感性世界的基础"③

---

①　黄枬森："我认为马克思主义哲学作为一门科学只有一个对象，那就是作为一个整体的宇宙，或者说宇宙的整体和一般。"见《哲学的科学化》，首都师范大学出版社2008年版，第9页。
②　黄枬森：《哲学的科学化》，首都师范大学出版社2008年版，第3页。
③　《马克思恩格斯文集》第1卷，人民出版社2009年版，第529页。

或人与自然界相统一的基础，并由此维度去重新审视和描述人们所面对的世界，摈除了对整体世界及其终极统一性的追寻，同时把被以往哲学家们看成独立自为并且凌驾于现实世界之上的理念世界归根于经验的现实世界，即与人处在对象性关系中的"感性世界"，从而从根本上扬弃了传统的形而上学，实现了哲学史上的一种变革。乃至海德格尔认为，"随着这一已经由卡尔·马克思完成了的对形而上学的颠倒，哲学达到了最极端的可能性。哲学进入其终结阶段了"①。

马克思将其对传统形而上学的扬弃表述在这样一段经典的话中："因为对社会主义的人来说，整个所谓世界历史不外是人通过人的劳动而诞生的过程，是自然界对人来说的生成过程，所以关于他通过自身而诞生、关于他的形成过程，他有直观的、无可辩驳的证明。因为人和自然的实在性，即人对人来说作为自然界的存在以及自然界对人来说作为人的存在，已经成为实际的、可以通过感觉直观的，所以关于某种异己的存在物、关于凌驾于自然界和人之上的存在物的问题，即包含着对自然界的和人的非实在性的承认的问题，实际上已经成为不可能的了。"②

与此相联系，马克思也提出了一种独特的自然观的构想。他从其实践观出发，以对象性为方法，认为"非对象性的存在物是非存在物"，被抽象地理解的、自为的、被确定为与人分隔开来的自然界，对人来说也是无。因此，"在人类历史中即在人类社会形成过程中生成的自然界，是人的现实的自然界"③。基于这一理解，马克思明确地宣布："因此，自然科学（宜理解为马克思所理解的自然观，——引者注）将抛弃唯心主义的方向，从而成为人的科学基础，……说生活还有别的什么基础，科学还有别的什么基础——这根本就是谎言。"④与此同时，马克思也明确肯定了在人与自然界对象性关系之外的自然界存在的某种"优先地位"，肯定了黑格尔的作为"绝对精神"的超验世界也有某种存在的合理性，即它作为一种逻辑的描述"为人类的现实历史找到了思辨的表达"⑤。不难看出，正是这两点"肯定"，使马克思在与传统形而上学决裂的同时也与存在论意义上的虚无主义以及实证主义划清了界限。

与马克思对待传统形而上学的态度不同，恩格斯通过其至少长达十余年的"自然辩证法"研究，尝试构建一种"辩证的同时又是唯物主义的自然观"，从唯物主

---

①《海德格尔哲学选集》（下卷），孙周兴选编，三联出版社1996年版，第1244页。
②《马克思恩格斯文集》第1卷，人民出版社2009年版，第196—197页。
③《马克思恩格斯文集》第1卷，人民出版社2009年版，第210、220、193页。
④《马克思恩格斯文集》第1卷，人民出版社2009年版，第193页。
⑤《马克思恩格斯文集》第1卷，人民出版社2009年版，第529、201页。

义哲学的立场返回到形而上学。这种自然观与马克思视野中的"感性世界"或"人化自然"即"在人类社会形成过程中生成的自然界"不同，是以整体自然界为对象的。恩格斯在1885年（马克思逝世后第三年）写下的《反杜林论》第二版"序言"中明确地提出了"辩证的同时又是唯物主义的自然观"这一概念，用其与"唯物主义历史观"的概念相对置和并列，并如此肯定了他自己所做的把辩证法用于唯物主义自然观方面的工作："马克思和我，可以说是把自觉的辩证法从德国唯心主义哲学中拯救出来并用于唯物主义的自然观和历史观的唯一的人。"①

此外，恩格斯还提出了"现代唯物主义"这一概念，试图用其整合和包摄由他本人构建的"辩证的同时又是唯物主义的自然观"与主要由马克思所创立的唯物主义历史观。他强调，"现代唯物主义"是在利用旧唯物主义的基础上所实现的一种哲学思想的系统综合："现代唯物主义，否定的否定，不是单纯地恢复旧唯物主义，而是把两千年来哲学和自然科学发展的全部思想内容以及这两千年的历史本身的全部思想内容加到旧唯物主义的永久基础上。这已经根本不再是哲学，而是世界观。"②

正是恩格斯的以整体自然为对象的"辩证的同时又是唯物主义的自然观"的提出，及其所呈现出的综合唯物主义历史观与传统唯物主义的倾向，开启了恢复和复兴形而上学传统的进程。这种传统尔后经由狄慈根和普列汉诺夫的"辩证唯物主义"、列宁的"辩证唯物主义"和"历史唯物主义"概念的并置③、最后到斯大林的"辩证唯物主义历史唯物主义"体系而获得最终定型，并且一直延伸到传统的马克思主义哲学教科书中。应该说，这与马克思本人通过物质实践活动扬弃传统形而上学的理路大异其趣。

纵观马克思、恩格斯逝世后马克思主义哲学的发展，大体沿着马克思与恩格斯所分别开启和代表的两条路线行进：俄苏马克思主义哲学和改革开放前的中国马克思主义哲学主要继承、沿袭和发展了恩格斯所开启和代表的传统；西方马克思主义特别是其人本主义思潮则主要继承、沿袭和发展了马克思所开启和代表的传统。而在改革开放后的中国，特别是伴随着关于"实践唯物主义"的讨论，也呈现了返回

---

① 《马克思恩格斯选集》第3卷，人民出版社1995年版，第349页。

② 《马克思恩格斯全集》第20卷，人民出版社1971年版，第151页。

③ 列宁曾分别用不同的概念来概括马克思主义哲学，如"辩证唯物主义""完备的哲学唯物主义""战斗的唯物主义"，等等。值得注意的是，尽管列宁在《马克思主义的三个来源和三个组成部分》以及《卡尔·马克思》中用"完备的哲学唯物主义"或"现代唯物主义"来概括和称谓整个马克思主义哲学体系，并将其划分为"哲学唯物主义""辩证法"和"唯物主义历史观"三个组成部分，但是他在《唯物主义与经验批判主义》以及《纪念赫尔岑》两文中，已经将"辩证唯物主义"和"历史唯物主义"两个概念对置和并列使用。例如，他在评价赫尔岑时认为："赫尔岑已经走到辩证唯物主义跟前，可是在历史唯物主义前面停住了。"见《列宁选集》第2卷，人民出版社1995年版，第284页。

到马克思本人所开启和代表的传统的趋向，并愈益占据主流地位。从实质上看，马克思与恩格斯思想的差异及其所开启和后来得以展开的上述两大传统，实际上是在如何对待形而上学这一重大问题上在马克思主义哲学内部两种不同的反映。

在当代，在海德格尔提出其"基础本体论"并将马克思对传统形而上学的扬弃归结为"虚无主义的极致"以后，如何看待形而上学的问题被重新提出，并且尖锐化了。与此相关联，马克思与恩格斯学术思想之间的差异，乃至马克思主义哲学内部两大传统之间的差异也被突出地彰显出来，成为不可回避的研究对象和课题。其中，直接涉及的一个问题就是马克思与虚无主义、实证主义的关系。这也是当下学界所讨论的一个热点话题。

在一定意义上，黄枬森先生哲学思想的主要贡献和意义或许就在于，这一思想体现了对恩格斯所开启的复兴传统形而上学路线的坚持、继承和发挥，而黄枬森先生本人则堪称恩格斯所开启的复兴传统形而上学路线在改革开放后中国马克思主义哲学界的主要代表。他把自己一生的主要精力用来致力于一种以"整体宇宙"为对象的、"科学的"马克思主义哲学体系的构建，始终不渝，锲而不舍，孜孜不倦。这一方面体现了他对真理的执着追求和彻底的科学品格和科学精神，另一方面同时也给我们遗留和提出了一项重大的理论课题，即对于马克思主义哲学来说，一种科学的形而上学是否合理和可能？或至少在多大程度上是合理和可能的？这完全类似康德当年所提出和致力于解决、尔后又被海德格尔以某种方式重新提出和致力于解决的课题，但是却被赋予了更广阔的历史和文化背景以及更深刻的哲学蕴意。

对此课题我本人也一直在长期思考。初步的粗浅成果体现在我的《对哲学及其当代任务的审视——兼评恩格斯的哲学观》以及《马克思对传统本体观的变革》两文中。①但是，自己深感尚需对此作进一步地深入研究。就我现在的认识而言，我总的感觉是，就既有的哲学框架而言，哲学固然能够在整体世界的认识方面做一些工作，但可能较为有限，这项任务在以往历史中实际上主要是由宗教来承担的。因此，哲学如果想要在此方面有所作为，那么至少必须首先破除西方的狭隘的哲学框架和哲学观念，返回到中国传统文化的思维样式，以便从中借鉴和汲取某些必要的成分和要素。在我看来，海德格尔就这样尝试过，但遗憾的是由于他难以深入到中国传统文化的底蕴，总的说来他没有取得成功。

（侯才，中共中央党校哲学部一级教授）

---

① 侯才：《马克思的遗产》，黑龙江人民出版社2009年版。

《马克思主义哲学创新研究》出版座谈会上的讲话

李卫红

各位专家学者、老师同学、同志们、朋友们：

大家早上好！今天我非常高兴，再次来到北京大学，参加《马克思主义哲学创新研究》出版座谈会，参加这样一个学术盛会。在这里，我不仅见到了黄枬森教授等北大学者，还见到了中国人民大学、中共中央党校、中共中央编译局、中国社科院等诸多大学、中央科研机关的学者，其中还包括邢贲思教授、陈先达教授等这样一批国家顶尖级的著名专家。

今年3月17日，我曾带着教育部社科司的几位同志，专门来北大召开马克思主义哲学学科建设调研会。当时我说过，在教育部主管这项工作十来年，专门为一个二级学科赶来开调研会，还是第一次。今天应当补充说，专门赶来参加一部书的出版座谈会，也是第一次。

为什么要破天荒地这么做呢？我想，我和在座的许多同志心情是一样的，就是要对黄枬森教授带领下的北大马克思主义哲学创新，表示特别支持、特别祝贺！

为什么要对此表示特别支持、特别祝贺呢？我想主要有以下这么几条理由，概括地讲，就是三条。这里的重要根据，就是中共中央政治局委员、国务委员刘延东，在今年6月23日到北大来，与黄枬森教授会见时，提出的三条要求："旗帜鲜明、理论创新、联系实际。"这三条不仅是对北大的希望，也是对全国高校哲学社会科学的基本要求。按照这三条要求来讲，《马克思主义哲学创新研究》这套新著，做得很好。

第一，黄枬森教授领衔的这套新著，旗帜鲜明地坚持马克思主义学术方向，特别着力于坚持与发展辩证唯物主义、历史唯物主义哲学世界观、科学方法论，在改革开放新起点上不仅继承弘扬了北大优秀传统，而且在全国教育系统哲学社会科学领域，有很强的带头示范作用。

　　从1919年五四运动前夕开始，李大钊就在北京大学率先举起了马克思主义的思想火炬，使北大成为马克思主义在中国传播的发源地。从1920年起，李大钊又在这里把"唯物史观教程"，正式纳入了大学课程体系，在世界教育史上堪称重大创新。

　　中华人民共和国成立后，1956年年底、1957年年初，深谋远虑、雄才大略的毛泽东主席，又亲自提名冯定到北大哲学系，专门担任马列主义哲学教授。

　　在改革开放新时期、新起点上，《在庆祝中国共产党建立九十周年大会上的讲话》中，胡锦涛总书记特别提到在马克思主义学习型政党建设过程中，一项重要任务就是"牢固树立辩证唯物主义和历史唯物主义世界观和方法论，真正做到学以立德、学以增智、学以创业"。

　　黄枬森教授领衔的《马克思主义哲学创新研究》这套新著，很好地坚持了这个学术方向，带了一个好头儿。

　　第二，《马克思主义哲学创新研究》这套新著，不仅注重马克思主义哲学基础理论研究，而且做出了富于时代精神与中国特色的重大理论创新。

　　十六大以来，党中央颁布了《关于进一步繁荣发展哲学社会科学的意见》。党的十七大和十七届五中全会，更加明确具体地提出，要"推进学科体系、学术观点、科研方法创新"。国家"十二五"发展规划纲要还提出："大力推进哲学社会科学创新体系建设，实施哲学社会科学创新工程，繁荣发展哲学社会科学。"

　　北大黄枬森教授及其带领下的学术团队，花了5年、10年的工夫，扎扎实实做研究，在马克思主义哲学基础理论层面，做了大量艰苦细致工作，淡泊名利，甘于寂寞，终于在"马克思主义哲学创新"这个重大时代课题上，拿出了国家级重大成果。这种学风、文风，在今天浮躁之风流行一时的情况下，更显得特别珍贵。让我们对黄枬森教授及其学术团队，表示衷心祝贺！

　　第三，《马克思主义哲学创新研究》这套新著，还注重体现时代精神，理论联系实际，用辩证唯物主义、历史唯物主义哲学世界观、科学方法论，来回答当代世界与中国发展中的重大现实问题。

　　尤其是这套新著的第二部《时代精神与马克思主义哲学创新》，试图阐明马克思主义时代观，从世界历史高度与哲学深度，说明当代国际金融危机、生态危机等全球问题，乃至反恐战争、文明冲突等全球范围内思想交锋的争论问题。时代观上的这种理论创新、哲学创新，有助于我们在国际范围内，独立自主地掌握马克思主义的话语权，并树立自己的话语系统，力争思想政治上的领导权，而不是对西方自由主义趋之若鹜，盲目地跟着人家的话语系统走。

　　这套新著还对当代中国科学发展中的一些重大理论问题与现实问题，试着做出哲学分析、哲学概括、哲学思考。对于中国特色社会主义市场经济的体制创新、科技创新、文化创新、教育创新，也有重要的启迪作用。

可以说，在"旗帜鲜明、理论创新、联系实际"这三个方面，北大黄枬森教授领衔的这套新著，都做了很好的尝试，开了很好的头儿。或许应当说，这是从学术层面推进马克思主义中国化、时代化、大众化的一个重大成果。因而值得我们大家来祝贺，大家来学习！

当然，这只是就整体而言，就大的方面而言；至于其中诸多学术问题、学术观点、学术成果，是非曲直、得失如何，大家完全可以自由探讨，自由批评，各抒己见，各美其美，百花齐放，百家争鸣。

最后，我也向黄老与大家通报一个信息，黄枬森教授、王东教授申报的重大专项，"马克思主义哲学基本理论与重大现实问题研究"，也已经获得批准。在这里，表示我们教育部对北大马克思主义哲学学科建设的特别支持，并预祝他们以及各位在马克思主义哲学创新中，取得更大成果！

（李卫红，时任教育部副部长）

黄枬森哲学思想的理论贡献与当代价值

金承志

黄枬森先生是一位我们敬仰的，当代著名的马克思主义哲学家和哲学教育家。作为北大精神的传承者，他为我国的马克思主义哲学发展与创新做出了杰出的贡献。从其学术经历来看，他的哲学人生主要是伴随着新中国的诞生和发展这一时代经历而成长起来的，因而他的学术成长过程有着鲜明的时代特色。哲学家之作为哲学家，总是时代的产儿。在这个意义上可以说，黄枬森先生的哲学人生就是新中国多年来哲学发展的一个缩影。新中国哲学经历了从早年的发展，到中间的曲折，再到改革开放以来的繁荣，黄枬森先生的哲学人生也大体经历了这么一个发展过程。因此黄枬森先生的哲学人生并非一帆风顺，某种意义可以说，他的哲学人生与新中国的历史进程一样，走过了一条艰难而又曲折的"之"字形成长之路。在这一成长过程中，黄枬森先生在坚持辩证唯物主义、建构马克思主义哲学科学体系、马克思主义哲学史研究、人学研究等领域都做出了自己的贡献。

一、对辩证唯物主义的守正与发展

马克思主义哲学的内在本质究竟是什么？这是坚持和发展马克思主义哲学首先必须清楚认识的首要问题。然而如何科学、准确地表述这一内在本质，目前在我国马克思主义哲学界还没有形成一个共识。在各种不同的认识中，多数人肯定马克思主义哲学其内在本质就是辩证唯物主义和历史唯物主义，但同时也有不少人提出异议。甚至这种异议一度发展成为我国哲学理论界的一个理论潮流，并由此引发了近几十年来不同观点在我国马克思主义哲学理论界的激烈争论。在这一争论过程中，北京大学的黄枬森先生旗帜鲜明地坚持辩证唯物主义，当然他的坚持是通过深入的研究和认真地思索进行的。为此他在这个领域发表了大量的研究成果，这些成果构成了对辩证唯物主义基本理论进行的目前国内哲学界最为集中和系统的论述。

20世纪80年代以来，辩证唯物主义理论体系遭到了不少人的质疑甚至否定。面对上述这些质疑和否定，黄枬森先生没有选择回避，而是直面以对、认真分析。

黄枬森先生认为，迎接辩证唯物主义面临的挑战，其问题的关键首先是必须坚持辩证唯物主义，特别是坚持辩证唯物主义的基本原理不动摇。在黄枬森先生看来，这不仅是坚持马克思主义哲学精神本质的需要，也是发展马克思主义哲学的一个根本前提。为此，黄枬森先生曾严肃地指出："辩证唯物主义和历史唯物主义无疑要发展，要大大发展，但其基本观点——唯物主义、辩证法、实践观点、社会存在决定社会意识的观点、社会基本矛盾的观点、群众观点、反映论，等等，是不会被推翻的，也不可能被推翻。中国要现代化要成为富强、民主、文明的社会主义现代化国家就离不开马克思主义哲学的指导，丢掉辩证唯物主义的旗帜将是中华民族的一场历史性灾难。"①因此，从根本上来说，我们不能因为传统的马克思主义哲学体系，曾经有缺点、有不完整、有不足，就把它加以全面推倒、甚至抛弃。如果这样做只会不知不觉地远离真正的马克思主义哲学，甚至走向丢弃马克思主义的极端。所以在辩证唯物主义遭遇种种挑战的特殊情况下，必须得保持镇静、头脑清醒。黄枬森先生认为，这里所说的清醒，包括以下两个方面：一是要坚定信念，坚持辩证唯物主义，即坚持辩证唯物主义的基本原理不动摇；二是要与时俱进，不断创新辩证唯物主义，同时要克服以往辩证唯物主义的种种不足和缺陷，从而使辩证唯物主义不断走向丰富和完善。只有这样才能符合时代的需要、实践的需要、人民的需要，也只有这样才能不断激发马克思主义哲学新的生命活力。

总之，在黄枬森先生看来，面对辩证唯物主义面临的种种挑战，如果我们或是随波逐流，采取鸵鸟政策；或是是非不分，采取折中调和态度，不能正确地加以应对，就不能捍卫马克思主义哲学在我国的主导意识形态地位和真正发展马克思主义哲学。在此基础上，黄枬森先生进一步认为，没有坚持就没有发展，但坚持也离不开发展。为此，黄枬森先生进一步强调："马克思主义哲学今天面临两方面的任务，一是捍卫马克思主义哲学——辩证唯物主义与历史唯物主义的基本观点，一是建构与当代社会发展水平相适应的有中国特色的马克思主义哲学的新形态，也就是振兴弘扬和发展马克思主义哲学的任务。"②可见，在黄枬森先生那里，他的坚持辩证唯物主义观点并不如某些学者所诟病的那样保守，确切地说是一种在守正基础上更好地发展马克思主义哲学的观点。也正因为如此，黄枬森先生在面对辩证唯物主义面临的种种挑战时，异常冷静。他采取了这样的一种客观态度来对待，那就是既不畏惧、退缩，也不抱怨、排斥，而是将这些挑战当作是辩证唯物主义难得的一

---

① 黄枬森：《必须坚持辩证唯物主义》，《北京大学学报》（哲学社会科学版），1998年第2期。
② 黄枬森：《辩证唯物主义世界观只会被发展而不会被消解》，《北京大学学报》（哲学社会科学版），2001年第2期。

次良好的发展机遇。表现为他敢于积极同各种挑战观点对话，既不简单地予以反驳，也不一味加以模仿追随，而是真正贯彻"双百"方针，对这些观点加以认真分析，开展不同观点的相互交流和对话，做到摆清事实、讲清道理、分清是非。

也正是因为采取了这样一种包容的态度，黄枬森先生才能真正做到把种种挑战变成辩证唯物主义发展的难得机遇。他曾提到："辩证唯物主义和历史唯物主义不能否定，不能推翻，只能不断发展。应通过学术争鸣把问题搞清楚，真理不怕争论，真理不怕批判，真理越辩越明，争论是好事。"[①]因此，在黄枬森先生看来，我们当前面临的对辩证唯物主义的挑战决不是一次简单的仅仅带来不利影响的挑战，实际上挑战与机遇并存。也就是说，对发展辩证唯物主义而言，这同时是一次良好的机遇，因此要抓住这一机遇，积极完善和发展当代的马克思主义哲学体系，绝不容许错过。正是从这个意义上可以说，黄枬森先生采取的这种态度是值得我们学习的，持有的坚定信念是值得我们认可的，体现的包容精神是值得我们提倡的，凝聚的创新意识是值得我们推崇的。

二、推动建构马克思主义哲学科学体系

坚持和发展马克思主义哲学，推进马克思主义及其哲学的中国化进程，在当前中国主要体现为建构一个适合中国国情的完整严密的马克思主义哲学科学体系新形态。要完成这一艰巨任务，在黄枬森先生看来，这种努力和尝试其根本的理论立足点就是哲学的科学化。具体来说就是按照科学的构建原则，把以往基本被实践证明为科学的马克思主义哲学体系根据时代发展加以补充完善，从而建构一个新形态的完整严密的如同具体科学的理论体系。为了实现这一追求，黄枬森先生不懈努力着，他在说明哲学理论需要形成一个完整严密体系、提出建构马克思主义哲学科学体系的指导思想、设计建构马克思主义哲学科学体系的具体内容等诸多方面都进行了深入的研究。

20世纪90年代我国学术界曾出现一场轰轰烈烈的关于马克思主义哲学体系的学术争论。不少学者都依据不同的理论根据提出了自己的不同看法。如有一部分学者直接认为发展中的马克思主义哲学因时代而新，根本不需要什么体系。当然更多学者认为发展马克思主义哲学就需要一个完整的哲学理论体系。只是在这些观点中同样也有分歧，如有学者认为建构这个新体系必须重新回到马克思那里，彻底推翻旧

① 黄枬森：《我对马克思主义哲学有争议的几个问题的看法》，《国家高级教育行政学院学报》，2001年第2期。

教科书体系才能建构；也有学者认为适合当代中国具体国情和需要的新体系，只能是在以往传统体系基础上加以补充和完善才能形成。

在哲学是否需要体系的问题上，黄枬森先生的观点是旗帜鲜明的。在黄枬森先生看来，任何一门人类创设的学科都应该有自己的体系，马克思主义哲学也不例外，尽管它们实际形成的过程有可能是自觉的也有可能是不自觉的。原因是，一方面"思想体系是普遍存在的，任何一种理论、任何一篇文章，都是一个思想体系。甚至一篇反对建立体系的文章，只要它不是武断的零乱的，而是讲道理的有论证的，也是一个体系。问题不在于有没有体系，而在于自觉还是自发，在于建立怎么样的体系。"①而另一方面，不管哪种思想体系其本身就是一个具体的历史的东西，表现为各门学科本身都有一个连续的历史的发展和完善过程，这一过程往往实际上会随着人类认识水平的提高以及认识对象的变化而不断起伏。也就是说，它总是要在前面发展的基础上根据具体时代情况而逐渐完善，从而表现为逐渐趋于成熟。而这一成熟的过程往往就是一个体系的逐渐完善过程，比如马克思主义哲学就是如此。为此黄枬森先生特别强调指出，虽然旧的传统教科书体系存在很多缺点，但其毕竟在历史上起过相当大的作用，也曾是被历史证明为基本正确的科学体系；现在尽管时代不同了，这一体系确实有些内容也要修改，但它的最根本性质永远不会变化。因此，黄枬森先生说："墨守成规，纹丝不动是不行的，彻底推翻，另起炉灶也是不行的。我主张在坚持其基本性质的基础上创建与世纪之交的科学与实践水平相适应的科学的马克思主义哲学体系。"②

在上述观点的基础上，黄枬森先生又进一步认为，如何建构一个完整严密的马克思主义哲学当代科学体系成为我们的历史使命，是当前中国马克思主义哲学改革与发展的重要任务之一。因为既然一门科学体系的完整严密程度这么重要，那么，"哲学体系问题关系到哲学有没有资格成为一门科学，进而关系到哲学的前途命运。哲学需要一个科学体系。"③黄枬森先生不仅为我们论证了当前建构马克思主义哲学体系新形态的必要性，还说明了可能性。黄枬森先生特别有信心地指出："不管原来的辩证唯物主义体系有多大缺陷，它毕竟是人类历史上第一次使哲学科学化的伟大尝试，为科学的哲学打下了比较坚实的基础，在中国又经过80年的学习、传播、运用、建设、发展和争论，我国哲学界教条主义今天已大大减少，有了

---

① 黄枬森：《建立一个完整严密的科学体系是马克思主义哲学建设和发展的重要任务》，《社会科学战线》，1999年第1期。

② 黄枬森：《哲学的科学之路》，北京师范大学出版社2005年版，第22页。

③ 黄枬森：《关于马克思主义哲学科学体系的构想》，《光明日报》，2006年8月14日，第1版。

空前广阔的学术自由的空间，建构马克思主义哲学新形态的条件已经具备了，可以开始做第二次尝试了。这种尝试无疑应该坚持原来的体系的那些正确的因素，抛弃它的错误的因素，超越它的时代的局限。"①因此，原来的辩证唯物主义体系有缺陷不可怕，随着时代的发展，这正是我们改革和发展马克思主义哲学需要改正的。随着中国特色社会主义理论体系的进一步逐渐完善，马克思主义中国化日渐推进，这一建构完整严密体系的使命的条件已经初步具备了。

建构一个完整严密的马克思主义哲学新体系形态任重道远，不是一蹴而就的。尽管不少学者都赞成建构的观点，但在关于如何建构问题上，学术界的分歧和争论仍然广泛存在。为了统一思想，达到一个共识，黄枬森先生从宏观层面精心设计，并据此提出了建构新体系的总体指导思想，并且希望这一指导思想能从源头上厘清学术界关于如何建构新体系的这些分歧和争论。黄枬森先生提出的这个指导思想主要包含以下两个方面的内容：其一，建构新体系的方法只能是对以往旧的传统辩证唯物主义体系的补充和完善；其二，建构新体系的根本原则就是哲学的科学化。

可以看出，马克思主义哲学体系创新问题是我们在推进马克思主义哲学中国化过程中必须解决的一个重大理论问题。究竟是完善现有体系，还是推倒重建，应该说这关系到马克思主义哲学的当代命运。虽然我国哲学界学者们围绕此进行了广泛的、深入的讨论，但时至今日并未形成定论。无论如何，黄枬森先生提出哲学的科学化之路，即按照科学的建构原则要求来补充和完善原有体系，从而形成一个新的符合时代要求的完整严密的马克思主义哲学新体系，体现了一种在守正基础上的创新意识和理念。正如黄枬森先生所说："马克思主义哲学不能不有一个理论体系，但这个体系不会是单一的，也不会是僵化的。说到底，真正的哲学既然是时代精神的精华，而时代及其精神总是不断发展的，马克思主义哲学及其体系当然是会相应地不断变化发展的。不存在一劳永逸的一成不变的绝对完美的哲学体系，我们只能不断地探索更加完整、更加严密的哲学体系。"②

三、开创我国马克思主义哲学史领域的研究先河

改革开放以前，可以说我国的马克思主义哲学理论研究基本上处于某种有论无史的状况。这种状况作为一个重要原因也造成了当时我国理论界对马克思主义哲学及其基本原理的理解具有某种教条和僵化。为了改变这种教条和僵化的倾向，从20

---

① 黄枬森：《论辩证唯物主义体系的不变性与可变性》，《中共中央党校学报》，2001年第4期。
② 黄枬森：《关于马克思主义哲学科学体系的讨论》，《毛泽东邓小平理论研究》，2010年第1期。

世纪60年代起，我国哲学界以黄枬森先生为代表的一批马克思主义学者率先行动了起来，他们克服种种困难和挫折，开始了一段艰难曲折的马克思主义哲学史研究之旅。直至党的十一届三中全会以后，随着"实践标准"的讨论，人们思想的解放，各种理论禁区逐渐被打破，我国的马克思主义哲学史研究也开始迎来了自己的春天。黄枬森"作为我国马克思主义哲学史学科的主要创建者之一，……肩负起了领导、推动该学科发展的重任，并获得巨大成功。"[①]从这个意义上可以说，黄枬森先生某种程度上开创了我国马克思主义哲学史领域的研究先河。

黄枬森先生对马克思主义哲学史的研究是从《哲学笔记》与《唯物主义和经验批判主义》这两部经典著作开始的。黄枬森先生针对列宁这两部经典著作展开的结合中国人自己的实践和时代特征的研究，可谓是我国历史上破天荒地第一次开展的马克思主义哲学史研究。过去由于种种原因，我们一直把马克思主义史上的很多经典著作，都看成是千古不变真理的汇总，只一味加以机械学习，缺乏理论创新以及探求符合时代精神的哲学观念，从而导致某种程度上走向了理论僵化，这给我们带来不小的损失。而黄枬森先生依据时代实践的发展和变化，以研究《哲学笔记》与《唯物主义和经验批判主义》为契机，提出"六经皆史"观点，这不仅大大地丰富和发展了马克思主义哲学的一些思想内涵，而且纠正了"以论代史"的这一错误认识，打破了理论僵化局面。就此而言，他的努力不仅开启了国内马克思主义哲学史研究，而且起到了一种示范作用，为建立马克思主义哲学史学科奠定了坚实的基础。

关于马克思主义哲学史研究，其最先面临的也是极其重要的一个问题，就是如何处理马克思主义哲学史与马克思主义哲学原理之间的"史论关系"，可以说，对二者之间关系的认识直接影响着马克思主义哲学史研究。对于这一问题，黄枬森先生从揭示马克思主义哲学史的发展规律入手给予了解答。在他看来，马克思主义哲学与任何一门其他科学一样，同样也有着自己的历史，这就是马克思主义哲学史，这一历史具有自己的规律。在这一认识基础上黄枬森先生提出这样的观点，即马克思主义哲学的丰富内涵并不单纯体现在一些马克思主义哲学经典著作上，而且体现在丰富的、具体的历史过程中。换句话说，马克思主义哲学就是一门具有历史性的科学。而这种历史性就体现在马克思主义哲学史中。当然，决不能简单认为，马克思主义哲学史就是由几部马克思主义哲学史上的经典著作简单连接起来的理论体系。相反，要正确地认识到，马克思主义哲学与任何一门其他科学一样，有着自己具体的、连续的历史。这种具体的、连续的历史也就是马克思主义哲学史反映的马

---

① 张亮：《我国马克思主义哲学史学科的历史之路》，《学术研究》，2009年第1期。

克思主义哲学的科学形成过程。

20世纪80年代以来，尽管马克思主义哲学有自己的具体的历史得到了大多数人的认可，但马克思主义哲学史研究应该是一种单纯的哲学思想史研究还是要反映出一种哲学路线？这在我国哲学界产生了分歧意见。对此，黄枬森先生有自己明确的看法。他说：马克思主义哲学史，顾名思义，就是马克思主义哲学创立和发展的历史，它必须反映马克思主义哲学体系及其各个原理的提出、丰富、修正的过程，但作为一门科学，它不能停留在对历史线索的叙述上，而要去揭示历史发展的规律，换言之，它应该是历史与逻辑的统一。就上述论述而言，可以看出，在黄枬森先生那里，关于马克思主义哲学史的研究决不仅仅是一种单纯的哲学思想史研究，而是要在研究其历史发展过程的基础上，揭示出其内在的发展规律，从而为当前的马克思主义哲学理论服务。在黄枬森先生看来，这个规律"应该是历史与逻辑的统一"，马克思主义哲学史研究必须揭示出这个规律。

在认识到上述规律的过程中，黄枬森先生同时还进一步指出了必须要纠正两种割裂历史与逻辑统一的理论倾向：一是，教条地把马克思主义哲学经典著作看成是一成不变的哲学最高形态，从而抹杀了其发展的历史性；二是，虽然看到了马克思主义哲学经典著作的历史性，但却机械地认为既然是历史上的东西，那么它现在自然就完全不合时宜了。对于存在的上述这两种错误的理论倾向，黄枬森先生认为："这些问题实际上涉及了马克思主义及其哲学的根本性质，涉及了两种世界观、两条认识路线、两种意识形态的争论，这一争论直到今天还远远没有结束。"[①]要做到这一点，实际上就是要做到克服教条主义和相对主义的错误。也就是只有把马克思主义哲学著作及其思想放在其特定时代的历史条件下来加以考察，才能真正弄清楚马克思主义哲学发展的规律，进而把握其精神实质和正确评价其功过得失。正是在这个意义上，如黄枬森先生所说，许多马克思主义哲学史问题不仅仅是历史问题，而且是具有重大现实意义的问题。

四、努力引领当代中国人学研究

人学是一门新兴的学科。对于这门学科的研究，是最近几十年来我国哲学研究的一个前沿问题之一。然而在此之前，这一领域的研究在我国基本处于一个理论"禁区"状态。不过自改革开放以来，在国内外多种因素的影响下，这一状态被打破了。我国的人学研究也在一些先行者的努力和带领下，获得了一些重要进展，取

---

① 黄枬森：《哲学的科学化》，首都师范大学出版社2008年版，第44页。

得了日益丰硕的研究成果。在这一勇于探索的前进过程中，黄枬森先生就由率先积极参加"人道主义和异化问题"的大讨论开始，不断创新，并对当代中国人学建设的几个重要方面，如必要性、可能性及基本内容等都进行了较为深入系统的研究，从而为当代中国人学研究起到了某种引领性作用。

20世纪80年代那一场在我国哲学界展开的关于"人道主义和异化问题"的大讨论，当时的很多学者都积极地加入了进来，黄枬森先生便是其中重要的和较早的一员。在这场大讨论开始之初，黄枬森先生首先就表示出了对以往那种"谈人色变"状态的反对。他说："在我国，关于人的问题的研究经历了一条曲折坎坷的道路。新中国成立后的二十几年中，肯定共同的人性、人道主义的观点都横遭批判、压制，被扣上地主资产阶级人性论、修正主义的帽子，这不仅违反了学术上的百家争鸣的方针，而且也扼杀了某些具有真理性的观点，阻碍了马克思主义的发展。事情一度竟弄到如此地步，似乎只有西方理论界和欧洲理论界是重视人、关心人的，而中国的马克思主义理论界倒是忽视人、不谈人的。"①他还就此发表出了不少的研究成果。

在这场激烈的"人道主义和异化问题"大讨论中，黄枬森先生尤其对人道主义及其理论发展过程进行了深入的研究和详细说明。他既反对过去"文革"时期的那种大批判，也反对现在如一些学者那样笼统地加以肯定。在他看来，科学地认识人道主义就要辩证地看待其理论发展过程，为此，他首先对人道主义中"人"的这一概念进行了具体的分析和说明。在黄枬森先生看来，人道主义概念的核心是"人"，黄枬森先生接着指出："人是一个实物名词。一个实物名词可以指一个类的个体或分子，也可以指这个类的群体或整体。因此，人可以指个人，也可以指人群或人类……那么，现在讨论的人的问题主要是关于个人的问题呢，还是关于人群或人类的问题？我认为主要是个人问题。"②黄枬森先生进一步认为，在马克思主义哲学史上，尽管马克思主义理论体系确实比较少地讲个人问题，但不等于说马克思主义就不讲人的问题。因为马克思主义从来都不否认个人的价值和利益，只是在传统辩证唯物主义理论体系中主要是讲个人利益要服从集体利益、党的利益、国家的利益，也就是强调整体人的利益，因此相比较而言，个人问题就显得讲得少。这就导致了在西方的人道主义理论视野中，马克思主义似乎只强调整体社会而完全忽视个人，以至于提出所谓的"马克思主义哲学人学空场论"。可以明显看出，这其

---

① 黄枬森：《哲学的足迹》，中国社会科学出版社1987年版，第353页。
② 黄枬森：《关于人的理论的若干问题》，《哲学研究》，1983年第4期。

实是一种对马克思主义人学的误读。

从这场"人道主义"的大讨论开始，为建设当代中国人学，一大批马克思主义者开始了他们的艰辛探索，黄枬森先生便是其中之一。作为探索者，他曾指出：在今天研究人时，出现了协调各种不同学科，即进行综合研究的趋势。在这种趋势下，建立一门相对独立的关于人的统一的人学就成为必要和可能。为此，黄枬森先生首先对当代中国人学建设的必要性与可能性进行了科学说明。在黄枬森先生看来，首先就我国情况而言，在人的研究走过一些曲折道路之后，现在已经到了一种必须从广度上展开对人的各种问题进行综合理论研究的时候了。现在的时代特征变化了，从大的方面来讲，和平与发展已成为世界的主题。具体从我国的国情来说，社会发展已经发生了根本性的改变，这使得之前被湮没的许多个人问题也都显露了出来。现在我们对这些问题加以理论上的分析和重视，是顺应时代的需要。这实际上也就是改革开放以来我国人学思想大发展的真正原因，这种历史发展实践必然使得我国人学的建设提上历史日程。这就是说，我国人学的建设具有了某种必要性。除了必要性之外，在人学建设的可能性方面，黄枬森先生也认为现在具备了很好的条件。因为随着思想的解放以及中国的对外开放等，当前中国已经开始兴起了一股热情非常高涨的人学研究浪潮，并且在这一过程中也诞生了一些重要的人学研究成果，在黄枬森先生看来，这些前提条件都为当代中国的总体人学建设提供了可能性。对于这一点，黄枬森先生在其主编的《人学原理》一书"导论"中，通过从一些社会背景所作的分析，包括认识史和科学史的背景、国际背景、国内背景等，向我们说明了人学研究的兴起，为建设当代中国人学提供了何种可能。

在对人学建设必要性、可能性进行充分说明的基础上，黄枬森先生还进一步对历史上各种中西人学思想加以认真地批判和借鉴，从而对中国人学建设一些基本问题进行了考察和研究，并试图努力建构一个科学合理的马克思主义人学理论体系。为此，黄枬森先生从人学的对象和基本内容、人的发展及其规律、人学在科学体系中的地位以及"以人为本"的科学解读等方面，对当代中国人学建设的一些基本问题作了一定的探究，并提出了不少观点。关于人学的对象，黄枬森先生认为："人学的对象当然就是人，但这个'人'是作为整体的人，而不是人的某一部分或某一方面，也不是大于人或多于人的东西。"[1]可以看出，在黄枬森先生看来，人学是有自己明确对象的，并且这个对象就是作为整体的人。就这点来说，人学具备了一个能与别的学科区别开来的，反应自身特征的明确的对象。人学作为研究整体人的

---

[1]　黄枬森：《哲学的科学化》，首都师范大学出版社2008年版，第469页。

一门学科，其不仅要对人进行一种静态的即关于人的本质的横断面研究，同时还要对人进行一种动态的关于人的发展的纵剖面研究。黄枬森先生首先为我们描绘了一个人学的科学体系图谱，这一图谱某种程度上提供了一个关于人的发展图景，也就是人的发展及其规律。其次，黄枬森先生还根据相关研究基础设计了一个关于人的规律的理论框架。这一成果体现在其发表于《江海学刊》1997年第2期的《人的发展规律》一文中。在该文中他从七个方面全面总结了人的发展规律。不仅如此，黄枬森先生还积极倡导、推动当代中国人学这门新学科的建立与发展，比如，他发起全国性的"马克思与人"的大型学术研讨会，领导参与成立了中国人学研究学会等。可以说，黄枬森先生在当代中国人学建设和研究方面的成果及其贡献都是显著的，某种程度上完全可以说他发挥了这一重要领域的示范引领作用。

黄枬森先生在马克思主义哲学理论战线整整奋斗了近七十年，获得了很多殊荣，在很多领域特别是马克思主义哲学研究领域做出了不少值得称道的成就，对我国哲学界也产生了较为广泛的影响。从黄枬森先生哲学思想的成长与发展历程来看，他的哲学思想是在新中国成立后时代发展的实践中总结出来的，具有一种典型的代表意义。实际上，在马克思主义中国化过程中，如何实现对马克思主义哲学进行一种在守正基础上的创新是这一过程的关键。黄枬森先生的哲学思想恰恰在这方面做出了独特的贡献，这也体现了黄枬森哲学思想的时代价值，在某种意义上可以说，他的哲学思想就是当代中国哲学界的一面旗帜。

（金承志，安徽工程大学副教授，发表博士论文与专著《黄枬森哲学思想研究》）

第二篇

马克思主义哲学史学科的开拓

追思当代中国哲学家黄枬森

李慎明

黄枬森教授是我国著名的马克思主义哲学家，是马克思主义理论研究的领军人物，是思想界、学术界坚持与发展马克思主义哲学的一面旗帜。黄枬森教授的一生是为党的事业、人民教育事业、马克思主义理论的研究和宣传事业不断奋斗的一生，不停贡献力量的一生，他的去世不仅是北京大学的重大损失，也是中国哲学界、马克思主义理论界、高等教育界的一大损失。在此，我对黄枬森教授的去世感到万分的悲痛，向黄枬森教授的家人致以诚挚的问候。

黄枬森教授始终坚定信仰马克思主义，坚持与发展马克思主义哲学理论，这是贯穿于黄枬森教授学术生涯中的一条红线。黄枬森教授在学术界有着广泛的影响，多年来，黄枬森教授始终坚守在我国马克思主义哲学理论建设与教学的岗位上，在马克思主义哲学理论的中国化与体系建设、马克思主义哲学理论的教材与教学建设、马克思主义人学理论等多个重要领域均有重要建树，为我国马克思主义哲学理论建设做出了重要贡献。

黄枬森教授学识渊博，学贯中西，探求真理，追求真理，服从真理，而且治学严谨，诲人不倦，学为人师，行为世范，教书育人，为马克思主义哲学界培养了大批人才。在他的教育和影响下，他的学生和后辈奋发有为，都取得了不凡的业绩，并正在发挥着重要作用。黄枬森教授可谓著作等身、桃李满天下。他高尚的学术风范和精深的学术造诣，为我们树立了学习的榜样。我们应该学习黄枬森教授在研究马克思主义哲学过程中所表现出来的坚定的理想和信念，继承他的遗志，继续推进马克思主义哲学中国化的研究，为马克思主义的不断发展做出自己应有的贡献。

（李慎明，马克思主义理论家，中国社会科学院原副院长）

哲学大师的风骨、境界与情怀

郝立新

2013年1月24日，黄枬森教授永远地离开了我们。作为当代中国最著名和德高望重的马克思主义哲学家之一，黄老是推动马克思主义哲学中国化的杰出代表。他的离世是我国哲学界的重大损失。中国失去了一位伟大的智者，我们晚辈失去了敬爱的导师。每每想起与黄老在一起的点点滴滴，都让我内心久久难以平静。

我在上大学本科和研究生时，就拜读过黄老的许多大作，为他在马克思主义哲学史和马克思主义哲学理论体系等方面研究的精深造诣和深刻见解所敬佩。第一次近距离接触到黄老，是在1989年9月我的博士学位论文答辩会上。从1984年起我师从敬爱的导师陈先达教授攻读硕士和博士学位，经常听他提起黄老，并感受到他对黄老的敬重。黄老担任了博士学位论文答辩委员会主席，我有幸得到黄老的当面指教。特别是后来在北京市教工委的安排下，我入选北京市哲学学科带头人，黄先生被指定为我的指导老师，北京市专门为我们举行了拜师会。此后，我多次聆听过他的亲切教诲。我常常为他深邃的思想、勤奋的精神和高尚的人格所折服。

2008年春，在黄老88岁高龄时，我与他商定好并做了安排，准备让亲人陪同他乘车重走他当年参加抗日战争时亲自驾车走过的滇缅公路，并到腾冲访问艾思奇的故乡，以圆他的一个梦。一切准备就绪，在动身的头一天，黄老在昆明参加我们主办的一个学术研讨会，不顾年事已高，坚持在台下坐了一个上午，认真听取代表发言，以致腰病复发，而十分遗憾地放弃了访问艾思奇故居的计划。我在为黄先生虚怀若谷、抱病参会的精神感动的同时，也为自己没能照顾好先生而让他圆自己的一个梦而感到内疚和遗憾。不过，他后来委托我把他的著作献给艾思奇故居纪念馆，我完成了他的夙愿。由此，我们可以看出黄老敬业的精神和谦逊的作风。

2011年11月，中国人民大学哲学院迎来了55周年院庆。黄老作为20世纪50年代在人民大学学习过的老校友，在百忙之中应邀给我们发来了他亲笔用楷书写的贺词，对人大哲学院的教育成就作了高度评价，全院师生备受鼓舞。此外，黄老还应邀为由我主编的《哲学家》（2011年专辑为院庆特刊）赐稿，表现出黄老一贯的热情和平和，同时，也给我们留下了一笔值得永远珍藏的宝贵财富。

2012年10月，在北京大学哲学系百年庆典上，黄老荣获终身哲学成就奖。我恰好作为兄弟哲学院系的代表，与黄老同坐在主席台上，我起身向他表示诚挚的祝贺和崇高的敬意。想不到这竟然是我与黄老生前的最后一次相聚。

最令人难忘和肃然起敬的是，黄老作为马克思主义哲学研究的大师，辛勤耕耘，殚精竭虑，毕生为推动马克思主义哲学中国化事业做出了不可磨灭的卓越贡献。

2001年11月29日和2006年12月9日，北京大学先后举办过"21世纪哲学创新暨庆祝黄枏森教授八十华诞学术研讨会"和"马克思主义哲学体系创新与马克思主义哲学史研究——庆贺黄枏森先生八十五华诞学术研讨会"。2010年10月10日，北大又举办了"感谢与祝福：汪子嵩、张世英、黄枏森三老九秩百人学术研讨会"。学界同仁曾就黄老的哲学思想以及马克思主义哲学创新与体系建构等问题展开深入研讨。他秉持坚定的学术信仰，倡导马克思主义哲学综合创新，始终笔耕不辍，具有包容的学术襟怀。他主编的《马克思主义哲学史》与他撰写的对列宁《哲学笔记》的解读著作在学界产生重要影响，他的学术名著《哲学的科学之路》与《哲学的科学化》近年来引起学界热烈讨论。关于"马克思主义哲学是不是科学"等问题的争鸣使学界重审"哲学"和"科学"的原初语境、话语变迁与内在规定，思索辩证唯物主义和历史唯物主义的学术价值，形成了中国马克思主义哲学界的学术热点。

传播马克思主义哲学的科学精神，建构马克思主义哲学体系，是黄老晚年最重要的学术工作。曾在西南联大学习物理学的他强调哲学与自然科学一致，认为必须坚持辩证唯物主义，反对抽象思辨。作为中国马克思主义哲学史学会名誉会长、中国人学学会名誉会长、中国马克思恩格斯研究会名誉会长、北京市哲学会名誉会长，他曾在很多重要学术会议上发表辩证唯物主义新见，细致地讲解建构马克思主义哲学的科学体系的必要性与可能性，多次重申哲学研究是从非科学走向科学的道理，提倡在坚持辩证唯物主义和历史唯物主义基本原理的基础上推动马克思主义哲学创新，推动马克思主义人学学科创建与发展。创新的基础是对马克思主义哲学史的娴熟把握，创新的着力点是马克思主义哲学研究对象的进一步明确以及对辩证唯物主义原理与时俱进的丰富和完善，建构与当今时代的发展水平相称的马克思主义哲学体系，使之视野广阔、逻辑严密。

作为当代中国马克思主义哲学界前辈，黄老"治学宽广，待人宽厚，脾气宽和"，他对后学的关心细致入微。他坚持辩证唯物主义世界观的理论品格令人称道，"'无私者无畏'，无畏者才敢于突破、敢于创新。"①他将历史观、实践论、认识论、人学、价值论纳入辩证唯物主义体系，认为从一定意义上说现代化就是科学化，和谐社会就是科学精神主导的社会。他在中国特色社会主义文化理论、邓小平理论的哲学基础等方面的论述，丰富了辩证唯物主义体系，推动了中国化马克思主义哲学的发展。

此外，年逾九十的黄老还曾在北京大学主持召开了"哲学观问题"学术研讨会，与会学者就哲学是什么、哲学有没有共同的研究对象、哲学与科学的关系、哲学的社会功能、哲学的出路以及哲学的源流等经典的哲学问题，再次进行深入探讨。他在会上强调，马克思主义哲学是关于自然、社会和思维发展最一般规律的科学，是科学的世界观和方法论。使辩证唯物主义理论科学化、体系化，并为其增添与时俱进的时代内涵，他的马克思主义哲学观及其理论阐释引人深思。

总之，黄先生做人的风骨、做事的境界与做学问的情怀影响深远，他倡导的"哲学的科学化"等学术命题值得中国学界深入反思，他求真务实的治学精神对后辈学人身体力行地呈现马克思主义哲学的中国气派和中国特色，具有久远的启示意义。今天，我们共同回顾黄先生的学术历程，对深入理解并彰显马克思主义哲学的中国风格，审视中国马克思主义哲学理论与时俱进的学术路标，推动马克思主义哲学中国化、时代化、大众化，具有重要的理论意义与现实价值。

黄老师，您安息吧，您的音容笑貌、谆谆教诲永远留存在我们心里！

（郝立新，中国人民大学教授，校长助理，哲学学院院长，中国马克思主义哲学史学会会长）

---

① 李响：《无私者无畏——记北大哲学系教授黄枬森》，《北京大学校报》，2007年1月2日。

关于实现马克思主义理论研究科学性的思考

纪念黄枬森先生百年诞辰

梁树发

最近再次拜读黄枬森先生的有关讨论哲学与科学、马克思主义哲学与辩证唯物主义和实践唯物主义的关系问题的文章，首先产生一种重回北大课堂跟着先生初学哲学的感觉。记得在20世纪70年代，我们进入大学的第一学期就开设了马克思主义哲学经典著作课。哲学系许多从事马克思主义哲学研究和教学的最好的老师都给我们上这门课，而其中最主要的就是黄枬森老师。我们学生都把他看作"原著课"的"头牌"，点名要黄老师来给我们上课。当听到黄老师真的要来给我们上课的消息时，我们高兴得不得了。黄老师来上课，自然就是讲列宁的《唯物主义和经验批判主义》和《哲学笔记》（主要是"辩证法的要素"和《谈谈辩证法问题》）了。这是两门分量很重的课，也是先生所开的主要课程。在北大学习和工作期间，我除了跟先生学了这两门课程外，还跟着他学了部分马克思主义哲学史的课，"蹭的"是1978级马克思主义哲学史专业硕士研究生（那时还没有招收博士研究生）的课。所以，可以说，黄枬森先生是我的哲学启蒙老师之一。我的硕士学位论文答辩（在北京大学）和博士学位论文答辩（在中国人民大学）的主席都是黄老师，这应该说也是一种缘分。在毕业后从事马克思主义哲学史和马克思主义发展史研究和教学的过程中，我也直接和间接地受到黄先生的指导和影响。我在有关哲学与科学、马克思主义哲学与辩证唯物主义和实践唯物主义的关系的文章读后产生的另一种感悟，就是关于先生的科学治学精神。先生对哲学史和哲学发展的当下、对国内和国外关于这些问题的研究状况有十分清楚的了解，问题也提得十分准确，对问题的看法从来坦诚、明确和充满自信，对道理、结论阐释得十分透彻，因而极有说服力。20世纪80年代后期至90年代，国内学界对于在这里提到的问题的争论十分激烈。但我对这个争论没有直接参与，只对它的大概情况有个了解，知道当时有影响的学者的基本主张或"倾向"，也知道先生属于占少数的"辩证唯物主义派"的代表，但对先生的观点没有全面的深入的了解。这一次对先生关于这两个问题的有关文章的阅读，对先生的理论主张才有了一个比较清楚的认识，并为先生在这些问题上发表的见解折服，为先生那种坚定承认哲学的科学性并把科学精神贯彻于自己的哲学研究中去的信仰与行动一致的精神所感动。今年是先生100周年诞辰，在思考应该写些什么作为对先生的纪念时，曾想沿着先生的思考再谈哲学和马克思主义哲学的科学性问题，或马克思主义哲学的唯物主义性质问题，但发觉先生在这个问题上把应该说的东西都已经说了，我们要说什么似乎都是多余的。先生在一篇文章中曾经明确表达对中央关于"把马克思主义理论作为科学来研究和建设"[①]的决心的高度赞同。其实，这是丝毫不奇怪的，因为这正是先生一生致力的事业。学生自然应该沿着先生开辟的这条道路继续前进。《关于实现马克思主义理论研究科学性的思考》一文，正是这样一个启示下的选择和愿望表达。

一、马克思主义理论研究科学性要求的提出

使马克思主义理论研究成为科学的要求，是马克思主义理论研究的基本要求。用马克思主义指导实践，就要对马克思主义理论有正确的理解，用正确理解的马克思主义理论、观点武装我们的头脑。要对马克思主义理论有正确的理解，就要开展对马克思主义理论的深入而系统的研究。这个要求特别是对作为研究主体的马克思主义理论家的要求。但是，作为要求，马克思主义的理论研究就不仅仅是深入的和系统的，更应该是科学的。科学性是马克思主义理论研究的根本要求。但是，可能是因为以往我们把这个要求看作是一种十分正常的合理性的要求，所以也就很少特别提出这个要求。所以，当我们今天提出这一要求时，就感到有几分不寻常了，好像我们的这个研究曾经有过或者仍然存在着不科学似的；又似乎意味着客观形势的新变化提出的新任务对我们的马克思主义理论研究提出了更高要求。这两方面其实是都存在的。前者可以用马克思主义发展的经验来说明，后者已经是广大马克思主义理论研究者的充分感悟了。所以，这样的要求即使没有明确提出，也并不意味着我们没有把马克思主义理论研究发展为科学的自觉意识。

2005年12月23日，国务院和教育部联合发布《关于调整增设马克思主义理论一级学科及所属二级学科的通知》。根据《通知》，同时决定在《授予博士、硕士学

---

① 《黄枬森文集》第7卷，中央编译出版社2016年版，第384、388页。

位和培养研究生的学科、专业目录》中增设马克思主义理论一级学科及所属二级学科。①马克思主义理论研究实现了"由科学化到学科化"的转变。这个转变为马克思主义理论研究科学性要求的提出提供了一个契机。就科学发展的一般过程来说，学科化是科学化的结果。当一定的知识体系已经形成，从而发展为科学的时候，它也就成了科学体系或科学史中的一定的学科，实现了由知识体系科学化到学科化的转变，实现了科学化与学科化的统一或同一。科学与学科的互动必然提高对这一学科的发展的要求，而这一学科的发展本质上又是它的科学水平的提高。就马克思主义理论研究来说，马克思主义理论一级学科的建立即它的学科化，必将推动马克思主义理论研究水平的提高，进而提高马克思主义理论的科学化水平。所以，作为马克思主义发展中科学研究与学科发展的逻辑联系和运动规律的能动反映，提出使马克思主义理论研究"成为科学"或"发展为科学"的要求是自然的合理的。但是，人们可能会问，这个提法会不会使人产生这样一种误解，即在马克思主义理论学科化之前，我们的马克思主义理论研究还没有成为科学，或者还没有达到科学研究所要求的水平。而它的科学资格则只能在其成为学科之后。回答是否定的。原因在于，马克思主义理论研究的科学性或科学化水平是相对的。"使马克思主义理论研究成为科学"或"把马克思主义理论研究发展为科学"，是基于马克思主义发展的连续性的可能与事实，而不是基于在明确提出这一要求之前马克思主义理论研究处于非科学或前科学这样一种事实和认识。提出研究的科学性的要求，旨在对研究者提出应该在原有研究已经达到的水平的基础上提升马克思主义理论研究水平，要求研究者具有马克思主义的"科学研究"意识，在行动上能够沿着已经在科学研究的道路或研究走向科学的道路上继续前进。

还要说明的是，关于马克思主义理论研究的科学性，既是一个对马克思主义理论学科整体发展的要求，又是一个对马克思主义理论各个二级学科发展的要求。所以，形式上就不仅有"把马克思主义理论研究发展为科学"的提法，还有把各个马克思主义理论二级学科的研究发展为科学的提法。2017年11月11日，我以中国马克思主义哲学史学会名誉会长的身份在学会的当代国外马克思主义研究分会举办的研讨会开幕式的致辞中，继以前在南京举办的研讨会上提出"把我们的国外马克思主义研究发展为科学"的要求后，提出"把国外马克思主义研究学科发展为一个更成熟的学科"的要求，并就"国外马克思主义研究如何从学科化走向科学化"谈了

---

① 这些二级学科是马克思主义基本原理、马克思主义发展史、马克思主义中国化研究、国外马克思主义研究、思想政治教育，后又增加中国近现代史基本问题研究、党的建设。

看法。2021年4月29日，我在清华大学主办的"中国共产党与马克思主义传播史学术研讨会暨马克思主义经典文献传播研究成果座谈会"的发言中，谈到："我们国家在高等教育学科体系中设置马克思主义理论一级学科，这不仅意味着我们把马克思主义当作科学来对待，而且意味着要使我们的马克思主义研究成为科学。作为一种科学的马克思主义，并不能够为它的追随者把它当作科学和科学地对待提供保证。要使这种研究成为科学，基本的路径就是认真深入地研读马克思主义经典著作。"①近几年在我所参加的相关学术研讨会上，我都就马克思主义哲学史研究、马克思主义发展史研究、国外马克思主义研究如何"从学科化走向科学化"的问题发表意见。

二、马克思主义理论研究科学性的表现

"使马克思主义理论研究成为科学"或"把马克思主义理论研究发展为科学"的要求，是马克思主义理论研究的科学性问题。那么，什么是"马克思主义理论研究的科学性"呢？简单回答，就是作为过程的马克思主义理论研究遵循科学研究的规律，符合科学研究的规范和要求。自然，所得研究成果应该是科学的，即是具有真理性的观点、结论。从研究结果来看，我把"四个分清"理解为马克思主义理论研究的科学性的标志。这"四个分清"是：哪些是必须长期坚持的马克思主义基本原理，哪些是需要结合新的实际加以丰富发展的理论判断，哪些是必须破除的对马克思主义错误的、教条式的理解，哪些是必须澄清的附加在马克思主义名下的错误观点。

但是，马克思主义理论是一门特殊的科学。它是关于自然界、人类社会和人的思维的普遍规律的学说，是无产阶级争取自身解放和整个人类解放的科学学说，是无产阶级的科学世界观和方法论。因而它是具有特殊的本质和运动规律的科学。所以，科学的马克思主义理论研究一定是严格地遵循这门科学的特殊的本质和规律的。在我们的马克思主义发展规律研究还仅仅是一个开始的情况下，关于马克思主义研究的本质与规律的认识则几乎是一个空白，缺少这方面的研究成果和研究经验。在一定场合我们曾经呼吁过的"科学马克思学"和"科学马克思主义学"研究，尽管本质上属于"科学马克思主义研究"范畴和"马克思主义研究的科学性"问题，但实际的研究则没有真正开展起来。所以，对于什么是"马克思主义理论研

---

① 梁树发：《〈通考〉是一项基础性的马克思主义理论建设工程》，《高校马克思主义理论研究》，2021年第2期，第69页。

究的科学性"问题的回答，没有直接经验的基础，因而就只能是一种探索。

北京大学哲学系的黄枬森先生在回答哲学是不是科学的问题时，曾经谈到哲学同自然科学和社会科学"作为科学的共同点"。这个共同点有以下五个方面："第一，它们都有明确的对象；第二，它们的内容（范畴、原理、理论）都是与各自的对象相一致的；第三，它们的内容都是通过归纳与演绎、分析与综合的方法获得的，都具有具体性与抽象性、实证性与思辨性；第四，它们的真理性最后都是由实践来检验的；第五，它们都具有逻辑与历史相统一的科学的思想体系。"①在有些地方，他又把这个共同点概括为三个方面，即对象、原理和体系。我们所谈的对象的科学性问题比哲学和科学的科学性问题要小得多，而且对象的性质也不同。它是作为人的一种特殊活动的研究的科学性，而不是一定的知识体系的科学性。所以，虽然黄枬森先生所谈的这五个或三个方面对于我们认识马克思主义理论研究的科学性具有指导性意义，但还是不能硬套。

对于"什么是马克思主义理论研究的科学性"这一问题的回答，我主张按照四个视界的思路进行。它们是：过程与结果的关系、整体与部分的关系、实证与思辨（总体）的关系、客体与主体的关系。

1. 过程与结果的关系的视界

从过程看，研究是严格地遵循一般科学发展和科学研究的规律的，是遵守科学研究的规则与方法论的原则的，因而是彻底贯彻科学精神的。从结果看，是经得起实践检验的，并一定是具有创新性和前沿性的。

2. 整体与部分的关系的视界

正如马克思主义理论体系在结构上划分为两个层次，即马克思主义的整体和构成这一整体的各个部分。从学科角度讲，它是马克思主义理论一级学科及其所属各个二级学科。一方面，要承认无论是关于马克思主义理论整体的研究，还是关于它的各个部分的研究，都要遵循科学和科学研究的一般规律和一般规定。另一方面，又是承认整体的马克思主义理论所属的各个部分作为特殊研究领域和特殊学科所具有的特殊发展规律、特殊研究规律和研究规则。比如，马克思主义哲学的发展规律不同于马克思主义政治经济学的发展规律和科学社会主义的发展规律，因而它们会有不同的研究规律、研究规则和研究方法。马克思主义中国化研究和国外马克思主义研究之研究在规律、规则和方法上有共同点，但是差异则更为明显。这种差异取决于两种不同研究形式之间的差异。马克思主义中国化研究之研究的科学性特别表

① 黄枬森：《哲学的科学化》，首都师范大学出版社2008年版，第326页。

现在科学地揭示马克思主义中国化两大理论成果形成的逻辑、中国特色社会主义理论体系的各个具体形态形成的逻辑、作为实现马克思主义理论创新的阶级主体与理论家主体之间的关系的本质与规律等；而国外马克思主义研究之研究的科学性则特别表现为能够科学地说明那些形形色色的马克思主义研究流派的形成与资本主义现实和科学发展之间的关系，科学地揭示每一个别理论家的政治的和理论的主张与其特殊的社会存在和思想、文化传承之间的关系。

3. 实证与思辨（总体）的关系的视界

在关于无论是对哲学还是对科学的一定对象的研究上，马克思主义坚持实证性与思辨性（总体性）的统一。而在人们的印象中，似乎科学研究更强调方法的实证性，坚持任何科学的结论都必须有实证经验或实验过程作为支撑，以为越是实证的就越是科学的，越是思辨的就越是虚假的。这种实证与思辨、实证与总体的方法的对立，在学者中有着普遍的影响。在马克思主义理论研究中，这种矛盾、对立特别表现在关于马克思与恩格斯思想的关系、马克思早期思想与成熟时期的思想的关系的研究中。而在西方学者中普遍存在的两种"对立论"（即"马克思与恩格斯的对立""青年马克思与老年马克思的对立"）形式上看是以对他们的文本文献的研究为根据的，但是由于方法的片面的实证性，其结果则远离了真正的马克思和马克思主义。其基本教训在于没有处理好实证方法与思辨方法或总体方法之间的关系。

4. 客体与主体的关系的视界

马克思主义研究中的客体就是研究面对的一切对象。研究的科学性首先在于一切结论都要反映对象的真实内容，做到"有一说一"，不妄加任何主观的虚假的成分。这就是研究的客观性。在这个意义上，我们说，马克思主义理论家必须是一个唯物主义者。但是，人类认识史表明，要使人的认识实现对于对象、客体的真实反映，即获得关于对象的真理性的认识，只有唯物主义还是不够的，而必须是唯物主义和辩证法的结合。这就对主体的哲学的和理论的素养提出全面性的要求，即在哲学上他不仅应该是一个唯物主义者，还应该是一位辩证法家，一位善于把二者结合起来的辩证唯物主义者。在《论战斗唯物主义的意义》一文中，列宁在谈到《在马克思主义旗帜下》杂志如何能够担负起捍卫唯物主义和马克思主义的任务时，对这家刊物，也对全体唯物主义者，提出了结成"两个联盟"的要求，一个是"同没有加入共产党的彻底唯物主义者"结成的联盟，一个是同现代自然科学家结成的联盟。两个联盟的建立都是为了坚持刊物的战斗唯物主义的性质。列宁在谈到同现代自然科学家建立联盟的理由时，指出"这些人倾向于唯物主义，敢于捍卫和宣传唯物主义，反对盛行于所谓'有教养社会'的唯心主义和怀疑论的时髦的哲学倾向。"文章中列宁还谈到这样一个事实，即"正因为现代自然科学经历着急剧的变革，所以往往会产生一些大大小小的反动的哲学学派和流派"。所以，他要求，《在马克思主义旗帜下》杂志"现在的任务就是要注意自然科学领域最新的革命所提出的种种问题，并吸收自然科学家参加哲学杂志所进行的这一工作。"①接着，列宁提到苏联哲学家季米里亚捷夫在该杂志第1期上提到的这样一件事情，即各国已有一大批资产阶级知识分子对19世纪以来自然科学的许多大改革家，甚至是多数改革家（包括爱因斯坦）的理论进行攻击。列宁说："为了避免不自觉地对待此类现象，我们必须懂得，任何自然科学，任何唯物主义，如果没有坚实的哲学论据，是无法对资产阶级思想的侵袭和资产阶级世界观的复辟坚持斗争的。"为适应斗争的需要，列宁认为："自然科学家就应该做一个现代唯物主义者，做一个以马克思为代表的唯物主义的自觉拥护者，也就是说，应当做一个辩证唯物主义者。"②列宁对自然科学家提出的这个要求当然具有特别的意义，但是它对于一切共产党人唯物主义者和列宁提到的"没有加入共产党的彻底唯物主义者"、《在马克思主义旗帜下》杂志的编辑和撰稿人，乃至一切实践和认识的主体又具有普遍性意义。为了达到这个目的，列宁要求《在马克思主义旗帜下》杂志的撰稿人"应该组织从唯物主义观点出发对黑格尔辩证法作系统的研究，即研究马克思在他的《资本论》及各种历史和政治著作中实际运用的辩证法。"他说："现代的自然科学家从作了唯物主义解释的黑格尔辩证法中可以找到（只要他们善于去找，只要我们能学会帮助他们）自然科学革命所提出的种种哲学问题的解答。"③

自然科学家是天生的唯物主义者。但是，面对复杂的自然现象，特别是他们生活于其中的复杂的社会现象，仅有这种天生的、自发的唯物主义是远远不够的。这方面，19世纪末20世纪初大量的自然科学家在自然科学革命面前陷入唯心主义（例如，马赫主义者）的教训是一个极好的说明。马克思主义者和一切从事马克思主义研究的理论家的哲学的和理论的素养比自然科学家应该有更高的要求，因为他们面对的作为其研究对象的马克思主义是更为宏大而复杂的世界，要使自己的研究保持科学的性质，对他们的世界观和方法论的辩证唯物主义要求就一点也不过分。

三、实现马克思主义理论研究科学性的条件

实现马克思主义理论研究科学性的条件问题，是科学的马克思主义理论研究何

①《列宁选集》第4卷，人民出版社2012年版，第651页。
②《列宁选集》第4卷，人民出版社2012年版，第652页。
③《列宁选集》第4卷，人民出版社2012年版，第652页。

以可能的问题。

　　认识马克思主义研究科学性的条件，方法论上应该注意两个区分：区分一般科学研究何以可能的条件与作为特殊领域的马克思主义理论研究的科学性何以可能的条件。前者是一般科学学的问题，后者是特殊的"科学马克思主义学"①的问题；区分马克思主义理论学科整体实现研究的科学性的条件与各分支学科实现研究的科学性的条件。

　　根据科学学，构成科学研究得以正常进行的条件，有以下方面：科学研究的体制、能力、组织、经济、管理、政策、教育、情报、预测与决策、方法等。②而就马克思主义研究来说，特别是从这一研究的科学性要求出发，其条件与一般科学研究原则上是一致的。而从马克思主义理论学科的特殊性，特别是科学性要求来说，它的知识体系的性质、特征、功能及发展的规律等，与一般科学，即使是社会科学也是不同的。鉴于此，对于马克思主义理论研究来说，有以下密切相关的方面：客观形势、科学发展、社会制度、机构设置、管理机制、学科结构、主体能力、研究方法等。

　　1. 客观形势

　　客观形势作为独立于人的意识之外的社会存在，是一定时间和空间内的人的实践的总的结果，在总体上决定着人们的意识和意志，制约着人们的现时的和未来的实践。"形势是社会矛盾运动的结果。由矛盾而引发斗争，由斗争而产生运动，由运动而生形势。"③而矛盾作为一个整体，则是社会基本矛盾、阶级社会的阶级矛盾、思想体系之间的矛盾的统一。形势的空间存在范围具有相对性，有世界性的形势，有一定国家内的形势，也有一定人群甚至个人面对的形势。所以，对于一定的主体而言，其面对的总是一个多层次的规模不同的客观形势，对人们的思想和行为具有直接的和间接的不同程度的决定作用。客观形势也是具有一定的结构的，因而是可以按照这个结构而划分为不同的类型的，如经济形势、政治形势等。人们的意

---

　　① 我发表在《马克思主义与现实》2008年第1期的《西方马克思学与国外马克思主义研究学科建设》一文，根据"从马克思思想文本的研究入手，理解马克思学的思想，进而认识马克思主义，回答什么是马克思主义的问题，是马克思学存在和发展的逻辑"的认识，提出："马克思学直接地说是关于马克思文本和马克思思想的研究，实际说来是马克思主义研究，马克思学就是'马克思主义学'。这个结论就在马克思学的发生学中。"（第46页）张新教授发表在《教学与研究》2009年第11期上的《亟待开展"马克思主义学"的研究》一文，把"马克思主义学"定义为"专门以马克思主义为研究对象的一门学问，是关于马克思主义观的学问。"（第37页）在上述"马克思主义学"概念基础上，为表述方便，本文提出的"科学马克思主义学"意指科学的马克思主义理论研究，对象是马克思主义理论研究，而不是马克思主义理论本身。

　　② 田夫、王兴成主编：《科学学教程》，科学出版社1983年版。

　　③ 梁树发：《试论马克思主义发展的实现环节》，《理论视野》，2012年第5期，第20页。

识、思想和行为直接地受到面对的政治形势的影响。判断马克思主义发展的一定趋势主要的就是看其所面对的政治形势，特别是总的政治形势。列宁在1910年12月23日撰写的《论马克思主义发展中的几个特点》一文中，写道："俄国近年来发生的急剧变化异常迅速、异常剧烈地改变了形势，改变了迫切地、直接地决定着行动条件，因而也决定着行动任务的社会政治形势。"因此，在这一时期，在俄国的具体的社会政治形势改变了和迫切的直接行动的任务随之改变了的情况下，"马克思主义这一活的学说的各个不同方面也就不能不分别提到首要地位。"①就是说，一定范围和规模的客观形势对马克思主义研究的方向、主题与内容有着根本的直接的影响，把"唯物主义的和因而是科学的方法"（马克思）"应用于马克思主义直到今天的进一步发展上"②，就是要从马克思主义面对的客观历史形势的变化即"历史出现转折"来理解马克思主义的发展，理解马克思主义研究者在此种形势下应该把握的马克思主义理论研究的方向与主题。

2. 科学发展

对哲学、思想、理论的发展发生直接影响的，除了客观形势外，还有科学的发展。科学发展，我们往往只把它理解为自然科学的发展，这是片面的。在自然科学之外还有社会科学。我们今天的马克思主义理论研究，关注自然科学和社会科学的发展都是不够的。

科学是马克思主义发展的基础性资源，是影响马克思主义发展的重要因子。科学发展对马克思主义研究的影响一般有三种形式：第一，新的科学发现和技术发明形成新的科学技术革命，无论是这种革命中对于马克思主义的发展产生的"科技元素"，还是革命本身形成的一般历史背景，都会成为马克思主义发展的动力，给马克思主义理论研究提出新的问题，对这些问题的科学回答推动了马克思主义的创新发展。例如，20世纪80年代新技术革命发生时已经提出过的：当科学技术成为第一生产力时，如何在本体论的意义上理解科学、技术与生产之间的关系，用三者的两个运行轨迹来表示，就是"科学—技术—生产"与"生产—技术—科学"之间的关系？"科学—技术—生产"的逻辑是否与唯物史观的基本原理相矛盾？科学革命、技术革命、产业革命与社会革命之间的关系在科技革命时代将可能发生什么样的变化？当代社会革命是否将都以科学技术革命为前提？如果这种回答是肯定的，那么是否意味着我们的历史观在经历了由历史决定论到经济决定论的倒退以后，又在经

---

① 《列宁选集》第2卷，人民出版社2012年版，第278、279页。
② 〔德〕卡尔·柯尔施：《马克思主义和哲学》，重庆出版社1989年版，第21页。

历由经济决定论到技术决定论的倒退？还有在科学技术革命影响下，当代社会大量涌现的"脑力劳动工人"，特别是作为新的劳动主体的"数字劳工"，强化了在发达资本主义国家还在工业社会就已经提出的问题的意义，即当代无产阶级的阶级结构发生了什么程度和性质的变化？这种变化对当代社会无产阶级解放事业的主体有什么样的影响，无产阶级解放和进步事业是否需要寻找新的主体力量，这种力量的具体形态将是什么样的？这些问题直接成为当代马克思主义理论研究的主题，对它们的研究将深化马克思主义认识世界的广度和深度，丰富马克思主义的理论内容。第二，新的科学发现推动了科学研究方法论的进步，如在科学技术革命发生以来，先后产生的信息论、系统论、控制论三大科学方法论和以耗散结构、协同学和突变论为代表的新的科学方法论，虽然还不是哲学方法论，但已经被运用于一般哲学和马克思主义哲学研究了。而这种运用本身就是马克思主义哲学方法论发展的动力。第三，科学事业的进步不仅淬炼了科学家们的科学精神，也同时影响和推动了社会的文明进步，大大提升了各个民族的科学文化素质。科学精神与作为进步文化和意识形态的马克思主义具有内在的一致性，它可以被直接运用于马克思主义研究，也可以转化为马克思主义理论家的素质、作风与品格，它甚至还启发和推动着马克思主义研究者的观念和思维方式的变革，为马克思主义理论的科学研究提供精神动力。

3. 社会制度

社会制度无论是对一般科学研究，还是对于马克思主义研究，都是一个根本性的条件。进步的社会制度不仅使科学的和理论的研究能够得以进行，而且对于具有进步意识形态性质的研究对象，特别是马克思主义理论研究的科学性成果，具有保障作用。这种统一性在于进步社会制度与它的意识形态上层建筑之间的契合，这种契合的实质是社会制度的进步性与马克思主义和马克思主义研究的科学性的内在统一。进步的社会制度需要进步的同时也是科学的意识形态的维护。当然，这不是说，进步社会制度下一定会产生进步的科学的意识形态或理论；也不是说，落后的社会制度下，绝对不可能产生进步的科学的意识形态或理论。社会制度与意识形态的关系是辩证的，实现二者的契合、统一、适应，是一个复杂过程，是多方面的因素发生作用的结果。

4. 机构设置

机构设置概念的提出意味着这里所说的马克思主义理论研究是一种社会行为，而不是单纯的个人行为。也就是说，它是社会承认、组织和支持的特定的活动。机构设置固然是使马克思主义研究得以进行的外部条件，但是，这个条件又是非常必要的。在这一点上，它与社会制度是一致的。适应研究需要的机构不追求形式、规模的一致，但一定要拥有。因为它同制度一样都是马克思主义这一特殊意识形态存在、研究与发展的必要条件。对于马克思主义理论研究来说，机构如何设置的问题是如何使马克思主义理论研究得以正常进行的问题。但是，不要忘记，马克思主义理论研究的所谓正常进行不是研究机构按时开门，有确定的研究队伍并且有维持其研究与生存的必要条件，等等，而是作为一种研究活动，不仅有满足需要的一定数量的产出，而且其成果一定是科学的并且是创新的，因而既是标志着同时也推动着马克思主义的发展的。所以，研究机构的合理设置本来就包含使科学的研究得以进行的功能上的考量。目前，我国马克思主义研究机构大体上分布在四大类部门：第一类是不同层次的社会科学研究部门，例如中国社会科学院和各省市自治区所属的社会科学院，在这些研究部门都建立了马克思主义研究院、研究所或研究中心；第二类是教育部门（含党校和部队院校），例如一些高等院校、党校、部队院校建立的马克思主义学院、马克思主义研究院或研究中心；第三类是大的单位党委领导下的政策研究部门和中国特色社会主义理论体系研究中心、习近平新时代中国特色社会主义思想研究中心。这些部门用马克思主义指导研究中国特色社会主义建设中的现实问题，其过程和结果都在一定程度上具有马克思主义理论研究意义；第四类是中央直接领导下的承担有关马克思主义理论的职能部门，如中央党史和文献研究院，特别是其所属的中央编译局。中央编译局既负责马克思、恩格斯、列宁、斯大林著作的编译，也从事马克思主义理论研究。而其马克思、恩格斯、列宁、斯大林著作的编译，不仅为干部群众对于马克思主义的学习，也为马克思主义专业工作者的马克思主义理论研究提供文本文献基础。实践证明，以上四大类部门所属的马克思主义理论研究机构是独特的合理的，这种结构及其功能是适应马克思主义理论科学研究的需要的。

5.管理机制

我们党历来重视马克思主义理论研究，直接部署干部的马克思主义理论学习，通过哲学社会科学研究基金的形式部署和支持马克思主义理论研究，并直接领导和部署马克思主义理论研究和建设工程。中央及各级主管部门重视马克思主义理论研究、宣传和教育的人才培养，鼓励优秀马克思主义理论研究成果的出版和推广。在科学和理论研究上，我们党历来执行百花齐放、百家争鸣的方针，不压制不同意见，尊重少数人的意见，不搞"大批判"，不干预正常的学术研究和理论研究，鼓励理论联系实际地开展马克思主义理论研究。

6.学科结构

通过合理的马克思主义理论学科结构促进科学的马克思主义理论研究，积极推进学科化与科学化互相转化的进程。马克思主义理论一级学科的建立遵循马克思主义整体性的理论特征和发展规律，是推进马克思主义理论教育和研究的重要战略决策。马克思主义理论所属二级学科的划分是合理的，它正确地反映了马克思主义理论体系的内在结构和社会对马克思主义理论研究和人才培养的需要。当然，马克思主义理论一级学科的建立是新事物，关于马克思主义理论的三个传统二级学科（马克思主义哲学、马克思主义政治经济学、科学社会主义）与新的二级学科的关系，新的"七个二级学科"呈现的马克思主义学科化现实如何与坚持马克思主义整体性的初衷保持一致，需要我们在学科建设的实践中不断探索。

7. 主体能力

在这里，所谓主体能力就是马克思主义理论研究者的研究能力。虽然关于马克思主义理论研究的以上条件同样是主体活动的结果，但一般不是马克思主义理论研究者的直接活动的结果，因而不是研究者的研究能力的体现。所以，就此而言，它们虽然是科学的马克思主义理论研究的重要条件，但终究是外在条件。而作为马克思主义理论研究主体的能力则是这一研究的内在条件。

其实，马克思主义理论研究主体是划分为不同类型的。基本的是专业的马克思主义理论研究主体，即通常所说的马克思主义理论家。另外则有马克思主义政治—理论家和马克思主义理论—政治家。前者的身份首先是或主要是马克思主义政治家，马克思主义的直接实践者，然后是理论家，具有较高的马克思主义理论修养；后者的身份首先是或主要是马克思主义理论家，但与无产阶级的政治实践具有密切的联系，并且是杰出马克思主义政治家。他们不仅具有很高的政治修养，而且具有较高的马克思主义理论水平。对无产阶级革命事业的发展和马克思主义发展、马克思主义理论研究而言，三种类型的马克思主义理论家以他们不同的经验、不同的知识结构和理论水平，对马克思主义理论的科学研究乃至马克思主义的发展发挥着不同的作用。

8. 研究方法

方法属于主体能力范畴，鉴于其对于马克思主义理论研究的重要意义而把它独立出来。在这里，我们既不在一般学科的意义上，也不在哲学层次上，而是在马克思主义理论研究的意义上，并且是在实现科学的马克思主义理论研究的意义和高度上谈论方法。为此，根据经验，着重谈以下四种研究方法：文本文献研究方法、实证与思辨（总体）结合的方法、思想史的方法、理论与实践相统一的方法。

第一，文本文献研究方法。这个方法不是指如何研究文本文献的方法，而是指作为马克思主义研究方法的文本文献方法。马克思主义文本文献研究当然有其特定的方法，但这不是本文要谈的内容。本文要谈的是文本文献作为方法如何被正确地运用于马克思主义理论研究。关于文本文献研究对于马克思主义理论研究的意义，有学者在审读或者阅读一些马克思主义经典著作导读时就已经提出了。在审读或阅读中发现，导读者对马克思主义经典著作中的思想的阐释，不是用心去发掘和展示存在于文章、著作本身中的思想，而是从自己头脑中固有的概念、原理出发或者搬用教科书的有关内容而对问题妄加解释。以至于有读者提出，"导读"究竟是贯彻从原理到原著的方法呢？还是贯彻从原著到原理的方法呢？正确的回答当然是后者了。

对于马克思主义经典作家的一定的思想的理解和解释，其根据首先在于经典著作本身，它们是思想的原本。尤其是面对一些对经典作家的思想在理解上有疑问有争论的问题时，一定要到经典作家的原著中去寻找答案，看看经典作家本人对这一问题是如何阐述的，并且应该同时查找经典作家在其他地方关于该问题是如何阐释的，也要看看其他人对经典作家的这一思想是如何理解和阐释的，经过分析和综合的过程而提出自己的见解。对此，我们以黄枬森先生关于马克思的思想与实践唯物主义的关系的考察为例，说明文本文献研究对于科学的马克思主义理论研究的意义。

黄枬森先生在发表于《哲学研究》1989年第11期的《评对实践唯物主义的一种理解》一文中，首先表明马克思没有"实践唯物主义"概念，仅在标明唯物史观改造世界这一重要功能的意义上承认马克思具有实践唯物主义的思想。黄先生列举了一些人为了论证马克思的唯物主义是实践唯物主义而提出的五个论据，也就是马克思的五句话。第一句话："实际上，而且对实践的唯物主义者即共产主义者来说，全部问题都在于使现存世界革命化，实际地反对并改变现存的事物。"①这是被当作"马克思的唯物主义是实践唯物主义"观点的基本根据的一句话。第二句话，是马克思批评费尔巴哈唯物主义的直观性的一句话："他没有看到，他周围的感性世界决不是某种开天辟地以来就直接存在的、始终如一的东西，而是工业和社会状况的产物，是历史的产物，是世世代代活动的结果，其中每一代都立足于前一代所奠定的基础上，继续发展前一代的工业和交往，并随着需要的改变而改变他们的社会制度。"②第三句话，马克思批评费尔巴哈把自然和历史看成"两种互不相干的'事物'，好像人们面前始终不会有历史的自然和自然的历史。"③第四句话，马克思进一步指出，人类实践"这种活动、这种连续不断的感性劳动和创造、这种生产，正是整个现存的感性世界的基础，它哪怕只中断一年，费尔巴哈就会看到，不

①《马克思恩格斯选集》第1卷，人民出版社2012年版，第155页。
②《马克思恩格斯选集》第1卷，人民出版社2012年版，第155页。
③《马克思恩格斯选集》第1卷，人民出版社2012年版，第156页。

仅在自然界将发生巨大的变化，而且整个人类世界以及他自己的直观能力，甚至他本身的存在也会很快就没有了。"①马克思的话被理解成感性世界是人类历史的产物；人类历史依存于自然，自然也依存于人类历史；实践是整个世界的非常深刻的基础。他们的这种理解还从《1844年经济学哲学手稿》和《关于费尔巴哈的提纲》中得到印证。这就是第四句话和第五句话："作为自然界的自然界，这是说，就它还在感性上不同于它自身所隐藏的神秘的意义而言，与这些抽象概念分隔开来并与这些抽象概念不同的自然界，就是无。"②"从前的一切唯物主义——包括费尔巴哈的唯物主义——的主要缺点是：对对象、现实、感性，只是从客体的或者直观的形式去理解，而不是把它们当做人的感性活动，当做实践去理解，不是从主体方面去理解。"③

黄枬森先生指出："从字面上看，马克思的这些话似乎可以导出实践本体论或实践一元论的结论，甚至可以导出不可知论乃至唯心主义的结论。但是，马克思在这些著作中也有一些话与实践本体论观点完全相反，需要把这些话联系起来加以正确的理解。"④黄先生对马克思的有关论述正是联系起来加以理解的。

他的分析分三层意思，一是对马克思的哲学的唯物主义的总的说明，虽然简单，但非常有力；二是分析了马克思关于自然界，也是客观世界的唯物主义理解的有关论述；三是集中对"现存感性世界"作了分析，指出黑格尔哲学中的自然界的非客观实在性。

首先，黄枬森先生指出，应该明确"唯物主义"这一概念。马克思一再明确称呼自己的哲学是唯物主义，而唯物主义的最根本观点是承认外部世界的客观存在，即承认它的存在是不以人的意识为转移的。如果认为它的存在依赖于实践，依赖于主体，这种观点就很难被叫作唯物主义。其次，马克思在强调人通过实践对自然界产生巨大作用的同时，指出："当然，在这种情况下，外部自然界的优先地位仍然会保持着，而整个这一点当然不适用于原始的、通过自然发生的途径产生的人们。"⑤黄枬森先生指出，这里的意思很清楚，是说尽管人们的实践活动大大改变了自然界，但自然界不仅在人类产生之初是不以人的意识为转移的，就是在今天它的存在也是不以人的意识为转移的。在《1844年经济学哲学手稿》中，马克思还没

①《马克思恩格斯选集》第1卷，人民出版社2012年版，第157页。
②《马克思恩格斯文集》第1卷，人民出版社2009年版，第221、222页。
③《马克思恩格斯选集》第1卷，人民出版社2012年版，第137页。
④《黄枬森文集》第7卷，中央编译出版社2016年版，第79、80页。
⑤《马克思恩格斯选集》第1卷，人民出版社2012年版，第157页。

有称自己为唯物主义者，对外部世界的客观存在也是毫不怀疑的。他认为："没有自然界，没有感性的外部世界，工人什么也不能创造。"[1]这就是说，自然界是人类生存的前提，它向人提供直接的生活资料和人的劳动的材料、对象、工具，"认识自然界的一部分"。那么，马克思是不是自相矛盾呢？不是，问题在于前面的理解并不符合马克思的原意。再次，黄枬森先生指出，马克思所说的感性世界、现实世界并不是整个宇宙，而只是宇宙的一部分，即人化自然和人类社会。不能把马克思的某一句话孤立起来推导，并做出结论。例如从实践是整个现存感性世界的非常深刻的基础这句话，无疑可以推导出世界统一于实践。离开实践的存在是无或没有意义等实践本体论的结论，但只要把这句话的前后文联系起来理解，不难看出，马克思所说的"整个现存感性世界"不是整个宇宙，而只是实践所及的世界。

马克思是在肯定自然界（客观世界）的优先地位的前提下提出这一观点的，是肯定非人化自然的存在的。在马克思看来，现存的感性世界只是人化自然、人类社会、人的直观能力和人自身，并不是非人化自然，不是整个宇宙。也可以认为，马克思所说的会随实践的停顿而大变其形态的就是地球这个世界，而不是地球以外的宇宙，当然也不是地球的消灭。又比如，马克思所说的"历史的自然和自然的历史"，是不是指自然界和人类历史相互依存，离开了人类历史就没有自然界呢？不是的。因为马克思所说的"历史的自然"就是人化自然，"自然的历史"就是自然的人化。在人化自然中人与自然是不可分的、相互依存的，但并不排斥非人化的自然的存在。再比如，马克思在《1844年经济学哲学手稿》中所说的，"就它还在感性上不同于它自身所隐藏的神秘的意义而言，与这些抽象概念分隔开来并与这些抽象概念不同的自然界，就是无"，也不能作抽象的理解。马克思这里所说的自然界，从前后文可以看得出，就是黑格尔哲学中所说的自然界，并不是不以人的意识为转移的客观世界。"把这句话理解为否定自然界的客观存在，就不免张冠李戴了。"[2]

黄先生在作了上述全面的严密的考察和分析后，得出两点结论：第一，马克思既然自称为唯物主义者，那就无论如何不能否定外部世界的客观存在，决不能把承认客观世界等同于直观唯物主义。马克思是批判了直观唯物主义，确切地说，是批判了唯物主义的直观性，而不是一般唯物主义。一般唯物主义正是马克思的唯物主义与旧唯物主义的共同之处。如果马克思连客观世界也不承认，就不会自称为唯物主义者了。第二，"纵观马克思的哲学思想，称之为实践唯物主义没有什么不可

① 《马克思恩格斯选集》第1卷，人民出版社2012年版，第52页。
② 《黄枬森文集》第7卷，中央编译出版社2016年版，第80页。

以，但不管叫什么，其主要内容是唯物史观，也包含一些世界观、认识论、方法论的因素，即唯物主义世界观、反映论、辩证方法的因素。硬说马克思提出了一种与这些内容截然不同的哲学，并叫作实践唯物主义，这是难以成立的。"①黄枬森先生对马克思哲学的唯物主义性质的考察，对把马克思的哲学思想解释为实践唯物主义，甚至是实践本体论和实践一元论的观点的反驳，在方法论上具有突出的文本文献研究的性质与特征，并且表明这种方法使问题的说明，特别是对有重大争议的问题的说明，是最有说服力的。

第二，实证与思辨（总体）相结合的方法。由上可能已经看出，文本文献方法的实证性是十分突出的，甚至可以说，没有对相关材料、文本文献的实证研究，就没有文本文献研究。但是，如果把文本文献研究方法仅仅理解为实证研究方法，就有失片面了。文本文献研究自然强调实证方法的意义，重视对文本文献的研究，但正确的或本来的文本文献研究并不停留于对文本文献的实证研究，而是同时强调和贯彻辩证分析的方法，黄枬森先生把它称为思辨的方法，而思辨的方法又特别表现为总体性研究方法。从以上内容可以发现，黄枬森先生对马克思的唯物主义哲学立场的辩护和对这种哲学的实践本体论的理解和阐释的反驳，完全没有拘泥于对马克思的相关论述的简单罗列，拘泥于对某一句话的孤立分析，而总是强调对这些论述不要"从字面上看"，不要"孤立起来推导"，而要把它们的"前后文联系起来理解"②。黄枬森先生用他的研究展示了这种把实证与思辨（总体）结合起来的方法的本质和意义。

第三，马克思主义发展史研究方法。在这里，马克思主义发展史不是研究对象，所谓马克思主义发展史研究方法不是指研究马克思主义发展史的方法，而是把马克思主义发展史作为方法运用于马克思主义理论研究。这一方法的基本特征是马克思主义理论研究中的方法的具体历史性。列宁非常重视马克思主义的这一方法，认为这一方法是内在于马克思主义理论体系中的，指出："马克思主义的全部精神，它的整个体系，要求人们对每一个原理都要（α）历史地，（β）都要同其他原理联系起来，（γ）都要同具体的历史经验联系起来加以考察。"③这一方法特别主张在历史经验中认识马克思主义。例如，在马克思主义发展史上曾经发生过多次"什么是马克思主义的提问"，每一次提问都有其发生的特殊的实践的和理论的背景，而每一次对提问的回答又有不同的意蕴，产生不同的效应。在关于不断发生的"什么是马克思主义的提问"和对提问的回答中，无论是对总体的马克思主义的

① 《黄枬森文集》第7卷，中央编译出版社2016年版，第81页。
② 《黄枬森文集》第7卷，中央编译出版社2016年版，第80页。
③ 《列宁专题文集 论马克思主义》，人民出版社2009年版，第163页。

认识，还是对具体的马克思主义的理论、观点的认识，都容易使我们更接近于得出关于它们的真理性的认识。

第四，理论与实践的统一的方法。理论与实践的关系首先是理论与现实的关系。在本体论上或认识论上，它回答人的意识、思想、理论是从哪里来的问题。坚持哲学、理论来源于现实，来源于实践，就是坚持了本体论的和认识论的唯物主义，从而在世界观、认识论的高度为科学的马克思主义理论研究提供保障。这样就为理论与实践统一作为方法运用于马克思主义理论研究提供了根据。

实践是检验真理的唯一标准。马克思主义理论中得出的结论是要通过实践经验才能确定为其是否为真理，而我们所说的马克思主义理论研究的科学性这一具体的或总的判断，同样需要得到实践的检验。当然，这个实践是社会的实践，也是一个不断进行的反复的过程。因而对于认识的真理性的检验、对于马克思主义理论研究的科学性的检验是一个不断进行的过程。无论对于我们研究者个人，还是对于研究者群体来说，对于现时代的任何研究者来说，虽然都不可能在最终的意义上完成这个检验，但都不能得出结论说，实践经验是不确定的，因而是不必要。对于科学发现和理论研究来说，实践经验是经验，是规律，是原则，一个确定的方法论原则。

（梁树发，中国人民大学教授，中国马克思主义哲学史学会原会长）

黄枬森先生与《马克思主义哲学史》

陈占安

黄枬森先生走了，我们大家都十分悲痛。他的离去，的确是我国哲学界、思想界和教育界的一个无法弥补的损失。作为后学，我曾经在他担任北大哲学系主任时做过系教学秘书，直接受到他的工作指导；我在他主编的《马克思主义哲学史》三卷本和八卷本的工作中承担重要的写作任务，还参加过部分统稿工作，直接听到他的学术教诲；在他担任《中国大百科全书》马克思主义哲学史部分的主编工作中我曾撰写过13个词条，又得到他的肯定和帮助……今天在追思黄先生的为人为学的时候，我想从一个侧面讲一下黄先生与《马克思主义哲学史》之间的关系以及我从黄先生那里获得的关照，以寄托我的哀思。

一、黄先生为马克思主义哲学史的研究和建设呕心沥血

中国学者的马克思主义哲学史学科建设严格说来是从改革开放以后开始的，而黄先生无疑是这个学科建设的第一领军人物。

黄先生直接参加马克思主义哲学史的建设最早应该追溯到1972年，那一年，毛泽东发出学习哲学史的号召；周恩来总理指示大学要恢复系统的学科教育。在这样一种形势下，北大哲学系的黄先生同朱德生、张世英、齐良骥、朱伯崑、王永江和邹本顺等老师们，集中起来开展马克思主义哲学史研究，由黄先生和朱德生先生总负责。经过近一年的精心研究，他们写出了一本到斯大林的哲学思想为止的《马克思主义哲学发展史》，约50万字，当年10月油印出来作为内部教材使用。虽然这本教材不能不带有那个年代特有的局限性与缺点，但是它毕竟是我国第一部较系统的马克思主义哲学史著作，也是中国学者自觉地把马克思主义哲学史作为一个学科建设的开端。

1973年，中国人民大学马列主义发展史研究所庄福龄先生等调入北大哲学系（这些老师在1978年回到中国人民大学），他们参与了《马克思主义哲学发展史》的修改。这也是北大哲学系和中国人民大学马列主义发展史研究所在马克思主

义哲学史研究方面密切合作的开始。

1977年我国恢复高考和四年制大学教育，北大哲学系在1980年成立马克思主义哲学史教研室，并开始为本科生开设马克思主义哲学史课（在一段时间里，马克思主义哲学史教学分解到两个教研室，马克思主义哲学史研究室管马列主义哲学思想部分，我所在的毛泽东哲学思想教研室管毛泽东哲学思想部分，这部分由宋一秀老师、许全兴老师和我主讲），后来又为马克思主义哲学史专业和马克思主义哲学专业的硕士生开设马克思主义哲学史研究课。

1979年1月，全国首届马克思主义哲学史讨论会在广西桂林召开，中心议题是该学科的建设和教材编写工作，会议决定筹备成立全国马克思主义哲学史研究会。同年10月，全国马克思主义哲学史研究会正式成立，黄先生与庄福龄先生、林利先生一起被选为会长。也正是在这年的10月到12月，哲学系派余其铨老师、夏剑豸老师接续性到中山大学哲学系去听马克思主义哲学史课，每个人一个月，其中余老师听马列哲学部分，夏老师听列宁哲学部分，我听毛泽东哲学部分。这是我第一次获得受单位指派到兄弟院校学习的机会，在一个月时间里，我不仅系统聆听了高齐云、何梓焜等老师讲的课，还在中山大学哲学系资料室看了很多资料，这在我的学术研究历史上是一个重要起点。1980年3月，我还到广州三元里参加了全国马克思主义哲学史研究会举办的讨论会，那次会集中研讨马克思主义哲学史教材编写提纲和部分初稿，认识了很多全国马克思主义哲学史研究方面的专家和同行。1981年10月，人民出版社出版了中山大学哲学系主编的《马克思主义哲学史稿》，黄先生不仅执笔了第五章"马克思、恩格斯的学生和战友的哲学思想"的初稿，而且参加了全书的统稿、定稿工作。这本书是我国公开出版的第一本马克思主义哲学史教材，全书36万字。

从1981年5月开始，黄先生担任哲学系主任（1979年到1981年曾担任副主任），他从开设马克思主义哲学史课和培养马克思主义哲学史专业研究生的需要出发，提出了组织编写出版马克思主义哲学史教材的计划。

1985年，编写《马克思主义哲学史》三卷本的计划被列入国家教委的文科教材编写计划中，并被批准为文科博士点的科研项目。在黄先生和施德福老师、宋一秀老师的带领下，北大哲学系有14位老师分工协作集体攻关，我有幸在下卷六章中执笔了两章（讲新中国成立之后到1957年这一段的马克思主义哲学发展史）。参与这套书的写作，对于我来说是一次向老师们学习的极好机会，经过了一次基础性的科研训练。到1985年1月底我写出了初稿，得到了黄先生的肯定，对我是一个很大的鼓励。这套书在1986年12月定稿，1987年11月由北京大学出版社出版发行。全书共

105万字。这套书无论在研究的深度和广度上都超过了《马克思主义哲学史稿》那本书，它改变了以往马克思主义哲学史只讲到斯大林的哲学思想的做法，而接着将马克思主义在中国的传播、运用和发展单独成为一本。这套书在1989年荣获全国优秀图书奖、1991年荣获北京大学科学研究成果著作一等奖、1992年荣获国家教委优秀教材奖。

比起《马克思主义哲学史》三卷本来，《马克思主义哲学史》八卷本更具有代表性，它是迄今为止最系统的和最权威的马克思主义哲学史教科书。这套书的编写源于1983年黄先生与庄福龄先生、林利先生牵头申报的我国六五计划哲学社会科学国家科研重点项目之一，后来又在1986年列入国家七五计划。参加此项研究工作的全是当年活跃在马克思主义哲学史教学和科研第一线的哲学工作者，前后一共有57人之多，分别来自19个重点高校和科研机构，北京出版社在经费十分困难的情况下给予这套书的出版以大力支持。全书一共八卷，430万字。为了保持马克思主义哲学史在不同时代、不同各地区的特色，八卷的顺序与时间不完全一致。八卷的内容可以分为四个部分：一、马克思主义哲学的形成与发展（第一、二、三卷）；二、马克思主义哲学在俄国和苏联的传播和发展（第四、五卷）；三、马克思主义哲学在中国的传播和发展（第六、七卷）；四、马克思主义哲学在当代国外的研究和发展（第八卷）。为了庆祝新中国成立40周年，决定1989年先出版第六、七两卷，其他各卷按顺序随后陆续出版。

实际上，第六、七卷于1989年11月出版；第一、二、三卷于1991年8月出版；第四卷于1994年11月出版；第五卷于1996年2月出版；第八卷于1996年12月出版。这样，八卷本从1989年一直到1996年用了7年时间才出齐，而从项目立项到结项前后用了13年时间，由此可见其研究工作的艰辛和出版的不易。

《马克思主义哲学史》八卷本陆续出版以后，受到理论界和广大读者的关注和重视，许多新闻媒体先后发表消息，对这套书的出版给予充分肯定，对其学术价值给予高度评价。其中，第六、七卷于1990年荣获中国图书一等奖，1991年荣获北京市哲学社会科学优秀成果特等奖。第一、二、三卷于1994年荣获北京市哲学社会科学优秀成果特等奖。《马克思主义哲学史》八卷本全书于1997年荣获中央宣传部精神文明建设"五个一工程"奖和吴玉章奖金马克思主义理论学科一等奖，1999年荣获国家社会科学基金项目优秀成果一等奖等。黄先生与庄福龄先生、林利先生作为主编在1999年9月23日给我们每位作者颁发了获奖证书，其中在给我的证书中特别注明："陈战难同志撰写第7卷第1、3章"。

《马克思主义哲学史》八卷本超过了苏联在20世纪五六十年代出版的六卷

本《哲学史》和前民主德国20世纪60年代末出版的三卷本《马克思列宁主义哲学史》，成为马克思主义哲学史研究领域的标志性成果，在国际上也处于领先水平。

由于该书的第六、七卷出版于1989年，第七卷的内容写至1987年，为了反映理论界1987年以后的研究成果，更好地帮助读者从哲学的角度来理解和把握邓小平理论中的哲学内容，全书于1996年出齐后，北京出版社与本书编委会决定对全书进行修订。这次修订的重点是改写第七卷第四章，将时限从1987年延至1992年，增加了大量内容。其他各卷也不同程度地进行了修订。修订版较第一版在内容上更丰富了，编校、装帧、印刷质量有了进一步提高。该套书在2005年还曾纳入中国出版集团组织实施的"中国文库"哲学社会科学类，使用的是北京出版社1996年12月版，只是将第八卷分为上下两册，全书一共九册。

1991年，国家教委又委托黄先生组织北京大学、中国人民大学、复旦大学和南京大学的部分哲学教师编写本科哲学专业教材，纳入"面向21世纪课程教材"编写计划。由于我在这年担任了北京大学党委宣传部部长，没有参加此书的撰写。《马克思主义哲学史》一卷本在1997年11月定稿，1998年6月由高教出版社出版，全书53万字。这本书2000年荣获北京市育秀教材一等奖，2001年荣获教育部优秀教材二等奖。

从《马克思主义哲学发展史》到《马克思主义哲学史稿》，特别是从《马克思主义哲学史》三卷本到《马克思主义哲学史》八卷本，再到《马克思主义哲学史》一卷本，前后历时26年，黄先生为中国的马克思主义哲学史学科建设付出了很多的辛劳，做出了开创性的工作和不朽的贡献。

二、黄先生在学术研究中倡导的几条原则具有重要指导意义

黄先生做事总是有板有眼、有根有据，这一点在他主持的《马克思主义哲学史》八卷本编写中表现得十分明显。他当时在"总序"中以及在多次的编写工作会议上都强调这样五条原则：

（一）坚持以马列主义，毛泽东思想为指导，解放思想，实事求是地揭示马克思主义哲学发展的历史线索及其规律，做到理论和实践统一，科学性和战斗性统一，逻辑和历史统一，观点和材料统一，使本书对我国四化建设和马克思主义哲学的进一步发展做出积极的贡献。

（二）占有翔实而丰富的历史资料，一切论断均有充分材料作根据，同时，经过鉴别，充分吸收国内外马克思主义哲学史研究的丰富成果，使本书能达到我国当前马克思主义哲学史研究的最高水平。

（三）对每一本重要的哲学著作和每一个重要的哲学观点都做出历史的具体的

分析和评价，恰当地估计其历史意义和历史地位，从而弄清楚它的来龙去脉，反对形而上学的非历史观点和相对主义观点。

（四）以革命导师的哲学思想的发展为主线，但也给予他们的战友、学生和专业哲学家的哲学思想以应有的地位和足够的篇幅，特别是对当代哲学家的思想应给予充分的重视。

（五）以揭示辩证唯物主义和历史唯物主义的形成和发展为主，但对其他部分如自然辩证法、军事辩证法、伦理学、美学、逻辑学、哲学史思想等也视各个哲学家思想的不同情况给予适当的介绍和评价。

这五条原则的确立，为整个《马克思主义哲学史》的编写提供了总的指导思想和研究准则，这也是为什么这套书出版至今虽然过去20年学术地位不降、学术影响力不减的重要原因。这五条凝结着黄先生和很多学者多年学术研究经验的精华，其中包含的基本理念超出了《马克思主义哲学史》这本书，具有普遍的和长久的指导意义。

就拿"占有翔实而丰富的历史资料"这一条来说，现如今已经成为我们很多人自觉习惯。

在编写《马克思主义哲学史》三卷本之前，先编辑了一套《马克思主义哲学史教学资料选编》，此项工作还得到了教育部的支持。黄先生同庄福龄先生一起，组织北大哲学系和中国人民大学马列主义发展史研究所的三十多位老师，从1982年开始用了一年半的时间完成了资料编选任务，1983年8月定稿，1984年4月由北京大学出版社出版，分上、中、下三本。我参与了第三本即下册中两章的资料编选工作，受益匪浅。

在北大哲学系，开展课题研究首先从收集整理资料做起是一种不成文的规矩，在一段时间里我们每编写出版一本书之前都要编辑出版一本资料书：比如我们在出《毛泽东哲学思想概论》（北京大学出版社1983年版）之前，就编印有《毛泽东哲学思想资料选辑》（上、下册，1982年10月内部印刷使用）；在出《中国现代哲学史》（北京大学出版社1992年版）之前，编辑出版过《中国现代哲学史教学资料选辑》（上、下册，北京大学出版社1988年版）；在出《社会主义社会辩证法研究》（北京大学出版社1992年3月版）之前，先编辑出版了《国内外社会主义辩证法研究资料选编》（北京大学出版社1989年5月版）……其实，在《马克思主义哲学史》八卷本的最初设计时，计划同时编辑出版一套《马克思主义哲学史资料选辑》（这一点在1989年出版《马克思主义哲学史》第六、七卷时"总序"的最后就写道："此外，还将出版与正文配套的资料八卷"），我们也做了这方面的收集工作，只是后来因为经费不足的原因此事搁浅，这是黄先生和我们大家共同的一个遗憾。

课题研究从收集、整理、编辑、出版资料做起，这个做法对我产生了极大影响。它不仅使我奠定了后来研究的资料基础，养成一种收集资料的习惯，还形成了一种指导研究生的科研规矩。以至于我在担任马克思主义学院院长的几年里，多次提倡研究生作学位论文从收集资料写好文献综述做起，得到了老师们的赞同。其实，这种理念和做法是从黄先生等老先生那里学来的。

再比如，学术研究在坚持以革命导师的思想研究为主线的同时应该有开阔的视野，应该对其他的研究成果以适当的地位和评价，这一条也很重要。以往受"文化大革命"极左思潮的影响，似乎研究只能是"马恩列斯毛"这样一条线，其他的都不在肯定的范围。而黄先生则不然，他向来主张要给予领袖人物战友、学生和专业理论工作者的思想以应有的地位，要给予学术讨论中各种不同意见以应有的尊重。贯彻黄先生的这个思想，我在《马克思主义哲学史》第七卷第一章的写作中不仅着重写毛泽东的哲学思想，还提到刘少奇、周恩来、陈云、邓小平等人的贡献，还特别提到李达、艾思奇、杨献珍、冯定等哲学家对马克思主义哲学的研究和宣传。在"对若干哲学问题的探讨"一节中，更是展开了学术界对"关于中国民族资产阶级问题""关于生产力和生产关系问题""关于经济基础和上层建筑问题""关于真理问题""寡欲美学问题"等问题上的学术讨论，体现了对各种意见的重视，比较客观地反映情况，坚持把问题放到一定历史条件下，应该说这是改革开放后焕发的一种新的学术风气。黄先生为形成并倡导这种良好的学术风气发挥了重要的作用。

三、从一件小事上看黄先生在关心和提携后学方面无微不至

认识黄先生的人都知道他是一个学识渊博、学风严谨、严于律己、宽以待人的人，他对同事像朋友一样体贴，对后学像父兄一样关心。对此，我有着特殊的感受。

我在参加《马克思主义哲学史》八卷本的工作时40岁左右，在当年实实在在是一个小字辈，不敢说我是作者队伍中最小的一个，反正也是最小中之一，我从黄先生那里得到了长辈的特殊关爱和提携。

我参加的是《马克思主义哲学史》第七卷的工作。按照最初的分工，我本来是和南开大学冯贵娴老师合作撰写第七卷第一章，即1949—1957年这一段的马克思主义哲学史。1984年开始收集材料，1985年确定编写提纲，研究工作在紧张而有序地进行。但是到了1986年年初，因为冯老师工作变动，黄先生要我一人承担起第一章的撰写任务，这既是一种挑战，更是一种信任。这年7月我提交了试写稿，1987年2月完成了第一章初稿，黄先生对我写的稿子表示满意。

由于要赶在1989年出版，主编统稿定稿的任务十分紧张。可黄先生1988年4月在统稿时发现，原先由李敏生老师负责写的第三章即"文化大革命"期间的稿子与全书的体例不合，不好用，紧急中黄先生把我叫去说："小陈，现在给你一个任务，你用十天时间赶写出这一章。就十天时间，任务是急了点，但我相信你能完成！"其实，我当时心里又激动又害怕，激动的是黄先生能这样信任我，害怕的是自己在这样短的时间里完成不了这么重的任务。但在黄先生的鼓励下，我还是鼓足勇气，接下了这项任务。我加班加点地干了一周时间，收集资料，拟订提纲，经过黄先生批准后，我就赶写稿子，还让爱人帮助我把稿子誊写到稿纸上（那个时候没有现在这样电脑打字的条件，按照要求必须使用稿纸誊写）。结果还真的在第九天时交了稿子。黄先生看了稿子，表示满意。他在统稿时又在稿子上作了一些修改（如今我还保留着当时留下的底稿，那上面记载："这份稿子经过黄枬森先生批改过。1988年4月20日"）。

这中间还发生了出书时怎么署作者名的问题。说起来，我当时作为一个年轻人，对这个署名问题没有什么想法，不署我的名我也不会计较，可黄先生说那不成。第三章的稿子虽然实际上是我执笔的，但是李老师先前还是做了贡献的，怎么办？最后黄先生提出把李老师的姓名和我的姓名组合起来，起一个叫"李敏安"的名字。在"编者的话"中讲第七卷各章的作者时，第一章是陈战难（这是我在"文革"期间曾经使用过的一个名字，不过我没有改户口本上的名字），第三章是李敏安。不仅如此，为了肯定我在这本书中的特殊作用，在"编者的话"中特别认定我"参加了部分统稿定稿的工作"，实际讲的就是这第三章。阴差阳错地在1996年12月出第二版时还在扉页上"参加编写者"的名单中同时出现了我的两个名字："陈占安""陈战难"，还有那个一半属于我的名字"李敏安"。

还有就是，1996年全书进行修订时，又让我参加了第四章的重写工作，我撰写的"政治保证""领导力量和依靠力量"两节，在定稿时虽然没有单独列节，可其内容被吸收进有关部分中。这一点在1996年12月重写的"编者的话"中有明确的记载，在全书最后的"修订版后记"中还特别写上"陈占安参加了部分重写工作"。

从这一件小事上，我感受到黄先生作为一位长者对后学的一种器重和扶持，也反映了他从主编的角度对每一位作者所付出劳动的肯定。这一点，我终生难忘。

黄先生已离我们而去，我们要学习他的精神和品格，将他所辛勤开创的事业做得更好，以优异的成绩告慰他的英灵！

（陈占安，北京大学教授，北京大学马克思主义学院原院长）

马克思主义哲学史研究的先行者

追思黄枬森先生的学术贡献之一

杨金海

2013年1月24日，我国著名的马克思主义哲学家、哲学史家、哲学教育家，北京大学资深教授黄枬森先生与世长辞。在长达六十多载的学术生涯中，黄枬森先生在哲学的园地里辛勤耕耘、孜孜以求，为马克思主义哲学的研究、传播和发展做出了重要贡献，其中，为马克思主义哲学史学科的建设和研究所作的贡献尤为显著。笔者有幸师从黄先生，受益终身，为缅怀先生的学术贡献，特撰此文。然深知先生思想丰厚，不敢妄评，拙文唯凭一管之见，将先生在马克思主义哲学史方面的学术贡献略作梳理，供大家参考，挂一漏万，在所难免，恳请大家批评指正。

一、悠悠六十载，皇皇万卷书

马克思主义哲学史作为一门历史科学，在全国是由无到有、由不成熟到成熟不断发展起来的。在这60多年的风雨历程中，黄枬森先生始终是这一学科建设的先行者。

20世纪50年代初，黄先生就萌发了研究马克思主义哲学史的想法。当时人们在学习马克思主义哲学时没有历史的概念，正如黄先生所说的，当时人们认为，马克思主义哲学的经典著作就是马克思主义哲学的最高形态，这就否定了这些著作的历史制约性，把它们看成了凝固僵化的东西，这当然是不对的。这种非历史的观念不仅存在于当时的中国思想界，而且存在于苏联思想界。1951年，黄先生在中国人民大学马克思主义研究班学习时，大家普遍的观念是，马克思主义哲学就是马克思、恩格斯、列宁、斯大林、毛泽东的著作；而没有意识到它们也是历史的产物，没有意识到它们也是从无到有、从不完善到完善不断成长起来的，因而也就没有想到要去研究它们的变化发展。随后，北京大学哲学系来了一位苏联马克思主义哲学专家叫萨波日尼可夫，他第一次较系统地给研究生讲了马克思主义哲学发展的历史。黄先生当时是苏联专家助手，这对黄先生的启迪很大。但萨氏的历史观念也不够，只是对经典作家的著作按年代作了介绍，而没有对经典作家思想的源流承转、是非得失作分析评价。所以，作为科学的马克思主义哲学史很难说当时已经形成。黄先生在此之前曾系统地学习和研究过西方哲学史，深知要深刻地理解一个人的哲学思想，就须对其思想源流、生活背景等有深入的了解和分析，学习马克思主义哲学当然也是如此。于是他便萌发了研究作为科学的马克思主义哲学史的思想。

促使黄先生去研究马克思主义哲学史的直接原因是在此后不久的学习列宁的《哲学笔记》过程中所碰到的困难。当时，《哲学笔记》的中译本已经出版，但没有任何辅助读物。苏联这方面的资料也没有，只有一些阐发列宁思想的书，所以大家在学习中感到很困难。列宁这部书不同于一般的著作，既有许多对其他人哲学著作的摘录，又有列宁自己的批注和思想，所以困难就有两个，一是读不懂列宁的摘录，二是读不懂列宁的批语。当时，哲学系请苏联专家萨波日尼可夫讲授《哲学笔记》，但他对本书也了解不多，讲得很简单。不久，北京大学哲学系又来了一位苏联专家叫格奥尔吉耶夫，大家很高兴，希望他能够系统地讲授《哲学笔记》。当时系里考虑到黄枬森、张世英的外语和西方哲学史的基础较好，便让他俩专门跟格氏学习，还让黄先生做格氏的助手。但格奥尔吉耶夫只是对《哲学笔记》作了专题讲授，这虽然对总体把握列宁的思想有益，却对读懂本书的细节仍无多大帮助。黄先生和张先生向格氏请教过许多具体问题，但格氏均难以回答，这使他们深感遗憾，于是决心靠自己的力量来研究列宁本书的思想及其源流。黄先生的这一思想实际上已经是马克思主义哲学史研究的思想，当然还只是局部研究的思想，但正是这一思想成了黄先生研究列宁思想史和整个马克思主义哲学史的契机和强大动力。正如黄先生后来所说的：列宁的《哲学笔记》是一本很难读的书……但是，它又是一本马克思主义哲学史上很重要的书，……自20世纪50年代接触这本书以来，我曾立下志愿，要和同志们一起为学习列宁的《哲学笔记》编写两本书，一本专门注解难点，一本阐发基本思想。这两部书就是今天我们所看到的《〈哲学笔记〉注释》和《〈哲学笔记〉与辩证法》。毫无疑问，这是马克思主义哲学史研究中的两部开创性著作。

为了实现自己的夙愿，黄先生所做的第一件事就是参加和组织了列宁的《哲学笔记》的注释工作。这一工作是在极其困难的条件下进行的。黄先生在"反右"运动中受到了不公正的待遇，紧接着又是三年困难时期，但黄先生并没有动摇研究马克思主义哲学史的志愿，而是毅然决然地投入了这一工作。此项工作的目的很明确，对此黄先生曾写道：注释着重于帮助读者理解《哲学笔记》中难懂的句子或段落（包括列宁所作的摘录），因此，有的句子或段落虽然极为重要，但并不难懂，则未予注释。注释力求解释清楚列宁的思想，在有摘录而无批语的地方也力求注明列宁摘录的用意。为此，学者们收集了大量资料，包括列宁摘录的原书（有外文版的，也有中文版的）和有关研究资料，并进行了仔细的对照研究和注释，在必要的地方也作了发挥。经过3年多的努力，大家终于写出了长达50万字的《〈哲学笔记〉注释》（上、下册）。但遗憾的是，只有其中的《黑格尔〈逻辑学〉一书摘要》的注释于1962年作为上册铅印，并进行了校际交流，其余各篇作为下册因对人道主义问题有所肯定而未被批准交流，近2000册的铅印本全部被销毁。改革开放后，上、下两册才重新修订并于1981年公开出版，后来又出版了合订本。

在上述工作接近尾声之时，黄先生又开始了另一项意义重大的工作，即对列宁《哲学笔记》的思想作系统的阐释和发挥。这样做的原因有两个，即研究的需要和教学的需要。从1961年起，黄先生在系里讲授《哲学笔记》。在讲课中，他渐渐地摸索出了这样的理路：首先是逐条逐句地讲授，使学生理解各个细节；其次是系统地讲授，即阐述列宁的总体思想和书中各个主要组成部分的思想，使学生从总体上把握列宁的思想；再次是发挥列宁想发挥而没有来得及发挥的思想，使学生能够依据列宁的思路，对照哲学史、科技史和人类实践去发现列宁思想的深刻意蕴和重大意义，从而去发展列宁思想。黄先生根据这一理路的后两个环节所写的讲稿，经整理后就成为今天我们所看到的《〈哲学笔记〉与辩证法》。但遗憾的是这部书当时一直没有能够出版，直到20年后改革开放初期才公开面世。

紧接着，黄先生又对列宁的另一部重要哲学著作《唯物主义和经验批判主义》展开了研究。1963—1964年，黄先生对本书作了初步探讨，并作过一些专题报告；"文革"开始后，又组织几位学者对本书作了认真的研究，写成了《〈唯物主义和经验批判主义〉解说》一书，此书当时也铅印出来并进行了校际交流。改革开放以后，先生又对《唯物主义和经验批判主义》作了进一步研究，成果主要集中在《哲学的足迹》一书中。

显然，黄先生对列宁这两部哲学著作的研究对于马克思主义哲学史的研究有着重要意义。这不仅是因为这两部著作是马克思主义哲学史上重要的经典性作品，弄清了它们也就基本上了解了列宁的哲学思想及其源流，而且因为这种研究开了马克思主义哲学史研究之先河，为马克思主义哲学史研究的全面展开提供了方法和范式，积累了经验和教训。然而，这种研究毕竟还只是断代史性质的，真正自觉地全面地研究马克思主义哲学史则是从20世纪70年代初开始的。

1972年，周恩来总理指示大学要恢复系统的学科教育。于是，哲学系领导指派黄枬森、张世英、齐良骥、朱伯崑、朱德生等学者集中在北大办公楼从事马克思主义哲学史研究，由黄先生具体负责。学者们经过一年多的精心研究，终于写成了到斯大林为止的马克思主义哲学史初稿，约50万字，并油印、交流和作为大学教材使用。这是我国第一部较系统的马克思主义哲学史初稿，也是我国学者自觉地把马克思主义哲学史作为一门学科来建设的开始，这同时也标志着黄枬森先生等老一代学者马克思主义哲学史研究思想的基本形成。这部初稿对我国马克思主义哲学史的研究和教学起了重要的作用，它的内容、思路和研究方法对后来几十部马克思主义哲学史著作的编写都有一定影响。

大学恢复高考制度之后，教育部的有关领导认识到应当把马克思主义哲学史作为大学哲学系的一门重要课程来开设，于是，在1978年桂林教材编写规划会议上，确定了编写马克思主义哲学史教材的任务，并委托中山大学哲学系为主编、中国人民大学马列主义发展史研究所为副主编，组织全国高校学者从事编写。学者们经过两年多的研究、讨论，编写成了近40万字的《马克思主义哲学史稿》，1981年正式由人民出版社出版，黄枬森先生参加了编写和统稿工作。这部教材对马克思主义哲学史学科的建设起了重大作用，它是我国公开出版的第一部较为系统的马克思主义哲学史教材，也是马克思主义哲学史的研究和教学从点到面，从几所重点大学到全国高校发展的重要一环。

1980年，北大哲学系成立了马克思主义哲学史教研室，并为1977级本科生开设马克思主义哲学史课程，后来又为马克思主义哲学史专业和马克思主义哲学原理专业研究生开设马克思主义哲学史研究课程。在此过程中，黄先生等学者深感需要编写更完善更系统的马克思主义哲学史教材，于是从1981年就开始了这项工作。1985年这项工作被列入教育委员会的高校文科教材编写计划之中，并被批准为文科博士点科研项目。经过五年的努力，由黄枬森、施德福、宋一秀主编的、作为全国高等学校文科教材的《马克思主义哲学史》于1987年由北京大学出版社出版。这部教材分上、中、下三册，共约100万字，较全面、系统地阐述了马克思主义哲学产生和发展的历史，充分反映了马克思主义哲学思想在各个历史时期的发展线索，科学地评价了马克思主义创始人及其战友、学生以及马克思主义哲学史上其他主要代表人物的理论贡献、深远意义和历史局限性。这部教材在当时是我国最完整的一部马克思主义哲学史教材。它标志着马克思主义哲学史作为一门历史科学在我国已经形成，以黄枬森先生为代表的马克思主义哲学史学者已经具备了相当成熟和丰富的马克思主义哲学史研究思想。

在编写教材的过程中，黄先生和其他学者深感教材编写应建立在扎实的科学研究的基础之上，而我国马克思主义哲学史研究是很不够的，于是，黄先生等几位先辈便于1983年提出编写八卷本的《马克思主义哲学史》的建议。这一计划当即被作为国家六五计划中哲学社会科学科研重点项目之一确定下来，1986年又被列入七五计划。这部巨著由黄枬森、庄福龄、林利任主编，由14个单位的57名学者撰写，经过十多年的奋战，终于圆满写成，并于1989年起由北京出版社陆续出版，到1995年全部出齐，约400万字。按其规模讲，它不仅为中国马克思主义哲学史研究著作之最，也为世界马克思主义哲学史研究著作之冠。从内容上看，这套著作也是中国和世界学术界最系统、最全面地研究马克思主义哲学史的辉煌之作。在苏联解体的背景下，它的问世对世界社会主义发展也有着重要意义，因此备受世人瞩目。至今，这套《马克思主义哲学史》（八卷本）著作不论从规模还是内容上看仍处于国际领先地位，因此，荣获多项奖励，其中第六、七卷获北京市1991年优秀成果特等奖；第一、二、三卷获北京市1994年优秀成果特等奖；全书获1997年"五个一工程"奖、"吴玉章"奖一等奖，1999年首届国家社会科学基金项目优秀成果一等奖。

八卷本既然已使我国马克思主义哲学史研究达到了一个新的高度，那么，研究是否就可至此止步了呢？黄先生认为不可，因为这些研究成果还有局限性，即主要反映了20世纪80、90年代的水平，同时主要是为哲学专业工作者服务的。为了更密切地反映世纪之交的社会进展和前景，也为了便于更多的人学习马克思主义哲学史，黄先生于1990年又受国家教委的委托，组织学者们开始了编写《马克思主义哲学史》（一卷本）教材的工作。这本简编的马克思主义哲学史教材约50万字，1995年完稿，1998年由高教出版社正式出版使用，并获2001年国家级教学成果奖二等奖。

近几十年来，黄先生不仅为马克思主义哲学史学科的建设做出了重要贡献，还对马克思、恩格斯、列宁哲学思想作了大量深入细致的分析梳理，并围绕人的理论问题、实践唯物主义问题、主体性问题、社会主义市场经济问题、中国特色社会主义文化建设问题等开展专题研究，在哲学的几乎每一个方面都做出了卓越贡献。他与同仁一起，编写了《辩证唯物主义和历史唯物主义》哲学原理教材，影响了几代学者；他带头创立了"人学"这门新的哲学分支学科，创建了中国人学学会，先后主编了《人学词典》《人学原理》等。还主持研究编写了《邓小平理论的哲学基础》《中国特色社会主义文化研究》等论著，发表了大量相关文章，有力地推进了新时期的哲学研究。从2001年开始，他大力倡导哲学理论创新，特别强调要把哲学当作科学来研究，发表了一系列相关文章，在学术界产生了深刻的影响，也解决了马克思主义哲学史研究中所遇到的许多难题，有力地推动了马克思主义哲学史研究的健康发展。

由于篇幅有限，我们只能粗线条地勾画黄枬森先生60多年来研究马克思主义哲学史的历史轨迹。即使如此，我们也足以感受到黄先生那不平凡的业绩了。他和学界同仁所一道开创的马克思主义哲学史研究之路，是一条由无到有、由点到面、由浅入深、由片面到总体、由个人到集体、由研究到普及的马克思主义哲学史科学发展的拓荒者之路，是一条用心血和汗水、信念和毅力筑成的创业者之道。在这条漫漫的求索之路上，矗立着一座座精神丰碑，这就是黄先生与同行们一道主编或撰写的几十部马克思主义哲学史著作和成百篇论文。其中所蕴含的深刻思想将永远在历史的空间熠熠生辉，为后继者照亮前进的方向。

二、精心研马列，直到深邃处

马克思主义哲学史研究的根本任务是正确理解和评价马克思主义哲学史上每一位思想家的理论或观点。黄枬森先生正是以此为轴心，对马克思主义哲学史上许多思想家的思想作了研究，尤其是对列宁的辩证法和认识论思想、马克思和恩格斯的早期哲学思想作了深入研究，提出了许多令人信服的新观点，对许多重大而争议颇多的问题发表了有理有据的独立学术见解。

黄先生对列宁辩证法思想的研究集中反映在《哲学笔记》研究方面。《哲学笔记》是列宁的重要哲学著作，其中蕴含着丰富的哲学思想，尤其是唯物辩证法思想。但因它是笔记，主要由摘录和批语组成，没有现成的思想体系。于是在研究中遇到的困难就很多，学者们的意见分歧也就很大。黄先生对此书研究多年，几乎在每一个问题上都有自己独到而深刻的见解，为解决研究中的困难和分歧做出了重要贡献。

黄先生深入研究了列宁在《哲学笔迹》中的辩证法及其要素16条思想，最早提出了列宁的这些思想中包含着一个唯物辩证法体系雏形的观点。在此之前，学术界对列宁的这些思想也作过研究，认为列宁的16条讲的是辩证法的16个要素，并认为此16条的顺序自然构成了一个有内在联系的辩证法体系。为了弄清楚这16条的确切内涵，黄先生仔细研究了16条的手稿，反复推敲了列宁写作16条的思想过程，发现这16条不是16个要素，有的一条中有几个要素，有的几条为一个要素；还发现除第1—7条有逻辑顺序外，第9—16条看不出严密的逻辑联系。根据列宁写作16条的几个思维阶段，黄先生认为这16条中蕴含着一个唯物辩证法体系的雏形，即1—7条为此体系的基本框架，分别讲了客观存在、联系、运动和发展、对立统一规律、认识的辩证法等，其余9条分别补充了前7条。1963年黄先生在北大哲学系的课堂上曾讲过他的这一理解，以后又多次讲过；1964年在《北京大学学报》第2期发表了《读列宁的辩证法十六要素》一文，公开表明了自己的观点。苏联的最大专家凯德洛夫院士通过研究也得出了同样结论，这个观点公开发表于其《列宁思想的实验室》（1972年）一书中，有关章节的中译文曾在《马列主义研究资料》1982年第2辑上刊载。中苏两位学者经过各自的研究在不同国度独立地得出了基本相同的见解，可以说是马克思主义哲学史研究中的一件趣事，也表明这一见解有着较充分的客观根据，因此，这一结论被多数学者所认同。

关于列宁的逻辑学、辩证法和认识论三者同一的思想，黄先生也有独到的见解。长期以来，学术界多数人都认为列宁所说的"三者同一"就是逻辑学、唯物辩证法和认识论这三门学科的统一；有的人则认为列宁是要把三者合而为一，即要把本体论认识论化。黄先生经过仔细考察列宁这一思想的来源（包括黑格尔、恩格斯的有关思想），分析列宁的各种有关论述，认为所谓"三者同一"实质上是讲一门学科的三个方面的统一；这"一门学科"就是指作为世界观的唯物辩证法，这"三个方面"就是指唯物辩证法既是关于思维形式的学说，又是关于世界的一般规律的学说，又是人类认识史的总结。换言之，从唯物辩证法的内容上看，它是讲宇宙发展的一般规律的；从其思维形式上看，它是一种由诸多范畴构成的逻辑体系；从其认识进程上看，它符合人类由浅入深、由抽象到具体的认识规律。从此意义上说，唯物辩证法也是逻辑学和认识论。但这里所说的逻辑学和认识论是广义的，跟通常讲的作为具体科学的逻辑学和认识论不是一回事。因此不能取消这两门具体科学或用唯物辩证法代替之，当然也不能摒弃世界观的学问或用认识论代替之。这一结论的得出不仅推进了列宁哲学思想的研究，也推进了马克思主义哲学原理的研究。

对立统一规律是辩证法的核心，此思想是不是列宁的贡献？对此，哲学界也存在着意见分歧。有人以为这不是列宁的贡献，马克思和恩格斯，甚至黑格尔早就提出此思想了。黄先生在作了大量的考证分析的研究后指出：我认为这个思想是列宁的独特贡献。在马克思、恩格斯以及黑格尔那里，不是没有这个思想，但是这个思想并不明确。明确地把这个思想提出来，作为辩证唯物主义的一个原理，而且加以论证的，还是列宁。

关于列宁的否定之否定思想，大家评价也不同。多数人以为列宁在此问题上没有新贡献。黄先生通过研究后认为，列宁在此问题上有独特贡献。他指出，在黑格尔那里，"对立面的同一"和"否定之否定"的含义是相同的，没有把这两个规律区分清楚；在马克思和恩格斯那里基本上也是如此，尽管恩格斯已经明确提出了这两个规律，但对二者的内容区分仍然不够清楚；列宁则把二者从形式到内容都明确地区分开来，认为否定之否定这个规律讲的是事物发展的道路是一个在反复或重复中前进的道路，对立统一规律讲的是事物发展的动力、源泉是对立面的统一和斗争。所以，黄先生认为：从黑格尔到列宁，两个规律有一个分化的过程，这个过程到列宁这儿大体上是完成了。

更为可贵的是，黄先生还根据列宁建构唯物辩证法体系的思路和原则，从《哲学笔记》等著作中概括出了唯物辩证法的36对范畴，把它们依次分成6类，即整体范畴、并存范畴、层次范畴、过程范畴、社会范畴、认识范畴，并阐述了这些范畴之间的逻辑联系，从而独创性地建构了唯物辩证法的一个范畴体系。这一体系不仅对于深入理解列宁辩证法思想有重要意义，对于改造和完善现行的唯物辩证法体系也大有裨益。这种立足文本又超越文本的研究方法也是值得我们学习的。

黄先生对列宁辩证唯物主义认识论的研究，主要表现在对《唯物主义和经验批判主义》（以下简称《唯批》）一书的研究中。这是列宁的又一部重要哲学著作，其中蕴含着丰富的哲学思想，尤其是辩证唯物主义认识论的思想。《唯批》不同于《哲学笔记》，它是一部很系统的著作，容易理解，所以过去大家对它争论较少，评价也很高。但20世纪80年代后，由于受西方学者攻击列宁的影响，国内也出现了不少混乱思想。例如，有人认为《唯批》只讲唯物论，不讲辩证法；只讲唯物唯心问题，不讲认识的辩证方法问题；甚至认为《唯批》讲的是旧唯物论，是马克思主义哲学的倒退，等等。针对这些责难，黄先生在原来研究的基础上，又对《唯批》作了更深入的研究，澄清了许多模糊观念。

首先，黄先生以大量的事实为依据，充分肯定了《唯批》的历史作用。他指出，马克思和恩格斯逝世后，修正主义思潮泛滥，其核心观点是要用新康德主义、马赫主义取代马克思主义哲学；同时自然科学的新发现、社会历史的大转折也都对马克思主义哲学形成了挑战。在此紧急关头，列宁写成《唯批》，捍卫了辩证唯物论和历史唯物论，此其功绩一也。《唯批》的功绩之二是，明确提出了马克思主义哲学是辩证唯物主义和历史唯物主义构成的一块整钢的思想，这是对马克思和恩格斯哲学思想的发展，对后来哲学体系的建立提供了重要思路。其功绩之三是提出了丰富的辩证唯物主义认识论思想。这些卓越功绩，不可磨灭。

其次，黄先生指出，《唯批》中形成了辩证唯物主义认识论的一个思想体系。黄先生认为，列宁对马克思主义认识论的重大贡献，首先在于对恩格斯关于哲学基本问题理论的发展，以及由此对辩证唯物主义认识论所奠定的本体论基础。他指出，恩格斯只是把精神和自然界谁是本原的问题作为区别唯物主义和唯心主义的主要标准，而没有进一步把认识论中谁反映谁的问题也作为标准。列宁则进一步把是否承认思维、精神是物质的反映作为区分唯物主义和唯心主义的标准，从而明确提出了哲学上认识论的两条路线，即从物到感觉和思想的唯物主义路线与从思想和感觉到物的唯心主义路线。列宁还明确指出，马克思主义认识论所坚持的是唯物主义反映论的路线。于是辩证唯物主义认识论就跟一切唯心主义认识论和不可知论根本区别开来。

黄先生还发现，列宁在此基础上提出的关于认识论的三个重要结论（即认识对象是客观存在、认识是对客观对象的反映、认识是一个辩证过程），以极其概括的形式呈现了马克思主义认识论体系的轮廓。而列宁对"物质"概念的认识论界定，对实践基础与实践标准、真理及其绝对性与相对性、认识辩证法、思想能动性、自由与必然等问题的论述，就构成了这一认识论体系的内容。

当然，《唯批》中也还存在一些局限性，黄先生对此也作了实事求是的分析。他指出，列宁把物质定义为客观实在不太完满，因为有许多东西是客观实在，但只是物质的属性而非物质本身，如时空、运动，等等；把物质定义为"可感觉到的"东西也不严密，因为有些物质是人无法直接感觉到的。黄先生还提出了克服这些局限性的方法，即应当引进"实体"概念，把物质定义为"客观实在的实体"，并把物质"是人可以感觉到的"改为"是人的意识可反映的"。黄先生还指出，本书研究认识论，却没有深入研究感性认识如何上升为理性认识，因此对于驳斥经验批判主义对理性认识的贬低甚至否定显得不力。再则，《唯批》在概念上也有不严格、不一致的现象，比如有时说真理是人的正确认识，有时又说真理是客观世界本身。尽管如此，《唯批》在总体上还是马克思主义哲学史上的重要著作，其贡献是第一位的，对此不可否认。

黄先生对马克思、恩格斯早期哲学思想的研究集中表现在对《1844年经济学哲学手稿》《关于费尔巴哈的提纲》以及《德意志意识形态》的研究中。这三者是马克思、恩格斯哲学思想形成过程中和形成初期的著作，其中的思想很复杂，争论也最多。究竟如何理解其中的思想，关系到如何理解马克思主义以及如何实践马克思主义等重大问题。为此黄先生近几十年来作了深入研究，对许多争议颇大的重大问题提出了自己的看法。

20世纪80年代初，争论最多的是如何评价马克思的《1844年经济学哲学手稿》（以下简称《手稿》）。有人认为，《手稿》是马克思的成熟著作，其核心是讲人道主义的，所以马克思主义就是人道主义。黄先生在作了缜密研究的基础上指出，《手稿》不是马克思的成熟著作，而是过渡性著作，是从人本主义历史观向唯物史观过渡的桥梁。此种过渡性在于，一方面没有从总体上突破人本主义的框框，仍是用人性和人的本质的设定、异化和复归的历史观来解释社会；另一方面又把人的本质理解为劳动，并力图通过分析生产劳动和经济关系的发展来说明社会的发展，因而为迈向唯物史观走出了决定性一步。因此不能简单地肯定《手稿》是马克思主义的或非马克思主义的，更不能把马克思主义说成是人道主义。

那么，马克思主义与人道主义的关系究竟如何？黄先生认为，在马克思和恩格斯还没有创立唯物史观时，亦即在写作《手稿》以前，确曾把自己的理论称为人道主义，但当在创立唯物史观之时，亦即在写作《关于费尔巴哈的提纲》和《德意志意识形态》的时候，就与人道主义划清了原则界限。后来，他又进一步指出，马克思主义与人道主义的根本区别在于前者是唯物史观，后者是唯心史观；马克思主义并非完全否定人道主义，而主要是否定其历史唯心论思想；至于人道主义所宣扬的一些伦理原则，如主张人人平等、主张尊重人的价值和尊严等，马克思主义则予以肯定并将其改造为共产主义伦理思想的一部分。

有的同志还根据《手稿》《德意志意识形态》等文献中有关实践的观点，把马克思主义哲学归结为实践本体论。对此，黄先生是不赞成的。他指出，毫无疑问，马克思主义哲学与旧唯物论的根本区别之一在于承认实践是人类社会历史活动和认识活动的基础。因此把实践概念作为一个基本概念加以研究并充分肯定其在马克思主义哲学体系中的地位是完全可以的、十分必要的。但是，马克思主义哲学决没有把人的实践当作世界存在的基础，或当作世界的本体；马克思和恩格斯在强调实践的作用时是以承认自然界的优先地位为前提的；那种认为自然界离不开人的实践的所谓实践本体论，不是马克思和恩格斯的观点。至于"实践唯物主义"，黄先生认为它并不是马克思本人的术语，人们对它的理解分歧很大，不应用它来取代辩证唯物主义和历史唯物主义。

此外，关于异化问题、人化自然问题，等等，黄先生也都做出了科学的分析，从而推动了马克思和恩格斯早期哲学思想研究的健康发展。

黄先生还指出了马克思、恩格斯哲学思想研究中应当深入展开的问题。其一是人的问题，其二是实践问题。关于人的问题，马克思和恩格斯讲得很多，对人道主义的伦理原则也是肯定的，但过去我们对此研究不够。20世纪80年代初掀起的人道主义讨论和后来关于主体性、实践唯物主义、人权、人的价值、人的存在等问题的讨论都与人有关，这不是偶然的，而是有其理论上和实践上的根源的。因此，他主张对人进行综合研究，建立以整体的人作为研究对象的"人学"。至于实践问题，马克思主义哲学也是很强调的，现在人们讲得更多，但是至今我们没有建立起关于实践的系统理论，甚至在过去大多数哲学教材中也没有一个对实践作较详尽阐述的部分。所以，要使研究深入，必须建立严整的"实践理论"。

总之，黄枬森先生对马克思、恩格斯、列宁等人的哲学思想的研究，无论在深度或广度上，都有所前进，有所创新，对后人的影响是深远的。这些观点在今天看来仍然是十分中肯的，对于澄清思想，统一认识，推进马克思主义基本理论研究有重大意义。

三、悟出真学理，后人少迷途

黄枬森先生在60多年的马克思主义哲学史研究生涯中，还逐渐探索、总结出了一套把马克思主义哲学史作为一门科学来建设的指导思想和方法论原则。这也是黄先生对马克思主义哲学史研究的重要贡献。其主要的指导思想可以概括为以下几点：

第一，要把马克思主义哲学史与马克思主义哲学区别开来。黄先生指出，马克思主义哲学与马克思主义哲学史实际上是分不开的，因为马克思主义哲学，同任何一门其他科学一样，是一门历史的科学，它的萌芽、产生、形成、发展都是一个过程。从这个意义上说，整个马克思主义哲学也就是马克思主义哲学史。但二者毕竟又有区别，马克思主义哲学确切地讲应当是现阶段的马克思主义哲学的理论体系，是马克思主义哲学发展的最新形态、最高形态；马克思主义哲学史则是马克思主义哲学从诞生到形成及其后的全部历史，包括马克思主义哲学发展的各种形态。从内容上看，马克思主义哲学是由马克思主义的世界观、自然观、历史观和认识论等主要组成部分构成的理论体系，亦即今天所说的辩证唯物主义和历史唯物主义；马克思主义哲学史则是辩证唯物主义和历史唯物主义及其各个组成部分的形成、建设和发展的历史。只有把二者相对区分开来，才能建立科学的马克思主义哲学，也才能建立作为一门科学的马克思主义发展史。从前之所以没有马克思主义哲学史，就是因为人们没有把二者区分开来，以为马克思主义哲学就是经典作家的思想、言论，没有认识到这些只是马克思主义哲学在各个历史阶段的具体形态，还不是马克思主义哲学发展的最新形态。

第二，要把马克思主义哲学著作及其思想摆在一定的历史条件中加以研究，正确地理解其精神实质和正确地评价其是非曲直。只有这样，才能弄清这些思想的相对性和绝对性、局限性和普遍性、成就与不足、长处与短处，才能避免教条主义和相对主义错误，也才能从中找出规律性的东西，从而保持清醒的头脑，捍卫和发展其基本思想，纠正或完善其中不科学的方面。

第三，就人物而言，马克思主义哲学史研究的对象决不应当仅限于经典作家的思想。因为马克思主义哲学是科学，是群众智慧的结晶，是经典作家和广大马克思主义哲学专业人员共同研究的成果。所以，研究马克思主义哲学史，不仅要研究马克思、恩格斯、列宁等革命领袖的哲学著作和哲学思想，也要研究他们的学生和战友如狄慈根、梅林等人以及专业哲学家的哲学著作和哲学思想，还要研究马克思主义队伍中修正主义思潮中的哲学和当代国外马克思主义。他认为，这些修正主义哲学以及国外马克思主义虽然大多是对马克思主义的片面理解和曲解，但毕竟与一般资产阶级思潮不同，它们使用的是马克思主义的语言，试图回答的是马克思主义及其哲学面临的问题；即使它们的回答是错误的，也可以为马克思主义哲学的发展提供借鉴，其中某些合理思想更应汲取。

第四，马克思主义哲学史研究必须与当前马克思主义哲学问题的研究相结合。马克思主义哲学史研究的目的很多，但重要的目的是发展马克思主义哲学，而不是为历史而历史。这正像任何一门科学史的研究都以发展该门科学为目的一样。因此，正如自然科学史家从不忽视当前自然科学的研究一样，马克思主义哲学史研究也决不能忽视或排斥当前的哲学研究。再者，当前的马克思主义哲学研究本身也属于马哲史的范畴，因为历史既包括过去，也包括现在。只有弄清了当前研究的哲学问题，才能深刻理解马克思主义哲学史上的有关问题，因为现在的哲学研究成果是历史上哲学研究的最新形态，立足于此制高点，才能正确地评价历史上有关哲学观点的水平、意义和地位。当然，也要避免"六经注我"的实用主义偏向，坚持按实事求是的原则进行研究。因此，马克思主义哲学史工作者决不可把马克思主义哲学史研究同马克思主义哲学的研究割裂开来，决不可对当代马克思主义哲学问题漠不关心。

黄先生还总结出一套马克思主义哲学史研究的方法论原则，概括讲来，主要有如下诸条：一是要坚持以马克思主义为指导，解放思想，实事求是地梳理马克思主义哲学发展的历史线索，揭示其发展变化的规律，做到理论和实践统一，科学性和战斗性统一，逻辑和历史统一，观点和材料统一；二是要占有翔实而丰富的历史资料，一切论断均有充分的材料作根据，同时要有鉴别地吸收国内外马克思主义哲学史研究的成果；三是对马克思主义哲学史上的重要著作和观点，要作具体的分析和评价，恰当地估计其历史意义和历史地位；四是以革命导师的哲学思想研究为主线，同时也给予其他思想家以应有的地位和足够的重视；五是以揭示辩证唯物论和历史唯物论的形成、发展为主，对其他部分如自然辩证法、军事辩证法、伦理学、美学、逻辑学、人学思想等也予以适当的研究；六是采取循序渐进的研究方法，即先弄清原文的字句含义，段落大意，把握其整体思想，再弄清楚其来龙去脉，并给予评价，揭示其规律性。

黄先生所提出的这些指导思想和方法论原则不仅是马克思主义哲学史这门学科

建设的指南，也是我们研究马克思主义哲学史以及其他思想史所应遵循的方针。有了这套科学法宝，我们就不会在马克思主义哲学史研究的道路上迷失方向。

黄先生之所以能够几十年如一日，悉心研究马克思主义哲学史并取得了丰硕成果，首先是因为在内心深处有着远大而崇高的理想，这就是要为社会主义和共产主义而奋斗，要为传播和发展马克思主义而献身，要为建立马克思主义哲学史这门历史科学而努力。因此，他练就了一身的胆识，能够在几十年复杂的政治风云中始终保持清醒的头脑，不计个人得失，顶住各种压力，坚信马列，唯求真理。

纵观黄先生一生的学术活动，笔者感到在他身上凝结着这样一些学术精神：第一是精与细的精神。黄先生强调在研究中要精到、仔细，要咬文嚼字，而不要粗枝大叶、望文生义。因此，黄先生澄清了许多马克思主义哲学史研究中大家常用而含义模糊的概念。例如在人道主义讨论中，人们对"人"的概念理解很不一致，为此，黄先生对"人"的概念进行了分析，指出"人"有三层含义，即个体的人、群体的人和全人类的人；"人道主义"中的"人"意指的是个体的人。于是统一了人们的思想。第二是严与实的精神。这是说在研究和论述问题时要做到逻辑严密并实事求是，用严密的论证和充分的事实来说服人。如上所述，他对列宁物质定义的局限性的分析就是如此。第三是深与新的精神，即强调从平常中见出深刻，从既有思想中引发出新的观点。恩格斯对哲学基本问题的论述被讲了几十年，几乎被看作公理，没有人怀疑它有问题，黄先生经仔细分析却发现了其局限性，其一就是没有把物质和精神谁反映谁的问题也当作划分唯物唯心的标准；其二是没有指出物质世界是否存在的问题是更为根本的哲学问题。第四是批判与继承相统一的精神。黄先生在研究中，不惧权威，始终抱着分析、批判的态度。他的每一篇文章都有着鲜明的针对性，即提出什么问题，解决什么问题，包括批评某种观点，树立某种观点，反对无的放矢的无根据之作。当然，在对前人的批评中也有肯定，有继承，从而才有发展，反对离开前人的研究成果而凭空构想。第五是理论与实际相统一的精神，即注意把历史上某种理论的研究跟当前的实际生活联系起来，为解决当前人们面临的问题提供借鉴。第六是宽容与严肃相统一的精神，即强调在学术研究的争论中，要有宽容精神，让人们充分自由地讨论问题，尽可能拓广思维的空间；同时又强调学术研究的严肃性，反对自由放任和乱扣帽子。

由于黄先生在马克思主义哲学史研究和学科建设中解决了许多重大问题，提出了许多正确的研究原则和方法，形成了一套良好的学术精神，在国内学术界产生了广泛影响，所以深深被学术界同仁所爱戴。他曾被推举为北京大学哲学系主任、中国马克思主义哲学史学会会长、中国马克思恩格斯研究会会长、中国人学学会会长、国务院学位委员会学科评议组成员、北京市社科联副主席等。黄先生可以说是我国马克思主义哲学史界有重要贡献、有重大影响的一位学者。

在国外，黄枬森先生也受到了高度评价。苏联的《共产党人》杂志在1987年第10期上评介中国哲学界的成就时写道："通过黄枬森教授和其他一些人的努力，实际上在中国哲学界形成了一种探索列宁辩证法思想的完整学派。"英国剑桥国际传记中心于1989年出版的《远东名人传》和《五百名人传》等也都介绍了黄枬森先生的成就。这表明，以黄先生为代表的中国马克思主义哲学史学者的学术成果已经影响到国际学术界，这就为我国马克思主义哲学史研究走向世界开辟了康庄大道。

黄枬森先生虽然离开了我们，但他给我们留下了丰富的思想成果和崇高的学术风范，这是一笔极其宝贵的精神财富，需要我们认真地学习、研究和弘扬光大。

注：本文主要参考了黄枬森先生如下著作：

（1）《〈哲学笔记〉注释》，北京大学出版社 1981 年版。

（2）《〈哲学笔记〉与辩证法》，北京出版社 1984 年版。

（3）《哲学的足迹》，中国社会科学出版社 1987 年版。

（4）《列宁传》，河南人民出版社 1989 年版。

（5）《马克思主义哲学史》（三卷本），北京大学出版社 1987 年版。

（6）《马克思主义哲学史》（八卷本），北京出版社 1989—1995 年版。

（7）《马克思主义哲学史》（一卷本），高教出版社 1998 年版。

（8）《黄枬森文集》，中央编译出版社 2012 年版。

（另注：本文初稿写于1995年，经黄枬森先生审阅，曾载于《今日中国哲学》，广西人民出版社1996年版，这次修改作了补充。）

（杨金海，中央编译局原秘书长，清华大学特聘教授）

追思黄公枬森

崔自铎

黄公虽去精神在，
敬业爱国显忠魂，
谦和敦厚善待友，
勤奋奉献为人民。

　　我和黄枬森同志是老同学、老朋友、老同事。1951年，我们一起在中国人民大学读研究生。1978年改革开放以后，我们又在中国马克思主义哲学史学会和中国人学学会共事，前后有60多年的相识相交。在我和枬森同志的交往中，他给我留下了极深的印象。他对祖国、对马克思主义的忠心，对同志、对朋友的善心，对人民、对事业的公心，都使我对他十分敬重。他的确是一位富有崇高精神的学者。他对马克思主义哲学，对马克思主义哲学史，对马克思主义人学，都做出了突出贡献。他的离世，使中国哲学界失去了一位难得的大家。我深信，他的品德、他的为人、他的风范都会永远留在人们的心中。为了追思枬森同志，我写下了上面的小诗，以表我对他的深深怀念之情。

　　黄枬森同志的高尚精神永存！

　　（崔自铎，中共中央党校哲学部教授，中国马克思主义哲学史学会原副会长）

君且去，长相忆

梁　柱

　　当代我国杰出的马克思主义哲学家、备受北大师生敬重的黄枬森教授，以九十二高龄走完了人生的最后一程。就他个人来说，道德文章两垂范，哲人光泽照后人，可谓一生无愧无憾。但他的离世，对我国的理论界、哲学界，对北京大学，却是无可挽回的损失。记得在他罹病这些年，看到他依然顽强地生活、写作，参加学术活动，依然态度安详、淡定，心中总是为他高兴、祝福。我曾对他说过，您一定能够很好地康复、长寿，您一定要有这个信心，您在，对我们就是一种鼓舞力量，就有意义。遗憾的是，自然规律不可违，疾病夺去了他的生命。这次在八宝山的最后告别，使我真切地感受到失去了一位可敬可亲、亦师亦友的长者，心中十分痛楚。

　　我与黄枬森教授初识于20世纪60年代初三年困难时期。那时我下放到十三陵水库边的北新村，准备长期劳动并参加一些农村整社之类的工作。这个村子开始属于十三陵公社，后划归十三陵农场建制。记得这年的国庆节和中秋节，农场领导为了给下放干部、知识分子（多数是北京大学的教职工）改善一次生活，包了一顿猪肉白菜馅的饺子。于是，分散在各村的下放干部都集中到场部，其中有一些是北大哲学系的教职员。厨房里热气腾腾，我们就在外面静静地等候。这时有熟人为我介绍北大的同仁，其中就有黄枬森同志，我们简单交谈了几句，他留给我的印象是厚道朴实，沉默寡言，也许这同他这时并非处于顺境有关。我并不了解他们下放是长期还是短期，具体在哪一个村，大概在1962年年初我们都先后回校了。后来偶然在校园里相遇，也只是点头示意或略作寒暄。及至改革开放新时期，他有了施展抱负的机遇，成就和影响也日益扩大，特别是他的《〈哲学笔记〉注释》《〈哲学笔记〉与辩证法》等著作问世，为马克思列宁主义研究做出了重要贡献，这之后我们在工作上、科研活动中有了较多的接触，也加深了彼此的了解。

　　黄枬森教授是我十分敬重的一位老学者，始终把他视为北大理论学科一位兄长式的师长。他有理想，有信念，有思想，一身正气。他青年时代就加入了中国共产党，有过地下斗争的经历。新中国成立后他也经历过人生的坎坷，但在我们的接触中，无论是私下谈话，还是公开场合，他从不谈个人受到的不公平的遭遇，从不以个人的某种不幸来发泄对历史的怨恨，作为判断历史功过是非的标准，而总是站在历史的高度来审视我们的事业和人生。我们都生活在一个历史的转折时期，个别人甚至某些老共产党员，就是以个人曾经受到的一些委屈，甚至向西方另找出路。同这些人相比，更显得黄枬森教授的思想境界、道德风范，是那样的高尚、无私，深刻理解我们党的事业所经历正确与错误、辉煌与挫折相交织的历程。在学术活动中，他总是旗帜鲜明地坚持马克思主义的基本原理，同时又关心现实生活提出的各种问题，以及面临的各种社会思潮的挑战，对这些，他都通过缜密的思考，有理有据地加以分析，很好地做到了以理服人。前些年当"普世价值"说兴起时，我曾和他讨论过，我谈到，在伦理道德，包括某些政治思想，人类是有某种共同的标准、要求，但现在一些人所主张的普世价值有特定的含义，主要是指西方的特别是美国的政治制度、价值观念，这样的"普世价值"是不存在的，是强加给别的国家的。他听后明确表示，这是应该属于意识形态范畴，对我们来说是应该加以抵制和批评的。他的回答，给我留下了深刻的印象。

黄枬森教授为文与为人一样，都是那样朴实无华，严谨求实。他的文著，凡是在报刊上见到的，我都一一拜读；他赠送给我的两部自选集，也都通读过。我们不是一个专业，自然无法从哲学专业的角度加以深刻理解，但读后都会感到获益良多，对我的教学和科研工作都有启示作用。使我感受最深的是他不像时下个别人那样为研究而研究，为发表文章而写文章，而是用心来写作，只要他认准的方向，认准的道理，会贯穿他整个研究的过程；他是为坚持和传播真理来表达真理的，态度是那样严肃认真，一丝不苟，文章写得有深度，有新意，做到了深入浅出，意蕴深远，给人以思考和回味的空间。在这些年学术界的功利主义、学风浮躁相当泛滥之时，特别要提到黄枬森教授为人称道的朴实的学风和文风，他确实做到了毛泽东同志所倡导的"有实事求是之意，无哗众取宠之心"。古人有云："配霝润于云雨，象变化乎鬼神。被金石而德广，流管弦而日新。"这就是说，文章如同雨露般的沁人心脾，似鬼神般的变化无穷。刻在金石上以传播功德，谱之管弦而与日俱新。也许，这就是黄枬森教授写作所追求的境界，也是他学术活动的一个写照。他有很强的读者观念，写书是要给人看的，是要对我们的社会和事业负责的。在这方面，黄枬森教授为我们树立了一个很好的榜样。是的，黄枬森教授为人平和，待人宽厚，奖掖后进，不遗余力。对不同的学术观点，他既有很强的原则性，又能心态平和，不愠不怒。前些年一位外地学者发表文章表达对黄枬森教授的不同学术观点，这本来是很正常的，但此人用词尖刻，不讲道理。我内心颇为不平，曾请一位从事哲学研究的学者为黄先生说点话。在一个会上，当我同黄枬森教授谈及此事时，他平静地说，人家有发表文章的权利，没有什么关系；同时他又坚定地维护了自己正确的观点。当时我想，这是一位学者多么好的心态。

黄枬森教授是一位对工作极端热诚、极端负责的人。像他这样有大成就的学者，无论参加多小范围的研讨会，他都会认真准备，在他的笔记本上密密麻麻地写下他要发言的内容，使人听起来都会觉得有内容、有思想，既易懂又好记，而决不是应景而发，更没有拿腔拿调显示权威的派头，着实令人肃然起敬。他还十分关心马克思主义理论学科的建设，记得在20世纪90年代初，他鉴于我国一个时期以来对人学研究的缺失，在理论界极力推动马克思主义人学研究的工作。人们都记得，在这之前我国理论界开展了一场关于人道主义和异化问题的大讨论，讨论中出现了一些非马克思主义的观点。黄枬森教授积极参加了这场讨论，他不赞成那种社会主义异化论的观点，他把作为历史观的人道主义和作为伦理观的人道主义作了科学的区分，认为前者是一种唯心史观，而后者则是可以加以批判地吸收和改造。这个观点他一直坚持不变，也奠定了他马克思主义人学研究的基点。后来，他和陈志尚教授一起筹建北大也是全国的人学研究会，他们几次和我谈了这方面的工作，我觉得这是一件有开创意义的学科建设，对我国内政和外交工作都有重要的现实意义，表示积极的赞成和支持。当时学校经费比较困难，还不可能支持虚体的研究机构，我只得向有关部门"化缘"了5万元，作为研究会成立经费。可以说，黄枬森教授是我国建立马克思主义人学学科的积极推动者和开拓者。

黄枬森教授为人谦逊，待人以诚，重亲情友情。1996年，他领衔主编的《马克思主义哲学史》第二版问世后，打电话表示要送一套书给我，我表示感谢后说过两天到他家去取。未曾料到，第二天他就抱着八卷本的这套书给我送来，当时他已年近八旬，这件事今天想起来还觉得内疚。当时我住在三公寓，对门一家有位女士教孩子弹钢琴，常常看到黄枬森教授接送他的外孙女来这里学习，有次我碰到就问他，你工作这么忙还管接送孩子，不要太累了。他满脸洋溢着幸福说，这也是一种享受。这大概就是生活中的黄枬森教授。有一次我和他一起领着这个小女孩下楼，我问她你知道你爷爷是干什么的吗？孩子天真而骄傲地说是北大教授；我告诉她：我这个爷爷也是北大教授，但是是你那个爷爷的学生。孩子扬起头瞪大眼睛看着我，是信还是不信呢？今天回想起来，当年天真可爱的孩子已经长大成人了，她一定会有乃祖之风，健康成才。

我在漫步时有一个习惯，如果遇见松树、松林都喜欢对它凝视遐思，它是那样的挺拔、沉稳，面对乱云飞渡、逼人寒气，都表现出从容不迫、傲视人世的神态，针叶青翠，一如既往。由此想到，松树的品格，何尝不是黄枬森教授为人为学的写照呢。他确是一位值得纪念、值得长忆、值得学习的大写的人。

最后，请允许我借用唐人孟郊的诗句"镜破不改光，兰死不改香。始知君子心，交久道益彰"来表达我对黄枬森教授的追思之情，作为这篇短文的结束。

（梁柱，北京大学资深教授，近代史与党史专家，北京大学原副校长）

黄枬森：马克思主义哲学家

田心铭

黄枬森是马克思主义哲学家。马克思主义哲学是黄枬森的主要研究领域，更是他的坚定信仰。他开创了马克思主义哲学史学科，又创新了马克思主义哲学原理体系。他深刻地把握了马克思主义哲学的科学本质，阐明了马克思主义哲学的意识形态性与学术性的统一、实践性与科学性的统一、集体性与个体性的统一。多方面的成就使黄枬森成为当代中国马克思主义哲学家中为数不多的杰出代表之一。

今年1月，敬爱的黄枬森老师走完了他92年的人生路程，他的名字将载入史册。中华民族五千年文明的灿烂星空又增添了一颗明星。

黄枬森是谁？他是以什么身份走进中华民族的文明史的？

我认为，如果要用一句话来回答"黄枬森是谁"的问题，那应该是：黄枬森是马克思主义哲学家。他是新中国最初60余年这一历史阶段涌现出的马克思主义哲学家群体中的杰出代表之一。黄枬森这个名字，应该以这样的身份载入中华民族的文明史。

第一，马克思主义哲学是黄枬森的主要研究领域，更是他的坚定信仰。

黄老师是学者，又是教育家，是哲学史家，又是哲学家，他既研究哲学，也研究文化，既研究理论问题，又研究现实社会问题。新中国成立以来特别是改革开放新时期以来，伴随着历史前进的步伐，他不断奉献出优秀的理论成果，参与到我国哲学、教育、文化事业发展的进程中，推动了理论的创新、学术的繁荣。这些成果在他90诞辰之际汇集成了数百万字、九卷本的《黄枬森文集》，为他所挚爱的祖国和人民留下了一笔宝贵精神财富。

综观黄老师的生平和他的思想，他把一生献给了马克思主义哲学。他开创的人学学科，按照他对马克思主义哲学体系的理解，是马克思主义哲学体系中的一个部门哲学。他做出了重要贡献的文化研究，特别是中国特色社会主义文化理论研究，是运用马克思主义的理论和方法对文化问题尤其是当代中国现实文化问题的研究。因此我们可以说，马克思主义哲学是他研究的主要领域。

　　更重要的是，黄枬森是马克思主义哲学的坚定信奉者。

　　研究的对象和研究者所持的理论立场是两件不同的事情。研究某种理论不等于赞同它，赞同某种理论也不一定专门去研究它。宗教的研究者未必都信仰宗教。现实中马克思主义的研究者未必都信奉马克思主义，也有可能只是把它当作一种知识、一门学问，还可能只把研究它当作一种职业、一个饭碗，有人甚至是因为要反对它所以才去研究它的。

　　黄枬森的理论立场和他的研究对象是完全一致的，他是作为一名坚定的马克思主义者去从事马克思主义哲学研究的。如果说马克思主义哲学的研究和教育成了他毕生的事业，那么这是因为马克思主义的科学真理是他始终不渝的坚定信仰。党的十八大报告中说：对马克思主义的信仰，对社会主义和共产主义的信念，是共产党人的政治灵魂，是共产党人经受住任何考验的精神支柱。曾被评为北京大学优秀共产党员的黄枬森教授，就是一位以马克思主义信仰、共产主义信念为政治灵魂的共产党员和哲学家。

　　黄枬森上高中开始读艾思奇的《大众哲学》等马克思主义哲学著作。1947年在北京大学，他在地下党领导的读书会中学习了《反杜林论》《唯物主义和经验批判主义》等马克思、恩格斯、列宁、斯大林、毛泽东的著作，次年加入了中国共产党。新中国成立后，他作为共产党员和哲学系研究生奉调从事政治理论课教学，从此以马克思主义理论作为自己的专业工作，把马克思主义哲学当作自己的终身事业。在《高校理论战线》2001年第7期"社科学人"栏目发表的访谈文章《黄枬森的哲学思想及其由来》中，面对着他在60年代初和改革开放初期被一些人声讨为"右派""离经叛道"，后来又被一些人视为"左派""保守派"这样的问题，黄枬森的回答是："我不在乎人们说我是'左'还是'右'，我只坚持我所追求的真理。"他说，"左派""右派"是站在两个不同的立场上看他的观点，并不是他的观点本身发生了什么重大变化，"或许，今天的被指责正是因为我没有随波逐流。"

　　黄枬森始终坚信马克思主义是科学真理。在《黄枬森文集》的《自序》中，这位年届九旬的老人回顾、总结自己的教学和研究生涯，旗帜鲜明地表示："马克思主义哲学不仅给了我科学的思想、智慧，而且给了我科学的理想，使我活得更加清楚、明白。我庆幸我选择了马克思主义哲学作为我一生的事业。"①这"科学的理想"是什么呢？他说，马克思主义者"知道共产主义——全人类彻底解放的目标是一定可以实现的，许多共产党员正是在这种伟大而壮丽的理想的鼓舞下视死如归、

---

　　①《黄枬森文集》第1卷，中央编译出版社2011年版，《自序》，第3页。

英勇就义的。这个目标比极乐世界、天堂、永生这些虚幻的目标能够给人以更实在的关怀，因为它是科学的结论。"①在这里，我们清晰地看到了一名共产党员基于马克思主义科学理论的共产主义理想和世界观、人生观。

第二，黄枬森既开创了马克思主义哲学史学科，又创新了马克思主义哲学原理体系。

马克思主义哲学是以逻辑和历史相统一的形态存在和发展的。它既表现为在实践中产生和发展的历史过程，又是一个具有内在逻辑结构的科学思想体系。因此，马克思主义哲学的教育和研究是遵循着逻辑和历史统一的原则，从马克思主义哲学史和马克思主义哲学基本原理两方面展开的。我国马克思主义哲学专业的教育和研究工作者，大多数是分别从马克思主义哲学史或马克思主义哲学原理两个不同方面开展工作，这已成为专业工作内部的一种分工，而黄枬森在马克思主义哲学史和马克思主义哲学原理体系这两方面的研究中都站在最前列，他把这二者统一起来，相互促进，在两方面都做出了重要贡献。

黄枬森是我国马克思主义哲学史学科的开创者。他先后和一些专家一起，主持编写了《马克思主义哲学史》三卷本和《马克思主义哲学史》八卷本。八卷本作为我国马克思主义哲学史学科建立、发展的标志性成果，获得了多个奖项。他和一些专家创建了中国马克思主义哲学史学会并长期担任会长。

黄枬森从事马克思主义哲学史研究是为了正确把握马克思主义哲学形成、发展的历史进程，从而把哲学作为一门科学来建设。他说过："我写了不少文章，千言万语，可以归结为这句话：把哲学作为一门科学建设。"②从这样的观点出发，他既不赞成把马克思主义哲学史等同于经典作家的著作，也不赞成像看待以往的哲学那样用"哲学就是哲学史"的观点来看待马克思主义哲学。因此，他十分重视对马克思主义哲学原理及其科学体系的研究。他在对列宁《哲学笔记》等经典原著的研究中，在我国关于真理标准问题的讨论、关于人道主义和异化问题的讨论等重大理论论争中发表过多篇研究、阐述马克思主义哲学基本原理的文章，参与过哲学原理著作如《马克思主义哲学原理》《科学的世界观和方法》的写作。他认为，合理的思想体系是人类科学史上一门新学科诞生的必备条件之一，马克思主义哲学应该有自己的体系，因此在分析原有体系长短得失的基础上，黄枬森长期致力于马克思主义哲学体系的创新。

---

① 《黄枬森文集》第1卷，中央编译出版社2011年版，《自序》，第3页。
② 黄枬森：《哲学的科学之路》，北京师范大学出版社2005年版，第420页。

在1984年出版的《〈哲学笔记〉与辩证法》中，黄枬森通过对列宁关于辩证法体系思想的研究，提出了"一个以《哲学笔记》为根据的唯物辩证法体系的草图"。①在1999年发表的《我的哲学思想》一文中，黄枬森提出了创新马克思主义哲学体系的初步构想。②2002年，黄枬森作为课题负责人承担了国家哲学社会科学基金"十五"规划重点项目"马克思主义哲学体系的坚持、发展与创新研究"。从此，创新马克思主义哲学体系成为他学术生涯最后十年中最重要的工作。2011年，这一项目的成果，包括四部著作的一套书《马克思主义哲学创新研究》由人民出版社出版。其中第一部《马克思主义哲学体系的当代构建》（上、下册）推出了一个新的马克思主义哲学体系。黄枬森认为，辩证唯物主义是马克思主义哲学最确切的名称，所以这是一个从整体上表达马克思主义哲学的辩证唯物主义的体系。它以"辩证唯物主义世界观"为核心，以"辩证唯物主义历史观""辩证唯物主义人学""辩证唯物主义认识论""辩证唯物主义价值论"和"辩证唯物主义方法论"为五个分支，由一总五分共六个部分构成。这六个部分又可分为三个层次，一层是世界观，二层是历史观和人学，三层是认识论、价值论和方法论。黄枬森同时认为，由于历史唯物主义在马克思主义科学体系中具有特殊重要地位，可以在名称中把它标明出来，所以也可以"辩证唯物主义和历史唯物主义"来称呼马克思主义哲学，与"辩证唯物主义"这个名称同时使用。这套书的出版，终于在黄枬森90岁之际把他长期以来关于马克思主义哲学体系的构想变成了现实，成为他60年哲学研究中又一个重要的标志性成果。这一初创的体系当然还是很粗糙的，它的科学性、合理性尚有待实践检验，它还需要在进一步的研究中逐步完善。但是，黄枬森多年来的努力为创新马克思主义哲学体系做出了重大贡献，已经由于这套书的出版成为无可置疑的事实。在课题研究过程中，黄枬森提出了《马克思主义哲学体系的当代构建》全书的理论框架，多次阐述了体系创新的原则，承担了第一篇第二、三章和四部书总序的写作，主持了全书的审读、讨论，最后为全书定稿。他是这本书名副其实的主编，是这一哲学体系的主要创制者。

在马克思主义哲学史和马克思主义哲学体系两方面都做出了开创性研究，开创了马克思主义人学学科，创建了中国人学学会，同时在文化理论研究中做出了重要贡献，这些成就使黄枬森成为当代中国马克思主义哲学家中为数不多的杰出代表之一。

---

① 黄枬森：《〈哲学笔记〉与辩证法》，北京出版社1984年版，第87—97页。
② 黄枬森：《黄枬森自选集》，重庆出版社1999年版，《代序》，第6—11页。

第三，黄枬森深刻地把握了马克思主义哲学的科学本质。

研究和发展马克思主义哲学，不是关在书斋里做学问，而是为了用它去指导实践、改造世界。为此，必须准确把握马克思主义哲学的基本特征，深入理解它的精神实质，也就是要弄清"什么是马克思主义哲学"，树立正确的马克思主义观和马克思主义哲学观。这既是学习、研究马克思主义哲学的结果，同时也是沿着正确方向研究和发展马克思主义哲学所不可缺少的条件。黄枬森的著作中有许多这方面的论述。他在《黄枬森文集》的《自序》中讲了自己"这几十年来经常在思考的几个问题"，即"马克思主义的意识形态性和学术性的关系问题""马克思主义的实践性与科学性的关系问题""马克思主义哲学的集体性和个体性的关系问题。"[①]这正是马克思主义观中的几个基本问题。这篇简短的自序，可以看作是他总结、整理自己60年研究成果时，概括性地阐述了对马克思主义哲学基本特征的看法。

对于意识形态性和学术性的关系问题，黄枬森认为，马克思主义是为无产阶级解放自己以及全人类服务的，但它不只是一种主观愿望的表述，还是一种科学的理论，所以它是意识形态性和学术性的统一。但是，达到马克思主义理论的意识形态性和学术性的一致性需要做出艰苦的努力，以意识形态方式处理学术理论讨论是不对的，以学术名义排斥马克思主义研究更是值得注意的问题。

对于马克思主义的实践性和科学性的关系问题，黄枬森指出，马克思主义及其哲学是工人阶级和共产党从事实践活动的思想武器，理论要指导实践，就必须是科学的，这决定了它的实践性和科学性是不可分的。但是，把实践性和科学性紧密结合起来实属不易。为此，他一方面致力于从实践方面即依据实践的发展来加强理论的科学性，一方面又强调只有加强马克思主义哲学的科学性，才能加强它的实践性，不能排斥科学性，只要实践性。

对于集体性与个体性的关系问题，黄枬森认为，传统哲学虽然也能形成门派，有一个小小的集体，但按其性质是个体性的，是个人的哲学。马克思主义哲学则是集体的事业，虽然它也是由个别人创立的，也要存在于成长于个人的思想之中，但科学总是集体的事业，马克思主义哲学的科学性质决定了它是集体的事业。正是基于这样的认识，黄枬森总是把自己当作集体中的一员，投入到发展、创新马克思主义哲学这一"集体的事业"之中。

《黄枬森文集》的第一、二卷，是著作卷，其中除了《〈哲学笔记〉与辩证法》是一部完整的著作外，其余都是某一著作中的部分章节。虽然他在自己参与创

---

① 《黄枬森文集》第1卷，中央编译出版社2011年版，《自序》，第1—3页。

作的著作中大都是承担了主编的职责，但是编个人文集时则只收入其中他执笔写作的部分。这两本文集让我们直观地看到了一位马克思主义哲学家对这一"集体的事业"的理解。他在《黄枬森自选集》的代序《我的哲学思想》中说过：我认为，我自己并没有自己的什么哲学思想体系。这不是自谦，更不是自卑。他说，马克思主义哲学是科学，是集体的事业，"因此我根本不想提出我自己的什么哲学思想，我是把哲学作为一门科学来研究，来讨论，来建设，而在这个事业里面做出我个人的贡献。"[①]我们看到，在古今中外非马克思主义的哲学领域中，学派林立，以个人名字命名的这样那样的学说、思想、观点不断涌现出来，唯独马克思主义哲学的大批著作和研究人员队伍中难觅创立个人学派者的身影。这决不是因为马克思主义的哲学家们缺少个人的智慧和贡献，而是由马克思主义哲学作为工人阶级科学世界观的根本性质决定的。这当然不是说马克思主义的哲学家不能或不应该为马克思主义的发展做出自己独特的贡献，假如是那样，就不会有列宁的哲学思想、毛泽东的哲学思想，也不会有一大批专业马克思主义哲学家的优秀成果。但是，一个学者如果离开马克思主义的基本理论立场和科学体系去立个人的一家之言，那他就不是马克思主义的哲学家了。马克思主义哲学家中的杰出代表对人类哲学思想宝库的贡献，决不逊于某些立个人一家之言的学者。黄枬森就是这样的马克思主义哲学家。

黄枬森特别强调马克思主义哲学的科学性。在他看来，马克思主义哲学之所以具有意识形态性与学术性统一、实践性与科学性统一、集体性与个体性统一的特征，都是同马克思主义理论的科学性分不开的。进入21世纪后，他学术生涯中出版的最后两本个人专题文集，其书名中都有"科学"这个关键词。一本是北京师范大学出版社2005年出版的《哲学的科学之路》，一本是首都师范大学出版社2008年出版的《哲学的科学化》。《哲学的科学之路》一书的代序，是发表在《求是》杂志2001年第5期的访谈文章《马克思主义哲学的科学性》。他在访谈中指出，哲学与科学有区别，但不应把科学仅仅理解为实证科学，科学中应该包括马克思主义哲学。他表示相信，当代世界和平与发展问题、生态危机和环境恶化、贫富两极分化等问题的根本解决，都要靠马克思主义、靠共产主义，资本主义是解决不了的。"马克思主义哲学如同一切自然科学和社会科学那样，终归会得到人们的普遍承认的，因为它是科学，是同人类社会发展方向根本一致的。"[②]

基于对马克思主义哲学科学性的信念，黄枬森表示相信，正如达尔文和其他生

---

① 《黄枬森自选集》，重庆出版社1999年版，《代序》，第17页。
② 黄枬森：《哲学的科学之路》，北京师范大学出版社2005年版，《代序》，第7页。

物学家的观点已经融入生物学这门科学之中，因而我们不把生物学叫作达尔文主义或其他主义一样，终究会有那么一天，马克思主义哲学会成为全世界公认的科学而融入科学的哲学，那时"马克思主义"这样的称号就是不必要的了。这不禁让人想起了毛泽东的名著《论人民民主专政》开头的那一段话。1949年，正当中国共产党领导中国人民经过28年奋斗即将建立自己新的政权、迎来人民共和国的诞生时，毛泽东却兴致勃勃地谈论着阶级的消灭、国家权力的消灭和党的消灭这一人类社会发展的远景，表现了中国共产党人对马克思主义的深刻理解和对共产主义理想的坚定信念。黄枬森关于"马克思主义"这五个字终究会有一天要从哲学中取消的观点，正是以一种彻底的方式表达了他对马克思主义科学本质的认识，彰显了他作为马克思主义哲学家的坚定信念。

（田心铭，教育部高等学校社会科学发展研究中心原主任）

清明时节缅怀一代宗师黄枬森

曹　林　马云鹏

今天，我们怀着敬仰与思念的心情来参加黄枬森老师的追思会。

我们与黄枬森老师相识于20世纪80年代，相处共事起于90年代初，由于全国《反杜林论》研究会挂靠单位由黑龙江大学转到北京大学、秘书处设在北方工业大学。这时黄枬森老师接任中国人民大学乐燕平老师的会长职务。从此，全国《反杜林论》研究会更名为中国恩格斯思想研究会。直到2000年，因黄老师年纪已高，不再担任会长职务，而继任研究会名誉会长。从2002年起研究会又更名为中国马克思恩格斯研究会。

这期间我们二人作为研究会副会长，秘书长，同黄枬森老师相识共事二十多年，现将我们所见、所闻和所感，谈四点感悟。

第一，黄枬森老师既有理论的坚定性，又能与时俱进，使理论永葆青春活力。

我们知道，黄老师一直坚持辩证唯物主义和历史唯物主义的世界观、方法论，突出理论的实践意义。他又能随着时代的脚步，结合实际，不断丰富发展辩证唯物主义和历史唯物主义理论内容、结构体系，使马克思主义哲学原理结构体系与时俱进，增强了理论活力与实践价值。

第二，黄枬森老师一生为人为学品德高尚，平易近人。

多年来，在与他相处共事中，我们感到他与人交往不分老少，不论学术地位高低，也不论学术观点异同，都能一视同仁平等相待，坦诚交流，和谐相处，共乐融之。其可谓"人生交契无老少，论交何必先同调"的大师风范。

第三，黄枬森老师长期以来，特别是在他担任研究会会长期间，关注理论队伍的培养建设，尤其关爱青年学者的成长。

每当我们举办全国性理论研讨会，他主张将与会学者的研究成果的普遍交流同重点难点理论专家报告相结合。有时他亲自去作学术报告，这样既为与会同志创造了相互交流、相互学习、共同提高的平台，又突出了重点难点和现实问题的专家报告，使研讨会点面结合，从而推进了理论研究的深度、广度，使理论研讨会成为培养提高理论队伍成长的重要阵地。特别是对那些学术上有求于他的学者，尤其是青年同志，他都能热心关怀，尽力相助，还亲自为一些同志审书稿、写序言等。正因如此，一些同志对黄老师的关爱、友情、帮助，永不忘怀，把黄老师看作是良师益友，以此激励自己健康成长。

第四，黄枬森老师在理论研究中，关注现实问题的研究，注重理论与现实的结合，在推进马克思主义中国化的进程中做出了重大贡献。

我们研究会从20世纪90年代开始，在黄枬森会长主导下，突出了对中国现实问题的研究，特别突出了马克思主义与中国特色社会主义理论研究。先后确定《科学历史观与改革》《唯物史观与科学社会主义》《科学社会主义与中国特色社会主义》等专题研究项目。先后在江西庐山举办了《唯物史观与科学社会主义》研讨会，并在北方工业大学举办了《唯物史观与改革若干问题》讲习班。尔后又在新疆、张家界、郑州、哈尔滨，举办了一系列有关中国特色社会主义理论研讨会。所有这些理论研究活动，都彰显了黄枬森老师在推进马克思主义中国化进程中做出的重要贡献。

今天，我们对黄枬森老师的追思、缅怀，就是因为他的一生既是马克思主义理论研究的一面旗帜，又是理论界一座丰碑。我们学习他，就要学习继承并发扬他对事业的无私奉献精神、理论研究的求真务实精神和关心人帮助人的仁爱之心，以及他为人为学的高尚品德，并以此来激励我们在实际工作中做出更大贡献，以告慰永远离开我们的黄枬森老师！

（曹林，黑龙江大学哲学系教授，曾任副校长；马云鹏，北京工业大学教授）

我与黄枬森老师的二三事

徐梦秋

　　黄老师走了，一位宽厚、谦和、严谨、深邃的学界泰斗永远离开我们了。痛惜之余，回想起老人家生前对我的关爱和提携，丝丝暖意涌上心头。

　　1983年，时任厦大哲学系副主任的商英伟老师，嘱我写一篇文章，寄到北大哲学系，说是北大哲学系系主任黄枬森教授给他来信，征集参加拟在北京召开的纪念列宁逝世六十周年暨首届列宁哲学思想学术研讨会的论文。那时，我是厦大哲学系的助教，花了好几个月时间写了《试论研究唯物辩证法的根本方法》一文。文章提出的问题是：如果说唯物辩证法为其他学科提供基本的方法，那么研究辩证法本身的方法是什么？或者说，应该用什么样的方法来研究唯物辩证法。现在看来，当时我所提出的是"用什么样的方法来研究本身就具有方法论意义的哲学"这样一个问题。文章经北大哲学系的专家评审入选。1984年春节过后，我借来军大衣和毛靴，登上了北上的火车。在这之前，我没出过省，连火车也没坐过。现在，我坐上了风驰电掣的列车，而且是要去我从小就向往的圣地北京，那份憧憬、激动的心情，至今难以言表。到了北京的第二天上午，参加了开幕式。这次大会很隆重，开幕式是在全国政协大礼堂举行的。在开幕式上，我见到了大名鼎鼎、如雷贯耳的老一辈哲学家杨献珍和吴黎平，也见到了我仰慕已久的黄枬森老师。这次大会有几个专题报告，其中有两个报告的主讲人是非常年轻的学者，一个是北京大学哲学系的首届博士生王东，还有一个是中国社会科学院哲学所的助理研究员李鹏程。报告的题目分别是"关于列宁的八个哲学笔记本"和"国外的列宁学研究"。这两个报告应该是黄枬森老师安排的，令我们这些学术信息闭塞的京外听众进入列宁哲学研究的前沿。当年的学术界，百废待兴，朝气蓬勃，与现今的论资排辈、暮气沉沉全然不同。这种气象当然是与黄老师这样的前辈提携后生、奖掖新人分不开的。大会的第三天上午分组讨论。我分在《哲学笔记》这一组，与黄老师同组。我可能是参加会议的代表中年纪最小、资历最浅的一个，所以我带着一种学习、受教的心情，坐在后排洗耳恭听，并认真地做着笔记。上半场快结束的时候，老师们基本讲完了，我也鼓起勇气，谈了两个问题，一个是我提交会议的论文所谈的问题，另一个是《哲学笔记》中谈得比较多的辩证思维的形式与内容统一的问题。在我发言的时候，黄老师比较注意，还把我的论文从他面前的一叠论文中抽出来，浏览了一下。我说完后，黄老师发言，对我的意见有所肯定，进而谈了他对辩证法和辩证逻辑的区别的看法。他说，对立统一规律等三个规律是唯物辩证法的基本规律，也是辩证思维的基本规律，因此要把辩证法与辩证逻辑区分开来是有难度的。中场休息的时候，黄老师叫住了我，问了我的一些情况，然后让我做准备，明天下午到大会闭幕式上发言。到大会闭幕式上发言？我简直不敢相信自己的耳朵。这是新中国成立以来首届全国列宁哲学思想学术研讨会，参加会议的都是多年研究列宁哲学思想的前辈学者，让我这样一个二十几岁的小助教到闭幕式上去发言，简直是不可思议的事情，但黄老师确实就是这样安排的。在第二天下午的闭幕式上，志愿军原总政委、解放军政治学院政委李唯一等两位老师发言后，我就战战兢兢地上了台，谈了我在小组讨论会上说的两个问题。在当时这两个问题还是比较新颖的，因而现场反应比较好。会后，李鹏程等几位学者找到我，交换了意见，我也和黄老师的开门弟子王东兄成了终生的朋友。我发言的内容写进了会议简报，我至今仍保留着。今天，为了写这篇回忆，我把它翻出来，看着这份纸张已经泛黄的简报，回想起三十年前的那一幕，感慨万千，心里充满着对黄老师的感激之情。

北京大学是中国的学术圣地，北京大学学报是这一圣地的学术成果的重要载体。20世纪八九十年代，能在这个刊物上发表论文是一件很荣幸的事情。1993年，针对国内外许多学者贬斥恩格斯为机械反映论者的种种观点，根据多年的积累和思考，我写了一篇长文《恩格斯的认识主体性思想论纲》。经反复修改后，我把它投给了《北京大学学报》，同时也给黄老师寄了一份，并附信一封，因为黄老师是当时《北京大学学报》哲学社会科学版的主编，而且是马克思主义哲学史领域的权威，文章能否发表最后应由他老人家拍板。经过了长久的等待，这篇文章终于在《北京大学学报》1995年第6期发表了。黄老师没有给我回信，我也没有直接听到黄老师对这篇文章的评价，但这篇文章的责任编辑李淑珍后来告诉我，黄老师对这篇文章给了较高的评价。那个时候，我只是个副教授，《北京大学学报》是我心目中最权威的学术刊物之一，我只是抱着试试看的心情投过去，没想到第一次投稿就发表了。即使是在年近花甲的今天，想起这件事，我仍然很兴奋，那种成就感至今仍激励着我。没有黄老师的肯定和支持，就不可能有这篇文章在《北京大学学报》上的发表。

1992年，中国恩格斯研究会成立，我应邀参加了成立大会。会议期间，拟任副会长的武汉大学教授朱传棨老师告诉我，已跟拟任会长的黄枬森老师商定，把我列入理事候选人名单。当年我37岁，如果当选，应该是研究会中最年轻的理事。但是，后来提供给各位代表的候选人名单里没有我的名字。尽管我没有当上这个全国性学会的理事，但是朱传棨、黄枬森两位父辈学者奖掖后进的恩情，我是永远铭记在心的。

黄老师一生著作等身。我非常认真地研读过他的三部著作，一部是《〈哲学笔记〉注释》，另一部是《〈哲学笔记〉与辩证法》，还有一部是《哲学的足迹》。黄老师的著述，的确是文如其人。读他的书就像和他老人家对话，听他把自己长年研究的心得体会，实实在在、深入浅出地讲述，如沐春风。联想到现今马克思主义哲学界的一些所谓专著，装腔作势，故弄玄虚，以其昏昏，使人昭昭，用一些谁都不明白的语言，讲一些谁都知道的常识，更觉得诚实的学风、质朴的文风之可贵。黄老师的文章，温润宜人、朴实严谨，清清楚楚、明明白白，有条有理、有根有据，平实中不时提出发人深省的问题和见解。例如，当年学界通常认为唯物辩证法是关于一般辩证法的学问，其下还有三个分支：自然辩证法、历史辩证法、思维辩证法。黄老师认为，历史辩证法有自己独有的规律，即生产力和生产关系矛盾运动的规律、经济基础和上层建筑矛盾运动的规律，因此历史辩证法或唯物史观与一般辩证法的区分是很明显的。而自然界是按照唯物辩证法的三个基本规律运动的，思维也是按照辩证法三个规律运行的。这样一来，自然界本身的一般规律是什么，思维领域的一般规律是什么，如何与唯物辩证法的一般规律区别开来，就是一个有待深入探讨和阐明的问题。因此，如何把唯物辩证法与自然辩证法及思维辩证法区分开来也是一个值得深入思考的问题。由此我们可以发现，黄老师一直在思考唯物辩证法的体系及其各个组成部分的特点与关系这一重大问题。遗憾的是，现在马克思主义哲学领域的学者们，大多不关注马克思主义的辩证法，辩证的方法、《资本论》的逻辑几近失传。黄老师还深入地细致地思考过唯物辩证法的一系列范畴的排序和相互关系问题，从中可以看出他对德国古典哲学尤其是黑格尔的大逻辑、小逻辑浸淫多年，功力深厚。有几年，我在思考康德关于时空的二律背反的问题时，有一个关键环节一直没弄明白，查阅了专门研究康德的一些学者们的著述，也还没有搞清楚。后来，我偶尔读到了《〈哲学笔记〉注释》的有关段落，一下子就明白了。从此，我对黄老师更是佩服得五体投地。

从第一次见到黄老师到现在已近三十年。黄老师驾鹤西去，我亦两鬓斑白。回首往事，历历在目，心潮起伏，感慨万千。衷心祝愿黄老师，在天之灵祥和快乐！道德精神发扬光大！

（徐梦秋，厦门大学资深教授，哲学系原主任）

第三篇

哲学理论体系创新论

关于马克思主义哲学及其科学体系的思考

靳辉明

关于马克思主义哲学应该如何表述，其科学体系应该如何构建，自马克思主义哲学产生以后，人们就在思考和探讨，特别是苏联共产党人和学者对此作了长期而有成效的研究，并取得显著的成果，对于这些是不能否定的。黄枬森教授和他的课题组对马克思主义哲学的形成研究、对苏联和中国学者对马克思主义哲学科学体系探讨的梳理和分析，以及对马克思主义哲学创新体系的构想等的研究，具有很高的学术价值，在国内外学界很少有人作如此系统的探讨，他们的研究成果毕竟会对我国今后马克思主义哲学研究起积极的推动作用。

我基本赞同黄枬森教授主编的《马克思主义哲学体系的当代构建》（简称《当代构建》）中阐发的观点，当然有些地方和表述还值得推敲，下面我想就黄枬森教授提出的有关问题，谈一点自己粗浅的看法。

第一，《当代构建》指出，马克思和恩格斯最初自觉地提出的是历史唯物主义，至于辩证唯物主义只是作为世界观前提蕴含于历史唯物主义之中。这个观点十分正确，十分重要，有的学者就是因为马克思主义创始人没有使用过辩证唯物主义概念，而完全否定他们理论中有辩证唯物主义思想，或者仅仅把马克思主义哲学归结为历史唯物主义。如果马克思主义创始人没有辩证唯物主义思想，那么也就不可能有历史唯物主义，就不可能有整个马克思主义学说。这里，要用辩证逻辑的思维方式，而不能用形式逻辑的思维方式来思考问题。为什么马克思主义创始人在创立自己哲学时特别突出的历史唯物主义？这是由于两个方面的因素促成的：一是，人类哲学思想发展的客观要求，是当时哲学发展提出的历史性课题。二是，刚刚兴起的工人运动的需要，社会实践呼唤理论，特别是为共产主义提供"理论论证"。马克思主义哲学就是在这样的历史条件下应运而生的。

黑格尔是唯心主义者，但他却是辩证法大师，他以客观唯心主义的形式，阐明了辩证法的基本规律：对立统一规律、质量互变规律、否定之否定规律中的许多合理因素。马克思和恩格斯都曾高度评价了黑格尔对辩证法所做出的巨大贡献。马克思说："辩证法在黑格尔手中神秘化了，但这决没有妨碍他第一个全面地有意识地叙述了辩证法的一般运动形式。"①马克思在《资本论》第二版跋中回顾说"将近30年以前，当黑格尔辩证法还很流行的时候，我就批判过黑格尔辩证法的神秘方面。"②恩格斯也指出："黑格尔第一次——这是他的伟大功绩——把整个自然的、历史的和精神的世界描写为一个过程，即把它描写为处在不断的运动、变化、转变和发展中，并企图揭示这种运动和发展的内在联系。"③不仅如此，黑格尔还试图描述历史自身发展的规律性。正如恩格斯所指出的，黑格尔最具历史感。德国古典哲学的另一位著名代表是费尔巴哈，他是杰出的唯物主义哲学家和战斗无神论者，在反对宗教和唯心主义斗争中，建立起以人本主义为特征的唯物主义哲学。费尔巴哈把自然界和人作为哲学的最高对象，强调自然界的客观实在性，认为自然界是非发生的永恒的实体，是第一性的实体，是人们借助感官可以直接感知的感性存在物；人不是纯粹的自我意识，而是主体和客体、肉体和灵魂的统一体；肉体是精神产生的基础，离开肉体，离开作为身体有机部分的大脑，思维和精神是不可能存在的。他从人与自然的统一的角度，明白无误地阐明了唯物主义的观点。并且由此出发批判把人的思维变成独立精神实体的黑格尔的唯心主义哲学，批判宗教神学。费尔巴哈唯物主义虽然具有形而上学性和直观性的特点，而且在历史观上是唯心主义的，但是，他冲破黑格尔唯心主义的统治，恢复唯物主义的应有权威，使当时沉闷的德国思想界为之清新和振奋，并为在唯物主义基础上改造黑格尔唯心主义辩证法提供了可能性。马克思和恩格斯正是在这样的精神环境里开始自己理论创造活动的，他们是在费尔巴哈唯物主义哲学影响下批判性地接受了黑格尔辩证法的，他们是在唯物主义基础上理解黑格尔辩证法的。列宁是这样概括马克思这个时期的哲学思想的，他说，马克思超过费尔巴哈走向历史（和辩证）唯物主义。这个概括是非常准确的，就是说历史唯物主义内在地包含着辩证唯物主义。马克思主义创始人从唯心主义转向唯物主义，不是转向别的唯物主义，而是转向辩证唯物主义。

任何理论的发展，都是在前人已取得的成果的基础上，并回答时代问题的前提下实现的。马克思当时所面临的时代课题，首先是"在理论上发展唯物主义""修盖好唯物主义哲学这所建筑物的上层"，创立唯物主义历史观，为社会历史认识提供科学的理论依据，指导刚刚兴起的工人运动。同时，也用这种科学历史观去指导

---

① 《马克思恩格斯选集》第2卷，人民出版社1995年版，第112页。
② 《马克思恩格斯选集》第2卷，人民出版社1995年版，第112页。
③ 《马克思恩格斯全集》第25卷，人民出版社2001年版，第390页。

他的政治学和政治经济学的研究工作。而他创立唯物主义历史观又是以在唯物主义基础上理解辩证法为思想前提的。

第二，《马克思主义哲学体系的当代构建》认为，苏联20世纪20—30年代形成的辩证唯物主义和历史唯物主义体系是自马克思主义哲学诞生以来比较完整严密的科学体系，我们今天研究这个问题，不能绕开它，而应该在保留其科学合理的因素而克服其不足之处的基础上继续前进。我完全同意这样的论断。任何思想理论的发展都不是凭空而生的，而是在已取得的思想成果的基础上丰富和发展。《当代构建》对列宁和苏联学者的研究作了十分详尽的梳理和分析，这里提供的翔实的材料和很有见地的观点，对我们今天的研究具有很重要的启迪意义。但是，我也有一点不同的看法，我认为，不能把斯大林在《联共党史》四章二节关于马克思主义哲学体系的看法，同苏联学者的观点完全割裂开来或对立起来。我认为，斯大林把马克思主义哲学称为辩证唯物主义和历史唯物主义，他对马克思主义哲学原理和体系的看法，同苏联学者的研究成果有着不可分割的联系，他的看法也是在苏联学者研究成果的影响下形成的。就《联共党史》四章二节本身也不能完全否定，它很简明地概括了马克思主义哲学的基本观点，对于通俗简明的理解马克思主义哲学还是有意义的。斯大林的主要问题是把马克思主义哲学简单化和绝对化，而且作了不正确的运用。我的看法也不一定正确，供大家参考。

第三，关于马克思主义哲学体系。马克思主义哲学就是辩证唯物主义和历史唯物主义，这两个概念是同义语。使用马克思主义哲学更为简明。任何一个成熟的理论，都以一个科学的体系为标志。所以，体系并不神秘，体系也不是绝对化的代名词。体系的建构有不同情况，有的是学说创始人自己构建的，比如黑格尔哲学体系；有的是学说创始人提供了基本内容、基本原理，初步的逻辑结构，由后来研究者把它完善和建构起来的，马克思主义哲学体系就是这样，今天我们探讨的中国特色社会主义理论体系也是这样。我很同意黄枬森教授所说的，苏联学者在构建马克思主义哲学体系方面做出了重要贡献，我国学者同样也为此作了大量研究和探索，我们每一次编写马克思主义哲学教科书，都要研究马克思主义哲学的逻辑结构。《马克思主义哲学体系的当代构建》是一个新的尝试，新的成果。本书"一总五分"，即一个世界观，五个部门哲学——历史观、人学、认识论、价值论和方法论。在这样一个相互联系、相互依存的总的逻辑结构中，各个部分又是一个逻辑系统。我认为，这样的逻辑体系比以前的版本更为严谨，更为合理。特别是增加了马克思主义人学和价值理论，弥补了过去马克思主义哲学体系内容上的缺陷。这是一个进步，是探索的新的成果。但在表述上还需要进一步推敲，还需要精雕细刻。

比如，是部门哲学还是层次。体系的排列顺序还可以考虑。可否按如下的顺序：世界观、认识论、方法论、历史观、人生观、价值观、哲学范畴。总之，对马克思主义哲学体系的研究，还需要继续深化。

（靳辉明，中国社会科学院学部委员，马克思主义研究院原院长）

构建马克思主义哲学体系基本原则的科学界定

许志功

　　北京大学著名教授黄枬森老师主持、四十多位专家、学者倾力合作的国家重点课题《马克思主义哲学创新研究》最近由人民出版社出版。这是我国思想理论界尤其是马克思主义哲学界的一件大事。有幸参加这套书的出版座谈会，对我来说也是一次学习的好机会，我感到非常高兴。这套书由于各种原因，我还没有来得及认真拜读，由于要参加这个座谈会，草草地翻了翻，即便是这样，感受也是很深的。感受最深的是书中对构建马克思主义哲学体系基本原则的科学界定。

　　思想体系是任何一门科学都不能不具有的东西，是任何科学建设都不能回避的问题，哲学也不例外。马克思主义哲学要不要体系，这些年来有一种意见认为，说它是实践和思维的方法，不需要体系，并且讲研究体系是教条主义思想作怪。黄枬森老师针对这种情况强调，问题不在于体系而在于体系是否合理，在于是以科学的态度还是以教条主义的态度来构建和对待体系，并且强调为了加强马克思主义哲学建设，我们应该构建一个更加真实、更加完整、更加严密的马克思主义哲学体系。提出这种任务很不容易，完成这个任务更不容易。在黄枬森老师的主持下完成了《马克思主义哲学体系的当代构建》一书，这是对我国哲学理论建设的一个重大贡献。

　　对马克思主义哲学体系的不同看法是与党的社会主义事业的发展相关的。社会主义事业发展比较顺利的时候，对马克思主义包括马克思主义哲学及其思想体系往往没有多大分歧，没有多少不同看法。当社会主义事业遭受挫折的时候，人们的不同看法就会多起来，甚至分歧和争论也就显得更加激烈。对马克思主义哲学及其思想体系存在不同的看法，就我们内部来说也还有一个对构建理论体系基本原则的理解和把握问题。这些年围绕这一问题的争论，很多是由于对构建马克思主义哲学体系基本原则的认识和把握的不同引起的。怎么构建马克思主义哲学体系，有哪些基本原则必须坚持？《马克思主义哲学体系的当代构建》一书很好地回答了这一问题。

　　黄枬森老师在书中强调，马克思主义哲学体系的构建是一个过程，这个过程的各个阶段都有成就，都有不足。今天从事马克思主义哲学学科建设，不应该完全抛弃原有体系，另立门户，而应该采取分析的态度，保留其科学的基础，修正其不科学的方面，补充其缺失，使之更加真实、更加完整、更加严密。我觉得这种态度是历史主义的态度，是科学的态度。我们做任何事情都应该具备这种态度，做学问更应该如此。联系这些年来，学术界一定范围内存在的历史虚无主义态度，更觉得这种态度的难能可贵。

　　黄枬森老师在书中强调，构建马克思主义哲学体系首先要对其对象有个明确的规定。他具体分析了在哲学对象上的七种观点，认为这七种观点基本上可以归结为传统的观点，即哲学对象是作为整体的客观世界及其普遍规律，以及当代中国学术界颇为流行的观点，即哲学的对象不是作为整体的世界而是人或社会或人与社会的某一方面。在做了这样的归结之后，他鲜明地指出，现在的问题是：肯定世界观与否定世界观这两种观点中究竟哪一种观点更合理，哪一种观点更符合历史上和今天哲学的实际情况呢？结论非常明确。现在流行的否定唯物主义世界观的思潮不是现在才有的，100多年前就已经出现了，但是直到现在，世界并没有被消解，唯物主义并没有被打倒。从中我们可以看出，哲学是一个学科群，一个以世界观或本体论为核心的不同层次、不同领域和不同方面的部门哲学群。一个科学的哲学体系应该包括哪些部门哲学？应该根据需要以及各种哲学之间的关系来确定，但世界观本体论是不可或缺的。这就是说，哲学以作为整体的世界作为自己的主要研究对象，无论如何是不能否定的。在我看来，这个思想是非常重要的。我们看重人，看重人的实践，是因为在人面前有一个强大的物质世界。只有通过人的实践，只有在人的实践中才能认识和改造这个强大的物质世界。假如由于看重人、强调人的实践的重要而否认了物质世界的存在，那么看重实践，重视实践还有什么意义呢？从这些年的实践我们可以清楚地看到，否定了物质世界，否定了作为整体的世界观，区分唯物主义和唯心主义就没有了客观标准。马克思主义哲学在一些人那里就变成了主体性原则起支配作用的哲学，认识的本质也就不是主观对客观的反映而是主体对客体地选择了，真理也就失去了客观性、一元性，而变成了多元了。从这里我们可以更加深刻地体会到，坚持马克思主义哲学，一个至关重要最为根本的问题就是要坚持唯物主义一元论，客观而辩证地处理好思维和存在的关系问题。

　　黄枬森老师在书中强调，构建马克思主义哲学体系对哲学基本组成部分要有一个合理的规定。随着哲学的发展，近代形成了世界三分的格局，即世界整体被区分为自然界、人类社会和思维。这种看法几乎为一切哲学流派所承认，差别在于唯物主义和唯心主义对这三者之间关系的解析是不同的。黄枬森老师站在唯物主义的立场上进一步指出，必须分别对这三部分一一加以说明，然后把这三部分整合起来并找到贯穿于三部分中共同的东西，即共性和一般规律。只有这样，我们才能获得对世界整合的完整认识。这个思想是非常深刻的，古今的哲学家很少这样考虑问题，因而他们大多是把世界的某一部分、某一方面夸大为哲学的唯一对象或主要对象，以部分充当整体。如果说黄枬森老师提出的这一问题，过去还缺乏条件，因而很难做到的话，那么世界哲学发展到今天的高度，使开展以哲学对象为根据来合理规定哲学组成部分的研究以构成完整的哲学体系已经成为可能和必要了。

黄枬森老师在书中强调，马克思主义哲学体系的构建要有真实新颖的科学内容。他说，真正的哲学是时代精神的精华，我们只能从时代的变化发展中，从自然科学和社会科学的进展中，从西方哲学、东方哲学和中国哲学的研究和创新中去取得新的借鉴、启迪、素材，借以构建更加科学的思想体系。这个思想是非常重要的。假如真正的哲学是时代精神的精华，那么马克思主义哲学理论体系的构建就决不应该是对一些哲学范畴的取舍和顺序安排。如果没有新颖的科学内容，仅在表现形式上做文章，是不足取的。新颖的科学内容到哪里去寻找呢？这就要通过对时代的研究，对自然科学和社会科学的研究，对中外哲学的研究。正是基于这种考虑，黄枬森老师主持的马克思主义哲学创新研究安排了四个部分：马克思主义哲学体系的当代构建、时代精神与马克思主义哲学创新、现代科学技术与马克思主义哲学创新、中西哲学的当代研究与马克思主义哲学创新。第一部分以时代精神、科学技术的发展和中西方哲学的成就来充实马克思主义哲学体系，后三部分分别研究时代精神的不同方面与马克思主义哲学体系创新的关系，几个部分相互贯通、相得益彰，显得很有气势。

黄枬森老师在书中强调，马克思主义哲学体系的构建，其概念范畴的顺序安排要从抽象到具体，从简单到复杂，这是非常科学的。因为这种安排符合事物发展的规律，符合认识的规律，作为叙述的顺序，也符合从易到难的规律，最容易被人们理解接受。关于概念的逻辑表达，列宁有着非常深刻的思想，研究概括他的思想，我们可以发现：由抽象到具体的逻辑起点，应该是最基本的科学抽象，应该蕴含着各种规定及其发展的萌芽，应该包含着推动发展的内在矛盾；由抽象到具体的逻辑顺序，应该和历史的顺序相一致，应该体现思维按其必然性的发展，应该有利于概念内在矛盾的展开，应该体现出不同的思想阶梯；由抽象到具体的逻辑终点，应该是对立面的统一，应该是最充实的存在，应该是最发达的机体，逻辑终点仿佛是向逻辑起点的回归。黄枬森老师的看法和列宁的上述思想是一致的，他按照这一思想来安排马克思主义哲学概念和原理的科学体系，取得了令人信服的成果。

《马克思主义哲学体系的当代构建》一书特别看重唯物主义和辩证法，把马克思主义哲学界定为辩证唯物主义，然后按照辩证唯物主义世界观、辩证唯物主义历史观、辩证唯物主义人学、辩证唯物主义认识论、辩证唯物主义价值论、辩证唯物主义方法论展开其体系。马克思、恩格斯最重大的理论贡献在于批判地继承了费尔巴哈唯物论和黑格尔辩证法的合理思想，创立了辩证唯物主义世界观。马克思、恩格斯最为关注、最为新颖的理论贡献是运用辩证唯物主义世界观研究人类社会，创立了辩证唯物主义历史观。马克思最为关注历史观，这是由他们作为政治家、革命家的哲学家的特点所决定的。马克思、恩格斯是哲学家，是大哲学家，但他们不只是哲学家，而是作为革命家、政治家的哲学家，这一特点决定了他们特别关注社会问题、历史问题，由此也决定了辩证唯物主义历史观在马克思主义哲学中具有十分重要的地位。

辩证唯物主义人学本来是辩证唯物主义历史观中的问题，为了突出它，专门列一篇是对的。有人说马克思主义缺乏对人的研究，没有马克思主义人学，甚至说历史唯物主义目中无人，这是不对的。在我看来，历史唯物主义就是马克思主义人学，历史唯物主义说到底就是研究人的。不过它和人本主义的研究是根本不同的，马克思有一句名言：人是什么？人在本质上说来是一切社会关系的总和。这就是说，不能离开人的社会关系来抽象地研究人，要研究人，就要研究人所处的社会关系；要认识人，就要认识人所处的社会关系；要改造人，就要改造人所处的社会关系。马克思、恩格斯一生都在研究、认识、改造人所处的社会关系，怎么能说马克思主义没有自己的人学呢？《马克思主义哲学体系的当代构建》一书把人学作为一篇我是非常赞成的。

我们学习马克思主义哲学的一个重要目的是做好工作，把马克思主义的世界观转化为方法论，设专篇讲辩证唯物主义方法论，这是非常必要的。马克思主义哲学是世界观和方法论的统一体，拿着它去认识世界，它是世界观，拿着它去改造世界，它是方法论。世界观是潜在的方法论，方法论是展开了的世界观。在这里我们不难看出，《马克思主义哲学体系的当代构建》从开篇到结尾是首尾相衔、自成起结的一部哲学大全。

（许志功，国防大学教授，原副校长）

黄枬森与改革开放时代的
辩证唯物主义研究

袁吉富

改革开放以来，中国马克思主义哲学取得了众所周知的巨大进展，其中党中央起到了最主要的推动作用，广大马克思主义哲学理论工作者起到了重要的主力军作用。从马克思主义哲学学术界的情况看，众多的研究者对什么是马克思主义哲学、怎样坚持和发展马克思主义哲学、怎样建构马克思主义哲学的当代形态等问题，进行了深入的探索。在这种探索过程中，黄枬森先生坚持认为马克思主义哲学就是辩证唯物主义，努力担当坚持和发展辩证唯物主义的艰巨使命，使得当代中国作为学术形态的辩证唯物主义深深烙上了他本人的印记。因而，研究黄枬森先生与改革开放时代的中国辩证唯物主义的关系，就成为一件具有重要学术价值的事业。

一、中国辩证唯物主义史概况

马克思主义哲学传入中国以后，在一段时期内，人们基本上把它理解为唯物史观。1919年李大钊在《我的马克思主义观》这篇著名的文章中，对马克思主义哲学的介绍就主要讲唯物史观。[①]1921年，毛泽东在给蔡和森的信中也称"唯物史观是吾党哲学的根据"。[②]而直到1925年陈独秀还把马克思主义哲学等同为唯物史观。[③]对于这种现象，当时的一些马克思主义者颇觉不妥。瞿秋白在1926年就写了一篇文章，题目是《唯物论的宇宙观概述》，并用了"互动法的唯物论"（即辩证的唯物

文中一些内容曾在一些刊物上公开发表过，特此声明。见袁吉富：《黄枬森的马克思主义哲学观述评》，北京大学学报，2003年第6期；《黄枬森与辩证唯物主义研究》，《高校理论战线》，2009年第9期。

[①]《李大钊史学论集》，石家庄：河北人民出版社1984年版，第1—38页。

[②] 黄枬森、庄福龄主编：《马克思主义哲学史教学资料选编》（下），北京大学出版社1984年版，第977页。

[③] 陈独秀：《给戴季陶的一封信》，见黄枬森、庄福龄主编：《马克思主义哲学史教学资料选编》（下），北京大学出版社1984年版，第1266页。

论——笔者）来指称马克思主义的宇宙观，其目的就是纠正当时人们对马克思主义哲学的片面理解。[①]到了1927年，人们对马克思主义哲学的理解就基本不局限于唯物史观了。辩证唯物主义作为马克思主义哲学的基础内容展现在人们的面前。用艾思奇的话来说就是，在这一年，"辩证法唯物论的洪流席卷了全国"。[②]

造成人们对辩证唯物主义的了解滞后于对历史唯物主义了解的原因，除了当时的形势需要之外，还有一个原因就是关于辩证唯物主义的资料的翻译工作滞后于对唯物史观资料的翻译工作。与辩证唯物主义密切相关的《反杜林论》《自然辩证法》《路德维希·费尔巴哈与德国古典哲学的终结》等著作中译本，是在1929年之后才陆续出现的。[③]而列宁的《唯物主义与经验批判主义》，直到1930年才有中译本。

有趣的是，辩证唯物主义登上中国哲学舞台的10年间，就展开了两个方面的学术斗争。一是展开了与把哲学仅仅看作是人生论或人学的其他哲学流派的斗争，二是展开了与把哲学仅仅看作是认识论的哲学的斗争。前一个方面的斗争是为了展现马克思主义哲学在宇宙观和历史观等方面的科学性和合理性及对中国前途命运考察的真理性；后一个方面的斗争是为了展现马克思主义哲学宇宙观或本体论方面的科学性，揭露张东荪等取消哲学本体论，把哲学认识论化的荒谬性。这种状况和改革开放时代的某个时段中国马克思主义哲学学术思潮内部的状况有一定的类似性。

辩证唯物主义思潮出现在中国大地后，发展十分迅速，很快就占据中国哲学思潮的主导地位。鉴于唯物史观在马克思主义哲学中的重要性，也由于深受苏联学界的影响，当时人们就把马克思主义哲学理解为辩证唯物主义和历史唯物主义。

在马克思主义哲学史上，马克思、恩格斯并没有使用过辩证唯物主义这个词。据考证，这个词是狄慈根于1886年在《一个社会主义者在认识领域中的漫游》一文中首先使用的。普列汉诺夫于1890年在《黑格尔逝世六十周年》也使用过这个概念。列宁则明确地用辩证唯物主义指称马克思主义哲学，并对辩证唯物主义的基本观点作了论证。继列宁之后，从20世纪20年代前，苏联就有学者撰写了研究辩证唯物主义的著作，到了20世纪20年代，苏联已有多个版本的辩证唯物主义教材。此后，辩证唯物主义（包括历史唯物主义）被当作马克思主义哲学的同义语在苏联流行开来。

我国学者系统地接受辩证唯物主义和历史唯物主义体系，是从学习苏联的20世

---

① 忻剑飞、方松华编：《中国现代哲学原著选》，上海复旦大学出版社1989年版，第203—207页。需要指出的是，瞿秋白的这篇文章是1927年公开发表的。
② 艾思奇：《二十二年来之中国哲学思潮》，见忻剑飞、方松华编：《中国现代哲学原著选》，上海复旦大学出版社1989年版，第391页。
③ 中央编译局马恩室编：《马克思恩格斯著作在中国的传播》，人民出版社1983年版，第375—383页。

纪30年代的苏联马克思主义哲学教科书开始的。其中对我国学者影响比较大的有两本：一本是希洛可夫、爱森堡合著的《辩证法唯物论教程》（中译本由李达、雷仲坚合译，上海笔耕堂书店初版于1932年）；另一本是米丁的《辩证唯物论与历史唯物论》（中译本由沈志远译，上册《辩证唯物论》商务印书馆初版于1936年，下册《历史唯物论》商务印书馆初版于1938年）。[①]这两本书最受毛泽东的重视，他多次进行了研读，并作了大量的批注。不仅如此，毛泽东1937年在延安为抗日军政大学的学员讲授辩证法唯物论课程所编写的讲课提纲，就是在这两本书的基础上形成的。当然，毛泽东也有不少独特发挥。《实践论》《矛盾论》就是毛泽东在此期间独特创造性发挥的结果。应当说，这两本苏联教科书都早于斯大林的《辩证唯物主义和历史唯物主义》小册子，即所谓的《联共（布）党史简明教程》第四章第二节，后者是于1938年才问世的。

尽管斯大林的《辩证唯物主义和历史唯物主义》小册子所确定的哲学框架在1938—1953年间在苏联占据统治地位，但是这期间并没有在中国占据主导地位。我们甚至还可以说，斯大林的这个体系没有上面所说的两本苏联哲学教科书在中国的影响大。

新中国成立后的十多年间，我们还没有自己编写的马克思主义哲学教科书，而是学习和使用苏联的哲学教材，其中苏联亚历山大洛夫主编的《辩证唯物主义》、康斯坦丁诺夫主编的《历史唯物主义》以及苏联科学院哲学研究所主编的《马克思主义哲学原理》影响较大。直到1961年，我们才有了自己编写的第一本马克思主义哲学教科书，这就是由中共中央宣传部、高等教育部组织编写，艾思奇主编的《辩证唯物主义历史唯物主义》（该书初版由人民出版社1961年出版）。这一教科书影响深远，也标志着我国辩证唯物主义哲学体系的正式确立。这本教科书由辩证唯物主义和历史唯物主义两大部分组成。辩证唯物主义部分包括唯物论、辩证法、认识论三个方面；历史唯物主义主要包括生产力和生产关系、经济基础和上层建筑、阶级和国家、社会革命、社会意识及其形式、人民群众和个人在历史上的作用等内容。该教材既体现着苏联哲学教材影响的痕迹，也体现着中国的特色，例如，在论述对立统一规律和认识论时，就主要采用了毛泽东《矛盾论》《实践论》中的观点。改革开放后，在艾思奇版本的基础上，我国又出版了许多辩证唯物主义和历史唯物主义教材。其中，最有影响的是由李秀林、王于、李淮春主编的《辩证

---

① 特别值得一提的是，米丁的《辩证法唯物论》，从1936年到1950年，至少出了18版；而他的《历史唯物论》，从1938年到1950年，至少出了13版。这本书在我国流传时间之长，再版次数之多，在我国20世纪30—40年代的马克思主义哲学教科书中是绝无仅有的，其影响也非常大。

唯物主义和历史唯物主义原理》。这本书的第1—3版分别出版于1982年、1984年、1990年，其体系结构基本沿用了艾思奇版本的做法，不过，也增加了社会进步和人类解放的内容。在具体的论述上，与艾本相比，前进了不少。由于这本书是高等学校文科教材，其影响非常大，初版到二版，发行了100多万册。到第四版（1995年版），发行了1000万册。这本书现在已经出版了第五版（2004年版）。不过，从第四版开始，由于该书的作者用实践唯物主义的观点改造了原有的观点，因此，该书第四、五版已经很难说是关于辩证唯物主义哲学的教材了，而应说是属于实践唯物主义的教材了。

实事求是地说，从改革开放到1985年，我国马克思主义哲学体系仍然是辩证唯物主义体系牢牢占据绝对统治地位，但是，随着高清海主编的《马克思主义哲学基础》（上）于1985年的出版，这一体系的独占地位开始被打破。因为后者以实践观点为基础，以主体和客体的辩证关系为基本线索，以主观和客观的矛盾为基本内容，构筑了一个不同于辩证唯物主义体系的新的哲学体系。到了20世纪90年代后，实践唯物主义体系与辩证唯物主义体系形成了分庭抗礼之势，并不断扩大着其影响。

经过了改革开放以来20多年的探索，以2004年中央实施马克思主义理论研究和建设工程为标志，马克思主义哲学界内部开始由分化走向整合，更准确地说，马克思主义哲学各流派逐渐走向融合，并呈现和而不同的各有侧重的发展局面。诸多学者逐渐认识到，自己的主张和他人的主张可能都有一定道理，真理可能是在各个流派的整合之中，因而思维方式的包容性大大增强了。这种情况的标志性著作是马克思主义理论研究和建设工程重点教材《马克思主义哲学》，该教材第1版由高等教育出版社、人民出版社于2009年出版。该教材的编写工作集中了马克思主义哲学界各个流派的智慧，是在基本肯定原有辩证唯物主义和历史唯物主义体系的基本观点的基础上，广泛吸取各家智慧而形成的，体现着马克思主义哲学界对于自身良性发展的理性选择。

二、辩证唯物主义流派的基本哲学观及其遭受质疑的理论原因

前已所述，在很长一段时间内，辩证唯物主义流派的哲学观在中国代表着正统的马克思主义哲学观，或者甚至说就是中国唯一的马克思主义得到认可的马克思主义哲学观。改革开放以来，其他形形色色的马克思主义哲学观开始登场，并往往是通过质疑辩证唯物主义哲学观的形式来为自己的崛起开辟道路。有鉴于此，我们这里有必要先简要介绍一下辩证唯物主义的哲学观及其遭受质疑的主要原因。

1.辩证唯物主义哲学观的基本主张

大体上说，辩证唯物主义的哲学观主要包括以下三点内容。

第一，认为马克思主义哲学把哲学改造为一门科学，而马克思主义哲学就是研究整个世界一般规律的科学。在辩证唯物主义看来，旧哲学总体上是不科学的，只有马克思主义哲学才真正有资格成为一门科学形态的哲学。科学性是马克思主义哲学的最重要的特征，其他的特征，如实践性、革命性、阶级性等都要以科学性为根据，并在科学性的基础上确立自身的合理性。

第二，认为本体论或宇宙观是马克思主义哲学的核心内容，其他如历史观、人学、实践论、认识论、价值论等根本上属于部门哲学。马克思主义哲学体系是以本体论为核心的金字塔式的结构体系，其中本体论是树根，其他是树干和枝条。当然，这一学派也承认辩证法（本体论）与认识论、逻辑学的三者同一，但是，这种同一是广义的同一，即这里的认识论是广义的认识论，是指导人们认识世界的理论，与狭义的研究认识现象的认识论不同；同样，逻辑学也是广义的逻辑学，是指导人们如何正确地进行思维的逻辑学，与狭义的研究思维形式的逻辑学不同。有鉴于此，这一流派否认本体论与狭义的认识论、逻辑学的三者统一，认为后两者属于部门哲学的范畴，并坚决反对把马克思主义哲学认识论化的任何倾向。

第三，认为客观存在的观点是马克思主义哲学的首要的基本的观点，其他的观点，如实践的观点、人的观点等都要以客观存在的观点为基础，并在客观存在的观点中得到论证。脱离了客观存在的观点，实践的观点、人的观点就不可能存在，也不可能成立。当然，这并不意味着辩证唯物主义就忽视实践、忽视人，实际上，辩证唯物主义也重视实践、重视人，不过，它认为，实践的观点、人的观点与客观存在的观点相比，是下一位的观点，它们不能与客观存在的观点并列。针对把实践的观点和人的观点置于客观存在的观点之上的主张，借用辩证唯物主义的主张者陈先达教授的话说："世界是全体，世界在实践过程中进入人的实践和认识范围内的是极其有限的一部分，世界永远留下一个无穷的世界等待人们去实践去认识，因此承认自在世界的客观性和不可穷尽性，是辩证唯物主义的前提。如果我们的哲学只在已知的世界中打圈圈，把认识与被认识的关系作为人与世界的惟一的关系，就从根本上抽去了辩证唯物主义借以立足的基础，截断了人的实践和认识的来路和进路，人被困死在现存的认识和被认识关系的范围内。"①

---

① 陈先达：《静园夜语——哲学随想录》，中国人民大学出版社1998年版，第368、369页。

2. 辩证唯物主义哲学观遭受质疑理论原因

针对辩证唯物主义的上述基本哲学观，质疑者主要从以下四个方面进行了思量。

第一，把马克思主义哲学定位为一门科学是否恰当？不少论者对此进行质疑。一种观点认为，哲学不同于科学，它是与科学不同但又与之并列的另外一种思维方式，例如哲学追求境界和意义，而不追求真，科学则是求真的；另一种观点则认为，哲学是对科学的反思和超越，或者说，它体现的是一种超科学的思维方式。除此之外，也有一种观点认为，马克思主义哲学是科学，但绝不仅仅是科学，把马克思主义哲学仅仅定位为科学，就严重地缩小了马克思主义哲学的价值。

第二，本体论是否为马克思主义哲学的核心？不少论者否认这一点，并把否定本体论看作马克思主义哲学在哲学史上实现的重要变革，认为坚持本体论就是大搞体系哲学，就是追求绝对真理的教条，就是近代哲学的思维方式，是拉马克思主义哲学发展的倒车。有些论者不否认本体论，但认为应当实现本体论与认识论的真正的统一，甚至实现本体论与人的生存论乃至实践论的真正同一。

第三，客观存在的观点是否为马克思主义哲学的首要的基本的观点？不少论者否认这一点，认为实践的观点或者人的观点是马克思主义哲学的首要的基本的观点。认为不是实践的观点和人的观点要靠客观存在的观点来支撑，恰恰相反，是客观存在的观点需要实践的观点或人的观点来支撑。有些学者认为，客观存在的观点只是反映了马克思主义哲学与旧唯物主义的共性，只有实践的观点才显示了马克思主义哲学的独特个性，从这个意义上说，实践的观点才是马克思主义哲学的首要的基本的观点；而这就意味着，马克思主义哲学在研究对象、研究方式上不再像旧唯物主义那样研究整个世界，而是研究人的现实世界。有些学者则认为，说客观存在的观点和实践的观点哪一个是首要的基本的观点不妥，实际上，客观存在的观点和实践的观点都是马克思主义哲学的基本的观点。

第四，辩证唯物主义与马克思主义经典作家著作的兼容性问题。不少论者认为，辩证唯物主义不符合马克思主义经典作家的原意，特别是不符合马克思著作的原意，甚至是有冲突的。例如，马克思《关于费尔巴哈的提纲》第一条所讲的对事物、现实、感性要从实践的方面去理解，辩证唯物主义就没有很好地贯彻。再比如，列宁所明确说的辩证法和认识论二者是同一个东西的论述，辩证唯物主义也没有很好地贯彻，等等。在这个问题上，不少学者也承认辩证唯物主义在恩格斯、列宁那里有历史依据，但他们认为，恩格斯、列宁（特别是撰写《唯物主义与经验批判主义》时期的列宁）的主张，其实不是真正马克思主义哲学的主张，尽管鉴于各种原因，这些学者很少明确讲出这一点。

　　此外，还有别的质疑，有些质疑辩证唯物主义者也同意，并且自身也在质疑，如关于辩证唯物主义体系内辩证唯物主义与历史唯物主义的板块结构问题；有些质疑则属于指责类的质疑，例如认为辩证唯物主义是斯大林模式等。

　　对于这些质疑，辩证唯物主义的主张者予以了研究，并在这种研究中深化了自己的观点。其中，黄枬森先生就是最著名的代表。

三、黄枬森对什么是马克思主义哲学的见解

　　在黄先生看来，哲学是一门学科，既然如此，哲学一定要求真，而且求真是哲学的第一要务。但是，目前哲学界很多人认为哲学不是求真的，而是认为哲学"只是一种思维方法，或者一种人生态度，或者一种信仰，或者一种价值取向，等等"[①]。黄先生认为，如果哲学不求真，就谈不上是一门学科。不仅如此，哲学是一门学科，也意味着它必定有自己的研究对象，没有了研究对象，也就谈不上成为一门学科。那么，如何理解哲学的研究对象呢？通过历史的和逻辑的考察，黄先生认为，尽管哲学的对象有前后的变化，但是，多样性中有统一性或一致性，变化当中有不变性或稳定性。这种统一性规定了哲学之为哲学，这种不变性也规定了哲学之为哲学。这个统一的或不变的东西就是一切哲学都不能回避的东西，即，"研究整体的世界及其一般规律"是一切哲学的共同点，"一切哲学之所以叫做哲学都因为其中包含本体论，一切哲学家之所以叫做哲学家都因为他们有本体论思想"。[②]黄先生还认为，上述说法并不意味着哲学仅仅研究整个世界的一般规律，实际上，哲学目前是一个学科群，它有许多对象，而且这些对象是分层次的。但是，哲学学科群中"有一个核心，即哲学本身，其余都是部门哲学。这个核心就是哲学的哲学，简称哲学。……中国哲学家称之为道学、玄学、理学，亚里士多德称之为形而上学、第一哲学，后来的西方哲学家称之为形而上学、本体论（存在论），马克思主义称之为世界观或宇宙观。这些称呼虽然很不相同，其理解更有分歧，但有一个共同之处，即认为哲学要研究的是最大的整体、最普遍的东西、最根本的东西。而各个部门哲学要研究的是某领域的最完整的东西、最普遍的东西、最根本的东西。"[③]

　　既然对哲学作了如上的理解，那么，黄先生对马克思主义哲学又是如何理解的呢？我认为，可以从两个方面来把握。

[①]《黄枬森自选集》，学习出版社2005年版，第481页。
[②]《黄枬森自选集》，重庆出版社1999年版，第26页。
[③] 黄枬森：《哲学的科学之路》，北京师范大学出版社2005年版，第79页。

1. 马克思主义哲学是科学的哲学

黄先生所说的马克思主义哲学是科学的哲学，主要包括以下三层含义。

（1）马克思主义哲学的问世开创了把哲学当作一门科学来建设的新阶段

黄先生指出："马克思主义哲学的创立是欧洲哲学史上的革命变革，它使哲学从众说纷纭、莫衷一是的状况进入了作为一门科学来建设的阶段。"[①]对于黄先生的上述看法，我们要有准确的把握。因为，从历史上看，把哲学当作一门科学来建设，在哲学史上大有人在，康德、黑格尔、孔德等大哲学家都有类似的抱负。在这个问题上，黄先生关注的不是历史上的哲学家们是否想把哲学当作一门科学来建设，他关注的是这些哲学家们是否真正地把哲学当作一门科学来建设，也就是说，他关注的是问题的实质，而不是现象。依我的理解，在黄先生看来，是不是把哲学当作一门科学来建设，关键看是不是遵循科学的一般原则来建设哲学，在这一点上，黄先生认为只有马克思主义哲学真正做到了。

（2）马克思主义哲学具有把自身作为一门科学来建设的理论品质

这样讲的理由主要是：马克思主义哲学力求做到"与外部世界相一致"，而"这是一切科学的共性"；马克思主义哲学"主张哲学应接受实践的检验"，并"随社会实践的发展，随自然科学与社会科学的发展而发展，这也是一切科学的共性"。[②]具体地说，马克思主义哲学所固有的客观性原则、经受社会实践检验的原则和与时俱进的原则保证了马克思主义哲学作为一门科学的哲学的理论品质。

（3）马克思主义哲学具有满足成为一门科学的基本条件

在黄先生看来，一门学问或知识要成为科学，必须具备三个条件：第一，要有一个明确的对象；第二，要有一系列正确的原理、判断和命题；第三，这些原理、判断和命题构成一个逻辑体系。马克思主义哲学符合一般科学的前提条件，因而是一门科学。[③]在这个问题上，黄先生也意识到，还应该补充第四个条件，这就是得到"专业工作者的承认"。[④]但是，他认为，对于马克思主义哲学而言，这个条件还一时难以满足，造成这种状况主要出于两个原因。一是学科性质上的原因，即由于它太抽象，真假难辨，是非难辨，因而，得到人们的公认有很大的难度。一是意识形态上的原因，即社会制度和政治立场上的原因。黄先生断言，只要世界上还存在着剥削制度、存在着阶级对立，哲学的意识形态性就不会消失，得到全世界认同

① 《黄枬森自选集》，重庆出版社1999年版，第141页。
② 《黄枬森自选集》，重庆出版社1999年版，第438页。
③ 《马克思主义哲学的科学性不可否定——访黄枬森》，《求是》，2001年第5期，第47—50页。
④ 黄枬森：《哲学的科学之路》，北京师范大学出版社2005年版，第81页。

的哲学就不会出现。

对于马克思主义哲学应当成为一门科学的问题,不少学者提出了争辩,其中主要的一个观点是认为哲学不是实证的,而是思辨的,思辨的东西不存在实践检验的问题,因此马克思主义哲学不可能成为科学。黄先生则认为,这种观点是似是而非的。实际上,哲学命题不是纯思辨的,它最终还是实证的,也就是说,哲学命题归根到底是要经过实践检验的。这当然不是说用一次实践、二次实践、多次实践就能证明它或者否定它,而是要用整个人类的实践来检验它。与此同时,黄先生还指出,把科学直接理解为实证科学并不准确,例如数学就不是实证科学、理论物理学更多地依靠数学和逻辑推理,但它们都是科学。不仅如此,即便是实证科学,也不完全是实证的,而是实证和思辨的统一。"可以说,一切科学归根到底都是建立在实践及其经验材料的基础上,也都离不开逻辑思维,它们在一定程度上都是实证的,也在一定程度上是思辨的。既没有纯粹实证的科学,也没有纯粹思辨的科学。实证与非实证的区别只有相对的意义。作为一门科学,哲学与其他科学一样具有实证性和思辨性"。①应当说,黄先生的这个论断是很有说服力的。

正是鉴于马克思主义哲学是科学的哲学的看法,黄先生就没有把一段时间内马克思主义哲学内部出现的学派林立的局面看成是马克思主义哲学发展的一般模式。在他看来,意见比较一致——学派林立——新的意见大体一致,这才是马克思主义哲学发展的一般模式。黄先生指出:"有人认为哲学本来是多元的,马克思主义哲学也是多元的。意见分歧、学派林立的局面是正常的,而过去那种观点比较一致的状况是不正常的,是理论上的自由讨论被窒息的结果。这种观点把马克思主义哲学同非马克思主义哲学混为一谈了,抹杀了二者之间的一个本质区别:科学与非科学的区别。"他还指出:马克思主义哲学之所以在今天出现了多元发展的局面,"这是由于时代变化了,人类实践前进了,马克思主义哲学面临新的考验,它受到了时代的挑战②"。黄先生坚信,随着马克思主义哲学恰当地应答了时代的挑战,人们对马克思主义哲学的理解一定会大体趋于一致。

与此同时,黄先生也并不否认如下事实:在非马克思主义哲学流派中,多样化局面是一种正常的局面和一般的发展模式,因为"非马克思主义哲学家们一般都不把哲学看成科学,它没有与外部世界及其规律一致或不一致的问题,当然也谈不到多数学者认可或不认可的问题,因此,非马克思主义哲学当然是多元的,意见分

---

① 黄枬森:《哲学的科学之路》,北京师范大学出版社2005年版,第9页。
② 《黄枬森自选集》,重庆出版社1999年版,第148页。

歧，学派林立。在他们那里当然是正常的"①。

2. 马克思主义哲学的科学形态是辩证唯物主义和历史唯物主义

马克思主义哲学创立以来170多年的时间里，出现了对马克思主义哲学的多种多样的理解。其中，极为显眼的一个现象是，不少研究者否认马克思主义哲学是辩证唯物主义和历史唯物主义，而对马克思主义哲学做出了其他多样的解释。黄先生则不然，他坚持认为辩证唯物主义和历史唯物主义是正宗的马克思主义哲学，是马克思主义哲学的科学形态。为捍卫这个观点，黄先生不遗余力，作了系统的论证和说明。

（1）马克思主义哲学发展史上的大量事实表明，马克思主义哲学就是辩证唯物主义和历史唯物主义

理论界一度有一种看法，认为把马克思主义哲学理解为辩证唯物主义和历史唯物主义并不确切。理由大体上有两种：一、一些同志认为，现在的辩证唯物主义和历史唯物主义体系源于恩格斯，它没有准确地反映出马克思主义哲学的真精神，并与马克思的哲学观存在着较大距离；二、一些同志认为，现在的辩证唯物主义和历史唯物主义体系是以20世纪30年代斯大林的《辩证唯物主义和历史唯物主义》为范本形成的，该体系不仅不能反映出马克思主义哲学的整体面貌和特征，而且有不少基本内容如"物质第一性"问题还停留在"前马克思主义"的水平上。

对于上述看法，黄先生指出：首先，确切地说，辩证唯物主义和历史唯物主义体系源于马克思、恩格斯，完成于1938年斯大林写作《辩证唯物主义和历史唯物主义》前的20世纪30年代的苏联哲学家。有鉴于此，认定辩证唯物主义和历史唯物主义体系是以斯大林的《辩证唯物主义和历史唯物主义》为范本形成的说法并不成立。黄先生还分析了造成这种错误说法的原因，认为这是对历史事实把握不准确导致的，当然，或许还有故意抹杀事实以达到批倒辩证唯物主义目的的意识形态上的原因。他还进一步认为，我国哲学界的一些老哲学家之所以也有这种误解，是因为这些老同志是在新中国成立初期学的辩证唯物主义和历史唯物主义，而新中国成立初期学的这一体系就是斯大林体系，这也就是新中国成立初期苏联专家在中国人民大学以及其他一些大学传授的那个体系。因此，这些同志就先入为主地形成了它就是斯大林体系的看法。实际上，我们后来写的教科书，例如艾思奇主编的《辩证唯物主义历史唯物主义》，不是根据斯大林的体系即《联共党史》四章二节的体系，而是根据四章二节以前的苏联体系，这也是李达、艾思奇、毛泽东他们所学的那个体系。这个体系与斯大林的体系的差别是很大的。因此，不能说我们后来的辩证唯

---

① 《黄枬森自选集》，重庆出版社1999年版，第148页。

物主义和历史唯物主义体系是斯大林模式，这不符合历史事实。[1]其次，现在的辩证唯物主义和历史唯物主义体系中的核心观点如物质本体论、客观辩证法、反映论的观点等虽然是恩格斯首先具体论证的，但有充分的证据表明，马克思对这些观点是同意和坚持的，也就是说，我们没有理由说它们处于"前马克思主义"的水平。[2]应当说，黄先生的以上论述对马克思主义哲学史上一些重要史实作了合乎实际的澄清。

（2）辩证唯物主义和历史唯物主义的基本观点能够经受全部人类实践和每个人的生活实践的不断检验

毫无疑问，马克思主义哲学界对什么是马克思主义哲学的多样化理解，与对马克思主义经典著作的不同解读是有着密切关系的。但问题绝不仅仅在于从经典著作中得出自己的看法，更重要的在于这些看法能否经得起实践的检验。

在黄先生看来，马克思主义哲学之所以是辩证唯物主义和历史唯物主义，主要是因为辩证唯物主义和历史唯物主义的基本观点能够经得起实践的检验。黄先生就其中的几个基本观点的正确性作了具体论证，这里只讲四点。

首先，作为一门学科的世界观的观点。在黄先生看来，拒斥本体论的观点，其实质是否定研究整体、研究本质、研究一般规律，这种观点不但是不能成立的，而且是不可能的。实际上，任何科学都在研究整体、研究本质、研究一般规律，因而，"拒斥世界观就是拒斥一切科学，就是拒绝按科学知识的指导从事一切实践活动"。[3]在这里，黄先生主要是通过哲学世界观与科学的共性来论证他的观点的，即如果我们承认各门具体科学成立的合理性，也就应当承认哲学世界观存在的合理性，因为二者存在的逻辑依据是一样的。

再次，关于物质世界的客观存在的观点。在黄先生看来，"这个观点是为全部人类的社会实践和每个人的生活实践所反复证明了的，也是为人类的科学发展所证明了的。每个人在其各种活动中都是自觉地或自发地按照这一观点行事的，否则他将寸步难行。这也包括那些攻击这个观点的人"[4]。黄先生强调指出，这个观点的例外的情况也有，例如精神病患者可能就不按照此常规办事。这个观点反映了黄先生否认仅仅从思辨的角度看待哲学的主张，体现了黄先生对哲学与健全的常识一致

---

① 黄枏森：《关于马克思主义哲学新体系的构想》，《北京行政学院学报》，2006年第2期。
② 黄枏森：《哲学的科学之路》，北京师范大学出版社2005年版，第74—77页。
③ 黄枏森：《哲学的科学之路》，北京师范大学出版社2005年版，第65、66页。
④ 《马克思主义哲学也要创新——访北京大学哲学系黄枏森教授》，《人民日报》，2001年8月25日第6版。

性主张的认同。

其次，关于认识的本质是反映的观点。黄先生认为，"认识作为反映不但已为无数的实践活动和科学发现所证实，也是日常生活不可缺少的。反映论反对者的发言和文章本身就离不开反映"①。黄先生还意味深长地说，如果认识不是反映，谁还能听懂反映论反对者的发言和看懂他的文章呢？应当说，黄先生的这个观点击中了彻底否定反映论所导致的自相矛盾。

最后，关于矛盾的观点。针对一些人提出一分为二不普遍，一分为多才普遍的观点，黄先生指出："辩证唯物主义认为最基本的是一分为二，一分为二是普遍存在的，这就是任何事物的内部矛盾与外部矛盾，内部矛盾与外部矛盾又是多种多样的。这个观点是几千年的中国哲学史和外国哲学史树立起来的，是不能轻率地取消的。"②

（3）既然辩证唯物主义和历史唯物主义是科学，那么，它就不会过时，不会退出历史舞台，而只会被修正、被丰富、被发展

在黄先生看来，科学史上的大量事实说明，一种理论一旦被实践证明大体上是正确的，其存在的合理性就不会被否定。即便将来出现新的更好的学说，也只不过意味着旧的理论的适用范围被限制了，而旧理论自身的合理因素也必定会被吸收到更好的学说之中。比如说，相对论和量子力学并没有根本推翻了经典力学，只是限制了经典力学，它只是表明在高速和微观领域经典力学是不适用的，而在低速和宏观领域则仍然是正确的。对于辩证唯物主义和历史唯物主义发展历程也应作如是观。

学术界有一种观点认为："科学是或人类认识史只是从前的理论被后来的理论不断取代的历史，而不是科学知识的变化、发展、积累的过程"，马克思主义哲学也将经历这种过程。黄先生针锋相对地指出："在科学史中出现的理论可以分为两类，一类是根本错误的，即使能流行于一时，迟早会被推翻，永远停留在历史博物馆；一类是科学的，由于实践和时代的变化，这种理论也会发生相应的变化，但不会被推翻，其中的错误成分会被修正或剔除，其中真理的成分会成为某门科学的现实成分而活跃于人类的理论活动的当代形态之中。那种认为科学是不过是未被证伪的理论取代已被证伪的理论的观点是虚无主义的观点。"③

---

① 《马克思主义哲学也要创新——访北京大学哲学系黄枬森教授》，《人民日报》，2001年8月25日第6版。

② 黄枬森：《哲学的科学之路》，北京师范大学出版社2005年版，第66页。关于这一点，傅德本同志曾撰文与黄先生商榷，他认为，把矛盾理解为"一分为二"，并把"一分为二"进一步理解为事物的内部矛盾和外部矛盾的提法是有问题的。参见傅德本：《如何看待哲学改革——与黄枬森教授共商》，《学术研究》，2002年第8期。

③ 黄枬森：《哲学的科学之路》，北京师范大学出版社2005年版，第66页。

3. 对传统辩证唯物主义和历史唯物主义体系的评价

这里所说的传统辩证唯物主义与历史唯物主义体系，指的是与黄先生设计出来的新体系相对应的那个体系。关于对该体系的评价问题，黄先生值得注意的有两点思想。第一点是，就该体系与其他非辩证唯物主义体系相比而言，它相对科学的、相对成熟。黄先生认为，学界一些同志提出的实践唯物主义体系还很不成熟，而且在信奉实践唯物主义的同志中间争议很多。至于说别的体系，黄先生认为基本上都是个人的体系，很难说是马克思主义哲学这门学科的体系。

对于黄先生的上述思想，我的理解是，传统辩证唯物主义和历史唯物主义体系的精神实质和思维方式总的看来是应当坚持和继承的。从精神实质的层面看，我们必须认可马克思主义哲学是唯物主义的同时也是辩证的哲学。从思维方式的层面看，我们必须坚持本体论思维方式的优先地位。在黄先生看来，"所谓本体论的思维方式不外乎是把研究对象作为真实存在来思维"的方式，"任何科学显然都离不开这种思维方式，甚至可以说任何正常人在其实践过程中、生活过程中，也离不开这种思维方式。"①他还指出，唯物主义的本体论的思维方式是任何正常人的思维方式，也是科学的思维方式。而现代科学仍然还在合理地使用本体论的思维方式，因为现代科学并未否定外部世界的客观实在性，也并未否定科学认识的客观性。现代科学否定的是形而上学的本体论思维方式，即反对寻找某种最后的绝对的东西，反对否定实践的重要作用，否定建构永世不变的绝对真理的理论体系。黄先生还认为，一些人所谓的实践论思维方式是"把一切现象看作是离不开实践的，从一定意义上讲是实践的产物"。②这种思维方式的适用范围是有限的，它只适用于人的实践能够作用的领域。"因此，本体论思维方式的普适性是最普遍的，而实践论思维方式的普适性是有限的，今天我们决不能以实践论的思维方式取代本体论思维方式，而只能在研究和改造地球上的现象时在本体论思维上加上实践论思维方式，二者决不是对立的，而是在一定条件下互补的。"③显然，在黄先生那里，本体论的思维方式是具有优先地位的，它完全可以统摄实践的思维方式。而他所说的二者的互补，只是为了强调实践的思维方式的重要性。

在对现行的辩证唯物主义和历史唯物主义体系评价上第二个值得注意的思想是，黄先生并不认为传统辩证唯物主义体系就已经完善了，恰恰相反，在他看来，随着自然科学、社会科学以及人类实践的进展，这个体系必须有一个形态上的现代

① 黄枬森：《哲学的科学之路》，北京师范大学出版社2005年版，第117页。
② 黄枬森：《哲学的科学之路》，北京师范大学出版社2005年版，第117页。
③ 黄枬森：《哲学的科学之路》，北京师范大学出版社2005年版，第118页。

转换，而要完成这种转换，就必须认识清楚现行体系的缺陷。黄先生认为，传统辩证唯物主义和历史唯物主义体系有诸多不完善之处，主要表现在如下几个方面。

一是在组成部分方面具有不明确性和遗漏。在黄先生看来，传统体系实际上主要讲了三块内容，即世界观、认识论、历史观。其中，在唯物主义和辩证法相结合构成宇宙观、世界观的问题上，现行体系把二者分开来讲的做法，极易引起唯物论只是理论，辩证法只是方法的误解；在讲世界观的问题上，把认识论作为一个部分来讲，使得认识论没有从世界观中相对区分出来，这也是一个问题。更为严重的是，传统体系缺少方法论、实践论、人论、价值论等内容，使其体系结构上存在着较大的遗漏。

二是在内容方面存在着一系列问题。首先是实践在世界观中的地位问题，这在原来的体系中不清楚，或处理得不妥当。原来的体系是在认识论中讲实践，这显然是不合适的，因为实践首先不是认识论范畴，而是历史观范畴。其次的一个问题是对一般规律的概括也不清楚。在现行体系中，原理、规律、范畴之间的关系不明确，例如关于原理是不是规律的问题、关于范畴之间的辩证关系是不是规律的问题就没讲或讲得不清楚，这就在一定程度上导致了人们对马克思主义哲学中所提到的规律的简单化理解。再次是受历史条件的制约，许多范畴、原理现在看来还需要用新鲜材料予以新的说明和新的发展。

三是在体系的构成方面存在一些问题。黄先生认为，从大的方面讲，现行体系在历史唯物主义前面讲认识论，甚至在辩证法前面就讲认识论，这不合适。此外，在一些具体的安排上，也有许多问题，例如辩证法的范畴应如何安排，三个基本规律应如何安排，等等，都值得推敲。①

四、黄枬森对辩证唯物主义的主要贡献

在《哲学的科学之路》一书的后记中，黄先生这样描述了研究历程："自改革开放以来，我写了不少文章，千言万语，可以归结为这句话：把哲学作为一门科学来建设。"②在这个过程中，黄先生对辩证唯物主义作了诸多丰富和发展。

第一，对本体论与认识论的关系作了独到的阐释。本体论与认识论的关系问题，除了字面上的含义外，还在逻辑上进而蕴藏着本体论与实践论、人的存在论的关系问题。对这个问题的回答不同，所得出的什么是马克思主义哲学的结论就不

---

① 黄枬森：《关于马克思主义哲学新体系的构想》，《北京行政学院学报》，2006年第2期，第33—38页。

② 黄枬森：《哲学的科学之路》，北京师范大学出版社2005年版，第420页。

同。因而这个问题是一个相当重要的哲学基本理论问题。黄先生在这个问题上的主张，鲜明地捍卫了本体论的优先地位，从他自己的角度驳斥了把马克思主义哲学认识论化乃至实践论化、人学化的其他主张。这里我们主要就黄先生关于本体论与认识论的关系作些介绍。

我们知道，在马克思主义经典作家那里，列宁特别强调了辩证法与认识论相同一的思想。在列宁那里，辩证法也就是本体论，而"辩证法也就是（黑格尔和）马克思主义的认识论"，这一点正是"问题的实质"①，是关于正确理解马克思主义哲学实质的核心问题。对于列宁的上述思想，黄先生在20世纪70年代就作了研究，并提出了自己的独到见解。

黄先生认为，列宁所说的辩证法与认识论的同一，指的是二者就是一个东西，但这里的认识论是广义的认识论，与研究认识及其一般规律的狭义的认识论不同。广义的认识论有两层含义，"一个指认识的方法，一个指与认识史相一致的逻辑体系"。"就前一种含义说，所谓本体论就是认识论，是指本体论首先是关于世界的理论，反过来就是认识的方法，或说指导认识的方法。就后一种含义说，所谓本体论就是认识论，是指哲学的逻辑体系与认识史一致，与哲学史一致，即符合认识发展的规律"②。黄先生还指出，前一层含义的意义在于强调了辩证法（本体论）的认识论功能，或者说指导我们正确地认识世界和改造世界的功能，后一层含义的意义在于告诉了我们一条建构辩证法体系的正确途径，这条途径可以径直称之为辩证法的逻辑与历史的一致。③

在阐述广义认识论的两层含义时，黄先生还有两个值得关注的思想：第一，把本体论看作认识方法自然是可以的，但这一层含义上的广义认识论"不是科学，而是科学的应用，即哲学的应用。作为一门科学或一种理论，哲学首先是世界观，它用各种原理来反映客观世界及其规律，而且正因为它是客观世界及其规律的正确反映，所以它才能对客观世界有效，才能运用它来指导我们的认识活动、思维活动和实践活动而取得预期的成效。如果撇开它的世界观的身份，只谈它是认识论或逻辑学，它就变成无源之水，无本之木，而成为一种先验的东西，这种东西是不存在的"④。第二，虽然辩证法是认识史的概括和总结，但不能由此认为辩证研究的对象就是认识，因为，辩证法是认识史的概括和总结，讲的是研究辩证法的途径问

①《列宁选集》第2卷，人民出版社2012年版，第559页。
②《黄枬森自选集》，重庆出版社1999年版，第24页。
③ 黄枬森：《〈哲学笔记〉与辩证法》，北京出版社1984年版，第52—56页。
④ 黄枬森：《〈哲学笔记〉与辩证法》，北京出版社1984年版，第60页。

题，而不是讲的辩证法的研究对象问题，"二者不能混为一谈"①。

第二，把马克思主义物质本体论推进到客观存在论的水平。在一个较长的时期内，马克思主义哲学界的同志们一般都把物质观作为马克思主义哲学的基石，而对何谓物质的问题却思考不够。黄先生至少早在20世纪80年代初就对这个问题作过深入的思考。在他看来，辩证唯物主义现行体系在物质观上的"最主要问题是把物质等同于客观实在"，这就导致了诸多"自相矛盾"，如一方面认为运动、时间、空间等是物质存在的方式，是客观实在的，另一方面却又认为它们"不是物质"。②这诸多矛盾的出现，概由于我们一方面从客观实在的角度定义物质，另一方面又把物质仅仅看作客观实在中那些属于实体的东西，也就是说，现行体系对物质所下的定义与物质所实指的含义是不一致的。在黄先生看来，应该按照实指的含义来理解物质，这样一来，物质实际上指的就是物质实体。在把物质理解为物质实体后，黄先生又进一步认为，物质不应该是辩证唯物主义的最高范畴，存在或客观存在（客观实在）范畴才是最高范畴。因为存在这个范畴既包括物质，也包括属性，还包括物质之间的关系，它具有最大的普遍性和最高的概括性。③有鉴于此，在黄先生那里，马克思主义哲学的本体论不应当是物质本体论，而应当是客观存在论。

可以看出，把存在概念引入辩证唯物主义体系之后，就有效地解决了原有体系中的逻辑矛盾，也使我们跳出了原有体系所自觉不自觉地导致的实体性思维方式的窠臼，同时还开辟了一条有效地吸收哲学史上诸多本体论哲学的合理内容的渠道，这是具有较大理论意义的。

第三，对辩证唯物主义的首要的基本的观点进行了明确的回答。马克思主义哲学的首要的和基本的观点是什么？这是近年来马克思主义哲学界争论的一个焦点问题。一些学者坚持认为马克思主义哲学的首要的基本的观点是物质的观点，一些学者认为是实践的观点，还有一些学者则认为是人的观点。黄先生对这个问题作过长时间的思考。这种思考是针对认为实践的观点是马克思主义哲学的首要的基本的观点的主张进行的。开始他认为马克思主义哲学的首要的和基本的观点包括多个观点。在1996年发表的《论实践论在马克思主义哲学中的地位》一文中，黄先生认为马克思主义哲学的首要的和基本的观点包括"客观实在的观点或物质的观点，然后还有联系的观点、运动的观点、矛盾的观点，等等，只有进入社会领域，实践才能

---

① 黄枬森：《〈哲学笔记〉与辩证法》，北京出版社1984年版，第59页。
② 《黄枬森自选集》，重庆出版社1999年版，第65页。
③ 黄枬森：《〈哲学笔记〉与辩证法》，北京出版社1984年版，第102—104页。

扮演首要观点的角色"①。在1998年发表的《必须坚持辩证唯物主义》一文中，黄先生认为"唯物主义"是马克思主义哲学的首要的基本观点。②在写于2000年，发表于2001年的《关于马克思主义哲学的若干问题》一文中，他又指出："在整个马克思主义哲学范围内，实践观点无疑是基本观点之一，至于说到首要观点，那就要让位于唯物观点和辩证观点了。"③在2001年发表于《求是》杂志的一篇访谈文章中，黄先生又认为，马克思主义哲学的首要的基本的观点，是"客观实在的观点或物质的观点。只有进入社会领域，实践才能扮演首要观点的角色。"④到此为止，黄先生把他关于马克思主义哲学的首要的基本的观点确定下来了，这就是客观实在或客观存在的观点。

应该说，黄先生得出上述观点具有极强的针对性，是针对马克思主义哲学的首要的基本的观点是实践的观点的主张的，这种主张又可以大致分为以下几种主要观点。第一种观点是最为极端的观点，它认为世界统一于实践，世界的本体就是实践。第二种观点认为，之所以说实践的观点是马克思主义哲学的首要的基本的观点，是因为只有用实践的观点才能证明物质世界的客观实在性。在《评对实践唯物主义的一种理解》和《再论本体论》等文章中，黄先生对这种观点从马克思主义哲学史、西方哲学史、本体论、认识论的角度作过系统的质疑。第三种观点的主张者们对马克思主义哲学的研究对象已经作了新的理解，他们或者认为马克思主义哲学的对象是实践，或者认为是现实的人类世界，或者认为是人与世界的关系，或者认为是思维与存在的关系，或者认为是思维方式，等等。正是由于对马克思主义哲学理解上的变化，使他们得出了实践的观点是马克思主义哲学首要的基本的观点的主张，其中的个别学者还进而认为，讨论实践第一还是物质第一的问题，实际上一种不恰当的旧的本体论哲学的提问方式。在黄先生看来，上述观点实际上意味着这些哲学家们在逃避自己的探索外部世界的客观性与规律性的任务，也意味着排斥研究规律的自然科学与社会科学（因为科学遇到的问题与哲学是一样的），同时还意味着把自己束缚在自己范围内的实践之中。

黄先生还认为，实际上客观存在的观点就是讲求科学的观点。"马克思主义哲学的首要的基本特点应该是它的科学性，它的实践性必须以其科学性为前提。是否

---

① 《黄枬森自选集》，重庆出版社1999年版，第316页。
② 《黄枬森自选集》，重庆出版社1999年版，第340页。
③ 黄枬森：《哲学的科学之路》，北京师范大学出版社2005年版，第34页。
④ 黄枬森：《哲学的科学之路》，北京师范大学出版社2005年版，《序言》，第6页。

是科学，这是马克思主义哲学首先要明确的问题。"①

第四，对辩证唯物主义的人的理论进行了创造性的研究，取得了重要的研究成果。早在20世纪80年代初，黄先生就通过对马克思《关于费尔巴哈的提纲》第6条"人的本质不是单个人所固有的抽象物，在其现实性上，它是一切社会关系的总和"②的研读，提出不能把人的本质简单地理解为社会关系的总和的观点，提出实践活动是人的本质，社会性只是人的本质的根本属性的观点，从而把马克思的观点和恩格斯的劳动创造人的观点一致起来。这个观点影响甚大，不仅为辩证唯物主义研究人的问题提供了重要的基础，而且在事实上为当代中国马克思主义哲学界的实践唯物主义流派和人学流派提供了重要的立足基石。当然，在这个问题上，黄先生与实践唯物主义流派和人学流派的观点不同的地方在于，他一方面主张必须充分重视人和人的实践的作用，另一方面又主张在承认世界客观存在的唯物主义基础上谈人和人的世界。显然，黄先生的观点与实践唯物主义流派和人学流派的观点具有根本性的区别。

黄先生不仅鲜明地提出了人的本质是人的社会性的实践活动的观点，而且还把人的本质与人性、人的属性区分开来，认为人的本质是最根本的人性，或者说是人的最根本的属性，人性则是人的区别于动物的根本属性，人的属性包括的范围更广，它泛指的是人的一切特性。三者形成了层次关系。其中，人的本质是人的一切其他的属性的酵母，后者都是在人的本质的基础上生成并发展起来的。黄先生的这种理路，为辩证唯物主义人学合理地整合哲学史上的各种人性论观点提供了基础，也使辩证唯物主义对人的问题的探讨真正立足在世界人学研究史的基础上。

是否认可共同人性和承认人的共同价值，这是标志我国人学研究思维水平和国际视野的重要问题。黄先生在这方面的思考，显示了极大的理论勇气和担当精神。

大家知道，共同人性问题一度被马克思主义弃之不顾，从而严重制约了马克思主义对人的问题的研究。黄先生在20世纪80年代初就开始了拨乱反正工作。在他看来，一切事物都是共性和个性的统一，没有共同人性，就没有个性和具体的人性，就没有阶级性。承认共同人性与承认历史性并不矛盾，因为任何历史的产物都是共性和个性的统一，离开共性的个性是非历史的、不可能真实存在的。他从方法论高度指出，我们反对抽象人性论，但不反对对人性的抽象，马克思主义主张的是对人性进行科学抽象的现实人性论。

① 黄枬森：《哲学的科学之路》，北京师范大学出版社2005年版，第128页。
② 《马克思恩格斯选集》第1卷，人民出版社2012年版，第135页。

承认共同人性，在逻辑上就要承认关于人的共同观念，也即我们现在所说的共同价值。对于这些共同价值，黄先生集中关注了人权问题。在他看来，树立人权意识意味着尊重自己和尊重别人，意味着承认自己的以及别人的人权，意味着承认人既享有权利又承担义务。人权原则是起码的道德原则，如果得不到遵守，其他一切道德原则就无从谈起，更遑论爱国主义、集体主义和为人民服务。黄先生认为，人权包括基本人权和其他人权。基本人权是人作为人所必须具有的，包括生存、发展、平等和自由四大内容，它们逻辑上的递进关系。生存权是最基本的权利，其核心是生命权，此外还有衣食住行等方面的权利。

在黄先生看来，人权当然具有特殊性、差别性和时代性。但是，承认人权的普遍性，自觉树立人权意识，不断深化拓展人权意识，这是一个国家和人民发展的必需，同时也是进行国际交往、推进世界和平与发展的需要。

黄先生还对人的发展规律等问题进行了深入的研究，提出了人的发展的七大规律的观点。这些规律分别是：1.人类社会以及个体的人的形成和发展是递进关系。2.人的实践能力是不断增长的。3.随着生产力和人类实践能力的不断发展，人的平均必要劳动时间在日益缩短，人的自由时间在日益增加。4.随着人类社会的发展，人的主体地位，从而人的主体性即自觉性在日益增强，而自发性、盲目性在日益减少；个体的人随着年龄的增加，也会出现这种情况。5.人的自然存在（人体）是人的意识的自然基础，但决定人的意识的内容是人的自然环境、社会环境和社会存在（实践活动、社会因素和各种社会关系），在此基础上，人的意识本身具有相对独立性，即有继承性和历史性，并对存在发挥着或大或小的反作用。6.随着人类社会的发展，随着人民群众的作用的扩大与加强，杰出个人的作用在日益减弱。7.随着人类社会的发展，随着各地区交往的发展，人际关系在日益扩大、加深、多样化、复杂化，并出现了日益加强的多样化和复杂化的人际关系网络。①应当说，黄先生对人的发展的七大规律的揭示，大大深化了人们对人的问题的认识。

第五，对马克思主义哲学新体系进行了创造性的构想。建构一个辩证唯物主义新体系，这是黄先生的重要追求。早在1984年出版的《〈哲学笔记〉与辩证法》一书中，黄先生就"根据列宁《哲学笔记》构造体系的思想，构造了一个马克思主义哲学体系，提出了36对范畴。"②但黄先生清醒地认为，自己所建构的体系当时只是尝试，不能用它来代替旧的辩证唯物主义体系。1985—1993年，黄先生参与了国

---

① 《黄枬森自选集》，学习出版社2005年版，第370—371页。
② 《黄枬森文集》第2卷，中央编译出版社2011年版，第557页。

家教委"七五"规划重点项目以及国家"七五"规划哲学社会科学重点项目《马克思主义哲学原理体系改革研究》，最终成果为《马克思主义哲学原理》（中国人民大学出版社1994年版），继续对马克思主义哲学体系问题进行研究。2002年，黄先生主持国家社科基金重点项目《马克思主义哲学体系的坚持、发展与创新研究》，最终成果为四卷本的《马克思主义哲学体系创新研究》，该成果由人民出版社2011年出版。可以说，构造一个体现时代精神精华的马克思主义哲学体系，是黄先生晚年最重的学术任务，该书出版时，黄先生当时已经90岁高龄。围绕马克思主义哲学体系的创作，是他生命的最后十年用力最多的。

在黄先生看来，这个体系的建构方法根本上就是逻辑与历史相一致的方法。具体来说，逻辑首先是与客观的历史相一致；如果有些东西没有客观的历史可言，那就要与认识的历史一致。他还进一步认为，把逻辑与历史相统一的原则再加以通俗化，就是从抽象到具体，从简单到复杂的原则。他认为，新辩证唯物主义体系无论是大的结构安排，还是小的原理顺序的安排，都应当遵从这个原则。

在新辩证唯物主义体系的对象问题上，认为应当分三大层次处理。第一个层次是整个宇宙，整个世界。第二个层次是人类社会，人类社会可分为人类社会和人。第三个层次是人的精神活动，或者说精神领域，其中主要是认识、价值、方法。可以说，这三大层次的设计是黄先生根据他对马克思主义哲学研究的逻辑和现状的理解而安排出来的。

根据对马克思主义哲学研究对象的理解，黄先生把新辩证唯物主义体系设计为六大组成部分，即宇宙观或世界观、历史观、人学、认识论、价值论、方法论。他指出："总起来讲，马克思主义哲学的科学体系，在现当代条件下，应该是一总五分，即一个世界观，五个部门哲学——历史观、人学、认识论、价值论和方法论。"[①]之所以这样做，出于两个理由，一是它们在学科分类中的重要地位，二是学科发展的实际需要和实际可能。从学科分类来看，自然哲学、社会哲学、精神哲学都是很重要的，但自然哲学的内容与世界观的内容有很大部分重复，精神哲学作为研究认识论、价值论、方法论的元理论，其研究基础还很差，难于形成部门哲学，所以这两部分内容黄先生没有选择。历史观就是社会哲学，是一个非常重要的部门哲学，当然不可缺少；经过几十年的研究，人学研究取得了重要进展，已经形成体系，成为部门哲学的条件已经成熟。改造世界的活动、认识世界的活动和评价世界的活动是人的活动的三种基本形式，其对应的部门哲学是实践论、认识论和评

---

① 《黄枬森文集》第2卷，中央编译出版社2011年版，第540页。

价论（价值论）。实践论的大部分内容在历史观和人学中已有论述，再列为部门哲学似无必要。认识论过去已成为部门哲学，显然应该保留。价值论近年来已成为热门学科，应该而且有条件进入部门哲学之列。价值论已涵盖伦理学和美学，而且伦理学和美学均已成为专业目录中的二级学科，没有必要列入马克思主义哲学中了。方法论过去一直认为是辩证唯物主义的一部分，常与世界观并列，即辩证法，但它实际上并不是方法论，而是世界观的一部分，"所以在原来的辩证唯物主义理论体系里并不存在真正的方法论。看来应该有一个部门哲学来研究人的活动的方法，即论述方法的理论。"①

关于新体系的基本原理，黄先生认为应该分层次，并认为应该根据相应层次的现代科学所提供的那些带有一般性的科学原理，概括出每个部门中一般性的哲学原理。与此同时，它还特别强调要关注新的原理，因为这些原理更加具有针对性和时代性。

黄先生还强调指出，建构一个马克思主义哲学新的科学体系的工作不是一个人可以完成的，而是一项长期的、艰苦的集体工作。他真切地希望，一代一代的马克思主义哲学工作者能够把这项工作坚持下去，使之不断臻于完善。

应当说，黄先生对于马克思主义哲学新体系的构想具有很强的逻辑自洽性，也把中国的辩证唯物主义推向了一个新高度。

对于辩证唯物主义的前景，黄先生做了这样的宣言："在有些人看来，辩证唯物主义是过时的陈旧的东西，行将进入历史垃圾箱。这一预言毫无根据。真理、科学是不会完全过时的，即使像加减乘除那样简单的初步的东西，人民的生活永远不能离开它，何况真理、科学！它们永远年轻，永远充满生机活力，与时俱进，日新月异！辩证唯物主义就是这种真理的哲学、科学的哲学。它的生命力来自全人类的实践，它的伟大的功能是服务于实践，实践使它生机勃勃，使它硕果累累。辩证唯物主义一旦出现，就将与人类实践共同前进，共同繁荣兴旺。由于认识上和意识形态上的原因，辩证唯物主义至今未能得到全人类的认同，但这一天最终是会到来的。"②

（袁吉富，北京市委党校哲学教授，副校长）

---

① 《黄枬森文集》第2卷，中央编译出版社2011年版，第405页。
② 《黄枬森文集》第2卷，中央编译出版社2011年版，第540、541页。

究竟能不能用"辩证唯物主义"
来命名马克思恩格斯的新唯物主义？

兼评黄枬森先生所倡导和坚持的辩证唯物主义世界观

孙熙国　张　莉

如何概括和称谓马克思、恩格斯创立的新世界观？是称作辩证唯物主义，还是称作历史唯物主义，还是称作实践唯物主义？这是学界自觉突破苏联教科书体系以来不懈努力与长期争辩的重大问题。有学者认为，由马克思和恩格斯创立的"新唯物主义"，"是辩证的唯物主义，也是历史的唯物主义，还是实践的唯物主义"；"'辩证的'、'历史的'、'实践的'，是我们把握马克思主义哲学的三个关键词"；"这三者是统一的，而不是矛盾的"；"从这三者出发，马克思和恩格斯才科学解答了'历史之谜'"。①但是，也有学者不同意上述看法，认为辩证唯物主义和实践唯物主义不是一回事，二者互不相容，甚至截然对立。如，最近有人撰文，把原本是辩证唯物主义所坚持的基本观点，如人化自然观、社会历史观、现实人本观等，说成是"实践唯物主义"独有的哲学内容，从此出发来攻击辩证唯物主义，认为辩证唯物主义是见物不见人的哲学，批评黄枬森先生坚持辩证唯物主义，就是坚持斯大林的世界观（自然观），就是坚持见物不见人的机械唯物主义。这一做法的实质就是先把马克思和恩格斯创立的辩证唯物主义哲学中的不同于旧唯物主义的合理内容偷运出去，然后宣称马克思和恩格斯所阐述的这些合理内容是实践唯物主义而非辩证唯物主义，最后再宣布辩证唯物主义是"旧哲学的复辟"。我们不禁要问：马克思主义新世界观中的科学实践观究竟是辩证唯物主义的首要的基本的观点，还是同辩证唯物主义格格不入的另外一种"新哲学"？以实践为核心的人化自然观和以实践为核心的辩证唯物的历史观，究竟是内在于辩证唯物主义世界观之

---

①　孙熙国：《中国传统哲学与马克思主义世界观》，载赵敦华、孙熙国主编：《中西哲学的当代研究与马克思主义哲学创新》，人民出版社2011年版，第40页。

中，还是独立于辩证唯物主义世界观之外？以实践为核心的能动的认识论究竟是辩证唯物主义关于认识的基本观点，还是独立于辩证唯物主义世界观之外的另一种认识论哲学？本文试图就此提出自己的看法，并就教于学界同仁。

一、以实践为核心的人化自然观是辩证唯物主义关于物质世界的基本观点

以实践为核心的人化自然观是马克思哲学创新的重要成果，也是马克思主义辩证自然观的核心内容。如果没有人化自然观也就没有了马克思主义的辩证自然观，没有人化自然观也就无法理解马克思主义哲学所实现的辩证唯物的自然观和辩证唯物的历史观的统一。《联共（布）党史教程》片面强调自然界的辩证运动，忽视了人的实践参与及其历史角色；片面强调认识自然的辩证方法及在社会历史领域的推广，忽视了人的实践对自然与人类社会历史的统合作用。但是，我们不能在对苏联解读模式的批判与反思中走向另一极端，即把《联共（布）党史教程》所讲的哲学当作是"辩证唯物主义"，从而将这样一种"辩证唯物主义"与马克思的新世界观对立起来，而将马克思和恩格斯创立的新世界观称作实践唯物主义。这样一来，人化自然观就成了实践唯物主义的"专利"，机械性、直观性和形而上学性这些一向为马克思和恩格斯所批判和反对的东西，则被硬性地同辩证唯物主义绑架到了一起。

这种制造马克思主义自然观中的实践内涵与辩证内涵的对立，进而抬高实践辩证法、否定自然辩证法的做法，在西方马克思主义理论中早已不是什么新鲜事。卢卡奇就曾宣称马克思的辩证法只是"历史辩证法""实践辩证法"；萨特也曾指责恩格斯的辩证法思想是"无人的辩证法"；施密特也曾指责恩格斯的辩证法是向素朴实在论的"倒退"；胡克更明确指出"马克思的辩证方法，主要地适用于人类历史和社会"。①其实，此种主张并不是对实践地位的高扬，反而是对科学实践观的误读与贬低。因为马克思所强调的实践是以尊重规律，正视自然为前提；否定自然先在性和否定自然辩证法，就是否定人化自然的物质本质与物质前提。人化自然观及其"实践"核心意味着，既要正视自然界本身的辩证运动和辩证规律，又要看到人与自然之间的辩证转化与辩证统一。人化自然观的这两方面的意蕴都是辩证唯物主义自然观的基本内容。马克思主义新世界观对现实世界中的人与自然关系的科学解答，既科学阐明了人与自然的辩证关系，又特别强调人与自然关系的产生以实践为前提，在现实世界中的人与自然的辩证关系是实践基础上的主体与客体之间的辩证关系。因此，"辩证"和"实践"都是马克思主义新世界观的基本特点。

---

① 胡克：《对卡尔马克思的理解》，徐崇温译，重庆出版社1989年版，第66页。

　　第一，正是在实践活动中，形成了人与自然对立统一关系。马克思指出："劳动首先是人和自然之间的过程，是人以自身的活动来中介、调整和控制人和自然之间的物质变换的过程。人自身作为一种自然力与自然物质相对立。为了在对自身生活有用的形式上占有自然物质，人就会使他身上的自然力——臂和腿、头和手运动起来。当他通过这种运动作用于他身外的自然并改变自然时，也就同时改变他自身的自然。"①可见，人与自然之间的中介就是实践，其对立统一的辩证关系的基础是实践。如果我们从实践出发、从主体出发，便会由对周围环境的形而上学的静态直观转向认识与被认识、改造与被改造的辩证关系的认识和把握。一方面，人走进自然界，成为自然的一部分。因为人的生存发展、人的本质力量的确证都离不开自然环境与物质资料。另一方面，自然也进入人的世界，成为人化自然和现实世界。因为通过人的本质力量的对象化，自然成为人的无机的身体，成为人的作品与人的现实。与以往人与自然二元对立的自然观不同，马克思关注与人相关的、具体的、历史的自然。只有进入人类认识与活动视野的自然，已经、正在或即将与人类发生主客体关系的自然，才是对人真正有意义的自然。马克思就此批判了费尔巴哈的无人的抽象的自然观，认为"他没有看到，他周围的感性世界决不是某种开天辟地以来就已存在的、始终如一的东西，而是工业和社会状况的产物，是历史的产物，是世世代代活动的结果"。②马克思和恩格斯的这一思想是立足实践基础上得出的辩证唯物主义的基本结论。

　　第二，在实践活动中，自然史与人类历史实现了辩证统一。首先，劳动创造了人本身，也形成了属人的自然界，"对社会主义的人来说，整个所谓世界历史不外是人通过人的劳动而诞生的过程，是自然界对人来说的生成过程……"③同时，劳动使自然界与人类历史紧密结合，"历史本身是自然史的即自然界成为人这一过程的一个现实部分。"④为此，马克思还批评了鲍威尔等人将自然与历史相对立的做法，他说："人对自然的关系这一重要问题（或者如布鲁诺所说的，关于'自然和历史的对立'问题，好像这是两种互不相干的'东西'，好像人们面前始终不会有历史的自然和自然的历史）就是这样。"⑤而马克思却紧紧抓住人的实践本质与社会本质来谈自然与历史。他在《1844年经济学哲学手稿》中指出：人作为类存在

---

　　①《马克思恩格斯选集》第2卷，人民出版社1995年版，第177页。
　　②《马克思恩格斯全集》第3卷，人民出版社1960年版，第48页。
　　③ 马克思：《1844年经济学哲学手稿》，人民出版社2000年版，第92页。
　　④ 马克思：《1844年经济学哲学手稿》，人民出版社2000年版，第90页。
　　⑤《马克思恩格斯全集》第3卷，人民出版社1960年版，第49页。

物，其类本质与类特性就在于"自由的有意识的活动"。①通过实践活动尤其是物质生产，人的类本质在其现实性上又表现为"一切社会关系的总和"，②即使是个体，作为"社会存在物……他的生命表现……也是社会生活的表现和确证"。③可见，"只有在社会中，自然界对人来说才是人与人联系的纽带，才是他为别人的存在和别人为他的存在……只有在社会中，人的自然的存在对他来说才是自己的人的存在，并且自然界对他来说才成为人。"④因此，"历史的自然"与"自然的历史"的统一是通过人的实践活动完成的。

二、以实践为核心的辩证唯物的历史观是辩证唯物主义关于社会历史的基本观点

如何看待并揭示社会历史的辩证运动以及人在社会历史进程中的地位，是马克思、恩格斯以前的哲学家早已开始思索的重要议题。康德为人类理性划界后，认为社会历史从根本上说是一个受必然性支配的自然过程，甚至可以说是大自然某种隐秘计划的实施。但费希特坚持认为社会历史是返回主体的能动过程，是主体辩证法内部的否定之否定。谢林进而更为直白地将现实的历史看作是"绝对统一性"的实现过程。到了黑格尔那里才重新将目光投向人之外。所谓"太阳底下没有新东西"，人在客观精神演进规律的统辖之下不过是绝对理念借以实现自身的工具。可见，以往哲学家的种种努力总是无法在主体实践活动与历史客观规律之间做出平衡、科学、全面的理解。

马克思一开始踏上历史唯物主义探索之路，就显示出对黑格尔及其以往哲学的超越。在中学作文中，马克思首先恢复了人的自由选择的主体性与能动性，同时还意识到客观历史条件的制约性，强调了"我们并不总是能够选择我们自认为适合的职业；我们在社会上的关系，还在我们有能力决定它们以前就已经在某种程度上开始确立了。"⑤《青年在选择职业时的考虑》一文中，"主体选择而不听天由命→在社会上选择→社会关系先天确立从而人不总是能够自由选择"的辩证洞悉，与《博士论文》对自由的阐发，特别是"自由→相对自由→定在的自由"的论述逻辑惊人相似、极具前瞻。从博士论文中"哲学世界化"的实践指向来看，马克思通过

---

① 马克思：《1844年经济学哲学手稿》，人民出版社2000年版，第57页。
② 《马克思恩格斯选集》第1卷，人民出版社1995年版，第56页。
③ 马克思：《1844年经济学哲学手稿》，人民出版社2000年版，第84页。
④ 马克思：《1844年经济学哲学手稿》，人民出版社2000年版，第83页。
⑤ 《马克思恩格斯全集》第1卷，人民出版社1995年版，第457页。

对原子论的消化与扬弃，揭示了历史自身的辩证运动过程，思考了人的主体超越性与受制约性。从原子自身来看，能动性源自其内部矛盾，特别是质料与形式作为一对重要矛盾推动着原子的自我运动、自我克服和自我实现；从原子与外部世界的关系来看，正是矛盾运动推动了发展、产生了现象世界；从原子之间的排斥运动来看，否定是实现自由的一个环节，自由是一种自我否定的活动。由于矛盾的推动，从而在物质世界的创生与改造进程中，呈现出人类不断超越和实现自身、社会不断革新与发展的历史辩证法。

通过《莱茵报》时期对物质利益发表意见的难事，对黑格尔法哲学的批判性分析，马克思逐步找到并夯实了历史辩证法的唯物基础。马克思批评黑格尔历史辩证法的遗憾之处在于：虽然看到了矛盾双方的对立统一，却将其纳入逻辑神秘主义的框架内；虽然展现了社会历史的结构与进程，却将其置于因果颠倒、头足倒置的状态下；不是用逻辑来论证国家，而是用国家来论证逻辑；事物的矛盾对立状态成了绝对理念自我发展过程中的环节和表现；矛盾可以被无原则的调和，对立面之间的虚假联系可以被随意制造，等等。黑格尔唯心主义辩证法的失足，就在于他"不知道现实的、感性的活动本身"①，即不懂得实践活动的意义。与黑格尔不同，马克思的研究则得出了如下结论："法的关系正像国家的形式一样，既不能从它们本身来理解，也不能从所谓人类精神的一般发展来理解，相反，它们根源于物质的生活关系"。②正是从现实的生产生活实践出发来观察社会历史的基础结构和矛盾规律，马克思才找到并提出了家庭、市民社会等一系列历史辩证法的真实基础。

在《德意志意识形态》中，马克思、恩格斯正式提出了唯物史观总原则——"从直接生活的物质生产出发"，并"把与该生产方式相联系的、它所产生的交往形式，即各个不同阶段上的市民社会，理解为整个历史的基础"，同时"从市民社会出发来阐明各种不同的理论产物和意识形式"，并"在这个基础上追溯它们产生的过程"。③他们进一步解释道："这种历史观和唯心主义历史观不同，它不是在每个时代中寻找某种范畴，而是始终站在现实历史的基础上，不是从观念出发来解释实践，而是从物质实践出发来解释观念的东西。"④秉持这一原则，马克思、恩格斯找到了人类社会历史的主体和前提——现实的人，并将研究的着手点和现实生活的本源追溯至物质生活的生产，进而考察了生活与意识、社会存在与社会意识、

---

① 《马克思恩格斯选集》第1卷，人民出版社1995年版，第54页。
② 《马克思恩格斯选集》第2卷，人民出版社1995年版，第32页。
③ 《马克思恩格斯全集》第3卷，人民出版社1960年版，第42、43页。
④ 《马克思恩格斯全集》第3卷，人民出版社1960年版，第43页。

生产力与交往形式（生产关系）、市民社会（经济基础）与上层建筑等的辩证关系，揭示出"一切历史冲突都根源于生产力和交往形式之间的矛盾"，①从而揭示了人类社会的历史进程和本质规律，展现了历史辩证法的恢宏场景。

马克思在晚年依然坚持对历史辩证法的研究。1867年，他在《资本论》第一卷第一版序言中提出，"我的观点是把经济的社会形态的发展理解为一种自然史的过程"②。马克思的这一表述至少包含两点内容，一是强调对"经济的社会"发展的认识要从社会有机体本身来理解，二是强调社会发展与自然界一样有自己的内在矛盾和不依个人意志为转移的客观规律。在《资本论》里，马克思论述了资本主义社会的历史发展就是这样一个自然历史过程，资本主义生产必将导致人与自然、人与人之间异化状况的恶化从而走向灭亡，这是否定之否定的历史辩证法。

可见，唯物史观不仅指认社会历史的客观性，还要在此基础上进一步探讨社会是如何在实践的基础上实现人与自然、人与社会、人与人的对立和统一，最终实现人类的自由、发展和解放。因此，立足于实践基础上对社会历史做出了辩证和唯物的理解与阐释，是马克思和恩格斯所创立的辩证唯物主义学说的重要贡献。

三、以实践为核心的能动的认识论是辩证唯物主义关于人的认识的基本观点

人要想获得全面自由和彻底解放，不仅要对自然和社会历史有正确的认识，还要进一步对"认识"本身有一个清楚的认识，掌握科学的认识方法。

辩证唯物主义认识论认为，认识是在实践基础发生的主体对客体的能动反映。马克思从科学实践观出发，坚持在对象性关系中把握认识与实践的对象。他认为"凡是有某种关系存在的地方，这种关系都是为我而存在的"。③对于一个存在物来说，"如果在自身之外没有对象，就不是对象性的存在物"，"非对象性的存在物是非存在物。"④也就是说，认识的对象必须进入主体世界在主客体对立统一关系中存在。遗憾的是，费尔巴哈没有把认识对象纳入主客统一体之中来认识和把握，马克思对此批评道："这种先于人类历史而存在的自然界，不是费尔巴哈在其中生活的那个自然界，也不是那个除去在澳洲新出现的一些珊瑚岛以外今天在任何地方都不再存在的、

---

①《马克思恩格斯全集》第3卷，人民出版社1960年版，第83页。
②《马克思恩格斯选集》第2卷，人民出版社1995年版，第101、102页。
③《马克思恩格斯全集》第3卷，人民出版社1960年版，第34页。
④ 马克思：《1844年经济学哲学手稿》，人民出版社2000年版，第106页。

因而对于费尔巴哈说来也是不存在的自然界。"①在马克思看来，"被抽象地理解的，自为的，被确定为与人分隔开来的自然界，对人来说也是无。"②

这里需要特别强调的是，辩证唯物主义认识论是能动的革命的反映论，即它是建立在实践基础上的、以认识和把握事物的本质与规律为基本任务的反映论。辩证唯物主义世界观所讲的实践，是主体改造客观世界的物质性活动，是主观见之于客观的活动。遗憾的是，费尔巴哈对实践内涵的理解是混乱而片面的。他有时将实践指定为卑污的犹太人的商业活动；有时又将实践看作生理活动或直接将实践与生活相并列、相等同；有时又将实践理解为一种道德活动，即费尔巴哈式的绝对的高尚的人与人之爱。费尔巴哈对实践的错误理解，决定了他不可能认识到实践在认识中的重要作用，不可能认识到主客体之间的辩证关系，不可能认识到主体的能动性、选择性和创造性，不可能认识到人的认知结构、认识方法、情感观念以及实践工具的选择与应用等在认识过程中所起的作用，而错误地认为"直观提供出与存在直接同一的实体"，③"只有那种不需要任何证明的东西，只有那种直接通过自身而确证的，直接为自己作辩护的，直接根据自身而肯定自己，绝对无可怀疑，绝对明确的东西，才是真实的和神圣的……直接认识的秘密就是感性。"④马克思明确指出，认识的实现与检验需要实践这一中间环节，"人的思维是否具有客观的真理性，这不是一个理论的问题，而是一个实践的问题。人应该在实践中证明自己思维的真理性……"⑤

马克思在《关于费尔巴哈的提纲》中指出，包括费尔巴哈在内的一切旧唯物主义的错误在于："对对象、现实、感性，只是从客体的或者直观的形式去理解，而不是把它们当作感性的人的活动，当作实践去理解，不是从主体方面去理解。"⑥这样，由于直观唯物主义囿于感官限制和形而上学思维方法，不能通过实践深入事物发展的内部、见证事物发展的过程，因而在恢复唯物主义的同时取消了辩证法，进而无法正确认识世界和"认识"本身。这与黑格尔哲学强大的历史感和辩证的丰富内容相比是大大倒退了。当然，黑格尔的辩证法也未能真正把握主体与客体的真实关系，未能认识到主体应如何把握客体。马克思在《关于费尔巴哈的提纲》中也指出了：能动的方面却被唯心主义"抽象地"发展了，因为他们同旧唯物主义一样

---

① 《马克思恩格斯全集》第3卷，人民出版社1960年版，第50页。
② 马克思：《1844年经济学哲学手稿》，人民出版社2000年版，第116页。
③ 《费尔巴哈哲学著作选集》上卷，三联书店1959年版，第111页。
④ 《费尔巴哈哲学著作选集》上卷，三联书店1959年版，第170页。
⑤ 《马克思恩格斯选集》第1卷，人民出版社1995年版，第55页。
⑥ 《马克思恩格斯选集》第1卷，人民出版社1995年版，第54页。

未从真正的实践出发。以费尔巴哈为代表的感性直观唯物主义与以黑格尔为代表的唯心主义都忽视了实践，导致其无法全面把握事物本质、揭示事物规律。因此，辩证唯物主义认识论在实践基础上坚持了唯物主义和辩证法的统一，实现了对费尔巴哈旧唯物主义和黑格尔唯心主义的双重超越。

实践的观点是辩证唯物主义认识论的首要的和基本的观点，离开了实践观点就没有辩证唯物主义认识论。在学术研究中，个别学者先是把实践观点从辩证唯物主义认识论中"剥离"出去，然后再回过头来说辩证唯物主义认识论是机械的直观的反映论，实际上是在自觉或不自觉地玩"偷梁换柱"式的游戏。

四、正确理解黄枬森先生对"辩证唯物主义世界观"的坚持和倡导

综上所述，以实践为核心的人化自然观、以实践为核心的辩证唯物的历史观、以实践为核心的能动的认识论，是辩证唯物主义所实现的哲学上的伟大变革，这三者都是辩证唯物主义的基本观点。离开了这些基本观点，就不会有马克思、恩格斯的新唯物主义，即辩证唯物主义。基于这一认识，我们对个别学者对黄枬森先生和马克思恩格斯辩证唯物主义的质疑和误解，做以下回应：

第一，在马克思、恩格斯的全部著作里找不到"辩证唯物主义世界观"一词，据此无法说明"辩证唯物主义世界观"不是马克思主义世界观。马克思、恩格斯没有明确提出"辩证唯物主义世界观"这一概念，不等于马克思、恩格斯没有辩证唯物主义世界观。历史上多数哲学家在其生前并没有将自己的哲学思想起一个合适的名字，但这并不意味着后人不能根据其思想主旨、理论特征和实践功能予以概括和命名。问题不在于名称，而在于"名称"所包含着的内容。从文本来看，马克思对人与自然、人与社会、人与自身认识过程的辩证解答，都表明唯物辩证法思想已渗透在他们新世界观的方方面面。从自我评价来看，恩格斯在1859年为马克思的《政治经济学批判》写的书评中确认了马克思的"新的世界观"是比从前所有世界观都"更加唯物"的世界观。恩格斯的这一说法绝非个人臆想，而是在马克思1859年7月19日信中关于"简短地谈一下方法问题和内容上的新东西"的授意下写的。[①]

第二，黄枬森先生坚持"辩证唯物主义世界观"的提法与认同、接受、赞赏斯大林的观点，完全是风马牛不相及的。诚如黄先生自己所说：斯大林哲学体系与苏联哲学体系的"差别是很大的。我们决不能把苏联体系看成是斯大林体系"，斯

---

① 《马克思恩格斯全集》第29卷，人民出版社1965年版，第442页。

大林体系是苏联体系的"后退的变种"，"不能代表辩证唯物主义与历史唯物主义"。①即便是苏联哲学体系，黄先生认为也存在很多问题和不足。黄先生在他主编的马克思主义哲学创新研究第一部书稿的第三章中，明确指出了苏联哲学体系在哲学对象和组成部分的规定上、在内容上、在体系构成顺序上皆有得有失。就"失"的方面来说，部门哲学的对象和构成不尽合理；在一定程度上缺乏立足当时人类实践和科学的水平、人类社会发展状况，从而给出宇宙发展及其现状的整体面貌的视野和气魄；缺乏对实践概念世界观意义的明确认识，并缩小了实践作用的范围，等等。②可见，黄先生对斯大林哲学体系和苏联体系既没有一棍子打死，也没有盲目接受，而是给予了客观公允的评价。

第三，黄枬森先生坚持辩证唯物主义自然观与把马克思主义的自然观归结为"见物不见人"的自然观，完全是毫不相干的两件事情。黄先生从未否认过人化自然，相反，他特别注意和强调"对象性的实践活动"在人类认识和改造世界中的重要地位。他说："自然界在人类出现以前，只是一种自在的存在，并不构成人的实践和认识活动的对象"，"离开人的对象性的实践活动，仅仅从自在自然的角度，是无法全面理解人类产生以来的自然界的"。③他多次强调实践在社会历史进程中的意义，阐明了科学实践观在马克思主义哲学史上的地位，明确指出"马克思主义哲学发生的伟大革命变革，它区别于一切旧哲学的最显著的特点，就在于把实践观点作为自己的基本观点。"④但是，黄先生强调实践观的地位，同时又旗帜鲜明地反对把"实践"上升到本体论的地位，反对用实践本体来取代物质本体。实践以物质为前提。实践的主体和对象都是现实的、感性的、物质的，实践过程本身也是对物质世界进行认识和改造的对象化过程。针对这一点，马克思曾明确指出："人并没有创造物质本身。甚至人创造物质的这种或那种生产能力，也只是在物质本身预先存在的条件下才能进行。"⑤对此，学界已形成了较大的共识。从20世纪80年代末、90年代初实践唯物主义研究兴起至今，徐崇温、郭建宁、许全兴、杨耕、赵家祥、陈先达、杨春贵、郭湛、田心铭等专家、学者纷纷撰文强调：不要让对实践唯

---

① 黄枬森主编：《马克思主义哲学体系的当代构建》上册，人民出版社2011年版，第166页。

② 黄枬森主编：《马克思主义哲学体系的当代构建》上册，人民出版社2011年版，第166—175页。

③ 黄枬森主编：《马克思主义哲学体系的当代构建》上册，人民出版社2011年版，第230、403页。

④ 黄枬森主编：《马克思主义哲学体系的当代构建》上册，人民出版社2011年版，第394、395页。

⑤ 马克思：《1844年经济学哲学手稿》，人民出版社2000年版，第58页。

物主义的提倡走向极端，演变成理论与实践中的"唯实践主义"。[①]

第四，辩证唯物主义世界观是马克思主义哲学的总称，它包括辩证唯物主义自然观，但不能仅仅归结为辩证唯物主义自然观。众所周知，马克思、恩格斯创立的辩证唯物主义世界观涵盖了自然、社会和思维各领域，辩证唯物主义世界观所讲的规律是"自然界、人类社会和精神世界共有的规律"。[②]有学者认为黄先生所坚持的"辩证唯物主义世界观（自然观）"主要的是一种自然观。这种把辩证唯物主义世界观简化为辩证唯物主义自然观，然后说这就是黄先生所坚持的辩证唯物主义的做法，既背离了马克思、恩格斯辩证唯物主义世界观的本义，也同黄先生的思想意旨不相符合。

（孙熙国，北京大学马克思主义学院教授，原执行院长；张莉，北京大学马克思主义学院博士生）

---

① 徐崇温：《实践唯物主义不是唯实践主义》，《哲学动态》，1989年第10期；郭建宁：《关于实践唯物主义的几个问题》，《学术论坛》，1989年第5期；许全兴：《有关实践理论的若干思考》，《中共中央党校学报》，1997年第3期；杨耕：《如何讲授〈辩证唯物主义和历史唯物主义原理〉（第四版）第二章》，《教学与研究》，1997年第5期；赵家祥：《加强党的理论建设反对唯实践主义倾向》，《中国特色社会主义研究》，2004年第6期；陈先达：《新时期的哲学成就和马克思主义哲学教材的编写》，《江西社会科学》，2005年第1期；杨春贵：《论实践范畴在马克思主义哲学体系中的地位》，《光明日报》，2006年5月23日，第9版；郭湛：《马克思主义哲学的实践批判理论》，《哲学研究》，2006年第7期；田心铭：《实践在世界中的位置》，《教学与研究》，2010年第1期。
② 黄枬森主编：《马克思主义哲学体系的当代构建》上册，人民出版社2011年版，第187页。

马克思主义哲学体系构建的有益尝试

黄枬森主编《马克思主义哲学体系的当代构建》刍议

卢冀宁

由90高龄的北京大学著名教授黄枬森勠力主持，全国48位专家、学者齐心合作，2002年立项的国家社科基金重点项目的最终成果《马克思主义哲学创新研究》全书四部五册，最近由人民出版社隆重推出。这是我国哲学界的一件大事、喜事。

这套书的第一部《马克思主义哲学体系的当代构建》上、下两册，是全书的基础、主干和重点，由黄老亲自主编和定稿。其他三部《时代精神与马克思主义哲学创新》《现代科学技术与马克思主义哲学创新》《中西哲学的当代研究与马克思主义哲学创新》，从几个不同方面展开论述了马克思主义哲学创新的基本内容和实现路径，深化了这项重点课题研究，构成了该项课题研究最终成果的有机组成部分。本文仅对全书第一部所论马克思主义哲学体系的构建问题，谈些不成熟的看法。

一、坚持辩证唯物主义世界观的优先地位、前提地位，辅之以若干部门哲学，构建马克思主义哲学体系的思路，独到且合理

大家知道，马克思和恩格斯阐明了后来被称为马克思主义哲学的一系列基本原理、基本观点和基本内容，但他们并没有具体构建完整、严密、明晰的马克思主义哲学体系。20世纪苏联哲学界开始努力做这项工作，并于30年代推出了关于辩证唯物主义和历史唯物主义的哲学教科书，长时期被公认为讲述的就是马克思主义哲学的科学体系。改革开放以来，我国哲学界解放思想，对许多重大哲学问题、包括马克思主义哲学体系问题进行了热烈探讨，形成了不少对原体系否定的观点，诸如马克思主义哲学就是实践唯物主义，马克思主义哲学就是人学，马克思主义哲学只是历史唯物主义，等等。黄老根据自己多年的潜心研究，实事求是地肯定苏联哲学教科书以世界观为开端、世界观又以物质范畴为开端，基本上是科学的；当然其体系又有诸多不合理之处，必须重新构建和创新。一方面，黄老不赞成那些取消辩证唯物主义世界观、"完全抛弃原有体系，另立门户"的观点和做法；另一方面，黄老又抛弃了苏联哲学教科书将辩证唯物主义和历史唯物主义并列的两大板块结构，提出了坚持辩证唯物主义世界观的优先地位，辅之以若干部门哲学，构建马克思主义哲学体系的新思路。黄老提出，马克思主义哲学体系应由六个部分构成，其中世界观是整体，其余五部分均是分支，是部门哲学，"这六部分可分为三个层次：一层世界观，二层历史观和人学，三层认识论、价值论和方法论。"以上观点人们若简言之，即"一总五分三层次"。黄老的观点显然是新颖和独到的。

黄老强调辩证唯物主义世界观是整体，"辩证唯物主义就足以代表马克思主义的全部哲学"，他把其余五个分支的全称皆冠以"辩证唯物主义"，即"辩证唯物主义历史观""辩证唯物主义人学"等。鉴于辩证唯物主义历史观（亦即历史唯物主义、或唯物史观）在五个部门哲学中最重要，黄老同时认为，把马克思主义哲学叫作"辩证唯物主义和历史唯物主义"也是可以的，两种叫法"都是可以使用的"。诚然，唯物史观以及实践的观点在马克思主义哲学体系中的地位十分重要，前者是科学社会主义的直接的理论基础，后者是新、旧唯物主义的分水岭；但马克思、恩格斯在谈论实践时，谈论唯物史观时，是以承认自然界的"优先地位"为前提的，这也就是黄老指出的："他们的辩证唯物主义是作为世界观前提逻辑地蕴含于历史唯物主义之中的"。所以，如果以历史唯物主义，或以实践唯物主义，甚至以实践本体论或实践一元论来取代辩证唯物主义世界观的前提地位，也就取消和否定了马克思主义哲学。我认为，黄老的这些思想是明晰的，言之有理和自成一大家的。

不过我认为，黄老关于马克思主义哲学只包含五个部门哲学，并将这五部分又分为第二、第三两个层次的观点，似可再斟酌。世界观、认识论和方法论应当是统一的，一致的。因此我主张，将认识论、方法论从黄老书中第三层次调整入第一层次。恩格斯说，全部哲学的重大的基本问题，是思维和存在的关系问题；这个问题还有另一个方面，即我们的思维能不能认识现实世界。可见，认识论同世界观问题、同是否承认物质第一性问题是密不可分的。再者，实事求是是我们党的思想路线，是马克思主义的认识路线，遵循这条路线的前提，就是承认"实事"（客观存在着的实际事物）是第一性的，同样表明了认识论同世界观的一致性。世界观又不只是讲世界是物质的，还要讲物质是运动的，而研究事物运动、变化、发展普遍规律的，就是辩证唯物主义世界观的方法论，所以方法论似亦应归入第一层次。关于黄老书中说的第二层次，我没有什么意见，这一层次主要讲唯物史观；人学也是唯物史观的重要组成部分。第三层次，我主张只讲价值论，也就是主要研究人的评价活动是怎样影响人的认识世界、改造世界的活动，并实现人的自身利益的。黄老书中第三层次的方法论，含义似较窄，似较多讲的是自然科学方法论，应将之作怎样的归属，似可再研究。还有伦理学（它较多地涉及世界观、人生观、价值观、社会观，在中国古代哲学中很发达）、美学、逻辑学，以及军事哲学、管理哲学等是否可列为部门哲学，如其中有的可列入、那又可列于何层次，均似可再研究。

二、哲学工作者对马克思主义哲学体系的探索和构建，难以定于一尊；加强对马克思主义哲学基本原理、基本观点的研究和宣传，根据时代发展的需要加以创新并提出新原理、新观点，在今天恐怕更加重要

马克思主义哲学犹如一座巍峨的山峰，但横看成岭侧成峰，人们当然可以从不同角度、不同入口认识和探究其结构与体系。至于马克思主义哲学的教科书（本文中，研究并构建马克思主义哲学体系的学术专著、包括黄老的书同此）体系则犹如一座座大厦，这些大厦的基石、栋梁、砖瓦等基本建材均来自马克思主义哲学的基本原理、基本观点。不同的建筑师们凭借这些基本建材，考虑到时代的和使用者（读者）的实际需要，各自巧妙构思，同时补充以这样那样的若干新材料，当然可以建构起外观、用途上既相似又各不相同的许多座大厦；尽管它们辉煌程度不一，但毕竟本质上大致相同（例如一般读者都会把我国和当年苏联出版的哲学教科书归入马克思主义哲学类，而不会把它们归类至其他中外哲学派别）。

我可以承认黄老的这套书是上述这些大厦中较为辉煌的一座，但不敢苟同黄老如下观点："有人企图以历史唯物主义取代辩证唯物主义的世界观地位，有人企图以实践唯物主义，甚至以实践本体论或实践一元论来取代辩证唯物主义的地位，所有这些企图的主要目的都是要取消马克思主义哲学的核心——辩证唯物主义世界观，都是要否定现实世界及其规律的客观存在。"而且这些"理论界持异议者大有人在"。除去我也很不赞成的"实践本体论""实践一元论"，我认为，近二三十年来我国一些哲学家试图以实践为核心范畴，或试图以唯物史观为基本内涵构建马克思主义哲学体系的尝试和努力，还是值得尊重的。我并不认为他们是在"完全抛弃原有体系，另立门户"，因为实际上他们几乎没有一人不承认物质第一性这个辩证唯物主义世界观的前提，只是他们认为这是显而易见的、无须重点论述、只需作一定交代即可的。既然马克思、恩格斯在改造旧唯物主义、发现唯物史观、创立他们的"新唯物主义"时，可以把他们的"新唯物主义"，即"他们的辩证唯物主义""作为世界观前提逻辑地蕴含于历史唯物主义之中"，我国的这些哲学家在试图创新马克思主义哲学教科书体系时，为什么不可以同样这样做呢？

唯物辩证法认为，个别虽不能完全反映一般，但个别中有一般。我可以承认黄老的书这个别比较优秀，较多较好地反映了、创新了马克思主义哲学之一般；但我并不认为，我国那些哲学家们按照各自的理解构建马克思主义哲学体系的尝试，注定是背离马克思主义哲学的，是应当剔除于马克思主义哲学门类之外的。我认为，它们也能这样那样、或多或少、或优或次地反映马克思主义哲学之一般，这个一般就是马克思主义哲学的基本原理、基本观点及其内在关系。（如果大家确实公认马克思、恩格斯创立了马克思主义哲学，那么我们把这个马克思主义哲学之一般，称为"马克思、恩格斯那里的马克思主义哲学的客观的、原初的体系"，也是可以的；我们后人、研究者的任务，就在于如实地描述和揭示这个客观上已基本形成了的、原初的体系，并根据时代的需要勇敢地、不断地加以创新。）

我还认为，发行甚广的我国20世纪50—60年代艾思奇本、李达本教科书，以及80年代肖前本教科书，以及最近出版的黄老的书，尽管在编写体系上与苏联哲学教科书各不相同，但它们都较好地反映了马克思主义哲学之一般及其体系。最好是联系实际把它们都读了，并互相比较，互相参照，互相充实，互相贯通，收获庶几良多。总之，联系实际多读几本哲学书，多思考，不拘泥于一家之言，方能逐渐弄通马克思主义哲学及其体系，逐渐学会在实际中加以运用。

我还认为，学者们尝试构建马克思主义哲学体系是有意义的，但其意义正在于能帮助人们更好地掌握马克思主义哲学的基本原理、基本观点，并善于在实际中加以运用和创新；无论如何，决不应淡忘、脱离这个目的。今天，中国和世界的情况已发生了很大变化，我们同样要加强对马克思主义哲学基本原理、基本观点的研究和宣传，善于根据时代发展的需要加以创造性运用，并提出若干新原理、新观点，用以构建好社会主义和谐社会，把中国特色社会主义建设事业不断地推向前进。

三、《马克思主义哲学体系的当代构建》，对改革开放以来，我国哲学界所取得的丰硕研究成果的概括和吸纳，似嫌不够

黄老独具匠心，按照他的设计，他主持的这套书的第二、三、四部，分别从时代精神、现代科学技术发展、中西哲学的当代研究等几个不同方面论述了马克思主义哲学的创新问题，努力概括和吸纳中外哲学家们的研究成果；他亲自主编的这套书的第一部，则对所有这些研究成果再做进一步的概括和吸纳。这个总体设计是非常合理的。但由于该项工程的浩大和高难度，黄老的设想恐难说已圆满实现，能尽如人意。

例如，有些学者提出，我们所处的时代已不同于马列（及新中国成立前）、毛泽东所处的时代。当年马克思为了给无产阶级锻造摧毁旧世界的理论武器，着

重强调的是辩证法的批判的、革命的精神，强调辩证法本质上是"批判的和革命的""辩证法在对现存事物的肯定的理解中同时包含对现存事物的否定的理解，即对现存事物的必然灭亡的理解"（《资本论》第一卷第二版跋）；今天为了适应时代主题转变、建设中国特色社会主义和构建和谐社会，是否应当较多地强调辩证法的继承的、建设的精神，强调辩证法本质上也是"继承的和建设的""辩证法在对现存事物的否定的理解中同时包含对现存事物的肯定的理解，即对现存事物（其中合理成分、合理因素）的必然保留的理解"？（当然，这两种精神是相互联结、相互贯通、不可分割的。但面对不同的具体问题，我们对辩证法本质的这两个不同方面的把握，应当有不同的侧重。）能否说，马克思主义不仅具有革命性功能（破坏旧世界的理论功能），而且具有建设性功能（建设新世界的理论功能）？

再如，有些学者早就提出，《矛盾论》在设专节讲解了矛盾的同一性（即统一性）和斗争性之后，没有接着专门讲（它们相结合所引起的）矛盾的运动和转化，没有接着专门研究矛盾的转化的不同类型，不能不说是一大缺憾。他们认为，矛盾的转化问题极其重要，而矛盾双方的融合转化则是矛盾的转化的最重要的类型。矛盾双方的融合转化，既包含矛盾双方相互吸引、汲取、融会和接纳的过程，又包含矛盾双方时隐时现、时缓时烈的排斥、斗争、冲突和对抗的过程。通过这些过程和双方之相互扬弃，最后，矛盾双方失去存在合理性、必要性的成分和因素归于湮灭，而双方（通常已区分为一主一辅）依然有生机活力的成分和因素相互结合，形成新的质、新的事物。如果说，对立统一规律是辩证法的"核心"，那么，矛盾的转化特别是矛盾双方的融合转化（亦即重组式转化、相互扬弃式转化），就是辩证法"核心的核心"。用这种观点，既很容易解释唯物辩证法三大规律的一致，又很容易解释当代世界社会主义和资本主义两大体系（经济、政治、文化、社会诸方面）的矛盾的运动、趋势及其结局。黄老书中对诸如此类重要研究成果似未汲取，对辩证法基本规律这部分的讲解，仍沿用了《矛盾论》和半个多世纪以来我国哲学教科书中并不很合理的框架。

由中国辩证唯物主义研究会编、北京师范大学出版社出版的《马克思主义哲学的新探索（1978—2009）》一书，汇集了我国许多哲学工作者改革开放以来的300多份创新成果简介，内容涵盖对马克思主义哲学诸方面的新探索，包括对马克思主义哲学体系的新探索。我认为，此书同黄老的书交相辉映，人们如能都通读，收获定必更大。

最后，我想提一个问题坦诚就教于黄老和哲学界的同仁们，即如何理解作为时代精神精华的哲学，马克思主义哲学的基本原理，以及"科学构建的马克思主义哲学体系"（构建者们又常称之为"马克思主义哲学的科学体系"），是否具有超时代、至少超当代的意义？

　　黄老在序言末尾说："要真正构建起真实完整严密的马克思主义哲学的科学体系，我想需要几代哲学家的艰辛努力，但随着人类社会的发展，随着社会主义事业的发展，随着整个科学事业的发展，这个科学体系终有一天是会出现的。"诚哉斯言！不过亦请恕我直言，黄老书名中既然有"当代"二字，但如果经"几代"哲学家的艰辛努力后才构建起来的马克思主义哲学的科学体系，还能称之为这个体系的"当代"构建吗？几代人后，他们是否还要再从事马克思主义哲学科学体系的新的构建？我的问题也就是：马克思主义哲学的基本原理、基本观点，同黄老及哲学界其他大家们努力构建并如构建完成的"马克思主义哲学的科学体系"，是否都具有超时代的意义？

　　哲学是时代精神的精华，我国哲学界在这点上似乎已形成共识。但据我所知，大家对作为时代精神精华的哲学的理解是各不相同的。不少同仁把这里的哲学理解为基本的哲学体系，特别是理解为马克思主义的哲学体系；少数人甚至认为，时代不同了，始自马克思、恩格斯时代构建的马克思主义哲学体系必须推倒，重新构建。黄老实际上是不同意这种看法的，所以他才能凭借实事求是的理论勇气断言："苏联哲学家们为马克思和恩格斯所创立的马克思主义哲学构建了基本上科学的思想体系，基本完成了哲学从前科学向科学的转变。""不应该完全抛弃原有体系，另立门户"。除了对"前科学"的含义我不清楚、定性我有保留外，我是很赞同黄老的以上看法的。但接下去我的看法则是（可能与黄老的看法有同有异）：苏联教科书所构建的马克思主义哲学体系，以及艾思奇本教科书、李达本教科书、肖前本教科书、黄老的这套书所构建的马克思主义哲学体系，之所以基本上都是科学的，就是因为这些书中所讲述的马克思主义哲学的基本原理、基本观点（诸如辩证唯物主义的世界观，唯物史观，辩证唯物主义对于思维和存在关系问题的回答，实践是检验真理的根本标准，对立统一规律等）是科学的，颠扑不破的。马克思主义哲学的基本原理、基本观点无疑具有超时代、超当代的意义；但马克思主义哲学作为科学、其体系又不是封闭的，而是开放的，所以才有后人，包括李达、艾思奇、肖前、黄老等，随着时代发展的需要，将哲学研究的新进展和新成果不断地糅进、融会到马克思主义哲学体系之中。他们的工作虽然是很有意义的，但除去他们可能糅进到马克思主义哲学体系中的新的带根本性的基本原理、基本观点，他们构建的即便在当时的确准准新颖、堪称臻乎"真实完整严密的"马克思主义哲学的科学体系，都不具有超时代、超当代的意义；因为他们的后人——新一代的哲学工作者，无疑还会继续去做他们做过的那项很有意义的工作，继续构建更新的"当代"马克思主义哲学的科学体系。

那么应当如何理解马克思的那句名言呢？马克思的原话是："任何真正的哲学都是自己时代的精神上的精华""文化的活的灵魂"。①我认为，马克思这里所言的"哲学"，是指各个具体的特别是具进步倾向的哲学家们的哲学，认为在他们思想中、哲学中闪光的东西，都是自己时代精神的精华，是这样那样引导人类历史文明进步的活的灵魂（经过改造是可以而且应当纳入马克思主义哲学体系中的）。而绝不应当理解为，时代不同了，原先大体确立的马克思主义哲学体系也就过时了、不再成立了。更不应当理解为，马克思主义哲学的基本原理、基本观点，也会过时、不再成立。

辩证唯物主义的世界观是唯一科学的世界观。辩证唯物主义的世界观和唯物史观等基本原理、基本观点是马克思主义哲学体系的根本内容，我们应当毫不怀疑它们具有超时代、超当代的意义；正如我们应当毫不怀疑共产主义的根本原理——人类必将进入无阶级、无剥削的共产主义社会——具有超时代、超当代（至少在进入共产主义社会之前能超出当代人许许多多代）的意义一样！在这地球上还存在极力诽谤、攻击辩证唯物主义和共产主义，必欲灭之而后快的极右邪恶势力的当代，真正的辩证唯物主义者和共产主义者决不用讳言自己的根本信念具有超时代、超当代的意义；也决不会躺在前人的成就上睡觉，不努力去把他们开创的、不断发展的科学理论和光辉实践继续推向更加灿烂的新境界！

（卢冀宁，国防大学马克思主义研究所教授）

---

①《马克思恩格斯全集》第1卷，人民出版社1995年版，第220页。

一个严整合理的体系定将有生命力

读《马克思主义哲学创新研究》

陈中立

由黄枬森先生主持，48位学者参与，花10年工夫，用他们的汗水浇灌起来的哲学奇葩——《马克思主义哲学创新研究》（以下简称《研究》）一书出版了。这是哲学界的一件大事。可庆可贺。我粗读以后，有三点感想：

首先，该书构建的马克思主义哲学"一总五分三层次"的体系，是严整的、合理的、有说服力的，因而也将是有生命力的。

所谓"一总"，就是辩证唯物主义。它是马克思主义的世界观，也就是马克思主义哲学本身。"五分"，即历史观、人学、认识论、价值论、方法论。以上六个部分，实际上是分属三个层次：世界观是最高层次，是"总管"，是管世界（这里包括人化自然、非人化自然、社会以及人类思维等整个世界）总体的；第二个层次是历史观和人学。这是在自然界产生人类以后，必须回答的两个问题，即应该如何看待人类社会发生、发展的历史和如何看待人自身。至于认识论、价值论、方法论，乃是发生在产生人类社会的基础上的事，自然属于第三个层次。

我以为，这个体系是严谨的、合理的。是我1955年上大学学哲学以来，所见到的马克思主义哲学的一个最好的体系。它解决了马克思主义哲学体系构建中的四个问题，同时，突出了一个字。第一，它解决了以其他名称（体系）作为马克思主义哲学体系而带来的不可克服的内在矛盾。对马克思主义哲学的名称，从马克思自己开始到今天，中外哲学界已给了许多提法。并发生过许多争论。因为这不仅是一个名称问题，更重要的是哪种提法（名称）能最好地反映马克思主义哲学体系的本质。当然，这是建立在承认马克思主义哲学有一个体系的基础上。对那些不承认马克思主义哲学有体系的来说，叫什么名称，恐怕就不重要了。名称的争论都是关于体系的。应该说，关于体系及其名称，到今天为止，能够提出的，大概都已经提出来了。今天的任务，首先是对这些已提出来的体系进行分析、比较、研究，尔后再加以选择综合、改造提升和完善。《研究》提出的"一总、五分、三层次"的体系，我认为就是建立在对以往已提出的各种体系认真深入研究的基础上的。正如黄先生在"序"中指出的，"马克思主义哲学的最确切的名称是辩证唯物主义"。这里的"最确切的名称"六个字，特别有分量，有意蕴。表明这不是他随意的想法，而是对各种体系名称做了认真的分析比较研究之后，得出来的看法。甚至可以说，这是黄先生几十年来研究马克思主义哲学的结晶。他主持过《马克思主义哲学史》八卷本的研究和编写工作，对马克思、恩格斯、列宁的许多哲学著作做过专门研究，他还作为主持人之一一直参加了国家教委"七五"规划重点项目《马克思主义哲学原理体系改革研究》的研究工作，等等。就是说，他是在对马克思主义哲学史和马克思主义哲学原理都进行了认真研究的基础上，才提出了马克思主义哲学"最确切的名称"问题。这就大大增加了这六个字的厚重感。更重要的，他是把马克思主义哲学作为科学来对待。也许说得更确切些，他是以科学的态度和追求真理的精神来对待和研究马克思主义的。他相信马克思主义、信仰马克思主义，是建立在认为马克思主义是科学是真理的前提下的。就是说，他不是把马克思主义当作某种教义。他的信仰，不是盲目的信仰。他把马克思主义及其哲学作为科学真理来研究和追求。这样，他就要从学理、科学、逻辑以及历史等多个方面来探寻马克思主义哲学的实质和本质，从而构建起符合历史和逻辑的、科学的马克思主义哲学体系。以"最确切的名称"辩证唯物主义为"总"的"一总五分三层次"的马克思主义哲学体系，就是在这样一种精神指引下构建起来的。就是说，它是黄先生经过多年潜心研究和理性思考的产物和结晶。所以它客观严谨，经得起推敲，有说服力。

由于"一总五分三层次"体系的构建有扎实研究和严谨逻辑作基础，所以它能避免以其他名称（体系）带来的内在矛盾。比如，"新唯物主义"，那么"新"在何处？它的最本质的内涵是什么？不能一目了然。"唯物史观"或"历史唯物主义"，那么可以追问在"唯物史观"背后的更深层次的哲学思维是什么？"辩证唯物主义和历史唯物主义"，那么"一整块钢铁"的两部分之间是什么关系？是"一元"的还是"二元"的？等等，不一而足。因为这些名称（体系）的弱点在于：或者是没有抓住马克思主义哲学作为科学体系的实质（它的最本质的部分），或者是忽略了各个部分间的不同层次，以下一个层次的东西来替代最高层次。这样的体系，逻辑上不够严谨，自然会带来自身难以克服的矛盾。《研究》提出的体系，则没有这些问题，名正而言顺。

第二，"一总五分三层次"体系理顺了马克思主义哲学内部各个部分、环节、层次之间的相互关系，找到了一个内在合理的结构。世界观、方法论、自然观、历史观、认识论、价值论以及辩证唯物主义、历史唯物主义，等等，都是马克思主义哲学的重要内容。但对它们相互之间的关系，过去并没有处理好。或者相互交叉重叠，或者分散零乱，叫人不得要领。实际上这些内容有的是并列的关系，有的是交叉的关系，有的是不同层次的关系。作为一个体系，必定有一个内在的合理结构。这个结构，到目前为止，我以为该《研究》提出的"一总五分三层次"，就是最为理想的。作为"最确切的名称"的辩证唯物主义，不能简单地与"辩证唯物主义和历史唯物主义"中的那个辩证唯物主义画等号。因为，后者在过去常常是指自然观、认识论、方法论，似乎不包括历史观，更不包括人学。虽然这是一误解，但有它的一定道理。因为管人和社会历史的，还有历史唯物主义。这样，辩证唯物主义和历史唯物主义并列起来作为世界观，便隐藏着实际上的"二元论"的瑕疵。其实，马克思主义哲学作为世界观是"一元"的，这就是辩证唯物主义。因为，在辩证唯物主义中，已经包含着历史唯物主义的基本观点和基本原理。"物质决定精神""事物的普遍联系和永恒发展""世界不是一成不变的事物的集合体而是过程的集合体"等等，这些都是辩证唯物主义的最最基本的观点。其中包含着或隐藏着历史唯物主义的基本观点和原理，便是不言而喻的。所以，作为"一总"的辩证唯物主义，乃是在对"辩证唯物主义和历史唯物主义"中的那个辩证唯物主义的内容、职能做了扩大、充实、完善和提升后而来的。其实与其说是对辩证唯物主义的内容和职能作了充实和提升，还不如说是恢复和重新揭示了它本来应有的位置和功能。在六个部分中，它之所以能成为"总"，因为它能统领并贯穿于其他五个部分。对其他任何一个部分，都可以追问背后的哲学思维是什么的问题（或者如黄先生在"序"中所说"作为世界观前提逻辑地蕴含于……"），经过追问或者再追问，最后都是要通到辩证唯物主义这里。而对辩证唯物主义背后的哲学思维是什么的问题，却不能成立，也不可提出。因为辩证唯物主义背后的哲学思维就是它自身，还是辩证唯物主义。如果对它再进行分析分解，那就不是马克思主义哲学了。所以辩证唯物主义是最高的层次，在它上面再没有别的层次了。所以它是世界观。它是最抽象的部分，也是马克思主义哲学最本质最核心的部分。这是由马克思主义哲学是哲学史上一次革命的历史事实和马克思主义哲学内部各个部分间的逻辑关系决定的。

把唯物史观（历史唯物主义）放在第二个层次，并不是贬低它，而是放到它本来应该占的位置。虽然把历史唯物主义看成是辩证唯物主义在社会历史领域推广的说法有不当之处，但是，在马克思、恩格斯创立唯物史观时，有一个蕴含其中的世界观前提，恐怕是难以否认的。黄先生在"序"中引用的《德意志意识形态》中的一句话是最能说明问题的。那就是："当费尔巴哈是一个唯物主义者的时候，历史在他的视野之外；当他去探讨历史的时候，他不是一个唯物主义者。在他那里，唯物主义和历史是彼此完全脱离的。"①换句话说，马克思、恩格斯在探讨历史的时候，坚持了唯物主义的基本原则。这个唯物主义，自然是新唯物主义，是辩证的唯物主义。也就是说，辩证的唯物主义是马克思、恩格斯创立唯物史观时逻辑地蕴含其哲学思维的世界观前提。说他们把唯物主义贯彻到底（贯彻到社会历史领域），从逻辑上讲是说得通的。唯物史观的创立，自然又正面丰富了辩证唯物主义的内容，扩大和充实了它的功能。由于唯物史观的特殊功能，在"一总五分三层次"体系中把它排的位置也是合适的。黄先生在"序"中说，"在这些部门哲学中最重要的是历史观，因为历史观是科学社会主义的直接的理论基础"。他甚至说，"过去的称呼中特别把它标明出来，与世界观并列，叫做辩证唯物主义和历史唯物主义，我认为是可以的。而且这一称呼已使用了几十年，今天也没有什么非改不可的理由。因此，我认为……这两个名称都是可以使用的。"黄先生这里是就马克思主义哲学的"称呼""名称"来说的。如果从学理上、逻辑上说，"最确切的名称"是辩证唯物主义，它是处于最高层次的世界观。历史观在哲学体系中，在逻辑上应是低一个层次的问题。

"一总五分三层次"体系的最可贵处，是它找到了这六个部分（或称六个因子、六个子系统）相互协调的结构。六个部分，有"总"，有"分"，有层次。"总"与"分"之间、"分"与"分"之间、层次与层次之间，又是相互联系、相互作用着的。而且，这种相互作用，不是单向的，而是双向的。比如，世界观和人学的关系，并不仅仅是世界观对人学有统摄和指导作用，而且人学对世界观也有不可或缺的制约作用。世界上如果没有人，没有人学，哪来的世界观？所以，在一定的意义上，人学乃是世界观不可或缺的潜在前提。再比如，认识论和世界观之间除了逻辑上不同层次的关系之外，彼此间也紧密联系、相互制约着。世界观是认识论的前提，但它本身又需要通过认识论来论证和说明。认识论和其他四个部分之间，也都有这种双向的相互关系。就是说，这个体系实际上有一个立体的网络结构。从层次上看，辩证唯物主义作为世界观是"总"；从球面的网络结构上看，它和五个"分"又是"平等"的，相互之间紧密联系、相互依赖、相互作用、相互制约。所以它是一个结构严整的体系。如今，看一个体系（系统）合理不合理，严整不严整，最重要的是要看这个系统内部的因子或主要因子是否周全，各个子系统相互间

---

① 《马克思恩格斯选集》第1卷，人民出版社1995年版，第78页。

的层次清楚不清楚，结构是否合理。结构的合理，表现为各个子系统相互间的协调、融洽。用这个标准衡量，"一总五分三层次"体系是完全符合的。就是说，这个体系在结构上是严整的。

第三，"一总五分三层次"体系，找到了或者说是突出了马克思主义哲学的核心所在，总体的精神实质所在，也就是它作为时代精神的精华所在。那就是辩证唯物主义，这是它"最确切的名称"。它足以和哲学史上各种形式的唯物主义（如原始的、朴素的、直观的、机械的、形而上的唯物主义等）相区别，特别是它和18世纪德国重要的唯物主义代表人物费尔巴哈的"半吊子式"的唯物主义（下半截的唯物主义，上半截的唯心主义）划清界限。它是彻底的完整的唯物主义，是唯物主义历史上一个崭新的形态，开辟了唯物主义的一个新阶段。辩证唯物主义在马克思主义哲学内部各个组成部分之间起统领作用。作为世界观，它能适应和符合当代科学发展对哲学的要求，它能为解答当今世界重大现实问题提供哲学思维方式和理论指导。从哲学的理论功能的稳定性来看，至今还没有一种哲学能和它媲美。所有这些都表明，它是代表了一个相当长的时代精神的精华。

第四，"一总五分三层次"体系，在哲学和其他学科之间起了沟通、桥梁和纽带作用。哲学和其他学科之间，有各种各样的关系。总起来说有两点，一是哲学对其他学科有正面的积极的指引和促进作用，或者是负面的消极的束缚和阻滞作用；一是其他学科对哲学有使其丰富、发展或促使它变革的作用。但这些作用都要通过一定的中介来实现。哲学体系便起这种中介作用。由于各种哲学体系的组成和结构不同，它们和各种具体学科之间的关系，也就很不相同。在马克思主义哲学体系内的各个组成部分，如历史观、认识论、方法论、价值论等，它们各自和其他学科之间的关系，无论是契合度、广博度还是疏密度，也是很不一样的。其中比较对应的，它们之间的关系就比较密切，相互影响就大。但作为"一总"世界观的辩证唯物主义，它和其他学科的关系乃是最广泛也是最密切的。这种广泛性，是任何一个其他组成部分所不可比拟的。其他学科和马克思主义哲学的关系，差不多都是通过辩证唯物主义这个纽带来实现的。当代其他哲学没有这样一个世界观，它们和其他学科就不可有这样广泛而密切的关系。

以上说的是"一总五分三层次"体系，解决了马克思主义哲学体系构建中的四个问题。在这里，它突出了一个字，就是"通"字。金岳霖先生曾经在《知识论》中说，科学追求"真"，哲学追求"通"。当然，科学追求的"真"是"通"的"真"；哲学追求的"通"也是"真"的"通"。《研究》在构建马克思主义哲学体系时，不管主观上自觉不自觉，实际上也突出了一个"通"字，追求一个"通"

字。亦即严格遵循逻辑的一贯性。它探寻马克思主义哲学内部各个部分相互之间的逻辑关系，探寻在学理上说得通的一个合理的符合逻辑的系统结构，追求各个部分相互间的协调、相融、相洽、融会贯通；还观照到这个体系和外部（其他学科）的沟通。

总之，"一总五分三层次"体系，从它和外部世界的关系来说，作为体系总体，它有"明确的对象、真实的内容"，是外部世界体系的再现；从它包含的各个部分（各个子系统）来说，也有各自"明确的对象、真实的内容"。由于世界是一个复杂的有机整体，它的每一个部分和整体之间以及相互之间的界线，就不可能是绝对分明的。因而，各个子系统和系统总体之间以及它们相互之间的交叉重合，乃是不可避免的。但从总体上说，它们都有自己"明确的对象、真实的内容"。从这个体系的内部来说，它有明确的要素（子系统），分明的层次，融通协调的结构。所以，它是一个严整的合理的马克思主义哲学体系。因而，它也定将是有生命力的体系。

这里应该补充强调的是，任何一个"体系"不管它的生命力有多强，生命有多长，它都是相对的，都只是历史长河中的一段，过程中的一点。正像恩格斯指出的，"如果在人类发展的某一时期，这种包括世界各种联系——无论是物质的或者是精神的和历史的——的最终完成的体系建立起来了，那么，人的认识的领域就从此完结，而且从社会按照那个体系来安排的时候起，未来的历史的进一步发展就中断了，——这是荒唐的想法，是纯粹的胡说。"[1]黄先生在对《人民日报》记者的访谈中也说道："哲学是时代精神的精华，而时代及其精神总是不断发展的，马克思主义哲学及其体系理应随着时代的发展而不断发展。世界上不存在一劳永逸、一成不变的绝对完美的封闭的哲学体系"。[2]就是说，随着历史前进，马克思主义哲学自身的发展，它的理论体系也将随之变化。这是不可避免的必然的。然而，就目前而言，《研究》构建的体系，应该承认，它是一个逻辑严谨，学理通畅，结构合理的"确切的"马克思主义哲学的理论体系。我们要明确地举起辩证唯物主义的旗帜。

（陈中立，中国社会科学院哲学所研究员，中国辩证唯物主义学会原副会长）

---

[1]《马克思恩格斯选集》第3卷，人民出版社1995年版，第376页。
[2]《人民日报》，2011年8月11日。

马克思主义哲学是作为科学为政治服务

读《黄枬森文集》第九卷

李凯林　原晨珈

《黄枬森文集》共11卷，由中央编译出版社出版，现已出版了9卷，380多万字。第9卷含"人物评论篇、纪念篇、自述篇"等，本文聚焦于黄先生关于马克思主义哲学"是作为一门科学来为政治服务，为社会主义政治服务"的论断，[①]展现该卷中黄先生的有关研究及现实意义。

一、中国老一代知识分子的思想转变是学术自觉

第九卷开篇是"人物评论篇"，20篇文章，涉及18位学者，其中相对引人注目的是对在北大工作的几位研究中国哲学的著名学者的评论，谈及的有关思想转变的史实，对我们理解马克思主义的科学魅力，很有教益。

1. 冯友兰先生，心怀祖国，志在真理

第9卷前三篇是对北京大学几位著名的哲学教授的评论。其中最广为人知的当属冯友兰先生。我们读过冯先生的中国哲学史和许多文章，受益匪浅，所以冯先生在我们心中有很重的分量。1990年11月冯先生逝世，笔者参观了北大为此举办的冯先生学术成果展览，如此重量级哲学家离世令人感伤。5年后，黄枬森先生在纪念冯友兰先生100周年诞辰座谈会上宣读文章《心怀祖国，志在真理》，其中讲了三点。一是讲冯先生的爱国情怀值得后辈效仿；二是讲冯先生从"新理学"向马克思主义的转变是真诚的；三是讲冯先生坚持真理的精神令人敬佩。冯先生在新中国成立前夕拒绝留居美国，坦言"我的态度是，无论什么党派当权，只要它能把中国治理好，我都拥护。"[②]新中国成立后，冯先生认识到马克思主义的科学性，立志在

---

① 《黄枬森文集》第9卷，中央编译出版社2016年版，第203页。
② 冯友兰：《三松堂全集》第1卷，河南人民出版社1985年版，第119页。转引见《黄枬森文集》第9卷，中央编译出版社2016年版，第11页。

马克思主义的立场、观点和方法指导下重写中国哲学史。一些人认为冯先生是迫于政治压力，但从冯先生在新中国成立后认真学习马克思主义，撰写《中国哲学史新编》7卷，40年数易其稿，可见"冯先生的转变是真诚的。"①黄先生指出，"冯先生的新理学，内容十分丰富，体系极其完整，《贞元六书》包括了本体论、历史观、政治哲学、认识论、伦理学和人生观的一整套思想。一般来说，体系越完整，越难以放弃，冯先生为什么毅然决然放弃了它而接受了马克思主义呢？"②这只能从冯先生志在真理，学术自觉的视角去理解。从冯先生引起的几次理论争论中，从冯先生面对关于"抽象继承法"的批判而仍坚持其基本观点不变，均可看出冯先生思想转变的真诚和志在真理的执着。

2. 贺麟先生，从国民党员到共产党员

贺麟先生早在新中国成立前就以新儒学知名，尤以黑格尔哲学专家著称，是黑格尔《小逻辑》《精神现象学》《哲学史讲演录》等哲学史经典名著的中文译者。他曾是一个国民党员，1953年加入中国民主同盟，1982年加入了中国共产党。黄先生说他听到此信息后"心潮起伏，激荡难平。了解贺先生的人都会了解这一事件不但能典型地说明党的知识分子政策，而且能典型地说明饱经忧患、经过艰难曲折道路的老年知识分子如何为马克思主义所吸引。"③黄先生回忆道："贺先生曾对我说过，他虽然在新中国成立前已经以黑格尔专家为人所知，但真正对黑格尔哲学有深刻的理解，还是在新中国成立后认真学习了马克思主义，用马克思主义来研究黑格尔著作之后。马克思主义不仅指引他走上了正确的政治道路，而且指引他走上了正确的学术道路。"④

在《从贺麟先生哲学思想转变中得到的启发》一文中黄先生指出：在北平解放之际，贺麟先生"没有随国民党去台湾而是勇敢地留了下来，这是政治态度上根本转变的开始，同时也开始了哲学思想的转变。"⑤1956年贺先生发表了一篇谈参加土地改革体会的文章，标题是《参加"土改"改变了我的思想——启发了我对辩证唯物论的新理解和对唯心论的批判》。文中首先谈到他从过去静观世界到参加"土改"，即参加革命实践，"使他改变了过去唯物论只注重表面现象的看法，认识到唯有辩证唯物论才能深入认识事物的本质、核心和典型；其次，还使他改变了过去

---

① 《黄枬森文集》第9卷，中央编译出版社2016年版，第11—12页。
② 《黄枬森文集》第9卷，中央编译出版社2016年版，第12页。
③ 《黄枬森文集》第9卷，中央编译出版社2016年版，第9页。
④ 《黄枬森文集》第9卷，中央编译出版社2016年版，第9页。
⑤ 《黄枬森文集》第9卷，中央编译出版社2016年版，第74页。

认为唯物论只注重改变外部世界的看法，而认识到辩证唯物论不但重视改造外部世界，而且重视改造思想、改造自我；第三，还使他改变了过去认为唯物论轻视感情、没有热情、没有理想的看法，而认识到辩证唯物论不仅重理论、重理性、重科学，而且'重热情、重阶级友爱、重爱憎分明、重全心全意工作。'"①

贺先生无论是在早先作为唯心主义哲学家时，还是后来向辩证唯物主义转变时，都是以追求真理为目标。1933年他为《华北日报》哲学副刊写的发刊词中说，副刊将致力于"真理的探求和哲学的探讨"。"随着时代的发展，贺先生的思想有巨大变化，但他追求真理的初衷没有变，在各种政治运动中也没有变。1981年他在外国哲学史学会成立大会上以《我对哲学的态度》为题发言，重申：'我自己为什么选择学习和研究哲学，目的也是为了追求真理。'"②20世纪50年代，面对把哲学史简单归结为唯心主义和唯物主义两军对垒斗争史的流行观点，贺先生从哲学史事实出发，指出不应对二者的对立作太狭隘、太形式、太片面的理解，而应看到其主要是思想上的斗争，是师生、朋友、昨日之我与今日之我之间的争论；其中有相互斗争，还有相互吸收；不仅存在唯物主义继承唯物主义，也存在唯物主义继承唯心主义，或唯心主义继承唯物主义等事实。他提出，"唯心主义中有好东西，不能一概抹杀""所谓承继，是包含有为革命的需要而加以加工改造，承继从辩证法讲来，应包含有否定、保存和提高的过程。"③黄先生称赞说，贺先生的这些观点在当时是难能可贵的，体现了一位老学者实事求是、坚持真理的理论勇气。

3. 张岱年先生，一生信持辩证唯物主义

在《张岱年先生与马克思主义哲学》一文中，黄先生回顾了张岱年先生一生对马克思主义及其哲学的"信持"与执着。文中说：张岱年先生以国学大师、卓越的中国哲学史家著称于世，但他从青年时代接触马克思主义哲学后就一直对其信持不移。早在20世纪30年代，张先生二三十岁时，就在其兄张申府的引导下学习了马克思主义。"当时我广泛阅读了古今中西的哲学著作，将马克思主义的辩证唯物论与现代西方的实用主义、新实在论、尼采哲学、新黑格尔主义作了比较，在比较之后，我肯定辩证唯物主论是当代最伟大的哲学。"④1933年张先生发表《关于新唯物论》，指出"新唯物论或辩证唯物论，实为现代最可注意之哲学。""每思新唯

---

① 贺麟：《参加土改改变了我的思想——启发了我对辩证唯物论的新理解和对唯心论的批判》，《光明日报》，1951年4月2日。转引自《黄枬森文集》第9卷，中央编译出版社2016年版，第75页。
② 转引自《黄枬森文集》第9卷，中央编译出版社2016年版，第75—76页。
③ 转引自《黄枬森文集》第9卷，中央编译出版社2016年版，第76—77页。
④ 《张岱年全集》第7卷，河北人民出版社1996年版，第157页。转引自《黄枬森文集》第9卷，中央编译出版社2016年版，第60页。

物论虽成立于19世纪之中叶，而其中实能兼综20世纪若干派哲学之长"，是"现代最可信赖之哲学"。①在日伪统治下的北平，张先生以辩证唯物论为指导，以中国传统哲学的范畴为思想资料来源，写成《天人五论》，这是张先生构筑的自己的哲学体系"新唯物论"，意在建构中国式的辩证唯物论。②

1991年，当国内许多人因苏联易帜而否定马克思主义哲学时，张先生则发表《我为什么信持辩证唯物主义》《读列宁的〈哲学笔记〉》等文章，旗帜鲜明地讲："近些年来，似乎唯心主义哲学颇受青睐，我则认为唯物主义的真理是颠扑不破的。"③针对当时关于主体性和实践的讨论，张先生指出："有人过分夸大了主体性，忽视了主体是不能脱离客体而存在的。有人更把实践说成是超越唯心唯物对立的本体，事实上实践是人类的实践，不可能成为自然的本体。我认为，只有在唯物主义的基础上肯定主体性强调实践的意义，才是正确的。"④20世纪80年代文化热中，张先生著文《综合、创新、建立社会主义新文化》说：我们建设社会主义的新文化，"是在马克思列宁主义原则的指导下，以社会主义的价值观来综合中西文化之所长而创新中国文化。它既是中国文化的继续，又高于已有的文化。"⑤

4. 金岳霖先生、熊十力先生、任继愈先生，或转变或坚持，都是学术自觉

20世纪80年代，有人对老一代知识分子的思想转变有倒退说之议，认为他们接受马克思主义是一种思想倒退。如1986年在北京大学哲学系举行的贺麟先生哲学思想讨论会上，曾有年轻学者慨叹：北大哲学系有四位著名学者建立了自己的哲学体系，但其中除熊十力先生外，另三人都在新中国成立后放弃和批判过自己的哲学体系，是思想倒退。此说当时引起了争议。

黄先生在《从四位现代哲学体系的创立者谈起》一文中谈了自己的观点："全国解放时，大量学者从非马克思主义转向马克思主义，从资产阶级知识分子转变成为无产阶级知识分子，有的还转变成为共产党员，如金岳霖先生、贺麟先生，这无疑是带有根本性的进步，决不能说成是倒退，那么，相应发生的哲学思想上的根本

---

① 《张岱年全集》第1卷，河北人民出版社1996年版，第129页。转引自《黄枬森文集》第9卷，第60页。
② 《黄枬森文集》第9卷，中央编译出版社2016年版，第59—60页。
③ 《张岱年全集》第7卷，河北人民出版社1996年版，第84页。转引自《黄枬森文集》第9卷，第62页。
④ 《张岱年全集》第7卷，河北人民出版社1996年版，第158页。转引自《黄枬森文集》第9卷，第62页。
⑤ 《张岱年全集》第6卷，河北人民出版社1996年版，第253—254页。转引自《黄枬森文集》第9卷，第64页。

转变怎么能说成是倒退呢？"①黄先生充分肯定中国传统哲学的历史进步，他说："中国古代哲学家的哲学思想无疑是有体系的，但他们却没有建立自己的自觉的哲学体系，这是中国传统哲学的一个特点，也不能说不是一个缺点。20世纪以来，受西方哲学的影响，我国哲学家也开始创立自己的哲学体系，其中比较著名的有熊十力先生的新唯识论、金岳霖先生的新实在论、冯友兰先生的新理学和贺麟先生的新儒学。"②他们中有三位在新中国成立后放弃和批判过自己的体系，其中或有矫枉过正的过火之处，但"几位先生哲学思想上的转变都是自觉的，都是他们深思熟虑的结果，正如他们创立他们的体系、熊十力先生坚持自己的体系都是自觉的一样。他们在哲学思想上的转变都是他们学术上的进步。"③就是说，或转变、或坚持，都是有关哲学家的个人自觉。黄先生还讲了一个趣闻说明金先生绝不盲从：北京解放后艾思奇"去清华大学讲学，按当时流行观点把形式逻辑说成形而上学，金先生当面对他说，你的每一句话都是符合形式逻辑的。"④

金岳霖先生1953年加入中国民主同盟，1956年成为中共预备党员。1982年10月，中国社科院哲学所隆重举行庆祝金岳霖先生从事教学和科研56周年大会，100多人到会祝贺，87岁的金先生坐轮椅参会。时任中共中央政治局委员胡乔木到会发言说："我们党以自己的队伍中有像金岳霖这样著名的老学者而感到自豪。希望所有的科学工作者都要向金老学习，在学术上、政治上、工作上不断追求进步。我作为金老的学生，作为党中央的成员，向金老祝贺，祝金老健康长寿！"而金先生却说，自己"是党员，可是很明显，我没有能够把自己锻炼成为革命者所能既敬且爱、公而忘私的共产党人"。金先生的可爱和自省可见一斑。金先生晚年患病严重时曾给中国社科院哲学所党组负责同志写信说，"我可能很快结束""感谢党，感谢毛泽东同志，感谢全国劳动人民把中国救了，（被）瓜分问题完全解决了，四个现代化问题也一定会解决"。⑤这是老学者的肺腑之言，充分体现了中国老一代知识分子尊重实践、服膺真理、期盼祖国振兴的爱国情怀。

任继愈先生和黄枬森先生早在西南联大时就是师生校友，新中国成立后二人一起学习马克思主义哲学，后来又在北大哲学系共事，任先生研究中国哲学，黄先生研究马克思主义哲学。任先生致力于用唯物史观研究中国哲学史和中国佛教史，其

---

① 《黄枬森文集》第9卷，中央编译出版社2016年版，第7页。
② 《黄枬森文集》第9卷，中央编译出版社2016年版，第6页。
③ 《黄枬森文集》第9卷，中央编译出版社2016年版，第7页。
④ 《黄枬森文集》第9卷，中央编译出版社2016年版，第8页。
⑤ 刘培育：《金岳霖晚年的几件事》，《中国社会科学报》，2016年1月5日，第2版。

研究成果受到毛主席的高度重视，受命组建国家第一个宗教研究机构——中国科学院世界宗教研究所并任所长。20世纪80年代北大哲学系招收宗教学专业的本科生，"任先生也亲自讲授过马克思主义宗教学原理。"①"任先生致力于用马克思主义指导佛学研究，并与邪教作坚决斗争"。②任先生曾赠黄先生一幅自己写的诗词，其中有"互为师友不计年""枬森导我学新哲学"等词句，既显出任先生的谦虚大度，又反映了两位先生在不同领域服膺马克思主义哲学科学性的共同志趣。

回顾诸多哲学工作者思想转变的历程，黄先生指出："中国老一代知识分子为什么一般都经历了这种转变，并从中引出正确的结论。……简单说起来，我认为不外乎两个原因，一个是马克思主义总是为人民大众的利益说话的，总是诉诸事实、诉诸实践及科学的，这是任何一种思想体系所不能比拟的；另一个是因为中国老一代知识分子总是爱国的、正直的、服膺真理的。"③概言之，马克思主义的人民性和科学性使人服膺。

二、黄枬森先生对马克思主义哲学科学性的研究

黄枬森先生走上马克思主义哲学的教学研究之路，也是理性选择和马哲的科学性所致。对此，黄先生在北大建校百年大庆时撰写的《北大与我的学习研究》有深情回顾，他对马哲科学性的认识在《我的哲学思想》等多篇文章中有深入阐发。④

1. 从读艾思奇《大众哲学》到研究列宁《哲学笔记》

黄先生1942年考入西南联大物理系，一年后转入哲学系，这是由于他早先在高中阶段就读过艾思奇的《大众哲学》，还有潘梓年的《逻辑学与逻辑术》等，他对哲学更感兴趣。在哲学系最初几年学习的是西方哲学，因为没有老师讲马克思主义哲学。再次接触马克思主义是参加中国共产党的外围组织"腊月读书会"，读马列主义的经典著作，如《共产党宣言》《反杜林论》《唯物论与经验批判论》《新民主主义论》等，并于1948年加入了中国共产党。北京解放后，黄先生曾被学校派往人民大学进修马列主义基础，后来又协助苏联哲学教授在北大讲授马列主义基础课，这些经历使黄先生逐渐由西方哲学转向了马克思主义哲学。黄先生转向马克思主义哲学之后，就对这个专业的兴趣爱好一直矢志不移，即使1957年受到冲击和不公正待遇，由教学岗位调到哲学系资料室工作，仍坚持研究当时公认是马列主义哲

---

① 《黄枬森文集》第9卷，中央编译出版社2016年版，第91页。
② 《黄枬森文集》第9卷，中央编译出版社2016年版，第89页。
③ 《黄枬森文集》第9卷，中央编译出版社2016年版，第12页。
④ 《黄枬森文集》第9卷，中央编译出版社2016年版。

学中最难啃的经典著作列宁的《哲学笔记》。他和其他同事们一起写出了对该书的注释，曾供校内师生学习参考及校际交流，后来在政治气氛宽松后获正式出版。

马克思主义哲学不是以其独特的个性哲理发挥而为政治服务的。马克思主义哲学的科学性体现在它对世界、对历史、对社会现实问题的科学说明和深刻剖析。和黄先生类似的诸多学者，在人生受到某种冲击时，仍坚信马列主义，研究或践行马列主义，是由于他们相信其科学，而科学终究是有用的，是能够战胜各种迷雾或教条的。

2. 马克思主义哲学的科学性在于对客观规律的正确反映

从黄先生的上述经历可以看出，时代发展大势和马克思主义哲学对时代问题的科学回应，是黄先生接受马克思主义哲学和走上革命道路的主要原因，其实也是绝大多数知识分子接受马克思主义哲学的主要原因。马克思主义哲学"是作为一门科学来为政治服务，为社会主义政治服务，而不是像'文化大革命'时期那样充当政治的婢女或附庸。"①这个观点黄先生在他的文章中多次说到。对马克思主义哲学的科学性的认识，是黄先生研究马克思主义哲学的一大特点。与此不同的是一些人否认马克思主义哲学的科学性，想要把马克思主义哲学归结为一种独特的个性。这种理解的核心是认为哲学是一种和艺术一样的人文学科，独特的个性是其存在的价值。但黄先生认为，作为科学，其存在的价值应是像物理化学那样以是否符合客观实际及其发展规律为标准，而不仅仅是能够自圆其说的个性。"西方以及中国古代形形色色的哲学派别可以说都是个人的哲学，几乎一个人一个哲学体系，倡导一种自圆其说的甚至是体系严密的信念或思维方法。然而马克思主义哲学却同西方哲学和传统的中国哲学有着本质的区别。马克思主义哲学诚然是一种信念，一种思维方法，但关键在于它是对客观规律的正确反映，所以它是一门科学，一门科学的信念和科学的方法。"②

笔者早先对先生的上述说法也不大理解，不大认可，因为就笔者自己的体会，学习哲学史和读原著给人的启发更大更深，它是让读者经历历史上诸位哲学大师的争论对话，让读者懂得了各个哲学原理的原生态。但后来我意识到，黄先生的理解有其独到的科学性。哲学作为世界观方法论，应当帮助人们建立对世界整体的一般认识及方法论指导，这其实是哲学最基本的社会功能。许多非哲学专业人士能够结合自己的工作写出富有哲理的文章，是他们基于对有关哲学原理的学习。如被毛泽

---

① 《黄枬森文集》第9卷，中央编译出版社2016年版，第203页。
② 《黄枬森文集》第9卷，中央编译出版社2016年版，第230页。

东称赞过的徐寅生的《关于如何打乒乓球》，又如李瑞环同志在担任国家领导工作时对马哲的学习应用，广受好评，有关文献后来在《学哲学，用哲学》一书中汇集出版。要求未学习过哲学原理的人直接读哲学史和原著，在时间和难度上都是不大现实的。读哲学史应是对有关原理学习的进一步追溯。哲学原理是哲学教育的基本，是社会大众的需求。对这个需求的满足，应该是提供力求科学反映世界整体和一般规律的原理，哲学原理的重要由此确立。黄先生关于要把马克思主义哲学作为科学来建设的重要意义也正在于此。有了正确的世界观方法论，社会大众才能在自己的工作和专业方面更好地学哲学用哲学，也才利于他们接触到更多哲学流派时不至于一头雾水，而是能够梳理和提炼出可以为我所用的思想要素。

3. 关于学术与政治：马克思主义政治是科学的

关于学术和政治的关系，一直是一个有争议的话题，有关的经验教训也很多。在极左的思想统治下，学术曾经沦为政治的婢女，毫无独立性可言。其实这种婢女地位的学术已经不是真正的学术，学术的科学性已被严重扭曲了。而离开了科学的政治也已经不是科学的政治，而是实用主义的、或空头的、或别的什么政治了。"文革"不仅侵害了马克思主义哲学的科学性，也侵害了许多其他学科的科学性，甚至是整个大中小学教育的科学性都受到了严重损害。如此政治当然谈不上是科学的。黄先生在《北大与我的学习研究》一文中谈到："在我看来，科学与政治不是一回事，有的政治是反科学的，但马克思主义政治则是科学的。五四运动时期的科学与民主是一致的""马克思主义及其哲学的政治性是很强的，但既然它是一门科学，就应该把它当成科学来研究，即从认真全面的资料出发，经过认真的分析综合，再从中引出结论，而不能随一时的政治风向左右摇摆，不能看政治需要怎么说就怎么说。"①

马克思说，真正的哲学都是自己时代精神的精华。如果反思一下，各个时代流行不同的哲学，为什么？因为各时代有各时代的重大问题，那种能够较好回答时代问题、提供解决时代问题思路的哲学，才会吸引人们的注意，并可能流行。《共产党宣言》等马克思主义经典著作问世后在世界广泛传播，是由于它回答了时代重大问题：资本主义社会的弊端是怎么来的，出路何在？历史唯物主义的社会基本矛盾分析方法，从历史发展大时空说明了历史发展的总体走向；历史唯物主义指导下的政治经济学研究则从微观机制上解剖了资本主义的问题症结和解决出路，即无产阶级革命和走向社会主义。科学的理论指导科学的实践，实践的发展又检验和丰富发

---

① 《黄枬森文集》第9卷，中央编译出版社2016年版，第201页。

展科学的理论。马克思主义不仅在西方发达国家广泛传播和实践，并且在东方落后国家获得传播和新的发展，建立了社会主义国家，产生了列宁主义和毛泽东思想，开辟了社会主义建设的伟大实践。与这个伟大实践结合的学术是历史的进步，是可以精神变物质的历史性社会存在。

三、历史唯物主义对政治的科学分析及现实观照

政治是荆棘丛生的领域，政治的复杂多元常常令人眼花缭乱，历史唯物主义是科学把握政治的解剖刀。理论只要彻底，就能说服群众，共产党人的政治以此立足。

1. 要善于鉴别某些政治意识的虚伪性

马克思主义经典作家肯定资产阶级反封建政治的进步性，同时也揭露了其所谓代表全人类的虚伪性：它把本阶级的政治诉求如"自由平等民主"之类抽象为超阶级超历史的普世属性。在当今的国际政治中，资本主义国家一些政客把这种虚伪手法用到了国际斗争中，明明是为一己私利而策动别国内乱、致其内战分裂，却偏要为自己蒙上为别国人民争取自由民主人权的华美外衣；明明是为维持自己的霸权利益而在世界上到处制造事端，却偏要为自己戴上维护世界公平正义的桂冠。这种在"普世价值"外衣下的虚伪政治很有欺骗性，许多人被其蒙蔽双眼，甚至陷于其中而难以自拔。历史唯物主义是鉴别这种政治意识虚伪性的有力思想武器。

2. 共产党人始终代表整个运动的利益

近代以来的国家政治主要都是由一定政党领导的，资产阶级反封建和资本主义的发展历程是如此，无产阶级革命和社会主义国家建设事业的发展改革等也是如此。政党政治在不同国家有不同特点。资本主义国家的政党由选票和资本财团支撑，所以其各个政党的代表性是特定群体，无从摆脱。社会主义国家是共产党领导，共产党以人类解放为主旨，不仅代表运动的现在，也代表运动的未来；不仅代表无产阶级的利益，也代表各民族和其他顺应历史发展的阶级的利益。新中国五星红旗代表的国体就是共产党领导下国内四个阶级的合作，中国共产党领导下的人民代表大会和政治协商制度是其政体运作。中国共产党是中国最广大人民根本利益的代表，"构建人类命运共同体"的提出和努力，更是着眼解决当代世界及人类未来众多重大问题的出路，中国共产党的百年奋斗史践行了马克思关于"共产党人始终代表整个运动的利益"的定性。①

---

① 《马克思恩格斯选集》第1卷，人民出版社2012年版，第413页。

3. 政治的科学性与政治的历史进步性相联系

政治属于上层建筑，其能动反作用与科学性相联系。恩格斯针对资产阶级的局限性和无产阶级革命的进步性曾说："科学越是毫无顾忌和大公无私，它就越符合工人的利益和愿望。"[①]失去历史进步性的政治常常与科学相悖。资本主义经济危机频发和社会撕裂严重是其历史进步性衰减的表现，科学在其中力有不逮。

4. 政治的策略性须置于政治的科学性之中

政治是不同社会群体之间追求自己利益的高级社会活动，其间既相互对立，也相互依存。各政治主体为了实现自己的政治目标，在不同条件下会有灵活的政策调整。在资本主义国家中，大资产阶级追求统治地位会与中小资产阶级结盟，也会向无产阶级让步而改进社会福利，但政策策略的调整并不会改变其资本统治的实质。中国社会主义制度在建立之初就是共产党领导的多阶级合作，改革开放后这种合作有了更广含义，如在华外资企业也享受国民待遇，被视为中国社会主义市场经济的组成部分。中国在国际上的和平共处五项原则理念也进而上升到构建人类命运共同体的高度，致力于与包括美国在内的所有国家建立平等互利的和平发展关系。但这些政策策略的调整并不等于中国"西化"，也不意味着国际上敌视中国发展的政治势力的消弭，而是新时代中的政策调整。那种把政策策略上的调整看作是政治本质的变化，是政治上的误判。中国特色社会主义的发展必须在科学理论的指导下，在科学的轨道上前进，才能不断取得成就并走向辉煌的未来。

总之，黄枬森先生说得好，马克思主义及其哲学是作为科学为政治服务的，应该把它当成科学来研究来发展，才能胜任其历史使命。

（李凯林，中国政法大学人文学院教授、博士生导师，哲学博士；原晨珈，太原理工大学马克思主义学院讲师，法学博士）

[①]《马克思恩格斯选集》第4卷，人民出版社2012年版，第265页。

马克思思想研究的总体性原则

仰海峰

黄枬森先生是当代中国著名的马克思主义哲学家、哲学史家、哲学教育家。他从研究列宁《哲学笔记》入手，进而在改革开放时代开创了马克思主义哲学史学科，并且提出马克思主义哲学体系创新论。其学术思想的一个显著特征，就是内在地体现了马克思思想研究的总体性原则。

康德曾认为，在教导人们认识上帝与宇宙的真理之前，先有必要对人的认识能力加以考察。这一要求虽然曾遭到黑格尔的嘲笑，但如果从理论研究的方法论自觉这一视角来说，这种反思又是非常必要的，因为它有助于人们更好地理解所要研究的对象。在马克思思想的研究中同样如此。为了更好地理解马克思的思想及其当代意义，在方法论上同样需要一种理性的自觉。不同的学者可以提出各自不同的方法，我个人认为，一种总体性的原则可能是最为根本的。

这种总体性的要求体现在以下几个方面：

第一，马克思思想内容的复杂性要求我们必须从总体上把握它们之间的内在关系，进而把握马克思思想。

马克思的思想来源和理论内容非常丰富，列宁曾从主要层面将之概括为三大来源与三大组成部分。根据这一描述，后来者将它们划分为三个学科的研究对象。这种学科划分虽然有助于人们从某一方面了解马克思的思想，但也带来了一个重要的缺陷：即人们无法从这些思想来源的内在关系中理解马克思。我们知道，在马克思思想发展过程中，他的哲学思想的发展与变革，离不开他的经济学研究，而这两方面的内容又都与他的社会主义思想联系在一起，这三个方面的内容始终处于一种内在互动之中。我们可以说，马克思的思想变革实际上是哲学、政治经济学与社会主义思想的同时变革，这是一种思想的总体转型与重建。如果我们不能从总体上把握这种内在的关系，我们就无法真正地理解马克思思想的根本含义。

如传统的研究认为，在《关于费尔巴哈的提纲》与《德意志意识形态》中，马克思实现了哲学变革，在其后来的思想发展中，只需将已经变革了的哲学思想运用于政治经济学批判，从而得出剩余价值学说。而对其哲学思想的变革又只是依哲学这条线索来理解。但如果从马克思思想发展的内在逻辑及其所遭遇的问题来看，传统的这种单线索式的阅读就是有问题的。按照我的理解，在《德意志意识形态》中，马克思只是完成了以人类学意义上的生产逻辑为基础的历史唯物主义，这种一般物质生产逻辑还不足以将他与李嘉图社会主义者区别开来。在《伦敦笔记》以及《1857—1858年经济学手稿》中，马克思通过批判李嘉图社会主义者才真正地意识到上述问题，从而形成了以剩余价值论为核心的资本逻辑，这时他才能从哲学上透视古典政治经济学与社会主义者的基础，并提出独特的剩余价值理论。因此，历史唯物主义存在着双重逻辑，即人类学意义上的生产逻辑与面对特定社会的资本逻辑，在资本主义社会，资本逻辑对生产逻辑具有统摄地位。马克思思想的这一发展过程，是无法从单一线索来把握的。

这意味着，今天的马克思思想研究，首先就需要将马克思思想的这些来源当作一个无法分割的总体，我们在阅读中需要将这些要素整合起来，探索它们之间的理论基础与内在关系。如果做马克思哲学思想研究的人不去理解其经济学思想，就只能陷入一些哲学概念的玄思中。只研究其经济学思想而不能从哲学上反思经济学的前提，就无法真正理解马克思是如何超越古典政治经济学的。如果不能将马克思的哲学—经济学思想与其科学社会主义的主题结合为一个整体，就无法理解哲学—经济学批判的理论意义。这种总体性原则给研究者提出了更高和更难的要求。

按照这种总体性的原则，我们的马克思主义理论教育也需要改变现有的模式。虽然在新的马克思主义原理教学中，哲学、政治经济学与科学社会主义已经重新纳入一个整体，但它们仍然是三个相互独立的组成部分，它们之间的内在关联还没能得到充分地理解。当这三个部分处于相互独立的状态时，也就很难真正地提出并揭示出它们之间的内在关系。因此，如何从总体上把握马克思思想的来源及其组成部分，从而从理论深层上理解马克思，这是当前马克思思想研究中需要解决的难题。

第二，要将马克思的思想与当时的社会历史生活作为一个总体来理解。

任何一位思想家的思想都不单纯是一种思想史的逻辑延伸，真正的思想从来都是历史的；即使思想家运用的是一些看似超历史的、形而上的语言，他所要直面的问题都有其历史的定位。真正的学术从来都是面对社会历史生活的。比如黑格尔，他的著作在直接层面表现为一种思想的逻辑，其晦涩的论述要解决的是思想史上的难题。但如果透过这些形而上的沉思，我们就能看到黑格尔直面的恰是德国当时的历史难题。面对已经发展的英、法等资本主义强国，处于封建城邦林立的德国该如何选择自己的发展道路？黑格尔对英国经验论与大陆唯理论的批判、在《法哲学原理》中对"市民社会"以及政治经济学的批判与对国家理性的探讨，按照我的理解，无不是以形而上的语言探讨社会历史生活中的根本问题。他对"绝对观念"以及这种"绝对观念"的现实表现形式即国家理性的强调，虽然是唯心主义的，但却体现了他对德国现实发展道路的思考。如果不能将他的思想与他所处的历史情境联系起来，把他的思想与他所处的历史情境当作一个总体，我们就只能看到一个思想史逻辑中的黑格尔，看到作为形而上学哲学家的黑格尔，但却不能真正地激活他的思想，体会其思想的历史意义。

马克思思想的研究同样需要遵循这种总体性原则。正如马克思后来所反思的，他的青年时期的理性批判体现了资本主义经济不发达的德国知识分子的要求。当他意识这种批判的软弱性时，他开始想做的是实现德国哲学与法国政治激情的融合，并来到了巴黎。在巴黎他看到了资本主义的现实存在状态并开始研究政治经济学。一方面他认识到政治问题的基础是经济的现实发展水平决定的，另一方面他抛弃了原先想象中的"法国"与"英国"，开始认识真实存在的法国、英国，并反思古典政治经济学与工人运动，并从中透视现有理论的缺陷和问题。只有在这样的历史情境以及在理论与历史情境的整合中，马克思才能突破自己原有的理论框架，反思当时的历史生活。因此，马克思思想研究不仅要关注他自身的个人传记，而且要研究当时的资本主义发展过程，并将之与马克思的思想融为一体，才可能真正地理解马克思。在我看来，只有在这种总体性原则的指导下，我们才能历史性地理解思想史。

实际上，思想史研究的历史性方法，也是马克思面对思想史时的一个基本理念。他在讨论劳动价值论的形成时指出：从重农学派将农业劳动作为价值的源泉向斯密的劳动价值论的转变，不仅体现了理论逻辑的提升，而且体现了这种理论逻辑对资本主义社会发展的理解与抽象。从理论逻辑上来说，这体现了从特殊劳动向一般劳动的提升；从资本主义社会发展过程来说，这表明工业劳动已经普遍化，或者表现出一种普遍化的趋势。只有当工业劳动普遍化时，这种劳动才能取得统治地位，才能将之作为劳动价值论的原型。在马克思的这种分析中，我们不仅看到了思想史的逻辑进程，而且看到了历史的进程，也看到了这种思想史的逻辑进程与历史进程的内在关系。

因此，将思想与历史当作一个总体，不仅是理解马克思思想的重要原则，也是我们从马克思思想出发面对当代思想与历史的重要原则。在我看来，当我们从这种总体关联中去理解思想时，我们才能建构透视历史的理论构架，这种理论构架才不是简单地将理论联系实际，而是能够从总体上透视历史问题，并从更高层面为历史发展提供思想的支撑力。在我看来，这也是当下中国社会发展中最为缺乏的东西。

第三，将马克思思想研究与当代历史与思潮的研究作为一个总体来看待。

现代解释学已经揭示出，任何研究都无法完全摆脱源自当下社会历史与思想的视域，研究的过程实际上是将当下的视域与研究对象的视域相融合的过程。这表明，对前人思想的任何研究都离不开对当下社会历史与思想的深入考察，它们之间构成了一种总体性的相互关联。也只有在当代历史与思想的深入，我们才能更好地理解马克思。

按照我的理解，马克思思想的变革在于：他既从逻辑上来理解思想进程，又将这种逻辑置于社会历史生活过程中，揭示两者的内在关系。在这一视域中，马克思才能既摆脱简单的经验主义，又摆脱思想中心论，使思想变成为一个开放的过程。按照这一理念，今天我们研究马克思思想，就不能不研究当代历史的变化过程以及产生于这一历史中的思想变化过程，从中揭示马克思思想走向当代的途径。比如卢卡奇关于物化与阶级意识的讨论，就体现了他对资本主义社会新阶段的思考，而这种新的历史情境是马克思没有遇到的。在马克思时代，虽然已经开始了工业化生产，但这种以技术为基础的工业化程度并不高，以致在《资本论》中，马克思有时以"工场手工业"向"机器大工业"过渡来加以描述。相比于工场手工业而言，技术的应用体现出巨大的解放作用。但随着19世纪末20世纪初科学技术的长足发展及其在生产领域中的应用，技术对人的支配与控制越来越明显，这种控制不仅体现在身体的物理层面，而且深入人的心灵中，这才有卢卡奇针对泰勒制提出的"物化"批判理论，以之作为马克思批判理论在当代的应用与发展。这种"物化"理论不仅承袭了马克思《资本论》及其手稿中的相关思想，同时受到了韦伯、席美尔等思想家的影响。如果我们看不到这种历史与思想的变化，简单地以马克思的思想来批判卢卡奇，说他背离了马克思，在学理可以是正确的，但在面对历史情境时，可能却难以把握历史的变化与思想的变化，难以把握新的历史阶段所出现的问题。如果将马克思的思想研究与对当代历史与思想的研究结合起来，那么我们更能理解马克思思想的意义，同时也能看到其进一步发展的方向，从而真正地找到从马克思走向当代历史与文化的内在逻辑。

我接受一种现代资本主义社会发展分期理论，即将之划分为自由竞争的资本主义、组织化资本主义（列宁称之为帝国主义）与后组织化资本主义（或称之全球资本主义）。马克思主要面对的是第一个阶段；列宁、卢森堡、卢卡奇、葛兰西以及法兰克福学派等早期代表人物，面对的是第二个阶段；后马克思主义对应的是第三个阶段。今天的马克思思想研究需要清晰地理解这一历史与思想发展过程，澄清其中存在的问题。与此同时，还需要将马克思思想的发展与每一阶段其他思想家的思想进行一种总体性的研究，真正地理解当代社会的历史变化，理解这一历史进程中的思想文化变迁。只有这样，我们才能实现马克思思想的当代发展这一理论目标，并从马克思思想出发来面对当代历史与文化问题，为马克思主义中国化注入思想的力量。

　　黄枬森教授不仅是我们北大哲学系获得终身成就奖的杰出教授，而且是改革开放新时代党和国家的重要马克思主义哲学家。

　　今天，我们在庆祝中国共产党建党百年之际，同时也纪念敬爱的黄枬森先生诞辰百年，但愿马克思主义哲学能薪火相传，共襄盛举！

　　　　　　　　（仰海峰，北京大学哲学系主任，北京大学马克思主义学院院长）

黄枬森先生晚年关注的马克思哲学观问题

徐 春

我1988年进入北大哲学系，师从黄枬森先生攻读博士学位的时候他已是接近古稀之年的老人。1991年我被留在北大哲学系马克思主义哲学史教研室工作，此后20多年一直在他身边工作，是和他接触最多的弟子之一，经常听到他的教诲。我亲历了他晚年以九十高龄主动请缨，创立北京大学马克思主义哲学研究中心，为推动马克思主义哲学学科的建设和发展所做出的不懈努力。现将黄枬森先生2011—2012年参加的主要学术活动进行回顾，向学术界同仁介绍他坚持到生命最后一息的学术理念，以此作为对黄枬森先生的纪念。

黄枬森先生晚年对马克思哲学观的思考一直萦绕于心。2012年3月2日下午，第29期马克思主义哲学创新论坛在北京大学哲学系会议室举行，主题是"马克思哲学观与当代新问题"，邀请黄枬森先生主讲马克思哲学观，黄先生系统阐述了他的观点。他认为，哲学观是关于哲学的系统理论，主要解决三个问题：第一，哲学的本质是什么；第二，哲学的定位。主要是哲学在精神世界、主观世界、在人类认识活动中以及在现代科学体系中的定位；第三，哲学的作用。哲学对社会发展、认识和科学、意识形态、日常生活以及面对实践活动的作用。他强调要通过解决哲学的一些基本问题来建设哲学，特别是建设马克思主义哲学。九十高龄的黄先生在不同场合着重阐述了以下几个问题。

一、马克思主义哲学的科学性问题

哲学的科学化是黄枬森先生在马克思主义哲学研究中奋力探索的命题，也是他对马克思主义哲学学科建设的追求，他沿着"哲学科学化"思路不断前行，推出了一系列研究成果。2011年8月26日，黄枬森先生主编的《马克思主义哲学创新研究》出版座谈会在北京大学召开，会上黄枬森先生百感交集地说，先不评论这部书的学术价值，仅从一个人一生的学术活动来看，它可以说是我多年理想的初步实现，是我整个生命途程中的一个里程碑。回想当年我在大学哲学系学习的时候，我也认为哲学就是每个哲学家的哲学，有成就的哲学家都要自成一家、自立门派。当我学习了马克思主义哲学之后，我的观念改变了，因为我渐渐认识到，马克思主义哲学不仅是一家之言、一个门派，而且是一门科学，它同其他科学一样要接受世界的检验，要不断跟随时代的发展而发展。大约在20世纪80年代中期，我心中渐渐形成了两个概念，一个是马克思主义哲学的科学性质；另一个是真正的哲学是时代精神的精华。然而，20世纪八九十年代，我的主要时间和精力集中在马克思主义哲学史的教学和研究上（当然，这些研究也在不断启发我对哲学体系的思考）。进入21世纪后，我才把时间和精力转移到马克思主义哲学体系的建设上来。我深知，我个人无法也无力单独完成这一哲学体系的建设工作，因此，我与观点相同的学者共同开始了这项研究。

黄枬森先生还说道："众所周知，哲学研究，包括马克思主义哲学的研究与学术争鸣，是在改革开放，彻底抛弃了教条主义后才活跃起来的。我在关注并参与一次次重大的学术争鸣的时候就深深感到，仅仅通过对不正确观点的论辩是远远不够的，还必须从正面来发展建设马克思主义哲学的科学体系，使马克思主义哲学真正作为一门科学建立起来，才能真正驳倒错误的观点，才能使马克思主义哲学真正为人民所信服。我之所以谈了我这几十年来的思想过程，不外是想强调以下几点：第一，马克思主义哲学是一门科学；第二，马克思主义哲学必须随时代的发展而不断发展；第三，马克思主义及其马克思主义哲学的创新不是根本推翻辩证唯物主义体系，而是在分析和评价它的是非曲直的基础上按照构建科学体系的原则吸收时代精神、科学研究、哲学研究所提供的丰富的营养，使之更加完整、更加真实、更加严密；第四，马克思主义哲学的创新绝不是一个人或几个人的事业，而是集体的事业，必须组成强有力的学术团队，发挥集体的智慧和力量来共同完成。"[①]

关于哲学是否能成为科学，黄先生认为，哲学能够成为科学，也应该成为科学。在2012年3月2日的"马克思哲学观"讲座中他论述了这样几个理由：

第一，哲学作为一门学科是全世界公认的，学科理应都能成为科学。学科就是关于某一个范围的知识，有明确的对象。为什么有些学科没能成为科学，因为里面的知识比较混乱。当知识比较纯粹，错误的排除出去，而且构成体系时，科学就出现了。他认为哲学也会有这一天，因为哲学与人类科学史、认识史是一致的，是随着认识史、科学史的发展而不断变化的。他说："我有这个信心，当然哲学成为科学会困难些，时间长一些，因为哲学太抽象，其他科学没有这么抽象，而且牵扯

---

① 黄枬森先生在2011年8月26日《马克思主义哲学创新研究》出版座谈会上的发言。

到意识形态的理论往往难以成为科学，哲学恰恰牵扯意识形态，得不到公认不足为奇，但是这个问题终归要解决"。①黄枬森先生论述了哲学成为科学需要具备三个条件。其一，要有明确的研究对象，它就是研究整体，研究一般。其二，要有许多原理，而且这些原理要有真实的内容。其三，要有严密的逻辑体系或科学体系。一个科学形态或一个科学体系应该在三个方面比较成功，令人满意：一是它的内容是真实的，是正确的；二是要完整，必要的原理和部分都要有；三是要严密，有逻辑联系，彼此之间联系密切。这三点哲学都有，但都很不足，有很多缺点，如果这三个问题解决好了，将有助于解决对许多问题的争论。他说："我一直认为哲学研究的根本问题，改革开放后学术研究比较活跃、争论得比较多的问题，最后都归结到马克思主义哲学的科学形态、科学体系是什么？这个问题不仅是理论问题，也是现实问题。用一种科学指导我们的实践，这个科学愈真实，愈完整，愈严密，效果就愈大，作为一种思想武器就愈有力。如果这门科学有的对，有的错，甚至自相矛盾，怎么指导实践？这是个关键问题，对哲学建设和运用都有重要意义"。②

第二，众多哲学家都在努力把哲学变成科学，但是都失败了。他们吸收了很多哲学理论，但不能达成一致，至少这些哲学家都认为自己的观点是真理，很少有哲学家说我就是胡说八道，每一个哲学家都希望自己的哲学能够成为正确的原理和法则，所以说把哲学变成科学是现代社会的主流，但还没有成功。

第三，哲学的研究对象越来越明确，为它成为一门科学创造了很好的条件。在古代的一个时期哲学研究的对象无所不包，但现在哲学研究的是最整体、最一般的东西，这个最一般全面的东西，也就是哲学研究的对象。但是这个对象不是脱离现象的，而是从现象来的。哲学对象的明确与否是影响一门学科能否成为科学的重要因素，如果对象都不明确的话，那就很难成为科学。现在哲学研究的对象经过几千年的发展变化慢慢地已经明确起来了，这就为哲学成为一门科学创造了很好的条件。

第四，哲学作为对事物的整体研究和一般研究来自现实世界，来自我们的实践，这一点是有充分的基础和根据的。胡适从前写过文章，认为"真不真""科学不科学"这些问题是研究不清楚的，关键是"有用没有用"。大家都知道实证主义也是讲这个道理。这种终极的原理、终极的思想根本就不可能是科学的思想。科学不问你这些问题，科学只问你实证的问题，只有实证的问题才是科学的问题。康德

---

① 黄枬森先生在2012年3月2日"马克思哲学观与当代新问题"讲座中的发言。
② 陈静：《境界与思考：马克思主义哲学的科学形态——访北京大学黄枬森教授》，《中国社会科学报》，2010年8月5日。

有一个"二律背反"理论，就是说哲学原理，一般的原理，真理性原理都是有两个相反的结论，都是可以证明的，所以这些问题是没有办法解决的。哲学史上几千年的努力根本就不能解决问题，所以实证主义提出结束形而上学，也就是否定形而上学。黄枬森先生说："我觉得解决这个问题最终的办法还是实践，实践就是它最后的根据。但是，这里说的实践不是一个人的实践，而是一个时代的实践，自主的实践，是几千年整个人类的实践，是整个科学的证明。人类思想的发展只能用实践来证明，还需要人们的生活来证明。关键问题是不要把这些终极的原理、一般的哲学原理绝对化，它们也是在不断变化发展的，没有终极的、绝对的原理，但只要是有充分的实践根据的我们就肯定它。哲学既是思辨的，也是实证的，科学也是这样，既需要思辨也需要实证，不能把思辨和实证对立起来，割裂开来。"①

第五，哲学是对科学体系的概括总结，但它不是凌驾于科学之上、脱离科学的东西，而是科学，哲学只是科学体系中的普通一员。它应该是一门科学，也能够成为一门科学。

黄枬森先生认为，哲学绝不能脱离哲学史，但这并不等于说哲学就是哲学史，哲学不能成为科学。他说，我上大学的时候，没有科学的观念，那时说哲学就是哲学史，哲学就是这个哲学家的哲学，那个哲学家的哲学。我们一般所了解的哲学史、各种哲学史都是哲学家哲学思想的介绍和评论，中间有些是哲学流派的介绍和评论，哲学史的实质还是要写哲学思想的发展、写哲学史的发展，但在过去，就没有一本书是按哲学思想的发展来写的，都是写人、写流派。哲学史应该是哲学这门学科从非科学转变为科学的历史，应该写出它怎样由非科学的状态而转变为科学的。历史上第一个科学形态的哲学就是马克思主义哲学，或者说得具体一点，是历史唯物主义以及历史唯物主义里面所蕴含的辩证唯物主义思想。

二、马克思主义哲学的意识形态问题

哲学与意识形态的关系问题，是60多年来中国哲学界一直关注和讨论的重要问题。新中国成立初期，学术界围绕这个问题有过热烈的争论。"文革"结束后，类似的讨论再度发生，黄枬森先生对马克思主义的意识形态性和学术性的关系问题，也就是哲学与政治的关系有自己的思考和认识。他把哲学与政治的关系问题解析为两个层次，一个是马克思主义哲学的学术性和政治性问题，另一个是一般哲学的学术性和政治性问题。黄枬森先生认为，"关于马克思主义哲学的学术性和政治性问

---

① 黄枬森先生在2012年3月2日"马克思哲学观与当代新问题"讲座中的发言。

题比较容易谈清楚。马克思主义哲学是无产阶级和共产党的世界观，是一门科学。目前存在一种普遍的倾向，就是否定马克思主义哲学的学术性和科学性，不承认马克思主义是一门科学；与之相对应的是另外一种倾向，就是只承认他的学术性、科学性，而否定他的政治性。其次，人们在讨论哲学的学术性与政治性的关系时，往往将二者割裂开来，将问题推向两个相反的极端。要么是一些学者只研究学问，而从不关心政治；要么就是所谓的政客研究哲学，只是为他的政治服务。就马克思主义哲学的境遇来看，主要的极端是否定马克思主义哲学的科学性。"①

黄先生认为，在处理哲学的学术性与政治性的关系这个问题时，要有一种正确的态度，要弄清楚两方面的关系，特别是马克思主义哲学在这两方面的关系，不能将二者割裂开来、对立起来，不能用一方否定另一方。

三、马克思才是辩证唯物主义、历史唯物主义真正奠基人

在"马克思哲学观"的讲座上，黄先生做了两个小时的系统发言，条分缕析地给我们阐述了他长期思考的几个哲学基础问题，同时他也把自己70多年的学术经历，特别是20世纪50年代到改革开放前的这一段学术经历仔细回顾了一下。为了这次讲座，黄先生做了非常充分细致的案头准备工作。我当时就感觉到黄先生似乎在拼尽力气，在他有生之年用他的亲身经历澄清学术史实。他当时已患前列腺癌近10年，身体健康指标均在下滑，长时间讲课几乎未喝水，他的病情使他外出活动时不敢多喝水，怕带来去卫生间的不便。这是他生命中的最后一堂课，他在公开场合给我们留下了学术嘱托，这就是要依据历史和事实把马克思主义哲学作为一门科学来建设和发展。

在黄枬森先生生命的最后岁月，有这样几个场景让人终生难忘。2011年8月26日，黄先生在《马克思主义哲学创新研究》出版座谈会上说："有关马克思主义哲学体系的争论，始自20世纪80年代初，一直延续至今。从最初的辩证唯物主义和历史唯物主义体系要不要彻底摒弃，后来就集中到辩证唯物主义是不是马克思的哲学这个问题上。我认为，辩证唯物主义是推不翻的，因为它的建立不仅有几千年人类传统文化的精华，特别是传统哲学中的科学因素作为自己思想资源，而且有作为人类实践经验总结和概括的自然科学和社会科学作为基础，经受住了一百多年来世界和中国的革命和建设实践的检验。有人说，苏联社会主义的失败是由于它以辩证唯物主义为指导，中国'文化大革命'也是以辩证唯物主义为主导思想，然而事实却

---

① 黄枬森、韦建桦：《关于哲学的十个问题》，《马克思主义与现实》，2012年第6期。

是刚刚相反，苏联的失败，恰恰是由于放弃了辩证唯物主义的旗帜，而中国的'文化大革命'则是唯心主义的形而上学猖獗。我始终认为，马克思主义哲学建设不能摒弃辩证唯物主义和历史唯物主义的体系而另辟蹊径。应当按照建设科学体系的要求来分析和评价它的是非曲直，要根据时代发展来改进它，使它更加完整、更加真实、更加严密。"①

2011年11月29日，适逢黄枬森先生九十华诞。这一天虽是冬日，却无严寒，由中国马克思恩格斯研究会、中国人学学会、北京大学哲学系、21世纪哲学创新论坛等单位联合举办的"马克思与辩证唯物主义理论研讨会暨北京大学马克思主义哲学研究中心成立仪式、《黄枬森文集》首发仪式"在北京大学英杰交流中心新闻发布厅举行。在研讨会开幕式上，黄枬森先生以其清晰敏捷的思维，平缓的语速作了主旨报告。他认为，哲学社会科学是文化中的重要组成部分，如果其中的哲学社会科学不强，中国难以成为文化强国。哲学工作者应该对我国社会主义文化大发展大繁荣做出自己的贡献，高校的哲学教师则应以哲学的学科建设作为我国哲学自强的突破口，要研究基本理论和解决现实问题。对于马克思主义哲学的学科建设而言，当前仍旧存在一些根本问题没有得到很好的解决，诸如哲学的性质、哲学是否是科学、辩证唯物主义是否是马克思的哲学等。他提出，我们应该对马克思主义哲学、对辩证唯物主义有信心，继续研究它，提高其科学性，丰富发展其理论体系。这种信心不是盲目的，而是有经典根据、实践根据、科学根据的。对于这种有充分根据的东西，我们要有自信。没有自信，就不可能有自强，永远跟着别人跑，不可能跑出一个哲学强国。②

2013年1月24日，以92岁高龄的老迈之躯仍为马克思主义哲学学科的建设和发展殚精竭虑的著名哲学家黄枬森先生被病魔阻断了思考，永远离开了我们。2月1日是我们和他做最后告别，送他远行的日子，望着黄先生依然安详、平和的面庞，我们有着难以言说的不舍，但又觉得老先生远离了尘世的喧嚣，进入了终极沉思的最高境界。

此文依据黄枬森先生2011—2012年参加的几次学术讨论会讲话录音整理成文，尽量保留了黄枬森先生的文字风格和叙事逻辑，同时参照了他生前公开发表并经他本人审读过的两篇文章，目的是客观、真实地呈现黄枬森先生晚年所秉承的学术理念和理论逻辑。他是本着科学求实的态度研究马克思主义，理解重大学术问题的，

---

① 黄枬森先生在2011年8月26日《马克思主义哲学创新研究》出版座谈会上的发言。
② 黄枬森先生在2011年11月29日"马克思与辩证唯物主义理论研讨会"上的发言。

他的观点是他长期深入思考的结果，而不是受某种政治倾向左右，这正是他在中国哲坛长生不老，备受尊敬的缘由。黄枬森先生以其毕生精力在知识和信仰的交汇处始终如一地研究马克思主义哲学，无怨无悔，为后辈学人树立了崇高的典范。

　　（徐春，北京大学哲学系教授，博士生导师。北京大学人学研究中心主任，中国人学学会副会长兼秘书长，中国环境伦理学会副会长）

重审"马克思主义哲学的体系"问题

杨学功

马克思主义哲学的体系构建是困扰当代中国至少三代学者的一道难题，本文的主旨是对这个问题加以重新审理。文中引用学界师友之观点，意在说明问题，并非针对个人。

一、重提"体系"问题的背景

最近十来年，"马克思哲学"这个概念在中国很流行，但似乎很少有人把构建"马克思哲学的体系"认真当回事儿，而且到目前为止，无论是在中国还是国外，并没有谁真正构建起一个叫作"马克思哲学体系"的体系。与之不同，"马克思主义哲学体系"的构建却是几代中国学者长期追求的目标。这里面有着太多的彷徨与困惑、艰难与曲折，现在是应该认真清理的时候了。

恰在此时，有4本书的出版强烈地刺激着我对这个问题的思考和表达欲望。这4本书是：1.《马克思主义哲学》（高等教育出版社、人民出版社2009年9月出版，2010年7月第3次印刷），这是马克思主义理论研究和建设工程重点教材，是课题组20余位专家历时5年集体攻关的成果；2.《马克思主义哲学体系的当代构建》（人民出版社2011年版），这是黄枬森先生主持的国家社会科学基金重点项目和北京市社会科学理论著作出版基金资助重大项目"马克思主义哲学体系的坚持、发展与创新研究"的最终成果之一①，也是众多专家历时五六年集中研究的成果；3.《马克思主义哲学形态的演变》（上、下卷，中国社会科学出版社2010年3月出版），这是吴元梁先生主持的中国社会科学院重点项目"马克思主义哲学形态研究"的最终成果，收入"中国社会科学院文库·哲学宗教研究系列"和"马克思主义学

＊本文是作者在"第22届马克思学论坛"上所做主题发言的一部分。

① 这两个项目都是2004年立项的，最终成果除本书外，还包括另外三本书：《时代精神与马克思主义哲学创新》（王东主编）、《现代科学技术与马克思主义哲学创新》（曾国屏主编）、《中西哲学的当代研究与马克思主义哲学创新》（赵敦华、孙熙国主编），均由人民出版社于2011年4月出版。

术文丛"，以不同的封面载体形式同时推出；4.《马克思主义哲学史教程》（上、下卷，人民出版社2009年12月出版），这是武汉大学精品课程建设项目和社会科学研究自选重点项目，由何萍教授历时多年最终完成。这4本书中有两本我参加了写作：《马克思主义哲学形态的演变》承担"导论"和第一编"马克思主义哲学原生形态"的写作，大概有12万字；《马克思主义哲学体系的当代构建》承担第一编第二章"马克思主义哲学的变革意义与科学形态"的写作，大概有七八万字（其中部分内容由黄枬森先生做了修改）。另外两本书我虽然没有参加写作，但我参加了马工程重点教材《马克思主义哲学》初始提纲讨论会（2004年10月，苏州）和正式写作提纲征求意见会（2006年10月，北京），对这本新教材的编写一直十分关注，并且看过它的部分初稿。何萍教授的《马克思主义哲学史教程》出版后，也寄给我一部征求意见，我们围绕书中的问题还展开过几次通信交流。

这几本书，有的因其来头大，有的因其规模大（后3本规模都在100万字左右），有的则两者兼而有之，可以说是近年来马克思主义哲学研究的标志性成果。它们不仅表明中国的学术体制和机制发生了重大变化（课题制的普遍推行），而且表征一度被冷却的"马克思主义哲学体系"问题似乎又重新回到了人们的视野中来。当然，这4本书对待"体系"问题的态度和方式是不同的。前两本书的目标都是重新构建马克思主义哲学原理体系。《马克思主义哲学》虽然没有"原理"二字，但除第一章（"哲学及其发展规律"）、第二章（"马克思主义哲学的创立与发展"）以外，其余13章（第三章至第十五章）都是讲马克思主义哲学的基本原理。《马克思主义哲学体系的当代构建》意图就更加明确了，它旨在构建一个马克思主义哲学的"科学体系"，并在"导论"中用很大篇幅论述了"构建一般科学的理论体系的基本原则""构建马克思主义哲学的科学体系的基本原则"和"怎样构建马克思主义哲学的科学体系"。除"导论"外，这个据说的"科学体系"具体由以下几个部分组成：辩证唯物主义世界观、辩证唯物主义历史观、辩证唯物主义人学、辩证唯物主义认识论、辩证唯物主义价值论。后两本书则力图在马克思主义哲学史的学科体系上取得突破。前者引入"形态"（formation）概念，后者引入"传统"（tradition）概念，目的都是为了更好地说明马克思主义哲学的历史演变，展示这个演变过程中各具风貌和特色的马克思主义哲学形态及其相互关系。它们是一个重要的信号，表明曾经冷落的"体系"问题似乎又重新回到人们的视线中来。总之，这4本书的出版刺激着我对相关问题的思考，而且使我产生一种感觉：我的某些想法可以借助于解读和评论这4本书的形式得到恰当的表达。

众所周知，从20世纪80年代初到90年代初，差不多10年时间，马克思主义哲学的体系改革曾经是哲学界瞩目的中心，牵动着哲学界的每一根神经。由已故肖前教授主持的"马克思主义哲学原理体系改革"1985年被当时的国家教委确定为"七五"规划重点课题，翌年又被提升为国家哲学社会科学基金"七五"规划重点课题，由全国高校马克思主义哲学专业博士点共同承担，历时近10年终于完成，1994年出版了《马克思主义哲学原理》（上、下册，中国人民大学出版社）。本书在两个相反的意义上都是一个标志：一方面，它是体系改革成果的总结；另一方面，它又是体系改革探索的终结。20世纪90年代中期以后，由于理论逻辑和现实逻辑的双重作用，"体系意识"趋于淡化，而"问题意识"显著增强。有的学者将其概括为从"体系意识"转向"问题意识"[1]，这也是很多学者的共同印象。但是，"体系"淡出人们的视线，并不意味着这个问题在学术上已经得到了解决[2]，所以现在又有一些让学者们深感苦恼的尝试。我希望借此对这个问题做出学术上的"清理"，主要目的是澄清所谓"原理研究式微"究竟是怎么回事；倘若"体系构建"存在误区，那么马克思主义哲学的理论研究又将如何进行下去。

以上说的是问题的由来，下面简单交代一下讲法。我主要采用概念和逻辑分析的方法。鉴于马克思主义哲学在我国的特殊地位，有很多问题实际上还是学术讨论的禁区，学者们有时不得不采取扭曲的方式来讨论，从而经常为某些虚假的或大而无当的问题所纠缠。在这种情况下，概念和逻辑分析的方法即使不能解决问题，至少可以澄清问题，或者使问题趋于明晰。同时，鉴于马克思主义哲学界争论的有些问题在自身范围内很难讨论清楚，所以我将在必要的时候借用西方哲学和中国哲学中的一些说法。不用说，前面提到的4本书将在相关讨论中作为举证的方便素材。如果我对某些观点或做法提出了异议或批评，那首先是出于真诚，同时也是自我批评，因为我是其中两本书的作者之一。

二、两个核心概念的澄清

"马克思主义哲学的体系"问题涉及两个核心概念：一个是"马克思主义哲

---

[1] 孙正聿：《从"体系意识"到"问题意识"——九十年代中国的哲学主流》，载《长白学刊》，1994年第1期。文中说："从哲学的最基本的理论框架去分析建国以来的哲学状况，大体可以划分为80年代以前的教科书哲学、80年代的反思教科书的哲学改革和90年代的后教科书哲学。"

[2] 事实上，有的学者就对"体系"淡出表达过忧虑："进入90年代以来，在马克思主义哲学研究界，人们普遍接受了一种观点，认为马克思主义哲学研究应该由'体系意识'转向'问题意识'，即以对当代重大现实问题的关注和探讨来替代对马克思主义哲学新体系的探索和实际建构。如果判定这种观点为人们创新和建构能力的萎缩找到了借口，可能有点言过其实，但它的流行事实上直接招致了体系探索的停滞甚至转向。"（聂锦芳：《清理与超越——重读马克思文本的意旨、基础与方法》，北京大学出版社2005年版，第292页。）

学"，一个是"体系"。这两个概念都需要澄清，以便为讨论确立一个共同的概念基础。事实证明，没有一个共同的概念基础，学术问题是讨论不清楚的。"真理愈辩愈明，但是有一个条件，那就是辩论双方对所讨论的问题要有一个共同的理解，或曰共同的语言，否则只会愈辩愈乱，因为你说你的，我说我的，表面上热闹非常，实际上并不交锋，问题当然是辩不清楚的（黄枬森语）。"综观马克思主义哲学界的学术论争，论者对于所讨论的问题往往没有共同的理解，即没有一个共同的概念基础，这差不多可以说是中国马克思主义哲学界学术争论的普遍症状。

先谈"马克思主义哲学"这个概念。首先，"马克思主义哲学"是一个复合概念。它是由"马克思主义"和"哲学"组合而成的。"马克思主义"这个术语究竟是何时开始流行的，现在已无从确切查考（至少我通过努力，没有查到明确的出处）。但我们知道下述基本事实：马克思主义产生之初，它不过是无数社会主义派别或思潮中的一个而已，这个时期可能还没有 "马克思主义"这个术语。"马克思主义"这个术语开始出现，大概是在19世纪60—70年代以后，但是马克思本人却对以他的名字命名的种种"主义"保持警惕。例如，针对19世纪70年代法国"马克思主义者"中存在的宗派主义和教条主义倾向，马克思就曾毅然决然地说："我只知道我自己不是马克思主义者。"①这至少说明，马克思对这个时期的某些马克思主义派别并不认同。"马克思主义"这个术语的广泛流行，可能与晚年恩格斯有很大关系，以至一些西方马克思学者认为恩格斯是"马克思主义的奠基人"（the founder of Marxism）②。本来，既然马克思主义是马克思和恩格斯共同创立的，那么，把这种"主义"称为"马克思恩格斯主义"也未尝不可，但恩格斯对此明确地表示了自己的态度。他曾经在多种场合反复强调，构成马克思主义核心的基本思想"完全是属于马克思一个人的。"③马克思逝世以后，有不少人提到恩格斯在制定马克思主义理论方面的贡献，恩格斯在他晚年的名作《路德维希·费尔巴哈和德国古典哲学

---

① 《恩格斯致康·施米特（1890年8月5日于伦敦）》，《马克思恩格斯选集》第4卷，人民出版社1995年版，第691页。这句话的英文是这样的："All I know is that I am not a 'Marxist'." See Marx and Engels, Selected Correspondence: 1846—1895, New York, 1965, p.415.

② See Tom Rockmore, Marx after Marxism: the philosophy of Karl Marx, Blackwell Publishers Ltd, 2002, p.5.参见《马克思主义之后的马克思》，杨学功、徐素华译，东方出版社2008年版，第21页。

③ 《共产党宣言》1883年德文版序言、1888年英文版序言，1883年3月14日恩格斯致威·李卜克内西的信，1884年10月15日恩格斯致约·菲·贝克尔的信，1893年7月14日致弗·梅林的信，等等。依据现有文献，恩格斯1869年发表的《卡尔·马克思》一文，可能是最早的一篇关于马克思的传记（《马克思恩格斯全集》第16卷，人民出版社1964年版，第407—413页）；而他1877年6月写成的《卡尔·马克思》一文，则第一次概述了马克思的"两个重要发现"（《马克思恩格斯全集》第19卷，人民出版社1963年版，第115—125页）。恩格斯的态度和他的一系列论断，成为后来人们理解"马克思主义"的重要标准。

的终结》中，在谈到"从黑格尔学派的解体过程中还产生了另一个派别""这个派别主要是同马克思的名字联系在一起的"时，特别加注说："近来人们不止一次地提到我参加了制定这一理论的工作，因此，我在这里不得不说几句话，把这个问题澄清。我不能否认，我和马克思共同工作40年，在这以前和这个期间，我在一定程度上独立地参加了这一理论的创立，特别是对这一理论的阐发。但是，绝大部分基本指导思想（特别是在经济和历史领域内），尤其是对这些指导思想的最后的明确的表述，都是属于马克思的。我所提供的，马克思没有我也能够做到，至多有几个专门的领域除外。至于马克思所做到的，我却做不到。马克思比我们大家都站得高些，看得远些，观察得多些和快些。马克思是天才，我们至多是能手。没有马克思，我们的理论远不会是现在这个样子。所以，这个理论用他的名字命名是理所当然的。"[1]恩格斯的这些说明本身直接参与了"马克思主义"的历史建构，这大概就是"马克思主义"这个术语广泛流传开来的秘密。

以上说明了"马克思主义"这个概念，至于能否以及怎样把"马克思主义"和"哲学"联系起来，后面还要专门讨论。现在我们只需要明确，"马克思主义哲学"是一个复合概念，是由"马克思主义"和"哲学"组合而成的，但这种组合的合法性是需要论证的。

其次，"马克思主义哲学"是一个集合概念。它由各种各样的马克思主义者的哲学思想构成，因而是一个内涵不断变动、外延不断扩展的概念。只要马克思主义哲学的历史不终结，这个概念的内涵和外延都不可能完全固定下来。从理论和逻辑的完整性上说，"马克思主义哲学"无疑应该包括所有马克思主义者的哲学思想，不仅应该包括它的创始人马克思和恩格斯的思想，也应该包括马克思的后继者列宁、斯大林、毛泽东等人的思想，还应该包括马克思的战友和学生的思想，甚至应该包括当代的其他马克思主义者（不管他们是政治家还是学者）的相关思想。如果不以"唯我独马"的所谓"正统"自居，那么十分明显，它包含了各种不同的马克思主义哲学形态：不仅有马克思主义哲学的原生形态，也有其衍生形态；不仅有苏俄马克思主义哲学，也有西方马克思主义的哲学、中国马克思主义哲学，以及其他地区和国别的马克思主义哲学，等等。可见，"马克思主义哲学"是一个内涵和外延都在不断扩展以至于无穷的概念（只要这种哲学的发展不终止）。这样一来，如何对内涵不断变动、外延不断扩展的"马克思主义哲学"给予统一的把握和界说，就是一道难题。

吴元梁先生主编的《马克思主义哲学形态的演变》和何萍教授的《马克思主

---

① 《马克思恩格斯选集》第4卷，人民出版社1995年版，第242页。

义哲学史教程》，通过引入"形态"和"传统"两个概念，在这方面取得了明显的突破。它们把马克思主义哲学纳入一个历史演变的过程中来考察，揭示了这个流变过程中各种马克思主义哲学形态的特征和差异。毫无疑问，在这个历史演变形成的马克思主义哲学传统或谱系中，后起的理论和学说与先前的理论和学说之间存在着亲缘关系，存在着学统和道统上的内在联系；但是各种马克思主义哲学形态之间又是互有差异的，它们往往是异质性的理论和学说，很难把它们纳入一个统一体之中。对此，伊格尔顿借用"家族相似"的概念来说明："马克思主义一词的作用似乎是表示一系列的家族相似之处，而不是指某种不变的本质。"①正因为如此，何萍教授的《马克思主义哲学史教程》一书对于马克思哲学与马克思主义哲学关系的处理，特别是把马克思和恩格斯分开来写，解决了困扰马哲史学界多年来的一道难题。与以前把马克思和恩格斯混在一起的笼统处理方式相比较，我认为这是马克思主义哲学史写作方式的一个创新。

以上说的是"马克思主义哲学"这个概念。无论是作为一个组合概念，还是作为一个集合概念，对我们来说都是需要分析的。而构建马克思主义哲学体系的前提，就是必须对这个概念的含义进行澄清。

再谈"体系"这个概念。应该说，"体系"（system）是一个非常普通的概念，任何理论或学说都是一个体系。同样，任何哲学理论或学说都必然是由一系列具体观点构成的具有内在联系的体系。但是，体系又有两种：思想体系和叙述体系。所谓思想体系，是指各种具体哲学观点之间的内在联系。任何一种成熟的理论或学说，都必然有自己的思想体系；反之，没有自己的思想体系，只是一些零散的偶发的见解（俗称"思想火花"），就还没有达到理论或学说的水平。所谓叙述体系，是指阐释、论证和发挥一种思想体系的概念、范畴系统。具体的哲学观点总是凝结、体现在相应的概念、范畴之中，这些概念、范畴之间的联系和转化就构成其叙述体系。从这种意义上说，具有内在逻辑联系的范畴体系也就是哲学的叙述体系。由此可见，叙述体系并不神秘，它与思想体系也不是截然对立的。②

---

① 伊格尔顿：《历史中的政治、哲学、爱欲》，中国社会科学出版社1999年版，第105页。

② "一般说来，任何一种深刻的、成熟的哲学思想，在其理论的前提和基础、对象和内容的层次、逻辑结构和规则、方法和应用的特征，以及价值取向和现实意义等方面，都表现为自身内在的完整、严密和一贯性，即自成体系。对于马克思主义哲学来说，这一点更不能否认。当然要区分'体系'的两个层面：一是如上所说的'思想体系'本身；二是论证、阐释或发挥这一思想体系的'叙述体系'，即表现在教学和宣传中的概念范畴、观点方法系统。两者之间既不完全等同，又没有截然分明的界限。把握这两个层面之间的区别和联系是一个关键性的问题。当前关于哲学原理体系改革和发展的研究，主要是指'叙述体系'。"（李德顺：《立言录》，黑龙江教育出版社1998年版，第13页。）

但是，思想体系与叙述体系毕竟是有区别的。思想体系有两个特点：第一，它是一种学说创立过程中自然形成的，是这种学说本来具有或必然具有的；第二，思想体系的奠基人和完成者，都只能是该学说的创立者本人。叙述体系则与之不同，它也有两个特点：第一，叙述体系是在一种学说形成过程之中，或在这种学说形成之后，根据其思想体系自觉地构建起来的；第二，叙述体系的构建者，既可以是该学说的创立者本人，也可以是他人（包括同时代的其他人和后来人），因此，同一个思想体系可以有多个不同的叙述体系。一个学说的创立者必然有其思想体系，但不一定有其叙述体系；或者在学说的某些方面有其叙述体系，在另一些方面没有其叙述体系。例如马克思主义，它当然有自己的思想体系，在政治经济学方面也有相当完整严密的叙述体系，但马克思不仅没有刻意制定一个一劳永逸的哲学叙述体系，而且他的学说是不是、能不能被叫作"哲学"也是一颇有争议的问题。不过，一般研究者都承认马克思有自己的哲学思想体系，只是没有刻意为它制定一个叙述体系。关于这个问题，我们拿中国哲学史上的情况来做一点类比说明。

众所周知，马克思没有留下一部以哲学为专门内容并有完整叙述体系的著作，但这是否意味着马克思没有自己的哲学思想体系呢？中国古代哲学也有与之相类似的情况。对此，冯友兰先生有如下一段精彩的论说："中国哲学家之书，较少精心结撰，首尾贯串者，故论者多谓中国哲学无系统。……然所谓系统有二：即形式上的系统与实质上的系统。此两者并无连带的关系。中国哲学家的哲学，虽无形式上的系统；但如谓中国哲学家的哲学无实质上的系统，则即等于谓中国哲学家之哲学不成东西，中国无哲学。……依上所说，则一哲学家之哲学，若可称为哲学，则必须有实质的系统。所谓哲学系统之系统，即指一个哲学之实质的系统也。中国哲学家之哲学之形式上的系统，虽不如西洋哲学家；但实质上的系统，则同有也。讲哲学史之一要义，即是要在形式上无系统之哲学中，找出其实质的系统。"[①]又说："中国古代哲学家们比较少作正式的哲学论著。从古代流传下来的哲学史料，大多是为别的目的而写的东西，或者是别人所记录的他们的言语，可以说是东鳞西爪。因此就使人有一种印象，认为中国古代哲学家的思想没有系统。如果是就形式上的系统而言，这种情况是有的，也是相当普遍的。但是形式上的系统不等于实质上的系统。拿一部《论语》来看，其中所记载的都是孔子回答学生们的话。学生们东提一个问题，西提一个问题，其间并没有联系。孔子东答一个问题，西答一个问题，其答也没有联系。孔子并没有和学生们就一个专门问题讨论起来，深入下去。（也

---

① 冯友兰：《中国哲学史》，大学丛书本，商务印书馆1934年（民国二十三年）版，第13—14页。

许有，不过没有这样记载流传下来。）就形式上看，一部《论语》是没有形式上系统的。但这并不等于孔子的思想没有实质上的系统，如果是那样，他的思想就不成为一个体系，乱七八糟。如果真是那样，他也就不成为一个哲学家了，哲学史也就不必给他地位了。"①冯先生在这里所说的"形式上的系统"，相当于我们所说的"叙述体系"；而他所说的"实质上的系统"，相当于我们所说的"思想体系"。马克思给我们留下的只是他的具有内在联系的哲学思想体系，而没有留下有完整逻辑结构的叙述体系。②马克思哲学的叙述体系是由后人构建的。

历史上的哲学家大概有两种类型：一种是构建了自己的哲学体系（这里是指叙述体系，下同）的哲学家，可以称为体系哲学家；另一种是没有构建甚至反对构建体系的哲学家，可以称为非体系哲学家或反体系哲学家。这两种类型即使在西方哲学史上也是非常普遍的。比如古希腊早期哲学就没有构成体系，黑格尔在谈到泰勒斯时曾说，泰勒斯的哲学"并不表现为一个完成了的系统，这并不是由于缺少资料，而是因为最初的哲学还不能有系统。"③苏格拉底无著述，其哲学思想通过街头谈话和论辩来表达，自然谈不上体系。柏拉图的著作用对话体写成，大多以苏格拉底为主角，也不能说构建了一个自己的哲学体系。亚里士多德可以说是第一个构建了自己的体系的哲学家，开体系哲学之先河。中世纪经院哲学的任务是论证上帝存在，其哲学研究主要是注释柏拉图和亚里士多德的经典，也没有构建出自己的哲学体系，不过托马斯·阿奎那构建了一个庞大的神学体系。近代以来，体系哲学比较普遍，特别是欧洲大陆理性主义哲学，大都是有体系的。有的哲学著作，如笛卡儿和斯宾诺莎的著作，甚至用类似于几何学的严密的推理方法写成。当然，体系哲学的集大成者是黑格尔，他所创造的哲学体系庞大无比，包罗万象，空前绝后。但是近代也有一些非体系哲学家，如帕斯卡尔。在现代西方哲学中，体系哲学家和非体系哲学家大致平分秋色，有些非常重要的哲学家就是反体系的，比如尼采，后现代主义也是反体系的。不过，非体系或反体系的哲学家，他们的哲学虽然没有形式上的体系或叙述体系，但同样有实质上的体系或思想体系，否则就不能被称为哲学家。这一点是必须明确的，而明确了这一点，也就为我们的讨论限定了范围，即我们讨论马克思主义哲学的体系构建是否可能是单就叙述体系而言的，因为思想体系不是问题。

①　冯友兰:《中国哲学史新编》第一册，人民出版社1982年版，第37—38页。
②　借用列宁的话来说，马克思没有留下大写的"逻辑"，只留下了《资本论》的逻辑。（参看《哲学笔记》，人民出版社1993年版，第290页。）
③　黑格尔:《哲学史讲演录》第一卷，贺麟、王太庆译，商务印书馆1983年版，第181页。

三、几种"体系"的可行性分析

以上说的是"哲学体系"的一般情况，那么就"马克思主义哲学的体系"而言又如何呢？

众所周知，列宁曾经给马克思主义下了一个经典的定义："马克思主义是马克思的观点和学说的体系。"①既然马克思主义是一个学说体系，那它由哪些部分组成？其内在逻辑结构如何？就是必须回答的问题。但是这个问题对马克思来说可能并不存在，至少不如对他的后来者那样严峻。对马克思来说，他毕生所关注的是人类（首先是无产阶级）如何摆脱资本主义条件下的异化状态、获得自由而全面发展这样一个总问题。马克思主义（作为一种学说）就是他研究和解决这个总问题的副产品。换言之，马克思主义不是马克思为了创立某种理论或学说而刻意标新立异的结果，而是他面对和回答时代和人类命运总问题的理论产物和结晶。正因为如此，他的理论和学说呈现为一个有机的整体，至于这种理论和学说应该怎样分类，对他来说是一个非常次要的问题。马克思曾经谈到，不论他的著作有什么缺点，但却有一个长处，即它们是一个"艺术的整体"②。马克思的这番话是就他的"主要著作"《资本论》来说的。《资本论》不仅有一个内容十分丰富的思想体系，而且有一个形式近乎完美的叙述体系。作为马克思的"主要著作"，它当然不能仅仅被看作单纯的经济学著作，其中也体现了马克思的哲学思想以及其他思想。但是如前所述，马克思并没有刻意构建一个概念和范畴推演的哲学叙述体系，而且对于这样的体系，马克思是倾向于否定的。（详后）

恩格斯也谈到过"哲学体系"问题，总的态度也是倾向于否定的。他在《反杜林论》序言中说："本书的目的并不是以另一个体系去同杜林先生的'体系'相对立"③。虽然恩格斯希望读者不要忽略他所提出的"各种见解之间的内在联系"，但我们显然不能把该书作为对马克思主义理论内容的全面的正式表述，其"哲学编"也就不能想当然地被当作马克思主义哲学的叙述体系。不仅如此，恩格斯还对各种"创造体系"的尝试表达了辛辣的讽刺："'创造体系的'杜林先生在当代德国并不是个别的现象。近来，天体演化学、一般自然哲学、政治学、经济学等等的体系如雨后春笋出现在德国。最不起眼的哲学博士，甚至大学生，动辄就要创造一

---

① 列宁：《卡尔·马克思》，《列宁论马克思主义》，人民出版社2003年版，第6页。
② 1865年7月31日马克思致恩格斯的信。《马克思恩格斯〈资本论〉书信集》，人民出版社1976年版，第196页。
③ 《马克思恩格斯选集》第3卷，人民出版社1995年版，第344页。

个完整的'体系'。"①在《费尔巴哈论》中，恩格斯从体系与方法对立的角度揭示了黑格尔哲学的内在矛盾，并把"体系"看作黑格尔哲学的"保守的方面"，要求把"体系"当作黑格尔哲学整个建筑物的"骨架和脚手架"，不要无谓地停留在它面前，而是要深入到大厦内部去发现珍宝。恩格斯写道："在一切哲学家那里，正是'体系'是暂时性的东西，这恰恰因为'体系'产生于人类精神的永恒的需要，即克服一切矛盾的需要。但是，假定一切矛盾都一下子永远消除了，那么我们就达到了所谓绝对真理，世界历史就完结了，而世界历史虽然已经无事可做，却一定要继续发展下去——因而这是一个新的、不可解决的矛盾。一旦我们认识到（就获得这种认识来说，归根到底没有一个人比黑格尔本人对我们的帮助更大），这样给哲学提出的任务，无非就是要求一个哲学家完成那只有全人类在其前进的发展中才能完成的事情，那么以往那种意义上的全部哲学也就完结了。"②在1890年8月5日致康·施米特的信中，恩格斯批评德国的一些青年著作家把历史唯物主义当作"套语"，再把这个套语当作标签贴到各种事物上去，而不对事物本身作进一步的研究，就以为问题已经解决了的做法，严峻地提出："我们的历史观首先是进行研究工作的指南，并不是按照黑格尔学派的方式构造体系的诀窍。必须重新研究全部历史，必须详细研究各种社会形态存在的条件，然后设法从这些条件中找出相应的政治、私法、美学、哲学、宗教等等的观点。在这方面，到现在为止只做了很少的一点工作，因为只有很少的人认真地这样做过。在这方面，我们需要很大的帮助，这个领域无限广阔，谁肯认真地工作，谁就能做出许多成绩，就能超群出众。但是，许许多多年轻的德国人却不是这样，他们只是用历史唯物主义的套语（一切都可能变成套语）来把自己的相当贫乏的历史知识（经济史还处在襁褓之中呢！）尽速构成体系，于是就自以为非常了不起了。"③从这些论述中可以看出，恩格斯对于"哲学体系"的态度也是否定的，至少是消极的。

在马克思主义发展史上，列宁不仅给马克思主义下了一个经典的定义，而且第一次明确地把马克思主义划分为三个组成部分，即马克思主义哲学、政治经济学和社会主义④。列宁的这种划分明显地受到恩格斯著述的启发或暗示。因为恩格斯的《反杜林论》的"结构布局"就分为三编：第一编 哲学；第二编 政治经济学；第

---

① 《马克思恩格斯选集》第3卷，人民出版社1995年版，第344页。
② 《马克思恩格斯选集》第4卷，人民出版社1995年版，第219页。
③ 《马克思恩格斯选集》第4卷，人民出版社1995年版，第692页。
④ 列宁：《马克思主义的三个来源和三个组成部分》（1913年3月）.《列宁选集》第2卷，人民出版社1995年版，第309页。

三编 社会主义。但是正如我们前面所指出的，这种结构是针对杜林"体系"①的，而不是恩格斯对马克思主义理论体系的全面的正式表述。

以上简略地说明了经典作家对"哲学体系"的态度。综观马、恩、列的相关理论活动，归纳起来基本情况是：马克思没有刻意制定一个哲学体系；恩格斯虽然有把马克思主义哲学基本原理系统化的尝试，但是也没有构建起一个完整的叙述体系；列宁虽然提出了马克思主义三个组成部分的思想，并且提出了一些关于体系的构想，但他同样没有构建起一个马克思主义哲学的叙述体系。马克思主义哲学的体系构建，严格说都是他们的后人所为。据考证，意大利的拉布里奥拉和中国的李大钊在20世纪初最早把马克思主义哲学引入大学课堂，但他们所开设的课程都是"唯物史观"，内容比较简略，谈不上系统构建马克思主义哲学的叙述体系。世界上真正构建马克思主义哲学体系的是20世纪20—30年代的苏联学者。这种体系曾经被奉为唯一的正统，甚至取得了比经典文本更高的地位。它既是"权威体系"，又被认为是"科学体系"，当然也被当作普遍推广的"教学体系"。今天，这种三合一的体系已经瓦解，但是体系的梦魇仍然挥之不去。②

结合当代背景和条件，下面拟分别考察这三种体系：首先是"科学体系"的构建是否可能；其次是在功能分化的意义上界说"权威体系"和"教学体系（学派体系）"。

1."科学体系"是否可能

自从构建"马克思主义哲学体系"的尝试开始以来，如何构建一个科学的叙述体系就是当然的追求目标。苏联构建的"辩证唯物主义和历史唯物主义"体系曾经被认为是科学的，虽然20世纪80年代以来，这种体系的科学性已经受到普遍质疑，

---

① 杜林的"体系"由哲学、政治经济学和社会主义三个部分构成，具体体现在他的两本书《哲学教程》（1875年2月按分册出齐）及《国民经济学和社会主义批判史》（1874年11月出第2版）之中（参见《马克思恩格斯选集》第3卷，人民出版社1995年版，第829—831页注释233）。为了批判杜林，恩格斯"不得不跟着杜林先生走"，结果杜林的"体系"结构就成了《反杜林论》的篇章结构。那么，恩格斯说"本书的目的并不是以另一个体系去同杜林先生的'体系'相对立"是什么意思呢？什么是"杜林先生的体系"？是指"思想观点的体系"，还是"学说结构的体系"？很显然，"杜林的体系"就是杜林学说的结构体系，而恩格斯并不是要构建这样一个"体系"（"另一个体系"）去同杜林的"体系"相对立。至于"思想观点的体系"（即"各种见解之间的内在联系"）的对立，那是一目了然的。既然如此，把《反杜林论》的篇章结构当作马克思主义的理论体系就是缺乏根据的。（注："思想观点体系"和"篇章结构体系"两个概念，采借自李延明先生，他的说法是"作者观点的体系"和"文章结构的体系"。参见其所著《沿着马克思主义的轨道探索前进》，光明日报出版社2009年版，第313页。）

② 这里关于"三种体系"的划分，不是从对象角度，而是从功能角度进行的。所谓"三合一"，即一种体系同时发挥三种功能，类似于西方基督教的"三位一体"。由于马克思主义经典作家，无论是马克思、恩格斯还是列宁，都没有构建马克思主义哲学的叙述体系，因此，无论是权威体系、教学体系和所谓科学体系，实际上都是解释体系。但是传统教科书所奉行的是独断论的解释学。

但是构建科学体系的目标并没有被放弃，而是不断得到加强。在这方面，黄枬森先生的观点是最系统、最自觉因而也是最有代表性的。在课题研究过程中，我与他围绕这个问题进行了很多交流和讨论，结果他没有说服我，我也没有说服他，我们的分歧依然存在。因此，这里就以黄先生的观点为例，把我的看法或疑问表达出来，一方面继续向黄先生讨教，另一方面请大家批评。

　　黄先生关于构建马克思主义哲学"科学体系"的思想酝酿于20世纪60年代[①]，80年代初步表述[②]，90年代更加明确[③]，21世纪以来趋于系统[④]，而在《马克思主义哲学体系的当代构建》中得到了最集中的表达。该书导论第三章"对马克思主义哲学的科学体系的构建"即出自黄先生之手，本章开篇写道："哲学史就是作为一门学科的哲学如何成为科学的历史，就是作为一门科学的哲学萌芽、成长、诞生和发展的历史，这门作为科学的哲学就是马克思主义哲学。20世纪30年代以来，辩证唯物主义和历史唯物主义曾经被公认为马克思主义哲学的科学体系，特别是在苏联和中国。斯大林逝世以后，这个体系逐渐为苏联哲学界所摈弃，其地位为人道主义哲学所取代。在中国，它至今仍然是中国共产党和多数哲学工作者所承认的马克思主义哲学的科学体系。但自从20世纪80年代以来，有不少哲学学者主张摈弃这个体系，先后主张以主体性哲学、实践人本主义哲学，尤其是实践唯物主义取代它。同时，坚持这一体系的人也认为这个体系在真实性、完整性、严密性上有不少问题，主张按照构建一门科学体系的原则加以改造，使之成为一个更真实更完整更严密的科学体系。本章的任务就是根据构建科学体系的一般原则来评价辩证唯物主义和历史唯物主义体系，并提出一个对马克思主义哲学的科学体系的构建方案。"[⑤]该章分为三节，"第一节　构建一般科学的理论体系的基本原则"包括：对每一门科学的对象的明确规定，对每一门科学的组成部分的合理规定，对每一门科学的客观内容的具体制定，对每一门科学的内容的逻辑联系的合理安排；"第二节　构建马克思主义哲学科学体系的基本原则"包括：对哲学对象的明确规定，对哲学基本组成部分

　　① 黄枬森：《读列宁论辩证法十六要素》，载《北京大学学报》，1964年第2期。
　　② 代表作是《本体论能否成为一门相对独立的科学》，与丛大川合作，载《哲学研究》，1985年第12期。
　　③ 代表作是《建立一个完整严密的科学体系是马克思主义哲学建设和发展的重要任务》，载《社会科学战线》，1999年第1期。
　　④ 体现在他的多部文集中，如《黄枬森自选集》（学习出版社2005年版），《哲学的科学之路——马克思主义哲学的科学体系研究》（北京师范大学出版社2005年版），《哲学的科学化》（首都师范大学出版社2008年版）。这是按出版时间顺序排列的，其中第一本《自选集》因系"学习理论文库"统一书名，所以他不便在书名上明确表达自己的观点，而另外两部文集都无例外地把"科学体系"作为自觉的追求。
　　⑤ 黄枬森等：《马克思主义哲学体系的当代构建》，人民出版社2011年版，第129页。

的合理规定，对哲学客观内容的具体制定，对哲学范畴和原理的科学体系的构建；"第三节 辩证唯物主义和历史唯物主义体系的是非得失"包括：辩证唯物主义和历史唯物主义体系的出现与变化，苏联体系在哲学对象和组成部分上的是非得失，苏联体系在内容上的是非得失，苏联体系在体系构成顺序上的是非得失；"第四节 怎样构建马克思主义哲学的科学体系"包括：关于马克思主义哲学的对象和组成部分，关于马克思主义哲学的科学体系的内容，关于哲学原理的展开顺序。黄先生的基本观点是：由苏联学者所构建的辩证唯物主义和历史唯物主义体系基本上是一个科学体系，但是不够完整和严密，因此可以通过改进和完善，构建一个完整严密的马克思主义哲学的科学体系。

这里不能展开对具体内容的讨论，黄先生的很多具体论述我都是同意的，他对辩证唯物主义体系的坚持也有他的道理和根据。我只提三个前提性问题与黄先生商讨。

第一个问题，马克思对"哲学"的态度。

任何一个想要构建马克思主义哲学科学体系的人，都必须首先尊重马克思的意见。并非马克思不赞同的事情我们都不能做，但马克思坚决反对的事情如果要做的话，就必须找到辩护的充足理由。事实上，马克思不仅没有刻意构建一个哲学体系，而且他对于"哲学"的态度可以说是非常不恭敬的。马克思很早就在哲学方面表现出杰出的天赋，大学毕业即获得哲学博士学位，如果他要构建一个哲学体系，应该说易如反掌，至少比我们要容易得多。他之所以没有这样做，"非不能也，不为也"。马克思能够做的事没有做，一定有非常强的理由和根据，是我们构建马克思主义哲学体系必须首先面对的问题。关于马克思对"哲学"的态度，特别是他关于"消灭哲学"的论断的含义，我在相关著述①中已经讲得比较充分了，此处不赘。

当然，我们可以反向思考，即使马克思不承认自己的思想是哲学，也不妨碍我们把它当作哲学来看。但是当我们这样做时，首先必须注意马克思思想中"哲学"的存在方式和特点。很明显，如果说马克思有"哲学"的话，它已经不是"独立存在的哲学"，也不是"纯粹哲学"和"体系哲学"。一些高度评价马克思的哲学地位的西方学者就非常敏锐地指出了这一点。例如，洛克莫尔在《马克思主义之后的马克思》一书中指认："I believe that Marx is one of the most important but least

---

① 杨学功：《传统本体论哲学批判》，人民出版社2011年版；《超越哲学同质性神话》，北京大学出版社2010年版；《同一与差异：马克思恩格斯哲学观比较研究》，载《马克思主义与现实》，2011年第4期。

understood philosophers." ① （"我认为马克思是最重要然而最不被理解的哲学家之一。"）与此同时，该书又指出，黑格尔是一个哲学天才，但仅仅是一位哲学家而已。而马克思却不仅仅是一位哲学家，他不同凡响的思想家形象意味着他的学说不可能仅仅局限在哲学、经济学、政治学或任何其他单一的学科领域之中。就像为数不多的其他人一样，他孜孜不倦地广泛涉猎的领域超越了人为的学科分界线。②无独有偶，美国斯坦福大学（Stanford University）艾伦·伍德（Allen W. Wood）教授在2004年出版的《卡尔·马克思》第二版序言中也写道："本书是对19世纪最伟大的哲学家之一的思想所作的同情的（我希望不是非批判的）哲学解说。对马克思来说，他在经济学、历史学和社会理论中的学术成就，毫无疑问值得被称为'哲学的'——在这个词最受尊敬的意义上，这些学术成就打破了狭隘的学科限制，不受过去研究传统的束缚，而是完全从经验证据出发，在独立思考和理论建构的道路上获得的。" ③这两本书都突出地强调了马克思在哲学上的重要性，并且给予了极其崇高的评价；同时又指认马克思的"哲学"存在方式的独特性，即它突破了传统的学科本位的局限。可以说，在马克思那里，哲学不是实体性的，而是功能性的；不是名词，而是形容词——犹如伍德所说的——"philosophical"。马克思是"跳出哲学搞哲学"的典范④，他的哲学思想弥散和体现在他的全部著述之中。既然如此，若要构建马克思的哲学体系，就必须从他的全部著述中进行提炼和概括；仅仅凭借个别或少量的"纯哲学"文本，所做出的概括必然是片面的和失真的。

第二个问题，能否对"马克思主义哲学"给出同质性界说？

如前所述，"马克思主义哲学"是一个集合概念，包括各种不同性质和形态的学说。如果要构建马克思主义哲学的科学体系，唯一可行的办法就是把异质性成分全部剔除，求取最大公约数。而这样处理的结果，只能使"马克思主义哲学"的内容变得贫乏而抽象。以何萍教授的书为例，当具体论述马克思主义哲学的各种传统

---

① Tom Rockmore，Marx After Marxism：The Philosophy of Karl Marx, Blackwell Publishers Ltd, 2002, p.1.

② Tom Rockmore，Marx After Marxism：The Philosophy of Karl Marx, Blackwell Publishers Ltd, 2002, p. XV.

③ 'It is a sympathetic（but I hope not uncritical） philosophical exposition of the thought of one of nineteenth century's greatest philosophers. For Marx was someone whose intellectual achievements, in economics, history and social theory, surely deserve to be called "philosophical" in the most honorific sense of the term, in that these achievements respected no boundaries of discipline or research tradition, but resulted simply from following the empirical evidence, and the paths of independent thinking and theoretical construction, wherever they led.' See Allen Wood, Karl Marx, Second edition, Routledge, 2004, pp. Xi-Xii.

④ 这是我与鲁克俭长期通讯讨论所达成的共识，我们都认为，马克思是"跳出哲学搞哲学"的典范。

（如卢森堡与德国的马克思主义哲学传统、拉法格与法国的马克思主义哲学传统、拉布里奥拉与意大利的马克思主义哲学传统、普列汉诺夫与俄国的马克思主义哲学传统等等）时，该书展示了极为丰富和具体的内容，但是在提炼马克思主义哲学基础理论时，却显得过于抽象。该书把实践和辩证法界定为马克思和恩格斯创造的"新唯物主义"的本质，并把它作为贯通马克思主义哲学发展的内在逻辑。这种概括虽然突破了传统教科书体系的窠臼，但由于概括过于抽象（或概括过度），好比一个过细的筛子，用它过滤之后，马克思主义哲学的很多丰富内容都被过滤掉了。从技术层面看，若要对"马克思主义哲学"给予统一的概括和界说，就必须决定马克思主义哲学的代表人物各自的文本和思想在这种概括中所占的比重，而这是一个很难解决的问题。①

第三个问题，"哲学体系"与"科学体系"的划界。

我们知道，近代科学是从哲学中独立和分化出来的。既经分化之后，科学之为科学的标准基本上是两条：（1）结论是否可以验证（证实或证伪）；（2）成果是否得到公认。前一条可以说是科学之为科学的根基或命脉，正因为科学研究的结论经过了验证即实验的检验，它的成果才能得到普遍承认。现代自然科学和社会科学都是建立在经验基础之上的，所以又被称为经验科学或实证科学。科学的成果对于全人类是普遍有效的，特别是自然科学，就像当年金岳霖先生所说的，我们不可能说有英国的物理学，法国的化学，中国的数学等等。但哲学则不然，一来哲学不是价值中立的，二来哲学的结论不是可以通过经验验证从而得到公认的。②这就使得

---

① 徐长福曾经以一本有影响的书《马列著作选读　辩证唯物主义和历史唯物主义（试编本）》（人民出版社，1977年版）为个案，对经典作家的文本所占比重进行过统计分析，结果是：在该书中，马克思、恩格斯、列宁的文本所占页数分别为13、193、130，比例约为1∶15∶10。他由此感叹道："马克思本文所占比重如此之小，特别是与恩格斯本文之比如此悬殊，恐怕是许多人不曾留意到的。这说明，由斯大林亲自制定的'辩证唯物主义和历史唯物主义'解释体系所依据的主要是恩格斯和列宁的本文，而不是马克思的本文（徐长福：《马克思主义研究的学术化探索》，社会科学文献出版社2010年版，第5页）但是，即使我们提高马克思文本所占的比重，如何科学地确定经典作家以及其他马克思主义者文本的比例，仍然是一个技术上不可能解决的问题。"

② 冯友兰先生说："一哲学家之哲学，与其自己之人格（即一人之性情气质经验等之总名）或个性有大关系。在此点哲学与文学宗教相似。盖一切哲学问题，比于各科学上之问题，性质皆较广泛，吾人对之尚不能作完全客观的研究。故其解决多有待于哲学家之主观的思考及其'见'。故科学之理论，可以成为天下所承认之公言，而一家之哲学则只能成为一家之言也。""各哲学之系统，皆有其特别精神，特殊面目。一时代一民族亦各有其哲学。现在哲学家所立之道理，大家未公认其为是；已往哲学家所立之道理，大家亦未公认其为非。"（冯友兰：《中国哲学史》上册，三联书店2009年版，第12—13、14—15页。）金岳霖先生也说："哲学中的见，其论理上的最根本的部分，或者是假设，或者是信仰；严格地说起来，大都是永远或暂时不能证明与反证的思想。"（《中国哲学史》审查报告，见冯友兰：《中国哲学史》上册，三联书店2009年版，第450页。）

哲学具有民族性、时代性、派别性、个体性等等特征。①迄今为止，并没有世界公认能够为所有人普遍接受的哲学，马克思主义哲学也是如此。

　　基于哲学与科学的划界，我认为不可能构建哲学的"科学体系"。这种构建，在现实中既然找不到科学的途径，也不可能把哲学变成某种实证科学，其结果只能是把哲学变成超科学的科学或"太上科学"。黄先生所坚持的世界观理论，并把它解释为作为整体的世界及其一般规律的科学，实际上就是这样的"太上科学"，即恩格斯所说的"关于总联系的特殊科学"。关于这个问题，冯友兰先生有一段简明而精到的论述，非常值得我们参考。他说："每个时代的大哲学家的哲学，都是以当时的包括科学在内的、各方面的知识为根据而建立起来的。这个建立并不是凌驾于那些知识之上的太上科学，亦不是从那些知识之中拼凑出来的'科学大纲'，而是人类精神对于那些知识的反思。……'太上科学'是没有的，也是不可能有的。'科学大纲'是可能有的，但是没用的。"②人们通常把哲学理解为各门科学的概括和总结，这种理解实际上就是把哲学变成了无用的"科学大纲"。而把哲学变成"太上科学"则更是虚妄的。如果一个人声称掌握了宇宙的总规律，又说这要靠全部人类实践永无止境的发展来证明，那显然是十足的诡辩。人类认识发展史表明，凡是被证明了的哲学假说，皆已纳入科学知识的范围。那些没有被证明或无法证明的哲学假说，虽然可以继续存在，但在科学面前的威力已大大衰减。事实似乎越来越充分地证明，孔德所谓"神学—形而上学—科学"三个阶段的划分，或许是富于洞见的人类精神进化史图式。据我们看来，在这三个阶段中，后起的阶段与先前阶段不必是"取代"的关系，而是"刷新"的关系。即当后一个阶段出现时，前一个阶段就必须调整自己，以便获得继续存在的权利。在科学昌明的今天，宗教和哲学都不仅有可能而且实际上存在。但是每一后起的阶段，由于处于人类精神进化的更高阶段，因而也更有力量：形而上学比神学更有力量，科学又比形而上学更有力量。在当代科学高度发达的条件下，哲学既不可能凌驾于科学之上成为超科学的科学，也不可能充当科学的法官和审判者，而只能在各门科学之间充当调停者和斡旋者的角色，其地位与第二阶段比一落千丈。马克思的哲学思想就形成于近代科学迅速发展，而形而上学日趋没落的时代条件之下，他必然会对自身哲学思想的存在方式和表

---

　　①　"我们可以写一部'中国数学史'。这个史实际上是'数学在中国'或'数学在中国的发展'，因为'数学就是数学'，没有'中国的'数学。但哲学、文学则不同。确实是有'中国的'哲学，'中国的'文学，或总称曰'中国的'文化。"（冯友兰：《中国哲学史新编》第一册，人民出版社1982年版，第39页。）

　　②　冯友兰：《中国哲学史新编》第一册，人民出版社1982年第3版，第14页。

现形式进行调整与变革。这或许就是他选择"跳出哲学搞哲学"的秘密所在。

从各种构建马克思主义哲学科学体系的尝试来看，它们都无一例外地具有排他性的独断色彩。实际上是把科学当作真理体系的化身，从而使在"科学"名义下构建的哲学体系取得权威地位。因此，"科学体系"的真正谜底实是"权威体系"。

2."权威体系"及其秘密

如前所述，马克思主义哲学体系是由苏联人首先构建起来的，最终在斯大林为联共（布）中央特设委员会编、联共（布）中央审定的《联共（布）党史简明教程》（1938年）所撰写的第四章第二节"辩证唯物主义与历史唯物主义"[①]中被确定为权威体系。

可见，权威体系的秘密就是"以当前解释从前"，即把"当前"的东西当作标准和典范，以它为尺度来决定对历史文献的选择、弃取和评价。[②]

鉴于马克思主义在我国的特殊地位，"权威体系"当然是必要的，甚至可以说是非常重要的。马工程新教材《马克思主义哲学》就是这样的体系，因为它成功地解决了中国特色社会主义理论进教材的问题，这是它理应享受的荣誉和获得的评价。虽然它是众多高水平专家辛勤努力的结果，但并没有充分表达他们个人的学术见解。权威体系的适用范围是各类意识形态宣传部门、党校、高等院校马克思主义理论公共课堂以及感兴趣的普通民众。倘若扩大范围，把它推广到专业教学中去，并通过行政管理的方式强制推行，就是不适当的。

3."教学体系"及其特征

教学体系即教科书体系，世界上最早的马克思主义哲学教科书体系出自苏联人之手。据中央实施马克思主义理论研究和建设工程《马克思主义哲学》教材编写组的调查以及黄枬森、王东、安启念教授考证，苏联哲学教科书体系的形成有一个

[①]《联共（布）党史简明教程》[联共（布）中央特设委员会编，联共（布）中央审定，1938年]，莫斯科：外文书籍出版局1951年版，第133—165页。

[②] 中国经学史上有一种值得注意的现象，经典解释家大多奉行"述而不作"的原则，但实际上并非真的"不作"，而是"寓作于述"。我曾就此请教王博教授，他的答复是："关于述而不作，此说法源于《论语》：'子曰：述而不作，信而好古'。孔子当然是个'作者'，其作的方式即是述，所谓寓作于述。后来的经学传统，通过解释已有经典的方式发挥自己的主张，逐步引申出寓作于述、寓作于编等不同的形式。此种形式使得新思想和旧经典之间呈现出连续性的形态，同时又可以容纳新的内容。冯友兰有'旧瓶装新酒'之喻，可以参考。"（2010年9月8日）他说的是一种情况，即"旧瓶装新酒"，重点强调经典解释过程中新与旧的连续性。但是还有一种情况也值得注意，即经典解释中典范和权威的转移，亦即后面的东西成为标准，为历史文献提供解释定向，比如宋明理学对《四书》的解释以朱熹的解释为标准。在马克思主义解释史上也有类似情况，诸如：高举毛泽东思想伟大旗帜就是真正高举马克思主义和列宁主义伟大旗帜，坚持邓小平理论就是真正坚持马克思列宁主义和毛泽东思想，坚持"三个代表"重要思想就是真正坚持马克思列宁主义、毛泽东思想和邓小平理论，等等。越是后面的东西越能成为标准，这就是权威体系的秘密所在。

较长的过程。1916年，德波林率先试图把辩证唯物主义系统化，这是教科书体系的最初萌芽；1921年，布哈林率先试图把历史唯物主义系统化，这是教科书体系的又一萌芽。20世纪20年代到30年代初，很多学者试图把辩证唯物主义和历史唯物主义合二为一。沃尔弗松的《辩证唯物主义》（1922年）是教科书体系的雏形，芬格尔特和萨尔文特的《辩证唯物论与历史唯物论》（1929年）标志着苏联教科书体系的初步形成。不过，以上这些书都没有对中国产生实质性影响。此后，西洛可夫、爱森堡等著《辩证法唯物论教程》（1932年）进一步确定了教科书体系的框架；米丁等著《辩证唯物论与历史唯物论》（1932年、1933年）在批判德波林学派的基础上公开问世，标志着苏联哲学教科书体系基本形成。[1]这两本书都对中国产生了很大影响。[2]从这个过程来看，苏联教科书体系的形成确实早于斯大林的《论辩证唯物主义和历史唯物主义》[3]（1938年）。但是我们不应忘记，正是斯大林的这篇哲学短论，赋予了哲学教科书体系法定的权威地位，使之被定于一尊。因此我认为，把苏联教科书体系简称为"斯大林模式"或"斯大林体系"，虽然在细节上不够准确，但并不是原则性的错误。[4]

　　苏联教科书体系与权威体系合一，虽然有复杂的历史背景和原因，对于马克思主

　　① 马克思主义理论研究和建设工程《马克思主义哲学》教材编写组、中国辩证唯物主义研究会和苏州大学于2004年11月在苏州联合召开的"马克思主义哲学理论创新研讨会"会议资料；另参见安启念：《关于辩证唯物主义历史唯物主义体系的几个问题》，载《北京行政学院学报》2006年第6期；黄枬森等：《马克思主义哲学体系的当代构建》，人民出版社2010年版，第162—167页；王东：《马克思学新奠基》，北京大学出版社2006年版，第35—55页。我不是研究苏俄哲学的专家，这里只是综述相关资料，理出教科书形成的大致线索，重在说明问题，可能难以避免疏漏和差错，请以专家的研究成果为准。

　　② 西洛可夫、爱森堡等著《辩证法唯物论教程》（1932年）奠定了教科书的基本框架，这本书对中国产生了较大的影响。该书出版后不久，即由李达、雷仲坚翻译为中文出版，毛泽东在延安时期曾认真阅读过此书（时间是1936年11月至1937年4月），并写了大量批注（参看《毛泽东哲学批注集》，中央文献出版社1988年版），而他所依据的版本，已经是笔耕堂书店1935年6月出版的第三版了。米丁等著《辩证唯物论与历史唯物论》（1932、1933年）标志着苏联马克思主义哲学教科书体系基本形成，本书对中国产生了重大影响。该书出版后不久，即由沈志远翻译成中文出版，毛泽东在延安时期认真阅读过此书上册（时间是1937年7月以前），并写了大量批注（参看《毛泽东哲学批注集》，中央文献出版社1988年版）。本书分为上、下两册，上册《辩证唯物论》，下册《历史唯物论》。这本书表明，教科书体系基本形成，理论观点基本形成，苏联教科书的特点基本形成。它与后来康斯坦丁洛夫主编的《马克思主义哲学原理》（1958年）基本一致，成为苏联马克思主义哲学教科书的基础和标志。康斯坦丁洛夫主编的教科书主要是进行了细化，但总体框架与米丁的书是一样的。

　　③ 《斯大林选集》下卷，人民出版社1979年版，第424—454页。

　　④ 斯大林去世后，尽管斯大林本人遭到批判，但是以斯大林《论辩证唯物主义和历史唯物主义》为权威的苏联哲学教科书模式并没有发生多少变化。20世纪50年代中期以后，米丁、康斯坦丁洛夫等人曾几度对这个体系加以改良，但一直没有根本变化。康斯坦丁洛夫主编《马克思主义哲学原理》一再重版（第一版出版于1958年，最后一版即第六版出版于1985年），其作为马克思主义哲学教科书的正统地位，一直延续到苏联解体之前。1989年，弗罗洛夫主编的《哲学导论》试图在教科书体系框架内进行革新，标志着教科书开始转向。1991年苏联解体后，俄罗斯哲学由人道主义所取代。

义哲学的宣传和普及也有贡献，但对于马克思主义哲学的学术研究却产生了极其严重的消极后果，是一个悲剧。中国马克思主义哲学教科书体系基本上是"抄苏联"①，也存在着同样的问题。现在应该努力避免这样的悲剧再次发生。

中国的马克思主义哲学教科书体系演变的大致情况是：李达1937年出版的《社会学大纲》②，被誉为"中国人写的第一本马克思主义哲学教科书"（毛泽东语），它已明显受到苏联教科书的影响。新中国成立后编写的教科书，较早出版的是华岗的《辩证唯物论大纲》（上海人民出版社1955年版），而最具权威性的是艾思奇主编的《辩证唯物主义历史唯物主义》（人民出版社1961年版）。改革开放以来影响最大、流传最广的教科书，则是肖前等主编的《辩证唯物主义原理》（人民出版社1981年版）和《历史唯物主义原理》（人民出版社1983年版），以及李秀林等主编的高校文科教材《辩证唯物主义和历史唯物主义原理》③。毋庸讳言，它们都不可避免地打上了苏联教科书体系的烙印，虽然增加了一些中国特色的内容，特别是毛泽东哲学思想，但整体框架结构和基本原理叙述都没有跳出苏联教科书体系的窠臼。真正开启哲学教科书体系改革先声的是高清海主编《马克思主义哲学基础》（人民出版社，上册，1985年；下册，1987年）。该书按照主客体关系框架设计和安排内容，在体系改革上取得了重大突破，但是这部教材并没有能够普遍推广开来。教科书体系改革的成果，主要体现在20世纪90年代以后按照"实践唯物主义"思路编写的几部新教材中，如辛敬良主编《马克思主义哲学导论》（复旦大学出版社1991年版），陈晏清、王南湜、李淑梅合著《现代唯物主义导引》（南开大学出版社1996年版）和《马克思主义哲学高级教程》（南开大学出版社2001年版）等。李秀林等主编的《辩证唯物主义和历史唯物主义原理》虽然书名一直未改，但从第四版（1995年）开始，无论在体系结构和内容叙述上都作了很大调整和改变。北大哲学系在80年代末和90年代初由赵光武教授主编的《辩证唯物主义原理》④和赵家祥教授主编《历史唯物主义原理》（新编本）⑤，除校内使用外，在社会上也

① 毛泽东20世纪60年代阅读李达主编《马克思主义哲学大纲》（内部讨论稿）时，在一处写下了意味深长地批语："不必抄斯大林"。（参见《毛泽东哲学批注集》，中央文献出版社1988年版，第507页。）
② 《李达文集》第2卷，人民出版社1981年版。
③ 这是一部多次修订不断再版的高校文科教材，中国人民大学出版社，1982年第1版，1984年第2版，1990年第3版，1995年第4版，2004年第5版。
④ 赵光武主编：《辩证唯物主义原理》，北京大学出版社1989年版。
⑤ 赵家祥等主编：《历史唯物主义原理》（新编本），北京大学出版社1992年版。该书后经修订，更名为《历史唯物主义教程》，列入"普通高等教育'九五'国家级重点教材"和"北京大学哲学教材系列"，北京大学出版社1999年版。

广有影响。总的来看，教科书改革是有成绩的，但离理想的要求还有很大距离，大家都不满意。其中一个主要的制约因素，就是没有解决好教科书体系的定位问题。

在当今条件下，我们主张作为意识形态的"权威体系"与哲学专业的"教学体系"在功能上相对分化①，这样可收互不僭越而又相得益彰之效。当然，公共课的教学体系仍不妨采用权威体系。

这种功能分化的可能条件是：今天阅读马克思与"救亡图存"岁月的阅读已经有了显著的区别。正如有学者所揭示的，我们今天阅读马克思的著述，"不再是救亡图存的岁月急迫地需要从中寻求脱离危难的有效武器，我们虽然认同它的现实价值，但不认为解决纷繁复杂的时代课题会从那里找到现成的答案；这种'时间上的在后性'，使我们可能会比前几代马克思主义研究者获得更多的从容，相对地更能把经典文本当作一种客观的研究对象，审慎地做出分析与评价。""马克思研究承担不了对当代中国重大问题的解答。"②我认为这番话道出了马克思研究学术化之可能性的条件。

我们主张"权威体系"与"教学体系"在功能上相对分化，其现实基础是：马克思主义哲学在当代中国不仅是一种居于主导地位的意识形态，而且是整个科教体系和高等学校中的一个二级分支学科。既然要把它作为一个学科来建设，那就必须遵循一般学术研究的规律和规范，把作为研究对象的马克思主义哲学与作为信仰对象的马克思主义哲学相对区别开来。

我们知道，学科是学术研究的公共平台，而在这个平台上展现的则是各种各样的学说和学派。学科好比一种容器，同一个学科可以容纳不同的学说和学派。学派是学术发展过程中具有规律性的正常现象。学术共同体在探求真理的过程中，具有不同知识背景的群体和个人，采用不同的方法或从不同的视角切入问题，可能形成相同或不同的见解，而使用相同方法或持相同见解的人结合在一起，就形成一个学派。学派的形成，往往是学术获得发展的重要标志。马克思主义哲学本来是一种有别于其他哲学的学说，它在发展过程中被确立为学科之后，当然会形成学科的基本规范、基本共识。但是同样以马克思主义哲学为研究对象，仍然会产生不同的学术见解，从而形成各种不同的学说和学派。只有创新性的学说成果不断涌现，不同风格和特色的学派不

---

① 这个主张是徐长福较早提出来的，他的表述是"走向意识形态取向和学术取向的相对分离"。参见《在中国的马克思主义（哲学）研究向何处去？》（载《求是学刊》2003年第4期），收入其所著《马克思主义研究的学术化探索》，社会科学文献出版社2010年版，第18—23页。

② 聂锦芳：《清理与超越——重读马克思文本的意旨、基础与方法》，北京大学出版社2005年版，第259、261页。

断成熟，马克思主义哲学学科的发展才会有深厚的学术基础。而研究型大学的专业课教学，就应该采用这样的学派体系，鼓励自由的学术探索。只有通过学派之间的经常性互动和学术争鸣，才能不断增进学术积累并促进学科发展。

现在的问题是，如何在"后教科书时代"构建教科书体系？我的看法或建议可以概括为两点：第一，既然要教学，教科书是不能回避的（除非终止这门课程的教学）。但教科书只是引导学生入门的方便法门，它们不能等同更不能代替马克思主义哲学本身。要真正接近马克思主义哲学的本来面目，更可靠的办法是直接阅读马克思主义哲学代表人物的原著。第二，"教科书体系只是马克思主义哲学的一种解释系统"①。既然是解释体系，那就不可能定于一尊②，应该而且必须提倡多样化，只有这样才能促进马克思主义哲学的发展和创新。专业意义上的教学体系本质上是"学派体系"，因此不能用"权威体系"强行统一，否则不仅是对学术自由的侵犯，对马克思主义哲学的发展也是一场灾难。

教学体系或教科书体系有两种可能样式：一种是"选录式"，一种是"叙述式"。选录式是挑选最能代表学科成果的基本文献，将它们编排在一定的形式之中，学生可以在老师的引导下通过阅读这些文献，了解学科的主要成就和大致情况；叙述式则是通过教科书把教师对于学科的了解和他个人对学科的见解系统地呈现出来。这两种方式各有利弊和优长，比较而言后者更具有可行性，而前者则存在着一系列的技术难题。③

本文所表达的是个人对"马克思主义哲学体系"问题的反省和思考，仅供交流和讨论，并期待方家批评指正。

（杨学功，北京大学哲学系教授，北京市哲学学会会长）

---

① 肖前主编：《马克思主义哲学原理》，前言，中国人民大学出版社1994年版，第1页。

② 解释学告诉我们：第一，解释不是唯一的，绝对没有永恒的终极解释（司法解释除外，那是另一个问题）；第二，可能存在理想的解释，但只有在多种不同解释的比较和对话中才能逐步达到。

③ 徐长福主张"选录式"的教科书，即利用考据学、文献学等技术对本文进行"物理处理"。（《本文与解释——论马克思主义哲学解释的学术规范》，参见其所著《马克思主义研究的学术化探索》，社会科学文献出版社2010年版，第3—16页）但是，由于马克思主义哲学的文本资源浩如烟海，而马克思本人的文本又很难界划为哲学文本与非哲学文本，按照他所提出的技术标准：（1）本文的观点在教科书中是否有遗漏或遗漏了什么；（2）教科书的所有表述是否都能在本文中找到出处，实际上是不可操作的。

第四篇

首倡中国特色社会主义
文化创新观

始终坚持马克思主义哲学的科学性

黄枬森哲学思想研究

韩庆祥

　　黄枬森，1921年出生，四川省富顺县人。他从六七岁到十四五岁，除了两年上小学外，大部分时间都在秀才出身的父亲指导下学习中国古代经史典籍。直到他18岁上高中时，才补上全部现代教育课程。高中毕业时，他的各科成绩尤其是理科成绩在全年级名列前茅。所以，上大学时，他最初学的不是哲学，而是物理学。那么，是什么动因促使他走上哲学研究的道路？

　　1939年，在自贡市蜀光中学上高中时，黄枬森有机会读到一些马克思主义哲学著作，如艾思奇的《大众哲学》、潘梓年的《逻辑学与逻辑术》，还有苏联哲学家的一些著作。所以，他在高中时，就对马克思主义哲学产生了兴趣。从艾思奇、潘梓年等先生的著述里，他悟出这样一个道理：哲学与自然科学虽然分属文、理两个天地，但二者的关系却很密切，不懂自然科学就不可能真正懂得哲学。哲学可以自修，自然科学特别是在其中处于基础地位的物理学，靠自己啃书本就不行了。抱着为将来进一步研究哲学打下自然科学基础的目的，他于1942年考入西南联大物理系，第二年转入哲学系，但仍继续选读一些自然科学的基础课程，并坚持学完了高等数学微积分。在哲学系，他学的主要是西方哲学。再度接触到马克思主义哲学，是在1946年北京大学复校以后。北大轰轰烈烈的民主运动是在中共地下党的领导下进行的，地下党通过办读书会宣传马克思主义。他在北大的"腊月读书会"，再度学习马克思主义哲学著作，特别是学习马克思、恩格斯、列宁、斯大林、毛泽东的著作，如《反杜林论》《唯物主义与经验批判主义》等。就在那时，他加入了中国共产党。新中国成立后，他作为共产党员，作为哲学系的研究生，被学校调去从事政治课教学与研究工作，开始把马克思主义理论作为自己的专业。1952年，他在中国人民大学进修一年后，回到北大做苏联哲学专家的助手，帮助培养马克思主义哲学专业方向的研究生。从此，马克思主义哲学研究便成了他终生的事业。

黄枬森是当代中国具有重大影响力的马克思主义哲学家、哲学史家和哲学教育家。他的哲学思想和学术贡献主要集中于《哲学笔记》研究、马克思主义哲学史研究、马克思主义哲学体系与辩证唯物主义研究、人学研究和文化研究等方面。这些研究具有共同的旨趣和特征，就是特别注重并强调马克思主义哲学的"科学性"。

一、《哲学笔记》研究的先行者

1978年以前的一段时间，当时的客观条件不利于开展学术研究。在"反右派"斗争时，黄枬森在党内讨论会上作了符合实事求是精神的发言，但被人认为是"右派"的观点，因此被"清除"出党，调到北大哲学系资料编译室任副主任。但他没有颓丧，而是本着科学的态度，在资料室工作中思考并研究了一系列理论问题。其中下功夫最多的，是对列宁《哲学笔记》的系统研究。

《哲学笔记》不是一本普通的著作，它是由列宁的许多笔记编纂而成的。其中大部分内容是摘录过去哲学家的言论，列宁只是在这些摘录的旁边作了些批注，多数是三言两语，但包含着许多重要且精彩的思想，但这些思想没有展开，也没有加以系统化。因此，研究《哲学笔记》，要读懂它，不是一件容易的事。如果不懂这些摘录，就很难深刻理解列宁的批注。当时苏联也没有做这样的基础研究工作。1960年左右，黄枬森把哲学系资料编译室的一些同志组织起来，从事《哲学笔记》的注释工作，专门注释那些不容易懂的地方。1977年恢复高考以后，适逢他主编的《〈哲学笔记〉注释》出版，这本书对当时的哲学系学生影响很大。随后出版的新著《〈哲学笔记〉与辩证法》，也深受学生喜欢。

黄枬森对列宁的"辩证法的十六要素"提出了独到的学术见解。过去不少专家认为，十六条就是列宁的辩证法体系。他经过研究十六条的手稿发现，按照原有的形式，十六条不是一个完整的体系，只有前七条有一定的顺序，后九条则是零散的，它们实际上分别从属于前七条，只有分别归入前七条，才能形成一个体系。他把这个观点写成文章，于20世纪60年代初在《北京大学学报（哲学社会科学版）》发表。晚些时候，苏联哲学家凯德罗夫也公开发表了类似观点，这从一个方面也印证了黄枬森观点的创新性。显然，黄枬森是国内研究《哲学笔记》的开创者，为研究列宁的《哲学笔记》做出了重要学术贡献。

二、马克思主义哲学史研究的引领者

研究《哲学笔记》，实际上是黄枬森从事马克思主义哲学和马克思主义哲学史研究的起点。

黄枬森从事马克思主义哲学和马克思主义哲学史研究大致可以分为两个阶段：一个是1978年改革开放以前，一个是改革开放以后。改革开放以前，他主要是向学生讲授马克思主义哲学原著和哲学原理，同时也做些学术研究。但这种研究，他认为还不是很深入、很系统。他真正对马克思主义哲学和马克思主义哲学史进行比较深入系统的研究，对马克思列宁主义的哲学思想有所发挥，也就是提出一些学术上的独到见解，是在1978年关于真理标准问题的讨论以后。

改革开放前，我国除个别高校开设马克思主义哲学史这门课程以外，大部分院校是没有设置这个课程的。在北大，也只是苏联专家在20世纪50年代讲过，以后便没有开设这门课程了。那时形成一种观念，认为马克思主义哲学就是马列原著，原著是怎么讲的，马克思主义哲学就是什么样的。那时的观点是，经典作家的言论句句是真理，马克思主义哲学的发展就是真理加真理的过程。

黄枬森提出，马克思主义认为，思想是存在的反映，存在发展了，思想当然要发展，哲学也要发展，马克思主义哲学亦不例外。特别是哲学作为一门科学，其哲学思想都是在一定时代和历史条件下提出来的，所以总有一个发展的问题。因此，应把马克思主义哲学看作一个历史发展过程，也应该有一门学科，叫作马克思主义哲学史。

由于实行改革开放，也由于学界真正把马克思主义哲学作为科学来对待，对于马克思主义哲学史这样一门课程，就较快得到大家的认同，马克思主义哲学史研究与课程建设也逐渐在各高等院校开展起来了。

黄枬森自始至终参与了马克思主义哲学史这门学科的研究与建设工作，在马克思主义哲学史建设方面做出了开创性贡献，是我国学术界研究和建设马克思主义哲学史学科的开拓者、奠基者和引领者之一，这为学界所公认。我国正式出版的第一本马克思主义哲学史著作，就是人民出版社1981年出版的《马克思主义哲学史稿》，他参加了此书的撰写和统稿工作。后来又同北京大学哲学系施德福、宋一秀教授共同主编了《马克思主义哲学史》（三卷本），大致有100万字，获得了国家教委的优秀教材奖。他还同中国人民大学庄福龄教授、中央党校林利研究员共同主编了《马克思主义哲学史》（八卷本），400万字，作为国家哲学社会科学基金项目，获得了1997年"五个一工程"奖和吴玉章人文社会科学奖。之后，他还受国家教委的委托，主编了一本马克思主义哲学史教材，1998年由高教出版社出版。上述一系列关于马克思主义哲学史的著作，在我国学术界产生了广泛而深远的影响，不仅为我国学者研究马克思主义哲学史奠定了坚实基础，而且影响了一大批学者去从事马克思主义哲学史研究，其理论贡献功不可没。

三、马克思主义哲学体系与辩证唯物主义的探索者

研究马克思主义哲学原著和马克思主义哲学史，为黄枬森研究马克思主义哲学原理和哲学体系，奠定了坚实的学理基础。

马克思主义哲学原理在经典作家那里还没有形成一个完整的体系。第一个完整体系，是苏联哲学家在20世纪二三十年代提出的，后来，1938年斯大林在《联共（布）党史简明教程》第四章第二节提出的那个体系，是把苏联20世纪二三十年代那个哲学体系简化的结果。对于马克思主义哲学体系，黄枬森提出了一些具有独到性的哲学思想，主要是：

第一，对传统的马克思主义哲学教科书体系不能根本否定，应该抱着一种坚持和发展的态度，既要肯定其科学性，也要认识其某种局限性。

20世纪二三十年代在苏联逐渐形成的传统的马克思主义哲学教科书体系——主要包括辩证唯物主义和历史唯物主义两大块——是苏联哲学家根据马克思和恩格斯以及列宁的一些论述创立的。之后在我国得以传承。重要的问题不在于它是根据谁的论述，是谁创立的，而在于这个体系是否科学。黄枬森认为，辩证唯物主义和历史唯物主义具有科学性，可以说是马克思主义哲学的一个科学体系，马克思主义哲学是把辩证唯物主义和历史唯物主义作为一门科学来研究和建设的。一是它符合马克思主义创始人和多数马克思主义者的观点；二是哲学知识应该是一种客观的知识，它力求与外部世界相一致，这是一切科学的共性；三是它的许多内容都是正确的，是经过实践的无数次检验而证明了的。它主张哲学应接受实践的检验，随社会实践的发展而发展，随自然科学与社会科学的发展而发展，这也是一切科学的共性；四是它有明确的研究对象，有与研究对象相一致的原理，形成了世界观、历史观和意识论三个组成部分；五是哲学应该有一个体系，而且要按照一定的原则来建构哲学体系，这个原则主要就是从抽象到具体、从简单到复杂，它有一个基本符合从抽象到具体这个原则的逻辑体系；六是它强调哲学的应用价值，认为哲学应该指导人们认识世界和改造世界的活动。

传统的马克思主义哲学教科书体系也有局限性，存在一些薄弱环节，使这个体系还不够完整严密。譬如：它没有充分吸收20世纪以来时代发展、科学发展的新成果、新内容；它对人的问题、主体性问题、价值问题、实践问题等研究得不够；它对哲学的研究对象究竟是什么，它从何开始，如何展开，它究竟有哪些组成部分，各个部分之间的关系是怎样的，哲学体系怎样体现从抽象到具体、从简单到复杂这个原则，都没有完全讲清楚。

总之，黄枬森认为，墨守成规不行，彻底推翻、另起炉灶也不行。对传统的马克思主义哲学教科书体系应坚持其基本的、正确的东西，而对其不足的方面，应加以修正、丰富、发展和完善，应在坚持其基本性质的基础上，积极创建与当代科学和实践水平相适应的科学的马克思主义哲学体系。

第二，我们要构建科学的马克思主义哲学体系，应首先明确马克思主义哲学的研究对象。马克思主义哲学的研究对象有三个层次。一是最高层次，研究作为整体的客观世界。因此，哲学的第一部分就是宇宙观，即把客观世界作为整体来研究的学科，也叫世界观，过去曾叫本体论。二是研究人类社会历史。因而哲学的第二部分是历史观，也就是唯物史观。由于这个历史是人类社会的历史，所以人类社会历史观也就是一般社会学。三是研究意识。因而哲学的第三部分就是意识论，或者叫精神论。由于意识的相对独立和重要性，可以把意识论作为单独一个部分加以论述。所以，马克思主义哲学体系就是由世界观、历史观、意识论三部分组成，说得确切一点，就是辩证唯物主义世界观、辩证唯物主义历史观、辩证唯物主义意识论，辩证唯物主义是它们的总称。由于世界观在这三个层次中居于最高地位，因而，可以用辩证唯物主义来指称辩证唯物主义世界观。

由上可以看出，在马克思主义哲学体系的建构上，黄枬森的观点成一家之言，即坚持马克思主义哲学的"科学性"，用辩证唯物主义统领马克思主义哲学。这实质上是我们党坚持实事求是的哲学基础。马克思主义哲学具有价值维度，它强调以人为本，对"人"给以深刻关切，同时，黄枬森认为，马克思主义哲学也具有科学维度，它强调实事求是，从客观实际出发，力求客观地反映和认识事物。这种对马克思主义哲学"科学性"的强调和注重，是难能可贵的，值得肯定的，在当代中国也具有现实意义。

四、人学研究的开拓者

改革开放前，人性研究在中国学术界很少受到关注。由于黄枬森认为传统的马克思主义哲学教科书对人的问题、主体性问题、价值问题、实践问题关注和研究不够，所以，在关于真理标准问题的讨论之后，黄枬森开始关注并研究人的问题。可以说，从"中国人学"诞生那天起，黄枬森就一直参与其中，且投入了极大的研究热情。黄枬森不仅主编了《人学词典》《人学原理》等数部人学著作，而且对我国马克思主义人学学科队伍建设也做出了巨大贡献，如在北京大学哲学系成立了人学研究中心，并倡导组建中国人学学会，亲任会长。尤其是在人学学说和理论体系的建构上，他提出了许多具有开创性的真知灼见，成为我国学术界人学研究领域的主要开拓者之一，在中国人学界树立了一面旗帜。

一是尝试构建系统的人学学说和理论体系。无论是中国还是西方，古代还是现代，思想家们都提出了许多关于人的思想。但所有这些充其量只是关于人的思想，尚处于关于"人学"的史前史阶段，人学作为一门系统的科学学说和理论体系，尚未完全建立起来。黄枬森认为，建立人学是非常必要的，它既可以整合各个层次、各个侧面、各门学科对人的问题的研究，克服每门学科对人的研究的片面性，又可以加强马克思主义对人的本质的研究，丰富和发展马克思主义哲学理论体系。

要构建一门相对独立的人学学说和理论体系，就必须弄清人学与其他学科的关系，这是关系人学学说和理论体系建设的极具研究价值的重大理论问题。首先要区分人学与哲学的关系。因为在最初对人的问题研究之后，大家普遍认为，马克思主义哲学包括了对人的研究及人的学说，现在要把"人"相对独立出来加以研究，建立一门关于人的系统学说和理论体系，自然要解决人与哲学的关系问题。在这一问题上，有一种十分流行的观点，认为哲学就是人学，其根据就是近代西方哲学已从本体论转变为认识论或实践论，本体论已经过时，且为认识论或实践论所代替了，哲学应以实践论思维方式来否定本体论思维方式，以实践主体论来理解人和世界及其关系。黄枬森则认为，实践主体论应当研究，但本体论没有过时。把人的世界与物质世界分割开来，并把本体论的研究限于物质世界，是难以成立的。从古到今所说的哲学，实际上不是一门学科，而是一个学科群，不同学科及其内容是由它们的研究对象决定的，哲学按其对象和内容，实际上包括了本体论（世界观）、自然观、历史观、认识论、方法论、伦理学、美学、人学等，今天的马克思主义哲学也是如此。哲学是一个学科群，人学只是哲学的一个组成部分。因此，不能把哲学与人学混为一谈，也不能把历史观与人学等同。所以，在哲学与人学的关系问题上，哲学包括人学，但不等于人学，人学只是哲学的一个分支，二者是整体与部分的关系。

人学能否作为一门相对独立的理论体系确立起来，关键在于它有没有明确的能同其他学科区别开来的研究对象。界定人学的研究对象是建立人学的一个难题。因为"人"这个概念是最难定义的，不同的人会对"人"做出不同的定义。人学当然要研究人，研究作为整体的人及其存在和发展的规律，它所提供的是人的完整图景与对人的本质的完整理解。然而，人在现实性上具有多种存在形态，人既可以指向个体的存在，也可指向群体的存在，还可以指向类的存在。那么"整体的人"究竟指什么？人学研究的对象与哲学人类学、人的哲学研究的对象有什么区别？黄枬森把人学的研究对象及性质，定义为"它是从各门有关人的科学的相互联系和统一中，研究完整的个人及其存在和发展的一般规律的一门相对独立的综合的科学"。就是说，人学是对一般的个人进行研究，而不是研究所有的个人组成的人类；是对人的各个不同侧面进行综合研究，而不是专门研究人的某一个侧面；是既对人作静态的研究，又对人作动态的研究，不但要揭示静态的人的本质，还要揭示动态的人的存在和发展的规律。从这个定义中，可以看出人学研究的对象与哲学人类学研究的对象的主要区别在于：哲学人类学往往是从人和动物的区别上来谈人这个族类的特征，较少论述个人；哲学人类学大都从人类生命的某一现象来理解人在这一领域的"完整性"，较少综合研究人的各个侧面；哲学人类学往往忽视人的实践活动和社会关系的作用。而人的哲学，可以说是人学的最抽象、最一般、最核心的部分，是人学的最高层次，但它不怎么注重与具体科学相结合，不像人学那样，是从人的各门学科的联系中，对完整的个人进行综合研究。

应当说，黄枬森关于人学的一系列思想观点是具有原创性贡献的，为我国人学学说、人学理论体系的建构奠定了较为坚实的理论基础。

二是对人性和人的本质的界定。人性、人的本质是人学的根本问题，它回答"人是什么"的问题。人是什么？人性和人的本质是什么？这个问题可以说是人学问题的核心，因而几千年来一直是人们争论的焦点。在历史上，人们往往把人性与人的本质混为一谈，彼此相互替代。为了把二者区分开来，黄枬森主张将人的属性划分为三个层次：首先指人的一切属性，包括自然属性、社会属性和精神属性，即人的属性；其次指人的基本属性，是人区别于动物的属性，即人性；最后指人的最基本的属性，在所有的人性中起决定作用，即人的本质。人的属性是外延最大的概念，是指人在与他人、他物发生关系时表现出来的种种特征。它是一种关系范畴，人在与社会发生关系时，表现出来的更多是人的社会属性；在人作为自然的一部分意义上，表现出来的主要是人的自然属性，等等。其中，其自然属性不能把人与动物区分开来，所以不是人之为人的属性。而人的社会属性和精神属性的任何一个方面都能把人和动物区别开来，是属于人性的一些特征，且都是后天形成的，是社会的产物。黄枬森认为，人的本质是人之所以成其为人而区别于其他动物的根本特征。马克思对此早已做出科学回答，即人的本质就是在一定社会关系中，使用人类自己制造的劳动工具改造自然的活动，亦即生产劳动，更广泛一点讲，即人的实践活动。

马克思主义以前的哲学家总是把理性、意识和思想看作人的本质，事实上，理性、意识和思想虽然能把人与动物区别开来，却不能产生出人的各种属性并使之得到逐步发展。既能把人和动物从本质上区别开来，又能产生人的各种属性并使之得以发展，也就是使人成其为人的根据，是人的生产劳动。因为，第一，通过生产劳动，确证人是有意识和自由自觉的类存在物，这种存在物把类看作自己的本质；第二，生产劳动产生了人及其语言、意识、社会性和对自由的追求，并使人及其属性得以发展，思想和意识则不能；第三，生产劳动是使人摆脱动物且作为人而存在的根本条件。尽管马克思在《关于费尔巴哈的提纲》中说过，人的本质"在其现实性上，是一切社会关系的总和"，但这实际上只是强调不能离开社会关系的总和来谈人的本质，人的本质的具体表现形式在不同社会条件下是不同的。人性主要侧重于人区别于动物的全部类特性，这种类特性是由人的本质表现和实现出来的。人性是共同性，是每一个人都具有的，因而是抽象的。有些学者认为，对人的本质或人性进行任何抽象都不是马克思主义，都是抽象人性论，其根据就是马克思曾批评过费尔巴哈撇开历史的进程，孤立地观察宗教感情，并假定出一种抽象的、孤立的人类个体。黄枬森明确指出，对人性是可以进行抽象的，马克思反对费尔巴哈的抽象人性论，但不反对任何对人性的抽象。他分析了抽象在人类认识中的作用，认为抽象是把事物从感性事物中区别开来加以把握的思维能力，是认识摆脱感性的具体性而向理性过渡的能力，没有这种能力，人们就无法把握事物的本质，无法认识事物的发展规律。只是人们在进行抽象活动时，容易犯夸大和歪曲的毛病，最常见的就是使共性脱离特殊性和个性，把抽象变成了空洞，这是非科学的抽象。科学的抽象，是把根本的深刻的共性抽象出来，即把本质和现象区别开来，把各个层次的本质抽象出来。所以，对于人本身而言，问题不在于能否抽象，而在于如何科学地抽象。只要我们承认人是一个类，就回避不了对人的共性的抽象。人的共性很多，抽象的主要任务，是把人的最根本的共性抽象出来。我们平常所说马克思主义诞生以前的人性论是抽象人性论，就是因为它离开社会关系来抽象人的本质，离开历史性、时代性来谈人性，把人性看成是凝固不变的东西，这是对人性或人的本质的非科学的抽象。

这些思想观点，对研究人性和人的本质问题做出了理论贡献。

五、文化研究的推动者

文化的核心是价值观，人是价值的主体。按照逻辑，黄枬森又进一步去研究文化问题。

在我国文化研究热的背景下，针对人们对文化的基本概念、基本理论等问题的分歧，黄枬森进行了深入思考，发表了一些独到见解，拓展了对文化问题的研究。

一是在文化的概念上，黄枬森认为，对文化可以有三种理解。一种是广义的，一种是狭义的，一种是更狭义的。广义的文化无所不包，人类社会里的一切东西都是文化；狭义的文化专指精神文化，确切说就是指人的精神活动及其产品；最狭义的文化就是文化部门所涉及的文化，包括文学、艺术以及教育水平、知识水平。黄枬森强调，作为一个科学概念，对文化应作第二种理解，即精神文化。因为这种理解符合一种总的趋势，即把文化同经济、政治并列起来理解。把三者并列，意思是说，文化不是经济，不是政治；经济、政治、文化三者包括了全部社会现象。这种把文化同经济、政治并列起来的观点，已经得到广泛认同。

二是在文化与经济、政治的关系上，黄枬森认为，应基于唯物史观来理解三者的关系，文化是经济、政治的反映，文化具有相对独立性，对经济、政治具有强大的反作用。这样来理解的文化，就不仅仅是观念上层建筑，而是包括许多非上层建筑的东西。上层建筑是经济制度所决定的，而文化除了由经济制度所决定的那些方面外，还包括在各方面都起作用的方面，如语言、思维形式。

三是在文化的定性和分类上，黄枬森指出，人们往往用空间和时间来分类，从空间来分类，如东方文化、西方文化、亚洲文化、欧洲文化、非洲文化，用时间来分类，如古代文化、中世纪文化、现代文化等，这种主要根据空间和时间来分类，还说不清楚文化的性质。黄枬森认为，要弄清楚一种文化的本质及其特点，就要根据它的经济、政治状况来定性，应主要根据文化同经济、政治的关系，来理解文化的类型。

四是在文化的外延上，黄枬森认为，应该包括十二个方面。即：科学技术；经济思想理论；政治法律思想理论；语言文字；道德伦理观念；道德伦理理论；宗教现象；文学艺术；哲学和社会学说；教育和教育思想；新闻出版事业；公共文化设施及其活动；民间文化。

五是在中国传统文化与现代文化的关系上，黄枬森认为，中国传统文化是农业封建主义文化，这个文化，辛亥革命动摇了它的政治基础，而新文化运动使它遭到了根本性打击。随着中国经济的发展，随着革命的进行，传统文化中的落后部分逐渐被摒弃，且在中国土地上逐渐形成了一种新的文化。因此，要注重研究中国文化的现代化问题。

以上五点，可以看作是黄枬森对文化问题的基本看法和独特见解。

黄枬森自谦地认为，他并没有构建自己的什么哲学思想体系，也根本不想提出他自己的什么哲学思想。因为马克思主义哲学是一门科学，它和任何其他科学一样，是集体的事业，是全人类的事业。他主要是把哲学作为一门学科来研究和建设的，在这个事业里，他做出了一些贡献。如果一定要说他有什么哲学思想，那就是他对马克思主义哲学做出的一些独到理解。

（韩庆祥，中共中央党校一级教授，博士生导师）

简论黄枬森先生的文化思想

徐碧辉

文化问题是近年来国内持续不衰的热门话题，文化论著可以说是车载斗量。然而，文化的含义究竟是什么？它包括哪些外延？这个问题却是很多人没有或不愿意去思考的。他们只是把文化当作一个不证自明的概念，把许多他们愿意包括进去的内容都放到这个概念里去。这样，文化问题虽然近几年来热闹非凡，但关于对文化概念进行具体的理论分析的却并不多。在这个问题上，黄枬森先生显示了一个严肃的学者和思想者严谨求实、一丝不苟的治学态度，从20世纪80年代到90年代，他对文化问题进行了基础性的概念分析和理论创新工作。

一、文化的内涵和外延

同许多人文概念一样，文化概念可能是人们用得最多、却含义最不确定的一个概念。许多人在不同的层次、不同的含义上使用这一概念。一般是在精神思想层面运用这一概念，但是也有把整个社会的物质和精神现象都包括在文化概念里的，比如人们常常提到的"中国文化"和"西方文化"，就是往往把整个中国传统社会的所有现象，包括政治体制和结构、经济发展水平、经济运作方式等，都包括在里面；还有对某一社会现象甚至自然现象以文化之名冠之，如所谓茶文化、酒文化、饮食文化、服饰文化、山文化、水文化，甚至"青楼文化""厕所文化"；也有以特定的社会职业为标准来划分文化的，比如企业文化、校园文化；也有以文化的不同主体来划分的，如所谓主流文化、大众文化、精英文化；还有从文化的性质来分，分为雅文化与俗文化，等等。据说，关于文化的定义有360多种。因此，文化虽是近年来比较热门的概念，但其确切的内涵或定义到底是什么，这仍然是个困难而有待研究的问题。

黄枬森先生知难而上，对文化的内涵与外延进行了探讨。他认为，文化的含义有广义与狭义之分。广义的文化现象等同于社会现象，狭义的文化现象就是精神现象。从文化理论和文化建设的角度讲，应该使用狭义的理解。因为，自20世纪以来，在对人类社会的历史进行分析时，把经济、政治和文化并列起来使用已成为普遍性的趋势。如英国著名历史哲学家汤因比的文明形态理论认为文明包括三个组成部分，即经济、政治和文化，文化是文明形态中稳定的经常起作用的精神因素，是文明的核心，而经济政治的作用经常变化。宗教又是文化的核心，因此，文明形态就是以文化，特别是以宗教为标准来划分的。又如近年来在国际理论界引起很大争议的美国学者亨廷顿的文明冲突论，也是把文化与经济政治并列，认为文明是文化的实体，文化是文明中最根本的东西，以文化和文明来划分世界、国家和集团远比以政治经济制度或经济发展水平来划分有意义。毛泽东在其《新民主主义论》中就提出了经济、政治和文化三者并列的社会结构理论，同时规定了三者的关系：一定的文化（当作观念形态的文化）是一定的社会的政治和经济的反映，又给予伟大影响和作用于一定社会的政治和经济；经济是基础，政治是经济的集中表现。黄先生认为这是对文化问题的唯物史观的表述，它把文化看作是经济和政治的反映，这和文化史观夸大文化的地位和作用、认为文化是人类活动中最根本的活动、决定着人类社会的一切、从而决定着人类的经济和政治的唯心史观是对立的。但是，不管人们如何理解三者的关系，只要把三者并列，就是承认文化不是经济、政治，而是经济政治以外的东西，即精神活动及其产品，这就是对文化的狭义的理解。根据这个理解，黄先生对文化所下的定义是："文化是人类的精神活动及其产品，是经济和政治的反映，归根到底是人类物质活动的反映。"[1]

那么，具体说来，文化包括了哪些社会现象呢？它的外延是什么呢？

这更是一个复杂的问题。黄先生试图对社会的文化现象进行概括，把它分为十二类：科学技术；经济思想和经济理论；政治法律思想和理论；语言文字；道德伦理观念和理论；宗教；文学艺术；哲学和社会学说；教育和教育思想；新闻出版事业；公共文化设施及其活动；民间文化。[2]此外，还有体育和卫生也被包括了进去。

这种分类是否合适可以进一步研究。我个人认为，这种分类有意义，也有局限。黄先生对文化的定义是"人类的精神活动及其产品"，那么科学活动是否完全是一种精神活动呢？它是否物质性的成分更重一些呢？再比如，在这种分类中包括了新闻出版和教育活动，那么人的其他活动，如人际交往、旅行等活动之中有没有文化呢？能否说它们也是一种文化现象呢？事实上，商业文化、旅游文化都是近年

---

① 黄枬森：《论文化的内涵与外延》，载于《北京社会科学》，1997年第4期；《新华文摘》1998年第3期全文转载。
② 黄枬森：《论文化的内涵与外延》，载于《北京社会科学》，1997年第4期；《新华文摘》1998年第3期全文转载。

来被讨论得较多的文化现象，恐怕不能排除在文化之外。还有，按照黄先生文化是一种"精神活动及其产品"的定义，语言文字是不能称之为文化的，因为言说并不都是精神活动，日常语言中大多数所表达的内容都不具备精神性，而只是某种事实或简单愿望的记录。然而语言是一种文化现象，这是毫无疑问的。因此，问题出在黄先生关于文化的定义上。这个定义包括了精神现象及其产品，却没有把符号包括进去。

不管是否同意黄先生对文化概念的界定和分类，有一点却是可以肯定的：他对文化概念的分析有自己独到的、具有内在联系的思路，从这一思路出发去理解文化现象是完全可以自圆其说的。因此，无论是否同意他的观点，他的观点自成一家，这一点却是无可否认的。

二、唯物史观和文化史观

黄先生认为，在文化问题上，有一种以文化角度来解释一个社会的根本性质和划分历史分期的观点，他称之为文化史观。他概括这种文化史观的几个特点是：第一，划分世界不同地区的主要标准不是经济发展水平或经济政治制度，而是文明或作为文明核心的文化；第二，文化与经济、政治并列，共同组成人类社会，属于人类社会的精神领域；第三，文化在整个人类社会中起最后的决定作用，是人类社会中最根本的东西。[①]

比如，梁漱溟把整个世界的文化分为三种类型：西方文化、中国文化和印度文化。它们分别以科学技术、伦理道德和宗教为其基本内核。这三种文化形态也是人类的文化由低到高级的三个阶段。中国文化和印度文化本来是人类社会的高级阶段的文化形态，但由于中国和印度都没有经过发达的科学文化形态，呈现出一种早熟现象，因而在国力上大不如西方，在跟西方打交道的过程中反而备受处于文化发展的较低级阶段的西方国家的欺凌。因而中国文化的任务就是以传统的儒家思想为基础，吸收西方文化的长处，发展科学技术，走中国自己的现代化之路。再如汤因比用宗教来解释历史和整个人类文明。他把整个人类文明划分为三个部分：政治、经济和文化。其中文化是其基础与核心。而文化的根本则在于宗教，不同的文化主要是由不同的宗教来区分的，不同的宗教决定了文明的不同类型。他区别了21种主要文明类型，比如，有基督教文明，东正教文明，伊斯兰文明，印度文明、远东文明（中国、日本、韩国）等。亨廷顿在其《文明的冲突》中同汤因比一样把文明看

---

① 黄枬森：《唯物史观与文化的共性和个性》，《哲学研究》，1997年第4期。

作"一种文化的实体"，"是人们的最高文化凝聚物"，认为"以文化和文明划分这些国家集团远比以政治经济制度或经济发展水平来进行划分有意义。"他认为，汤因比所看到的21种主要文明形式大多已湮灭，只留下了六种。他自己则把整个世界的文明划分为八种类型：西方文明、儒教文明、日本文明、伊斯兰文明、印度文明、斯拉夫——东正教文明、拉美文明以及可能的非洲文明。未来最大的冲突将沿着分隔这些文明的断裂带进行。

黄先生认为，把人类社会结构划分成经济、政治和文化三个部分，这是唯物史观和文化史观的共同之处。但是，这三部分中的哪一部分才是最根本的起决定作用的因素？从唯物史观的立场出发，黄先生对于文化史观把文化看成人类社会中起最后决定作用的观点是不赞同的。他指出："同文化史观相反，唯物史观认为人类社会的基础、根基是经济，政治是经济的产物；经济和政治又是文化的基础、根基，文化是经济和政治的产物，而经济政治和文化又通过直接和间接的、简单和复杂相互作用形成一个有机的立体网络，文化的作用是巨大的重要的不可缺少的，但决定整个社会面貌的最后的根基、推动整个社会前进的最后动力是经济，这是不能含糊的。"[①]

坚持以唯物史观作为分析社会问题的基本立场和方法，这是黄枬森先生一以贯之的学术立场和学术观点，也是一个马克思主义者对于哲学社会科学所应该秉持的基本立场和方法。但黄先生并不满足于指出了唯物史观和文化史观的区别，而是在运用唯物史观科学分析社会结构的前提下，对中国文化和西方文化的共性与个性进行了具体的分析和考察，澄清了一些流行的似是而非的模糊观念。如一种颇为流行的说法是，中国传统文化的精髓是天人合一，它导致了中国传统的科学技术不发达；西方文化的精髓是主客二分，它使得西方科学技术发达，人与自然的关系却很紧张。黄先生指出，所谓"天人合一"是指人与自然之间的和谐与平衡。但所谓和谐、平衡都是从人的角度说的，是以人类为中心的和谐与平衡。离开这一大前提便谈不上什么天人合一，谈不上什么人与自然的和谐与平衡。"因此，要达到人与自然的和谐，只能采取更加自觉地改造自然的办法，而决不是抛弃科学技术、停止自觉地改造自然，让自然界回到人类出现时的原始状态。"[②]说主客二分导致主客体之间的紧张与对立，这是对主客二分的误解。"正确地理解的主客二分，不过是指人在实践与认识过程中把自己与客观世界相对地区别开来，这是人类生存与发展

---

① 黄枬森：《唯物史观与文化的共性和个性》，《哲学研究》，1997年第4期。
② 黄枬森：《唯物史观与文化的共性和个性》，《哲学研究》，1997年第4期。

所必需的，"是在类人猿变为人的过程中发生的，是在劳动和实践的过程中发生的。[1]因此，主客二分对于人类来说是一个必然而必需的过程。无论是西方还是中国都不可能没有主客二分。当然，主客二分并不排斥主客统一，后者同样"是在劳动和实践过程中发生的，那就是改造世界的成功，是主体目的的实现。……主客二分与天人合一，如果给以合理的解释，实际是人类实践活动的两个侧面，不仅是不冲突的，而且是相互依存的、互补的，谁也离不开谁。主客二分与主客统一反映在文化上就是自觉改造世界的思想，它是文化的本质，没有主客二分的文化和没有主客统一的文化都是不可能的。"[2]

三、继承中华民族的优秀传统文化

中国传统文化延续了几千年，其生命力不可谓不强。然而从19世纪中期开始，这种文化受到了从未有过的历史挑战。虽说在过去的岁月里，中国文化也受到过外来文化的严峻挑战，最严重的一次是来自印度的佛教的挑战，它都以博大包容的胸襟吸收消化了外来文化，可是，过去中国所接触的外来文化主要是以农业为基础的文化，而作为农业文化，中国传统文化在相当长的时间里是世界上最先进的文化形态。中国传统文化对外来文化的吸收融合正是建立在这个基础之上的。而这次中国所面对的西方文化却是一种跟中国传统文化完全不同的、建立在工业基础之上的文化体系。因此，在这样强劲的挑战之下，从19世纪中叶到20世纪初，整个中国传统文化中断了，崩溃了。传统文化被当作一种落后、保守、毫无任何价值的东西抛弃了。在经历了一百年风风雨雨的历史磨难之后，中国人重新又认识到，传统文化是中国的根，是每个中国人的血脉，是无法割断的。

那么，在今天，当我们寻找中国的现代化之路、建立中国的社会主义现代文化时，我们应该从传统文化吸取一些什么东西呢？传统文化中有什么有价值的东西可以为我们今天的现代化社会利用呢？这是每一个关心中国的现代化建设的人都在关注的问题。黄枬森先生作为一个密切注视时代、站在时代前列的思想家，也不能不对这些问题有自己的思考。在《中国传统文化与中国的现代文化建设》一文中，黄先生对中国传统文化中关于天人合一和天人二分相统一的思想、关于认识与实践、个体主义与整体主义的关系、中国传统文化的道德主义倾向等思想进行了具体的分析，指出其中可以为今天的现代化建设所吸收的部分和需要剔除的糟粕。在进行具

---

① 黄枬森：《唯物史观与文化的共性和个性》，《哲学研究》，1997年第4期。
② 黄枬森：《唯物史观与文化的共性和个性》，《哲学研究》，1997年第4期。

体分析的时候，黄先生特别注意处处贯彻唯物论和辩证法，对传统文化进行一分为二的具体分析，既不是像某些复古派那样全盘肯定，也不像某些西化派那样全盘否定，体现了一个马克思主义者在对待传统文化方面的科学与唯物的态度。

1. 关于认识与实践的关系

黄先生认为，中西文化在实践与认识及其关系问题上的特点是：其一，中国强调认识的实践性，西方强调认识的系统性；其二，中国强调认识的综合性，西方强调认识的分析性；其三，中国强调人文认识，西方强调自然认识。这些特点是它们的优点，也是它们的缺点。[①]人们一般认为，中国文化主张知行合一。黄先生指出，知行合一的正确理解应是实践与认识的统一，但它并不排斥实践与认识的区分。然而中国文化所说的知行合一则由于强调实践而流于忽视认识，特别是基础研究，甚至以实践吞并、淹没了认识。中国传统文化对实践的重视，是马克思主义能在中国传播开来的文化基础之一，也是中国革命能够取得胜利的文化基础。"重视实践是优点，但因重视实践而忽视认识、理论，否认认识理论在人类文化中的相对独立的地位，急功近利，要求任何研究都要立竿见影，轻视系统研究，这样优点就转化成了缺点。"[②]中国传统文化以上三个特点到现在还有很大的影响，现在理论界有一些偏向，一是重实践轻认识。重实践是对的，轻认识是不对的。二是重综合而轻分析。重综合是对的，轻分析是不对的。一种较为流行的观点是，过去是分析的时代，今天是综合的时代，这种观点是符合事实的。事实上，分科研究比以往任何时候都更兴盛。在这种背景下，提醒人们重视综合，不要陷入片面的分析研究，但不以此把过去与现在区分为两个时代。三是重工轻理，重理轻文。这是对"文革"时期整个社会意识形态化的拨乱反正，但是矫枉过正，又走到了另一个极端。

2. 关于整体主义与个体主义

黄先生指出，在关于人际关系的问题上，有一种看似很有道理实则似是而非的观点。这种观点认为，按照马克思的三种社会形态论，在自然经济社会里，人依赖于人，价值观是整体主义；在商品经济社会里，人是相对独立的，没有任何依赖关系，其价值观是个人主义；在第三种社会形态即产品经济社会里，人与人既独立又相互依赖，其价值观是集体主义。第一种是传统社会，第二种是现代社会，第三种是未来的共产主义社会。我国现在正处在从传统社会向现代社会过渡的阶段，传统

---

① 黄枬森：《中国传统文化与中国现代文化建设》，见黄枬森等主编：《有中国特色社会主义文化研究》，山东人民出版社1999年版，第420页。

② 黄枬森：《中国传统文化与中国现代文化建设》，见黄枬森等主编：《有中国特色社会主义文化研究》，山东人民出版社1999年版，第422页。

的整体主义和集体主义都已不适合现在的国情，转轨后的社会价值观应该是个人主义，只有个人主义才适应市场经济。黄先生指出，这种观点把传统社会的价值观看成是整体主义，但它抹杀了传统的整体主义和社会主义集体主义在所有制上的根本区别和经济基础的不同。

从传统社会的价值观来说，也并不仅仅只有整体主义，个人主义观点也有很大的市场。黄先生对传统文化的整体主义进行了分别考察，把它分为三种类型：第一，等级整体主义，这是中国传统社会中占统治地位的思想。这种思想把一个社会的成员分成不同的等级，处理人际关系便按照这种等级的原则来进行。如君为臣纲，父为子纲，夫为妻纲。孔子的仁学就是一种等级整体主义，"仁"的实质是"礼"，而礼正是一种严格的等级的制度。孟子明确讲"爱有差等"，反对墨子的兼爱说，认为这种学说是无君无父。等级整体主义在处理人际关系时首先考虑的是整体的利益，在个体与整体之间首先要考虑的是整体，不能兼顾时便当牺牲个体以保全整体，即所谓"杀身成仁""舍生取义"。这种整体主义中的整体有时并不是真正的整体，不是人民、国家与民族，但它作为一般原则确实激励了千百万仁人志士为民族、为国家的利益而赴汤蹈火、前仆后继，甚至也激励了今天许多人民的烈士为了民族和人民而奋不顾身，英勇牺牲。第二，平等整体主义，以主张兼爱的墨家为代表。孔子的"爱"是从统治者的立场出发的，是有等级的，墨家的"爱"是从劳动者的立场出发的，是人人平等的。平等整体主义思想在《礼记·礼运》篇中也有明显而强烈的表现，这就是"大同"思想。这种大同思想对后世影响甚大，直至近代的资产阶级政治活动家康有为、谭嗣同、孙中山等也都推崇大同思想。第三，个人主义。个人主义理论在传统文化中表现出来的不多，主要代表是杨朱。但是，个人主义和极端个人主义实践并不少，它的社会根源是私有制，其认识论根源是自我意识或主体意识的出现。

黄先生指出，传统整体主义与现代集体主义有根本区别，不能混为一谈。传统整体主义的社会基础是封建社会，理论根据是一些素朴的前科学的观点，基本内容是狭隘的抽象的。社会主义集体主义的社会基础是社会主义初级阶段，理论根据是马克思主义科学理论，基本内容是广泛的具体的。但是，它们之间的确有很多共同之处，这就是它们都主张把整体摆在第一位，把个人摆在第二位，必要的时候不惜牺牲个人来成全集体。这种精神在很多时候激励过仁人志士做出惊天地、泣鬼神的事迹。对于个人主义也要一分为二。它强调人的主体性，强调个人的平等、自由，是其合理之处，在社会主义初级阶段多种经济成分同时存在、社会主义市场经济日益发达的条件下，个人主义有其存在的客观根据，不可能人为地加以消灭。只要注意约束它，使它不致发展为极端个人主义，其积极方面仍可以对生产力发挥积极作用。

3. 关于传统社会的道德主义倾向

黄先生认为，中国传统社会是一个以道德为思想文化核心的社会，这在世界上都是少见的。道德主义主要表现于传统文化关于义与利的关系的理论。孔子讲"君子喻于义，小人喻于利"，孟子讲"何必曰利"，把义与利绝对对立起来，把道德主义推向了极端。他指出，道德主义对我国社会发展产生过两方面的作用，它在社会需要稳定的时候，可以起到稳定社会秩序的作用，当社会需要变革的时候，以旧行为规范为主要内容的道德主义，往往成为阻碍社会前进的保守的精神力量。道德主义的德治观点和仁政思想实际上是长期的专制统治的装饰和工具，但当政权成了真正的人民政权的时候，德政和德治思想可以发挥更多的积极作用，有利于我们的法律的制定与执行，更加符合公认的道德原则。道德主义还可以削弱宗教的作用，有利于无神论的成长与发展。

黄先生关于文化问题的思想还有很多方面，如关于文化的分类。黄先生是从一种文化所处的经济政治状况来定性和分析的。比如欧美文化，是工业资本主义文化，中国传统文化是农业封建主义文化，中国现代文化则是一种向工业社会主义文化过渡的过渡性文化。限于篇幅，这里不再展开论述。

从上面简单的叙述中可以看到，黄枬森先生对文化问题进行了多方面、全方位的思考，在这种思考中处处贯穿着马克思主义的唯物论和辩证法思想，体现出科学、严谨、求实的治学态度和方法。黄先生自己说过，他是把哲学当作一门科学来研究、来讨论、来建设的，他对文化问题也同样是以科学态度来研究、讨论和建设的。也许他的观点并不是每个人都赞同的，但他这种认真、严谨的治学态度，客观冷静、务实辩证的研究方法，以及端正平和、讲究理据的学风，却是每一个人文和科学工作者所不能不敬重和认真学习的。

（徐碧辉，中国社会科学院哲学所研究员，中华美学学会副会长）

文艺学学科也要走科学建设之路

董学文

黄枬森先生是中国当代著名哲学家、哲学史家、哲学教育家、北京大学资深教授。他的逝世，是我国理论界和学术界无可挽回的巨大损失。在先生灵堂的吊唁簿上我写道："您的学术，是我们的财富；您的信仰，是我们的力量。"这是我发自内心的两句话。

黄枬森是我国当今马克思主义哲学研究的领军人物，在长达70年的教学和科学研究中，他对马克思主义哲学史、马克思主义哲学体系、马克思主义人学以及马克思主义文化理论诸方面，都做出了杰出的贡献。黄枬森的哲学研究实践和一系列著述中提出的观点与问题，使从事马克思主义美学和文艺理论研究的人受益匪浅。尤其是黄枬森提出的一个以《哲学笔记》为根据的唯物辩证法体系的草图，把哲学作为一门科学建设的意见，对马克思主义文艺学和美学研究同样具有指导性的意义。每当我回顾和思索黄先生理论品格和个性的时候，脑际里总浮现出马克思的这句话："我的见解，不管人们对它怎么评论，不管它多么不合乎统治阶级的自私的偏见，却是多年诚实研究的结果。"[①]本文想从学习和体会的角度，谈谈黄先生思想给我们研究美学与文艺学的启发。

一、坚定的信仰来自对马克思主义是科学的认识

黄枬森为什么对马克思主义的信念无比坚定，那是因为他坚信马克思主义是科学；黄枬森为什么对马克思主义的研究如此执着，那是因为他把马克思主义当成科学来探讨；黄枬森为什么会把马克思主义当成科学来对待，那是因为他从经典文本的细心研读和中外实践的理性考察中得出了这个结论。如此一来，他就同那些仅把马克思主义当成一个一般研究对象的学者拉开了距离。

黄枬森的这个观念一直是很牢固的：哲学是一门科学，哲学是离不开科学的。

① 《马克思恩格斯文集》第2卷，人民出版社2009年版，第594页。

他与许多学者不同，力排众议，始终坚持"哲学就是科学"的观点。之所以如此，则是他发现并认识到哲学要研究宇宙奥秘和人生真谛的两个方面，自然科学的进展对这位哲学家影响很大。他说过：我一直对自然科学很关注，对科学的学习使我认识到哲学并非很随意、很自由、很浪漫的东西。我记得丹麦著名物理学家玻尔曾经讲过：物理学对于一般哲学思维的发展所起的作用，不仅仅表现在我们对于自然界不断深化的认识方面所做出的贡献。物理学的重要作用就在于，它不断向我们提供了修改和完善我们作为认识方法的概念系统的机会。恩格斯亦曾说过："在马克思看来，科学是一种在历史上起推动作用的、革命的力量。任何一门理论科学中的每一个新发现——它的实际应用也许还根本无法预见——都使马克思感到衷心喜悦。"[1]恩格斯甚至这样表白："马克思和我，可以说是唯一把自觉的辩证法从德国唯心主义哲学中拯救出来并运用于唯物主义的自然观和历史观的人。"[2]这也就是说，马克思、恩格斯是希望自己的自然观和历史观既是辩证的又是唯物的，即科学的。为了实现这个目标，他们都曾在数学和自然科学方面花费多年的工夫，认为创建辩证唯物主义和历史唯物主义当中必须经历一次彻底的"脱毛"过程。

显然，黄枬森所主张的"哲学是一门科学"，并不是像有些人理解的那样，是要使哲学纯粹自然科学化，而是力图使马克思主义哲学具有科学性的努力。用恩格斯自己的话说，就是自从马克思主义成为科学以来，就要求人们把它当作科学看待，就是说，要求人们去研究它。从现实状况看，黄枬森强调哲学是一门科学，则是由于他认为目前存在一种普遍的倾向，就是否定马克思主义哲学的学术性和科学性，不承认马克思主义是一门科学；与之相对应的另外一种倾向，就是只承认它的学术性、科学性，而否定它的政治性。……就马克思主义哲学的境遇来看，主要的极端是否定马克思主义哲学的科学性。群众中总有一种看法，认为马克思主义哲学就是政治，而不是学术、不是科学；认为马克思主义哲学只是为政治服务的。这种倾向，在文艺理论界其实也是具有普遍性的。

近些年，有些学者一再申论"文艺学既不是社会科学，也不是人文科学，只是一门人文学科"，主张应当像从事文艺创作一样从事文艺理论研究；还有学者反复表示"搞文艺理论研究，既要坚持马克思主义的原则，又要坚持学理的原则"。前者给人的感觉，好像文艺理论怎么说都行，无须把它当科学去对待；后者给人的感觉，好像马克思主义的原则和学理原则是两回事，马克思主义只是一种关涉思想和

---

① 《马克思恩格斯文集》第3卷，人民出版社2009年版，第602页。
② 《马克思恩格斯选集》第3卷，人民出版社2012年版，第385页。

政治立场的角色。这样一来，文艺理论研究的科学性诉求就被消解了。马克思主义本身既然不涉及学理问题，也解决不了学理问题，那就同宣称马克思主义文艺学不具有科学性、学术性，也就没有什么本质区别了。为了解决这个问题，黄枬森在自己的论述中，多次阐释对马克思主义的意识形态性和学术性的关系问题的思考，努力说明哲学为什么是一门科学。他指出：科学史告诉我们，任何一门学科都有一个从非科学到科学的过程，我们不能根据它过去没有成为科学就断定它今后不能成为科学。他还说：自古以来，艺术、道德、宗教、哲学四者何者应占主导地位，一直争论不断。事实上，在哲学的科学形态出现之前，这个问题是无解的，因为这四个领域都在追求最后的东西，即终极的东西，难分高下。只有在哲学成为科学之后，即辩证唯物主义这一科学的世界观出现之后，世界观的最后最高指导作用才显露出来。这就告诉我们，要想取得文艺学研究的进展与突破，特别是取得马克思主义文艺理论研究的进展与突破，是不能没有科学的世界观的指导的。

黄枬森的这一思想，对文艺学和美学建设极有启发。文艺学和美学的科学性质和科学作用的定位问题，是个重大的问题。它关系到文艺学和美学学科建设的方向，直接影响着文艺学和美学研究的方法与学风。多年来文艺学和美学研究自说自话、各说各话、日益散漫、作用式微，一个很重要的原因就是由于不重视、不遵循学科的科学属性造成的。

众所周知，把文艺学和美学作为科学来建设和发展，需要研究者坚持正确的方向、科学的方法和诚实的态度。黄枬森指出：诚实的态度应该是研究任何问题不可缺少的。缺乏诚实的态度就根本谈不上什么研究。诚实的态度是唯物主义认识论的根本要求，也是实事求是精神的体现。他说，令人担忧的是，目前违背"诚实研究"态度的情况还非常突出。例如，有的研究者为了某种个人目的，故弄玄虚，故作高深，甚至强词夺理，弯来绕去，让人感到其中有深奥道理。又如，有的研究者虽没有抱着某种个人目的，却认为语言越深奥越有学问，因而把简单明了的问题说得晦涩难懂；或者认为越时髦越好，因而盲目地追风赶浪，什么观点时髦就主张什么，不管它有没有根据，根据充分不充分。这种研究不是科学研究，不是"诚实研究"，我们都应拒绝。黄枬森把诚实视为学术的生命，这是秉承了马克思将自己的著作认定是"多年诚实研究的结果"的教导。

二、文艺学研究应该具有科学的哲学基础

黄枬森对本体论问题有自己深思熟虑的见解。他把辩证唯物主义作为马克思主义本体论，这是他潜心研究经典著作得出的结论。在黄枬森看来，关于"本体论"，马克思主义经典作家没有使用这种称呼，而使用世界观这一概念。后来的马克思主义哲学家还是使用本体论这个概念，即在世界观和宇宙观的意义上使用它。经典作家认为离开现实世界的任何东西都是不存在的。100多年来，马克思主义汲取传统本体论的合理因素，以全部人类实践和科学成就为基础，创造性地建立了马克思主义的科学的本体论，即辩证唯物主义世界观，结束了本体论的非科学的历史进程。如果我们在学术研究中坚持马克思主义的话，那就没有必要再去别出心裁地建构什么新的本体论学说。诚然，辩证唯物主义的科学性并没有得到西方思想界和学术界的普遍认可，但这多半是由于不同的意识形态和社会制度分歧造成的。因之，在这种情况下，我们没有必要俯仰西方思潮的鼻息，把文艺理论和美学研究的功夫花在颠覆和解构辩证唯物主义的上面。现在有种意见，认为把物质作为本体论研究的对象，同把上帝作为本体论研究对象一样，是没有意义、属于旧哲学范畴的。黄枬森坚决表示不同意此种看法。在他看来，本体论和其他一切学科的逻辑是完全一样的，如果本体论不能成为科学，那么其他一切学科也都不可能是科学了。

黄枬森赞同钱学森院士生前根据世界观是核心、其余学科是不同领域不同层次部门哲学的思想提出的"宝塔式的学科体系"。他通过对这种分析的肯定，力求指出高居于"宝塔顶尖"的只能是辩证唯物主义，从而进一步阐明了辩证唯物主义就是马克思主义的本体论，其地位和性质在学科体系中是确定了的。文艺学和美学研究的对象，同其他学科研究的对象一样，都属于现实世界的一个领域，而正是这些领域构成了一个互相联系的统一的世界。这就表明文艺的本体和其他事物的本体应是一个东西。"西方马克思主义"中的"实践派"，以"实践论"来否定"本体论"，这实际上是将所谓的"实践唯物主义"当成了向辩证唯物主义挑战与发难的武器。黄枬森指出，西方哲学今天的主要趋势仍然是否定本体论研究。这是很有见地、很让人拨云见日的。在文艺理论和美学领域还有种意见，表面上反对任何本体论或形而上学的本体规定，似乎主张不应有任何本体论思想了，其实不然。这种意见否定或怀疑自然之物的存在，否定文艺发展的客观规律性，无限夸大精神的作用，就本身就是一种本体论思想。

黄枬森认为，探讨什么是文艺学本体论，首先要弄清楚什么是本体论。本体论是一个哲学概念，要回答的是现实世界存在的最后基础是什么。对此，他说：在我看来，辩证唯物主义的回答最正确，即不断运动又相互联系的物质。文艺学本体论的确切称谓，应该是"文艺本体论"，因为我们讨论的是文学艺术的本体，不是文艺学的本体。如果这种理解是正确的，那么，文学艺术的本体同现实世界的本体就是同一的，因为现实世界存在的最后基础无所不包，包括整个自然界，当然也包括整个人类社会，也包括人的精神领域，不可能在现实世界存在的最后基础之外还有一个文艺本体。有些学者所理解的文艺"本体"，不过是"文学艺术产生的直接根源或直接依附的东西"而已。

黄枬森还有个观点，也很有现实针对性。他说：马克思主义中国化一方面是中国化、是创新，但是一方面必须是马克思主义。这就一语道破了目前某些所谓"马克思主义中国化"研究中存在的问题，即这种研究既不是"中国化"的，也不是"马克思主义"的。譬如，美学界有种意见，认为从20世纪80年代的"人类学实践本体论美学"到90年代以后的所谓"后实践美学"，再到21世纪包括"实践存在论美学"在内的所谓"新实践美学"，是新时期"马克思主义美学中国化"的"三个主要阶段"，是"中国化马克思主义美学研究""三种新形态""新成果"。这就把不是"中国化"的东西当成"中国化"的东西，把不是"马克思主义"的理论当成"马克思主义理论"。不管这种号称"中国化"、号称"推进""创新"的美学起了什么名字，但若称之为"马克思主义中国化美学"或"中国化马克思主义美学"，那是不能不让人心生疑窦、难以信服的。这类美学的关键缺陷，就是从根本上背离了马克思的唯物辩证法，更改了马克思主义美学的哲学基础。可以说，这类美学论者自以为"马克思的哲学只研究'人类世界'，而实践就是人类世界的本体，'人类世界'之外是否存在物质世界的问题是没有意义的'伪问题'。这样，他们就把实践夸大成了世界的本体，而同辩证唯物主义的物质本体论相对立。还有论者进一步提出，实践就是人的存在，它包括人的一切活动，而且主要是道德行为和政治行为，这样实践本体论又变成了'人的存在本体论'或'实践存在论'，世界的本体被归结为人的存在，特别是人的精神性存在。"这种反对物质本体论的理论，之所以一致反对辩证唯物主义的认识论，其真正的原因就在这里。

对于将"实践"作为"本体"的这种观点，黄枬森表述了明确的看法。他指出：我国的实践唯物主义的倡导者把"实践的"变成"实践"，把"实践"看成"唯物主义"中的"物"，于是实践就成了世界的本体、世界统一的基础，成了流行于西方马克思主义中的实践本体论或实践一元论。这种观点虽然没有直接把心灵、精神看成世界的本体或世界统一的基础，但由于实践总是人的有意识的活动，这同样是承认了心灵、精神是世界的本体和世界统一的基础，与唯心主义基本上是一致的。这也就说明，由于实践作为人类特有的能动活动，内在地包含着精神、心理等意识的因素，因此，夸大这些意识因素的唯心主义，是有可能通过夸大实践而表现出来的。所以，我们应当警惕和反对以"实践"为特征的唯心主义，不能将强调唯物主义具有实践的特性变成哲学就是"实践"论，不能将强调实践对改造客观世界的作用变成"实践"与"客观世界"是等同物，更不能忘记经典作家在强调人类实践巨大作用的同时，是没有忘记补充道：当然，在这种情况下，外部自然界的优先地位仍然会保持着的告诫。

可见，在黄枬森看来，上述那种从域外贩来的"实践本体论"或"实践一元论"观点，实际上是对马克思主义学说的误读，是对实践观在马克思主义体系中的位置的曲解。基于此，他才认为否定本体论的要害在于否定唯物主义，否定现实世界的客观存在。基于此，他才对从事文艺理论研究的学者说：既然人们对实践唯物主义的理解各式各样，以它作为文艺学的世界观基础是不合适的；如果把它理解为实践本体论，并以它为指导来研究文艺学，我认为这很难获得科学的成果。这是因为，只有文艺学的哲学基础是科学的，文艺学才可能是科学的；如果文艺学的哲学基础是非科学的，文艺学必然也是非科学的。应该说，这是黄先生切中肯綮的提醒。

三、重视基础理论研究是文艺学自强的突破口

黄枬森常说：要敬畏学术。要证明自己的观点，必须拿出证据来。黄先生治学的谦逊、谨严、求实、创新，在学界是有口皆碑的。他兴趣广泛，既不封闭，也不自以为是；他善于独立思考，不喜追风赶浪；他恒久地保持着高昂的"理论兴趣"。他指导学生像苏格拉底，在概念、概念指称和意义的逐步廓清中，让学生把握马克思主义的分析框架、内在义理和精妙韵味，从而体悟出马克思主义理论的价值情感之美、逻辑力量之美和语言风格之美。他说：我不在乎人们说我"左"还是"右"，我只坚持我所追求的真理。在有的人看来，黄枬森的追求"不合时宜""不太灵活"。有些"聪明人"早已抛弃基本理论研究，转入"有实惠"的领域。相比之下，黄枬森的执着和坚守更让人感到可贵。

写到这儿，我想起了恩格斯的一段话。他说，思辨（德文Spekulation，既有"思辨"的意思，也有"投机"的意思。——原编者注）在多大程度上离开哲学家的书房而在证券交易所筑起自己的殿堂，有教养的德国也就在多大程度上丢去了在德国最深沉的政治屈辱时代曾经是德国的光荣的伟大理论兴趣——那种不管所得成果在实践上是否能实现，不管它是否违反警方规定都照样致力于纯粹科学研究的兴趣。我们把这句话用来套在当下中国的身上，同样感到振聋发聩。眼下我们的学术界是不是有点太重视实用、太忽视基本理论研究了？依照恩格斯的看法，要使理论研究跟上时代脚步，就必须保持对真理不懈追求的"理论兴趣"。而做到这一点，就须得尊重理论的科学品格，就须得"在这里，对职位、牟利，对上司的恩典，没有任何考虑"，就须得"毫无顾忌和大公无私"，就须得摈弃那种"没有头脑的折

中主义"，摈弃"对职位和收入的担忧"以及"极其卑劣的向上爬的思想"。这是马克思主义学风本然的内核与特质，是理论研究和学术事业的活的灵魂，是我们今天从事理论研究所急需培植的品格。黄枬森就是一位具有优良学风、具有浓厚"理论兴趣"的人。他十分清楚，上述各式庸俗的作风和市侩的习气是科学的大敌，是使纯洁崇高的"理论兴趣"逐渐衰退甚至消泯的腐蚀剂。

在物欲横流和功利盛行的环境中，黄枬森始终保有一颗理论研究的安静之心，这是保证他取得辉煌学术成就的一个重要原因。我特别欣赏马克思的如下见解，他说：只有从安静中才能产生出伟大壮丽的事业，安静是唯一能生长出成熟果实的土壤。这里的"安静"，就是踏实，就是沉潜，就是纯粹，就是钻研，就是"坐冷板凳"精神。这是科学研究和学术事业取得成功的秘诀与真谛。黄枬森深切地懂得，搞理论的人倘若沦为自身需求或个人欲望的奴隶，倘若怀着一副急功近利、贪求躁竞的心态，那么是会从内里生出妨害理论研究、破坏"生长出成熟果实"的情绪的。

黄枬森一贯主张高校教师应以学科建设作为自强的突破口，要研究学科基本理论，注意解决现实问题。并且提出我们应当对马克思主义哲学、对辩证唯物主义和历史唯物主义有信心，继续研究它，提高其科学性，丰富发展其理论体系。他认为这种信心不是盲目的，是有经典根据、实践根据和科学根据的。他指出没有信心，就不可能有自强，永远跟着别人跑，不可能跑出一个哲学强国。黄枬森的这一忠告，对高校的文艺理论教师也是一剂苦口良药。黄先生主张的"哲学研究是以民族性的形式、时代性的内容去求索具有人类普遍性的问题"观点，对美学和文艺学研究来说也是适用的。

黄枬森说："千方百计地读懂和理解所读的经典性著作，是做学问的基础性功夫。他在碰到疑难问题无法理解时，喜欢查阅原著，并与译文对照研究。他认为原著及其表达的思想都是一种客观存在，理解、解读原著，就是一种认识，必须坚持唯物主义认识论的原则，实事求是地解读它。一定要弄懂原著的思想再对它作评价或引申，切忌望文生义，尤忌掐头去尾。反对'六经注我'、为我所用的唯心主义认识论原则，决不按照自己的需要来理解所引证的经典作家的话。"这些，对从事马克思主义文艺理论研究的人来说，尤其具有指导的意义。

我特别感佩黄先生如下的宣示，他说："我认为我自己并没有自己的什么哲学思想体系。这不是自谦，更不是自卑。我认为马克思主义哲学同西方哲学和传统的中国哲学，都是很不相同的，那些哲学可以说都是个人的哲学，几乎一个人一个哲学体系，而马克思主义哲学是一门科学，它和任何其他科学一样，是集体的事业，是全人类的事业。因此我根本不想提出我自己的什么哲学思想，我是把哲学作为一门科学来研究，来讨论，来建设，而在这个事业里面做出我个人的贡献。我的一些哲学思想，也就是我对马克思主义哲学的一些理解，或者说我所理解的马克思主义哲学。马克思主义哲学，作为一门科学还没有得到全世界的认同，像其他科学那样，但是我认为终究会有那一天的。"这是他在《自选集》"代序"中讲的一段话，这段话何等真挚而深邃地袒露了一位马克思主义理论家的宽阔胸襟和无私情怀啊！

在文艺学领域，古今中外的非马克思主义学说，以个人名字或自己命名的各种思想、观点，林林总总，不断涌现，唯独在马克思主义文艺学著述和研究队伍中难觅另立旗号的踪影。这绝不是马克思主义文论家缺少创造的才能，缺少个人的天赋和智慧，而是他们真的将马克思主义文艺学当成了"一门科学"，当成了"集体的事业"。既然是"科学"，是"集体事业"，那就需要去探讨它、丰富它、发展它。这样讲，当然不是否定马克思主义文论家能够而且应当对该学科做出自己独到的理论建树。回顾170年马克思主义文论史，可以说为该学科的演进与发展做出重大贡献的理论家，在西方和东方都大有人在。问题是，这些理论家坚守着马克思主义的主航道，做着"推进深化"和"添砖加瓦"的工作，做着与具体国情、文情相结合的工作，因之保持了马克思主义文论的血脉和精魂，其成就也决不逊色于那些非马克思主义文论家。反之，一个文论家，如果离开了马克思主义的基本理论立场和科学体系，别出心裁地去另立自己的所谓"一家之言"，那么无论挂什么旗号，怎样自我吹嘘，都算不得是马克思主义文论家了。这也是我从黄枬森的榜样中悟出的道理。

（董学文，北京大学中文系教授，马克思主义美学与文艺学家）

记录哲学中的思想与时代

李百玲

　　2021年适逢中国共产党建立100周年，也是我国著名哲学家黄枬森先生100周年诞辰。黄先生是当代中国著名的马克思主义哲学家、哲学史家、哲学教育家，为新中国马克思主义哲学事业奉献了全部精力，贡献了重要思想力量。对他的思想观点、理论创新、精神风范的回顾与总结，有助于我们汲取精神力量，促进中国马克思主义哲学事业进一步发展。

一

　　黄先生与中国共产党同龄，是从近现代中国历史发展进程中走来的，他个人的前途命运、事业发展不可避免地刻上了党和国家发展的历史印迹。1921年11月29日，黄枬森出生在被誉为"才子之乡"的四川省富顺县，而当时的中国正处于风雨飘摇之中，社会动荡、民族危急，为了探求救国救民的正确道路，中国的先进分子不惧苦难和挫折，奋不顾身求索真理。1921年7月23日，中共一大的召开标志着中国共产党的诞生，党一成立就以马克思列宁主义为指导，从此中国革命和中国社会翻开了崭新的篇章，迎来了光明的前途。

　　回顾黄枬森先生的求学和工作经历，反映他的心之所向，行之所往。黄先生幼年经过中国传统文化的熏陶与浸润，抗日战争时期，他于1942年进入西南联合大学物理系学习，次年转入西南联大哲学系，面对国家和民族危难，他有志报国，中断学业，投笔从戎，为国解难。抗日战争胜利后，1947年，他进入北京大学哲学系学习，1948年光荣地加入中国共产党并在哲学系读研究生，1950年起于北京大学哲学系任教，从此将马克思主义哲学研究与教学作为终身事业。尽管在"反右"和"文革"期间遭受了不公正对待，但他始终使命在心，初衷不改，将对马克思主义的信念、对共产主义的信仰，作为矢志不渝的坚定追求。先生自己曾总结道："1959年到1978年，是我最痛苦的一段时间，但做学问不一定非要很好的条件不可。只要志向坚定，再恶劣的环境也不怕。"①

1978年，黄先生参加了关于真理标准问题的讨论，他发言"支持'实践是检验真理的唯一标准'的观点，同时又从学理的角度指出，不可忽视原有科学理论知识的作用，还要懂得实践对真理的检验是一个过程。"②改革开放后，黄先生的学术生命迎来了新的发展，学术成果硕果累累，为新中国的思想理论建设、学科建设与人才培养做出了卓越的贡献。先生说："我真正做出点儿事情来是在1978年以后。"③1981—1987年，他担任北京大学哲学系主任。1981年，全国高校设立了首批博士点，黄先生成为被国家第一批授予博士研究生导师资格的教授之一。黄先生还历任中国马克思主义哲学史学会会长、名誉会长，中国人学学会会长、名誉会长，中国马克思恩格斯研究会会长、名誉会长，北京市社会科学联合会副主席、顾问，北京市哲学学会会长、名誉会长等。

经过近一个世纪的风雨，对于哲学的热爱浸润生命，峥嵘岁月的练达和哲学精神的陶铸，已然深入黄先生的精神风骨，成为他独特的标志。黄先生虽历经时代与历史的诸多坎坷与磨难，但困境没有打倒他，反而使其意志弥坚，更为自身增添波澜壮阔的历程。黄先生一生致力于中国的先进思想文化建设，他在马克思主义哲学体系化、中国化和哲学理论创新等方面作了大量开创性、前沿性工作，为马克思主义思想宝库增添了鲜活的内容。先生的一生，是为马克思主义理想而坚定信仰、传播真理的一生，是为探求科学真理而无怨无悔终生奋斗的一生，他的学术思想、学术成果、学术风格、学术贡献堪称典范，特别是创新精神和创新成果令人敬仰。先生作为新中国马克思主义哲学界的领军人物，在马克思主义哲学史、马克思主义哲学原理、列宁哲学思想、人学、文化研究等方面的贡献集其大成。2011年起开始出版的《黄枬森文集》九卷本是先生一生著作等身的直观反映。《文集》所收文献分为论著、论文、评论、讲稿和索引四个部分，分别收录了先生自20世纪50年代以来的各类研究成果和工作成果，系统全面地呈现了先生丰富的精神世界和珍贵的理论思考，也是留给我们的宝贵精神财富。

二

作为当代马克思主义哲学家，黄先生在马克思主义哲学体系创新、理论创新等方面做出了卓越贡献。在国内，他率先展开对列宁《哲学笔记》与辩证法的系统研

---

① 王斯敏、李亚彬：《黄枬森：我坚信真理》，《光明日报》，2006年6月11日，第五版。
② 余少波：《不懈探索真理 永存学者风范——悼念黄枬森教授》，《现代哲学》，2013年第3期。
③ 王斯敏、李亚彬：《黄枬森：我坚信真理》，《光明日报》，2006年6月11日，第五版。

究，对列宁的这一重要著作进行了前无古人的注解工作，通过深入挖掘列宁哲学遗产，突破苏联模式的历史局限，丰富和发展了唯物辩证法的科学体系。1981年由他主编的50万字的《〈哲学笔记〉注释》出版，为《哲学笔记》与列宁哲学思想的教学与研究奠定了重要基础，该著作获得1987年国家优秀教材奖。1984年，他总结自己20多年研究列宁《哲学笔记》和辩证唯物主义的成果，发表专著《〈哲学笔记〉与辩证法》，这一成果不但填补了国内研究的空白，在国际学术界也达到领先水平。苏联《哲学问题》杂志撰文称，在中国出现了一个以黄枬森为代表的以完整研究列宁《哲学笔记》与辩证法为主旨的独特学派。

黄先生全面推进了马克思主义哲学原理研究。他坚持和发展马克思主义哲学，致力于建构马克思主义哲学新形态。经过多年潜心研究，黄先生提出了科学系统的哲学观，澄清了人们对哲学基本原理的一些模糊认识，致力于使哲学科学化，推动了马克思主义哲学新体系的构建。1994年出版的《马克思主义哲学原理》，尤其是2011年出版的《马克思主义哲学创新研究》五卷本，系统地阐释了他的研究成果，提出了马克思主义哲学体系，由世界观、历史观、人学、认识论、价值论、方法论六部分组成，总称为辩证唯物主义。黄先生2007年撰文指出："马克思主义哲学理论体系的构建绝不仅是对一些哲学范畴的取舍和范畴顺序的安排，如果没有新颖的科学内容，仅仅在形式上做文章是无济于事的。……马克思主义哲学必须以其他学派的哲学作为自己的思想资料并从中吸收营养。马克思主义哲学的创立是如此，它的发展也是如此，今天也应如此，这在今天已经成为共识。"①

黄先生推动建立了马克思主义人学学科。从20世纪80年代起，黄先生为打破传统哲学"见物不见人"的人学空场，探索并开展马克思主义人学学科的建设。自20世纪90年代开始，在黄先生的带领下，北京大学组建了人学研究中心，成立了中国人学研究会，召开了中国人学学术研讨会，出版了《人学词典》《人学的足迹》《人学原理》等著作。从最初的"人性、异化和人道主义大讨论"到相对独立的人学学科建设，从有关人和人性的核心范畴界定到人本身的基本理论研究，从对主体性及其原则的科学论述到人学基本框架的严密设计，他都倾注了极大的研究热情。黄先生不仅是中国人学研究的开拓者和先行者，而且在中国人学研究中树立了马克思主义的旗帜。

黄先生在文化研究方面贡献卓著。随着改革开放进程与中国特色社会主义市场

---

① 黄枬森：《更完整严密构建马克思主义哲学体系的必要性与可行性》，《北京大学学报（哲学社会科学版）》，2007年第6期。

经济的发展，文化的重要性与问题日益突出，黄先生以哲学家的使命感敏锐地关注了国内国际文化发展。他对社会主义市场经济条件下中国特色社会主义文化进行了持续研究，发表了许多重要研究成果。1999年由黄先生等主编的《有中国特色社会主义文化研究》一书以马克思主义为指导，重点研究中国文化现代化重大问题，对中国特色社会主义文化建设进行了思考和研究，回答了如何推进文化建设的一些重大问题，具有广泛的影响力。

先生晚年思想活跃，笔耕不辍，硕果频出。从2001年开始，他大力倡导哲学理论创新，对马克思主义哲学体系创新提出了独到见解，他于2011年推出的五卷本著作《马克思主义哲学创新研究》是中国马克思主义哲学研究的重要成果，深刻地为创新哲学改变世界的马克思主义哲学精神作了阐释。在先生90岁寿诞之际，由他领膺的北京大学马克思主义哲学研究中心正式成立，先生在马克思主义哲学创新的道路上越走越宽广。

三

作为当代著名马克思主义哲学史家，黄先生倡导建立了马克思主义哲学史学科。他在国内马克思主义哲学史的研究方面做了大量开拓性工作。1987年，由黄先生与施德福、宋一秀教授主编的《马克思主义哲学史》三卷本共计120万字出版，这是学习马克思主义哲学的专业必读书，该著作获得1991年国家优秀教材奖。1996年，由黄先生与庄福龄、林利教授主编的《马克思主义哲学史》八卷本400余万字，历时13年完成并出版，它不仅是中国最权威最全面的研究马克思主义哲学发展史的巨著，而且是世界上最大规模的系统研究马克思主义哲学史的巨作。这部著作先后获得国家"五个一工程"奖、吴玉章奖、首届国家哲学社会科学基金项目优秀成果一等奖。1992年，黄先生受国家教委委托，主持制定了马克思主义哲学史教学大纲，主编了《马克思主义哲学史》一卷本，这部教材被确定为国家级重点教材。此外，他还承担了《中国大百科全书·哲学卷》马克思主义哲学史学科的主编工作，创办了中国马克思主义哲学史学会，通过这些工作，有效地确立了马克思主义哲学史在中国的学科地位，使之成为一门独立的分支学科。

恩格斯曾经说过："即使只是在一个单独的历史事例上发展唯物主义的观点，也是一项要求多年冷静钻研的科学工作，因为很明显，在这里只说空话是无济于事的，只有靠大量的、批判地审查过的、充分地掌握了的历史资料，才能解决这样的任务。"①黄先生正是用自己多年的实践诠释了经典作家的这一思想，他通过自己持续不间断的创新性努力，使马克思主义哲学在中国现代思想文化体系中璀璨夺目，他在以上几大领域内成就的取得，都是他多年勤奋钻研、深入探索、淡泊名利、甘于奉献的结晶，在此过程中也陶铸了他朴实无华、宽厚仁善的性格特质。许多人即使在某个领域有所成就，亦可为人称道或沾沾自喜，难能可贵的是，即使在上述诸多领域都做出了独创性、开拓性、奠基者、领路人的卓越成就，但是先生仍然认为他并没有所谓自己的哲学思想体系，这就是一个哲学家虚怀若谷的胸怀。

四

作为马克思主义哲学教育家，先生一生教书育人，桃李满天下，其学生都已经成为各自领域的领军学者。"道德文章千古事"，先生文如其人，气质沉静高华，忆及有幸与先生的数次交往，都深深地感受到先生高尚的人格魅力与道德境界，大音希声、大象无形，先生的道德修养已然深入生命，其一举一动便自然天成地流露出海纳百川的崇高境界，常令与其交往的人自然而然地产生润物细无声的精神净化。先生为人风光霁月，坦然真诚，温良如玉，也在学术界赢得了"三宽先生""一品好人"的美名，黄先生高尚的道德修养和实事求是的马克思主义学风，实为后人楷模，激励我们见贤思齐、崇德向善。

首先，严谨求实的学风。黄先生一生著述等身，他的著作都是历经岁月沉淀的结晶，有的是十年磨一剑，甚至是二十年磨一剑的成果。先生经常对人讲，做学问要拿出证据，他从不说白话和空话，从不信口开河，他的任何研究成果都是建立在他独立认真研究，建立在大量文献资料和缜密逻辑论证的基础之上，经得起反复考验和推敲，没有丝毫浮躁之气。他始终传递正能量，是学术界公认的权威和大家，他身体力行地教导自己的学生，也影响着一代代学子。

其次，持久恒定的信念。黄先生对真理的执着追求永无止境，他一生致力于马克思主义哲学研究，他在任何公开场合都不吝于阐述自己的学术观点，因为"共产党人不屑于隐瞒自己的观点和意图"②。他用自己60多年的大量研究成果，有力地推动了中国马克思主义哲学创新和发展，先生的开创性努力、创新性思维是对马克思哲学精神的最好传承。他不断超越自我、不断开拓，使哲学的发展与时代的进步获得更好地契合。在此过程中，他也不断突破自我，带领学界同仁不断开拓新的研究领域，推动马克思主义哲学的中国化和时代化。

---

① 《马克思恩格斯文集》第2卷，人民出版社2009年版，第598页。
② 《马克思恩格斯选集》第1卷，人民出版社2012年版，第435页。

再次，谦和敦厚的胸怀。黄先生的好脾气是学术圈内大家公认和推崇的，他的宽厚和涵养不仅表现在他对待不同的学术观点甚至是尖锐的意见从来都是泰然处之，从不随便批评别人，只是有理有据地陈述自己的学术观点，而且表现在他从不搞小圈子、小派别，从不用自己的学术权威强加于人。他对待自己的学生像慈父一样关怀备至，对待不熟识的后辈学者，亦是如师亦友，从不吝于指点，有求必应。

最后，坚韧不拔的毅力。先生在高岁之年常要承受病痛的折磨，他都能坦然面对，默默忍受，从不抱怨。更令人钦佩的是，先生以病体之躯，不以为意，仍是满怀热忱地投入自己的事业之中。无论是作为马克思主义理论研究和建设工程的资深委员，参与新世纪的教材建设，还是承担数个国家级课题研究项目，抑或是领衔建立北京大学马克思主义创新基地，他都在持续开拓新的事业，为中国的思想理论建设、大学学科建设和人才培养做出持久的贡献。

2012年10月，在北京大学哲学系百年庆典仪式上，为弘扬学术、彰显思想传承，黄先生被授予"北京大学哲学教育终身成就奖"，以彰显其"箕裘马列，衣钵入学；扶微举坠，开拓前沿"，以及"在问题中致力哲学，在哲学中审思人本；高屋建瓴，上蹬当代马哲研究之穹顶"的崇高精神。这是对先生一生创新哲学、教书育人的生动写照和高度肯定。不幸的是，三个月后，无情的病魔夺去了先生的生命。一转眼，先生离开我们已经八年了，然而每每读到先生著述，他的音容笑貌便依然历历在目，唯让人感叹时光易逝而思想永存，我想这就是大师长存的浩然风范。先生的精神、思想、理论将永炳中国马克思主义哲学史册，永远值得后人学习与传颂，永远砥砺我们笃实前行。

（李百玲，中央党史和文献研究院研究员）

中国特色社会主义文化观

黄枬森第三大哲学理论创新

王　东　房静雅

从20世纪八九十年代开始，黄枬森不仅带头倡导马克思主义哲学史学科的开拓，马克思主义哲学体系创新，而且带头倡导中国特色社会主义文化守正创新观，这是他在改革开放新时期的第三大哲学理论创新。

一、让精神文明建设一手硬起来

1984 年黄枬森首倡列宁文化观

1984年，在全国首届列宁哲学思想讨论会上，黄先生约我一起写了论文，首倡列宁文化观及其现代意义研究。

列宁发展了历史唯物主义关于文化建设的理论，提出了文化建设在落后俄国的特殊途径、特殊意义和特殊任务。

文化问题在列宁对俄国社会主义道路的探索中，在列宁对历史唯物主义的理论贡献中，都占有特别显著的地位。在列宁"政治遗嘱"中，首先提到的不是别的，恰恰是文化问题。

列宁揭示出苏维埃俄国在文化建设方面的特殊途径。马克思、恩格斯吸取了摩尔根《古代社会》的思想成果；揭示了人类文明史发展的一般道路：蒙昧时代—野蛮时代—文明时代，文明时代又经历着三大时期而走向下一个更高的阶段：奴隶社会文明—封建社会文明—资本主义的发展文明—共产主义的新型文明。在世界范围内，建立共产主义新型文明的一般步骤是：先有发达的资本主义文明为前提—无产阶级夺取政权—建立社会主义，共产主义的新型文明。列宁认为，俄国文明史的发展并不排斥这种一般规律，但是它有自己的独特道路：在资本主义文明只有一定程度发展的情况下无产阶级首先夺取了政权，再回过头来搞文化革命，即文化建设，建立社会主义的新型文明。这种独特的历史道路，带来了俄国社会主义发展中的独特矛盾，即比较先进的政治经济制度与落后文化之间的尖锐矛盾："关键：提出和业已开始的具有世界历史意义的重大任务与物质贫困和文化贫困之间的脱节。"①苏共十一大是列宁亲自参加的最后一次党代表大会。在起草文件时，列宁更加清晰地揭示了这一矛盾："建立社会主义社会基础的经济和政治手段是足够了。缺少什么？缺少文化，缺少本领。"②苏维埃俄国的文化建设要在解决这种特殊矛盾中沿着特殊途径向前发展。

列宁强调指出了文化问题对于俄国社会主义建设的特殊意义以及文化革命同政治革命、经济革命的内在联系；俄国的文化落后，在无产阶级夺取政权之后成了建设社会主义的主要障碍之一。列宁曾把文盲现象列为"三大敌人"之一。他在回答蔡特金时说：文盲现象同夺取政权的斗争、同打碎旧国家机器的需要是可以相容的，文盲现象是同建设的任务不相容的，根本不相容的。文化革命同政治变革是直接联系着的，是消化政治变革的伟大成果、发展社会主义新型民主的必要保证。因为正是文化的落后性实际上妨碍着人民群众直接参加管理，成为官僚主义死灰复燃的重要根源之一，文化革命又是同经济变革紧密联系着的，是实现电气化和合作化的必要前提。正如列宁指出的，没有整个的文化革命，要完全合作化是不可能的。最后，列宁在"政治遗嘱"中做出一个更高的理论概括，把实现文化革命作为比较落后的俄国建成完全社会主义的必要条件和基本标志之一。他的思想升华为一个凝练的公式："现在，只要实现了这文化革命，我们的国家就能成为完全社会主义的国家了。"③

列宁指明了苏维埃俄国在文化建设上的特殊任务，他特别强调了这一任务的广泛深刻性和批判继承资产阶级文化遗产的必要性。由于俄国没有经历资产阶级文明的高度发达，因而社会主义的文化革命具有双重的任务，既广泛又深刻；既包括通常所说的"纯粹文化"方面的任务，又包括文化的物质基础方面的任务；既包括识字、扫除文盲、普及文化的启蒙任务，又包括实现电气化、创立新文化的"提高文化"的任务；既包括在科学文化方面吸收现代文明成果的任务，又包括思想意识方面的任务，对人进行社会主义的思想教育，战胜资产阶级和一切剥削阶级思想上最深刻的反抗，根除小资产阶级的习惯势力。各方面的任务集中到一点，就是造就一代社会主义新人，建立新型的社会关系，建设社会主义、共产主义的新型文明。批

---

① 《列宁全集》第43卷，人民出版社1987年版，第400页。
② 《列宁全集》第43卷，人民出版社1987年版，第399页。
③ 《列宁选集》第4卷，人民出版社1995年版，第774页。

判地吸收整个人类的全部文化遗产，是实现这个宏伟目标的必经途径之一。因为俄国缺少资本主义充分发展所造成的高度文明，所以对于资产阶级文化遗产的批判继承，具有极大的迫切性和必要性。列宁把资本主义文明。区分为两个方面：一方面是与吃人制度相联系的阶级本质，必须抛弃；另一方面是与社会化大生产相联系的现代发达文明，必须继承。因此，在文化问题上，列宁开展了两条战线上的斗争：一条战线是在外部反对右的倾向，特别是反对把西方资产阶级文明不加分析地视若神明的考茨基主义；另一条战线是在内部着重反对"左"的虚无主义，特别是反对波格丹诺夫等人代表的"无产阶级文化派"无视文化遗产，闭门造车地鼓吹"纯粹无产阶级文化"。列宁根据实际情况，不同时期有不同的侧重。纵观列宁整个活动，他把反对"左"的宗派主义、虚无主义作为一条主要战线，因为在一个小资产阶级人数众多的国度里，有着"左"倾思潮的肥田沃土。在革命高潮中，在无产阶级掌握政权的条件下，最常犯的病症是"左派幼稚病"。而批判继承资产阶级文化遗产，正是在俄国建设社会主义新型文明的必经之路。

　　上述各个方面的总和，就构成了列宁对俄国社会主义道路的创造性探索。这里既揭示着从资本主义向社会主义过渡的一般规律，又揭示着经济文化比较落后的小农国家走向社会主义的特殊规律。这一切重要思想，列宁的电气化计划、合作制计划、文化革命计划、改革国家机关和政治制度的计划，最后都融会到一起，构成了列宁的最后之作——"政治遗嘱"。列宁的这些论文和信件是一个有机的整体，是列宁深思熟虑的最成熟的思想果实之一，是列宁关于落后俄国社会主义道路的总计划。这里集中体现着列宁在十月革命后对辩证唯物主义、历史唯物主义的巨大贡献，对于中国特色社会主义精神文明建设，更有重大现实意义。

二、面对市场经济大潮的文化研究

75 岁高龄后的黄枬森

　　黄枬森第三个重大哲学理论创新，中国特色社会主义新型文化观。

　　中国特色社会主义市场经济，不仅需要中国特色社会主义民主法治作为政治保证，而且需要中国特色社会主义文化建设作为精神支柱。

　　正是这个中华民族的时代课题，促使黄枬森教授在75岁高龄之后，从1996年开始，又开拓了一个新的研究领域，这就是文化问题，特别是中国特色社会主义新型文化问题。他发表了《文化的基本问题与中国文化现代化》等一组论文。

　　从1996年起，他主持"九五"国家规划重点项目"中国特色社会主义文化建设研究"，组织北京大学、中国人民大学、北京师范大学等单位，老中青学者几十人的学术群体，开展比较系统深入的中国文化现代化研究。

1999年11月，出版了由黄枬森、龚书铎、陈先达主编，上述学术群体集体完成的、44万字的学术专著《有中国特色社会主义文化研究》。这是专门系统研究中国特色社会主义新文化的第一部专著，2000年获北京市哲学社会科学优秀成果一等奖。

2001年11月2日，黄枬森教授在《北京大学文科论坛》发表重要学术讲演，进一步阐明了中国特色社会主义新型文化观。

他所倡导的中国特色社会主义新型文化观，主旨是马克思主义中国化与中国文化现代化。这种新型文化观，是沿着两条基本线索展开的：一是在社会有机体中，"经济—政治—文化"的三者辩证关系；二是在中国文化现代化过程中，"中—西—马"三种文化的辩证关系。

三、黄枬森首倡守正创新的中国特色社会主义文化观

七大关系新论

在苏东剧变的国际大环境下，1992年邓小平南方谈话与十四大，标志着中国改革开放进入一个新阶段，在社会主义市场经济确立为改革目标模式后，文化建设面临着一系列新问题。正是在这种新形势下，黄枬森先生带头倡导守正创新的中国特色社会主义文化观，着重从哲学高度回答了七个重大问题。

具体分析起来，以下七个关系问题，是这种新型文化观的生长点与闪光点。

一是如何对待中国特色社会主义精神文明与社会主义市场经济的关系问题。

要反对脱离中国经济现代化实践，就文化谈文化的空谈倾向，反对文化决定论、文化自定论的文化史观、唯心史观，要倡导实践决定论、经济基础论的唯物史观的文化观；中国特色社会主义新型文化建设必须面向市场经济、适应市场经济，又要超越市场经济，引导市场经济。

二是如何正确对待中国特色社会主义文化建设与民主政治关系问题。

社会主义精神文明建设需要民主法治作为政治制度保证，而新型民主法治建设则需要新型精神文明建设作为思想道德文化基础；中国特色社会主义民主政治的政治制度、上层建筑，要求中国新文化建设指导思想必须坚持社会主义现代化方向，既反对自由主义全盘西化论，又反对保守主义儒学复归论。

三是如何对待中国特色社会主义文化建设与党的建设关系问题。

按照"三个代表"重要思想，加强与改善党对文化建设的领导，使党能更好地始终代表先进文化发展方向，这是中国共产党在新世纪加强建设的重要发展方向；也只有加强与改善党对文化建设的领导，才能在经济全球化、政治多极化、文化多元化的

世界大潮中，保证中国特色社会主义文化发展的正确方向，促进科技第一生产力的发展，在全球文化融合与冲突中立于不败之地。

四是在中国特色社会主义文化建设中如何处理中、西、马三大文化流的关系问题。

必须坚持以马克思主义为指导思想，以社会主义文化为主流文化，走融汇中西、综合创新的大道；动摇马克思主义指导地位、社会主义文化主流地位，必然会造成方向迷误、思想混乱；过分偏执、固守、照搬西方文化或传统文化一隅，都会使中国文化偏离现代化与民族化统一的大道。

五是如何对待中国特色社会主义文化建设与马克思主义指导思想、国家主流意识形态的关系问题。

在指导思想问题上，我们不能搞右的自由化，不能搞指导思想、国家主流意识形态的多元化，不能搞非意识形态化，必须坚持马克思主义在意识形态中的指导地位，社会主义现代新型文化在整个文化建设中的主导地位；在文化基础建设层面上，我们也不能搞"左"的意识形态化，搞清一色的文化，单打一的文化，只要不是敌对意识形态，就要保持多元文化，兼容并包，"突出主旋律，保持多样化"，是一个正确的文化方针。

六是如何对待中国特色社会主义新文化与西方文化关系问题。

对外开放不仅包括经济交往，而且包括文化交往，不仅包括自然科学技术交往，而且包括人文社会科学交往；我们必须把对外交流的文化大门打得更大一些，特别注意吸收当代科技革命、西方近现代化的最新文明成果，这是中国文化现代化的历史必由之路；在扩大开放、文化交往过程中，我们应当善于运用马克思劳动二重性理论，分析西方近现代文化二重性，注意教育干部、青年，增强对西方流行思潮的分辨力与免疫力。

七是如何正确对待中国特色社会主义新型文化与中华民族传统文化关系问题。

今天我们讲中国传统文化，不应离开中国文化现代化的大目标，建设中国特色社会主义新文化的大方向，近代以前的中国传统文化，多半是农业封建主义文化，当今时代不可能不加分析地全盘复原封建文化、儒家文化、传统文化；讲中国特色社会主义新型文化建设，不能离开中华民族传统文化的源头活水、民族根基，中国传统文化领域非常广泛，内容博大精深，源远流长，流派纷呈，失去了民族文化传统，中国特色新型文化也就成了无源之水，无本之木。

四、黄枬森晚年文化观新走向

回归民族文化的科学分析、综合创新

应当肯定，黄先生的文化研究，特点是以马克思主义唯物史观的文化观为指导，重点研究中国文化现代化，中国特色社会主义新文化，当代全球化背景下的中国文化创新问题。

不过，也可以依稀可辨地看到一种新迹象，就是早年曾在国学、西学基础上走向马克思主义哲学的黄先生，在古稀之年以后，有以马克思主义为指导，参照现代西方文明为全球背景，重新深入研究中华民族传统文化的意向。

这方面的典型实例，主要可举出两个：

一是1991年，黄先生为《亚洲哲学百科全书》写了一篇专论中国哲学史的长篇论文《孔子与儒学》，16 000多字，概述了孔子儒家源流，也反思了孔子研究历程；

二是1999年，黄先生主编《有中国特色社会主义文化研究》一书时，专门执笔写了《中国传统文化与中国现代文化建设》这一章，特地分析了"天人合一""知行合一""以和为贵"等传统文化中的重要命题，并表示有朝一日要对中华民族传统文化做出更加深入的研究。

文化研究，是黄先生七五高龄之后，新开拓的一个新领域。我们一方面充分肯定他倡导的中国特色社会主义新型文化观的重大学术价值与现实主义，同时也指出这里的许多复杂问题尚有待深入研究，用马克思主义文化观重新深入研究中华民族传统文化，更是一个亟待进一步解决的重大课题。

（王东，北京大学哲学系教授，中国马克思恩格斯研究会副会长，列宁思想研究会会长；房静雅，北京大学马克思主义学院博士后）

第五篇

人学的开创

追寻黄枬森先生的哲学足迹

丰子义

黄枬森先生走得太突然了。就在离开人世的前十多天，他还通过不同途径、不同方式商讨着本系马克思主义哲学学科的发展和"北京大学马克思主义哲学研究中心"今后的工作。因参加一个出国学术考察，我在走之前专程到西苑医院去看望黄先生，但因其肺部严重感染无法直接进去探视，没想到一个星期后就在国外听到黄先生不幸逝世的消息。黄先生的去世，不仅是我国马克思主义哲学界的一大损失，而且是我们北京大学马克思主义哲学学科的重大损失。一时间，本学科的全体同志都心情沉重，颇有"群龙无首"的感觉，对于黄先生的怀念，大家铭心刻骨。

我是1982年2月从南开大学本科毕业后来到北京大学哲学系攻读马克思主义哲学专业研究生的。当时，黄老师既是哲学系的系主任，又是我们的任课老师，因而近距离接触较多。后来因为跟黄老师参与中国马克思主义哲学史学会和中国人学学会的工作，更是直接接受黄老师的教诲和指导。可以说，自己的成长和发展，都是和黄老师的关心和培养分不开的。今天，我们纪念黄老师，就是要学习和弘扬他的道德文章，追寻他的足迹，不断将马克思主义哲学学科推向前进。

黄老师留给我们的财富很多，我感觉较深的是这样几点：

一是坚定的理想信念。对于黄老师来讲，马克思主义既是他研究的对象，更重要的是他信仰的追求；研究马克思主义既是他的职业，又是他毕生奋斗的事业，二者在他的身上是完全统一的。正是靠这样的理想信念，支撑他走过了曲折的人生历程。早在青年时代，他就参加了中国共产党，有过地下斗争的经历。新中国成立后，他也经历过人生的坎坷和不公平的待遇，但无论在公开场合还是私下聊天，从未听过他谈起这些事情，没有听到过任何牢骚。他对马克思主义坚贞不渝，自觉地将其融于自己的生活。在《黄枬森文集》自序中，他曾这样深情地讲道：马克思主义不仅给了我科学的思想、智慧，而且给了我科学的理想，使我活得更加清楚、明白。他说自己庆幸选择了马克思主义哲学作为一生的事业，因为他由此坚信"全人类彻底解放的目标是一定可以实现的"，这个目标比极乐世界、天堂、永生这些虚幻的目标能够给人以更实在的关怀，因为它是科学的结论。黄老师之所以对马克思主义能有这样坚定的信念，用他的话来说，就是马克思主义是真理、是科学。黄老师的这种理想人格对于我们后辈来说，确实是值得学习的。现在，谈理想信念似乎成了一个沉重的话题。在一些人看来，在今天价值多元化的时代，还谈论理想信念，已经不合时宜。讲理想成了迂腐，讲"实用"成了时尚。理想主义由此受到嘲讽，功利主义和实用主义受到追捧。黄老师的思想境界和精神追求，与之形成了鲜明的对比。

二是严谨的治学态度和宽厚的学术胸怀。黄老师在马克思主义哲学研究中，主要是从经典文本的解读起家的。在读研究生的第二学期，他给我们讲授列宁的《哲学笔记》。每一次讲授，都是领着我们阅读原文，字斟句酌，反复推敲，辨义明理，力求全面准确地理解和把握列宁的辩证法思想。在课堂讲授之后，一般都要给我们留个作业，这就是写读书报告或学习笔记。对于这些作业，黄老师都要认真阅读、批改，提出评论性意见。这种严谨的教学态度至今给我们留下难忘的印象。实际上，不光是教学上，而且在科研中，他都是这样的一贯作风。他一生研究马克思主义经典著作，始终如切如磋，如琢如磨。对于各种重要问题、疑难问题和有争议的问题，他都仔细研读外文原著，对照中文译本，反复推敲，认真比较，直至弄清经典文本的原意。有时遇到一个概念、一种表述，他都要查好几种外文进行比较，而后做出比较准确的解释。

与这种严谨的治学态度相对照的是他的宽厚的学术胸怀。黄老师是我国马克思主义哲学的资深专家，在学界享有崇高威望，但他从不以"权威"自居，总是以一个普通学者的身份来参与学术研究与讨论。在课堂上、在各种学术会议上，黄老师的观点也受到不少学者的质疑乃至反对，但他从来没有显示出情绪上的烦躁，而总是心平气和地进行说理讨论。和黄老师已经相处30多年了，从来没有见过他为不同的学术观点发过脾气，或者说过什么情绪性的话。相反，对于其他人所提出的观点、看法，他认为有道理，总是会诚恳地接受和吸收，即便是青年学生、青年学者也是如此。众所周知，黄老师在对马克思主义哲学的理解上，已经形成了自己的独特看法，并始终坚守自己的观点，但是由此也"得罪"了一些人，招来一些学者的非议和反对。但是，黄老师对于各种不同的意见能够坦然面对，不管对方身份如何，总是能够平等地交流和讨论，从不以势压人，在学风上表现出特别的宽容大度。因此，在学术界，尽管有人会不同意他的学术观点，但对于他的学术风范和人格，谁也不敢质疑。可以说，在黄老师身上，道德与文章确确实实是一致的，真无愧于一个大学者的称誉。

三是不懈的理论创新精神。改革开放以来，黄老师在原来文本研究的基础上，不断带领大家开拓创新，形成了独具特色的马克思主义哲学学科。其理论创新主要体现在两大领域：

一个是马克思主义哲学史学科的创立。改革开放之前，我国的马克思主义哲学研究主要是原理和原著研究，并没有真正意义上的马克思主义哲学史研究。20世纪70年代末以来，黄老师率领本系老师率先在全国开设了马克思主义哲学史课程，并和其他学者合作，于1981年推出了我国第一部《马克思主义哲学史稿》。此后，在他作为第一主编的组织和推动下，相继推出了《马克思主义哲学史》三卷本（1987）、八卷本（1996）、一卷本精品教材（1998）。其中八卷本共组织了50多位学者参加，篇幅长达400万字，是我国马克思主义哲学史学科建立、发展的标志性成果，先后获得多项大奖。因其在该领域的独特贡献，他长期被推选担任中国马克思主义哲学学会会长。

另一个是人学学科的创立。改革开放之前，我国的人学研究基本上是一个空白。即使有一些关于人的问题的著述，也并没有形成一个明确的研究方向。20世纪80年代初，伴随人道主义和异化问题的讨论，人的问题开始受到文艺界、学术界的广泛关注，与此同时也出现了马克思主义与人的关系问题的大讨论。针对学界关于马克思主义哲学见"物"不见人的抽象议论与指责，黄老师深感准确阐释马克思主义人学理论的重要，并和有关学者开创了马克思主义人学新的研究领域。1996年，在黄老师和陈志尚老师等学者的共同倡议下，成立了中国人学学会。之后，经过6年的努力，克服各种困难，终于在2002年得到民政部正式批准，成为全国性的一级学会。在黄老师和陈志尚老师的共同组织下，该学会先后编写出版了《人学原理》《中国人学思想史》《西方人学思想史》等奠基性的专著，推进了马克思主义人学理论的研究。

除了上述两大领域之外，黄老师多年来还致力于马克思主义哲学理论体系的创新研究。对于马克思主义哲学理论体系，他经过多年的研究，有着自己独特的思考，并对该体系的建立做出了新的探索。在他的带领下，2011年4月推出了《马克思主义哲学创新研究》四部专著：第一部是《马克思主义哲学体系的当代构建》，第二部是《时代精神与马克思主义哲学创新》，第三部是《现代科学技术与马克思主义哲学创新》，第四部是《中西哲学的当代研究与马克思主义哲学创新》。这些研究成果无疑是对马克思主义哲学创新的一个有力推动。

四是关注学科发展和人才成长的高尚情怀。黄老师是北大马克思主义哲学学科的领军人物。在他的带领下，本学科从小到大、从弱到强，成为全国马克思主义哲学研究的重镇，连续被评为全国马克思主义哲学重点学科。黄老师虽然已经离休多年，但他一直关注本学科的发展，积极参与学科的谋划和建设。他的信念是，北大具有传播和研究马克思主义的光荣传统，这一传统必须保持和发扬光大。正是这种强烈的责任意识和使命意识，使他一直为马克思主义哲学学科的振兴和发展殚精竭虑、呕心沥血。在他的积极倡导和努力下，2011年11月，正式成立了"北京大学马克思主义哲学研究中心"。年已90高龄的黄老师自动请缨，担任中心主任。中心成立后，他多次召集中心人员研究中心的发展、研究学科建设，大大鼓舞了大家的士气，开创了学科发展的新局面。遗憾的是，黄老师的许多遗愿还未来得及实现就匆匆地走了，这实在是学科发展的一大损失。

黄老师不仅高度重视学科建设，而且特别关心青年教师的成长。近年来，随着不少老教师的退休，教师队伍日趋萎缩，因而队伍建设逐渐得到首要日程。黄老师对此深感忧虑，多次向校系领导提出队伍建设的问题，并得到了相应的重视和支持。黄老师提出，北大哲学系和马克思主义学院的马克思主义哲学研究资源和研究队伍应当整合，形成整体优势；要加大青年教师的引进和培养，形成合理的梯队；要关心青年教师的工作和生活，尽可能给他们创造良好的学术环境，使其健康成长。可以说，本学科青年教师的成长和发展，都程度不同地得到黄老师的关心和帮助。就我个人来说，自己多年来之所以走上马克思主义哲学史研究和人学研究的道路，并在相关学会里担任一些职务，都是与黄老师的引导和培养分不开的。

哲人已去，风范永存。先生留下的精神财富值得我们好好继承，发扬光大；先生生前未竟的事业需要我们奋力进取，再创辉煌。

（丰子义，北京大学哲学系博雅讲席教授，中国人学学会会长）

人学研究的开拓者

黄枬森教授人学思想述评

韩庆祥　彭志勇

20多年前，人性、人学研究在中国学术界还是一片"理论禁区"，很少有人涉足这一领域。实践标准问题的大讨论之后，一些先行者开始关注人的问题，其中就有黄枬森先生。可以说从中国人学诞生的第一天起，黄枬森先生就一直参与其中，对其注入了极大的研究热情。从最初的"人性、异化和人道主义"大讨论到相对独立的人学学科建设，从有关人和人性的核心范畴界定到人本身的基本理论研究，从对主体性及其原则的客观论说到人学基本框架的严密设计，黄枬森先生都一一阐发了自己的真知灼见。随着中国人学研究经历从无到有到兴盛的发展历程，黄枬森先生的人学思想也在长年累月的孕育中逐步走向成熟，在中国人学界树立了自己的一面旗帜。在21世纪之初，研究黄先生的人学思想，既是对中国早期的人学开拓者思想轨迹的一种回顾与整理，从其不懈地探索人学的足迹中找寻出成功经验，同时也是从一个侧面对中国人学20多年发展历程的梳理与总结，对21世纪中国人学的发展必将是有益的借鉴。

一、人学学科建设

无论是中国还是西方，古代还是现代，思想家们都提出了许多关于人的思想。但所有这些充其量只是人学的思想，即尚处在人学的前史阶段，人学作为一门科学并没有建立起来。黄先生认为，建立人学非常必要，首先可以结合和沟通各个层次、各个侧面、各门学科对人的问题的研究，克服每门学科对人的研究的片面性。其次可以加强马克思主义对人的本质的研究，扩充马克思主义理论体系。最重要的是为了激发每一个人在生产、工作、学习上的积极性、主动性、创造性，通过尽可能地满足个人的利益和愿望而把个人积极性充分调动起来，投入到社会主义现代化建设中，因此建立人学势在必行。

要建立一门相对独立的人学，就必须弄清人学与其他学科的关系，这是关系到人学建设的极具研究价值的重大理论问题。首先要区分的是人学与哲学的关系，因为在最初对人的问题研究之中，大家普遍认为马克思主义哲学应包括对人的研究及其人的学说。现在要把人独立出来加以研究，建立一门人学，自然要解决人学与哲学的关系问题。在这一问题上，有一种十分流行的观点，认为哲学就是人学，其根据就是近代西方哲学已从本体论转变为认识论或实践论，本体论已经过时、为认识论或实践论所代替了。即使本体论仍然有意义，但它所研究的本体或世界也是人的本体、人的世界，离开人、离开主体的实践这一切就毫无意义。所以哲学应该以实践论思维方式来否定本体论思维方式，以实践主体论来理解人和世界及其关系。黄先生反驳说，本体论研究的是物质世界，这个世界只能在"人所面临的世界"这种意义上才可以说是人的世界，把作为本体论研究的对象理解为人所占有的世界、属人的世界、依赖于人的世界都不确切。人所面临的世界在时空上都是无限的世界，而人所占有的世界则很小，它只是整个物质世界的一部分。把人的世界与物质世界分割开来，并把本体论的研究限于人的世界，是难以成立的。"从古到今所说的哲学实际上不是一门学科，而是一个学科群，不同学科及其内容是由它们的研究对象决定的，哲学按其对象和内容实际上包括了本体论（世界观）、自然观、历史观、认识论、方法论、伦理学、美学、人学等，今天的马克思主义哲学也是如此。这些学科何时出现，何时盛行，情况是各不相同的，但它们一旦出现，就不会被消灭，除非它们的研究对象消灭了。"[1]历史上发生的不过是研究重点从本体论向认识论、实践论的转移，并没有发生认识论、实践论取代、消灭本体论的事实，要消灭本体论是不可能的。哲学是一个学科群，人学只是哲学的一个部门。"如果把历史观比作生物学，那么人学可以比作细胞学，人学是人类社会的细胞学。因此，不仅不能把哲学与人学混为一谈，也不能把历史观与人学相互等同。"[2]所以在哲学与人学的关系问题上，黄先生始终认为哲学包括人学，但不等于人学，人学只是哲学的一个分支，二者是整体与部分的关系。把哲学与人学直接画上等号，既不利于人学的发展，也不利于哲学的发展。

人学能否作为一门相对独立的学科确立起来，关键在于它有没有明确的能同其他学科区别开来的研究对象。界定人学的对象，是建立人学的一个主要难题。因为"人"这个概念是最难定义的，不同的人会对"人"做出不同的定义。人学当然是

---

① 黄枬森：《人学的足迹》，广西人民出版社1999年版，第37页。
② 黄枬森：《人学的足迹》，广西人民出版社1999年版，第40页。

研究人，说得再明白一些，就是研究作为整体的人及其存在和发展的规律，提供的是人的完整图景和人的本质。然而人在现实性上具有多种的存在形态，人既可以指向个体的存在，也可指向群体或类的存在。那么"整体的人"究竟指什么？人学的对象与哲学人类学、人的哲学的对象有什么区别？黄先生把人学的研究对象及性质定义为"它是从各门有关人的科学的相互联系和统一中，研究完整的个人及其存在和发展的一般规律的一门相对独立的综合的科学。"①这也就是说，人学是对一般的个人进行研究，而不是研究所有的个人组成的人类；是对人的各个不同侧面进行综合研究，而不是专门研究人的某一侧面；是既对人作静态的研究，又对人作动态的研究，不但要揭示静态的人的本质，还要揭示动态的人存在和发展的规律。从这个定义中，可以看出人学的对象与哲学人类学的对象的主要区别在于：哲学人类学往往是从人和动物的区别上来谈人这个族类的特征（人类的起源、地位、发展、未来、文化等），较少论述个人；哲学人类学大都从人类生命的某一现象来理解人在这一领域的"完整性"，较少综合研究人的各个侧面；哲学人类学往往忽视人的实践活动和社会关系的作用。而人的哲学可以说是人学的最抽象、最一般、最核心的部分，是人学的最高层次，但它不怎么注重和具体科学相结合，不像人学那样是从人的各门学科的联系中对个人进行综合研究。

人学的研究对象决定了人学内容的基本范围和基本框架。由于人学是综合各门有关人的科学来研究作为整体的人及其存在和发展的一般规律，所以黄先生认为人学的基本理论内容大致可以分为三大部分："（1）对人的某种属性进行专门研究或交叉研究的各门有关人的具体科学，从严格意义上说，这些学科只是人学的部门学科或分支学科，不是人学的主体；（2）从各门有关人的具体科学的相互联系和统一中对完整的人进行不同程度的综合研究的科学；（3）从对完整的个人的综合研究中概括出来的关于人的一般理论和一般规律的科学。这后两部分是人学的主体，是严格意义上的人学。"②人学首先是对各门人学的分支学科进行综合和概括的结果，所以第一部分是人学的基础，但不属于人学体系本身。这些学科可以根据人所具有的三种基本属性，大致可分为人的自然科学、人的社会科学和人的精神科学。第二部分是完整的人的图景，是对人的三种属性的研究综合而成的。人的自然属性、社会属性和精神属性综合起来分别形成人的自然图景、人的社会图景和人的精神图景，亦即自然人、社会人和精神人，对这三种图景进行进一步综合，便是人

---

① 黄枬森：《人学的足迹》，广西人民出版社1999年版，第23页。
② 黄枬森：《人学的足迹》，广西人民出版社1999年版，第26页。

的完整图景。第三部分是在对个人的完整存在进行综合研究的基础上，概括出个人存在和发展的一般规律，即个人的一般理论。它包括人与自然、社会以及个人与个人的关系；人性和人的本质；人的价值和自我价值；人的全面而自由的发展；人道主义和共产主义的关系。这三部分形成相互联系不可分割的整体。

黄先生不仅对建立人学所需要解决的人学与哲学的关系、人学的研究对象及其建构框架等重要问题做了论述，还进一步阐述了人学研究的方法论原则，提出了建立人学需要进一步解决的问题，为建立一门相对独立的人学做了深层的理论铺设。

二、人性和人的本质界定

人性、人的本质是人学的根本问题，它要回答的是"人是什么"的问题，或者说是"什么是人的本质"问题。

人性和人的本质是什么，人是什么，这个问题可以说是人学问题核心中的核心，因而几千年来一直是人们争论的焦点。在历史上，人们往往把人性与人的本质混为一谈，彼此相互替代。为了把二者分开，黄先生主张将人的属性划分成三个层次：第一个层次指人的一切属性，包括自然属性、社会属性和精神属性，即人的属性；第二个层次指人的基本属性，是人有而动物没有的属性，即人性；第三个层次指人的最基本的属性（人性），在所有的人性中起决定作用，即人的本质。

人的属性是外延最大的概念，是指人在与他人和他物发生关系时表现出来的种种特征。它是一种关系范畴，人在与社会发生关系时，表现出来的更多的是人的种种社会属性；在人作为自然的一部分意义上，他表现出来的主要是人的自然属性等等。其中自然属性基本上不能把人与动物区分开来，所以不是人之为人的属性。而人的社会属性和精神属性的任何一个方面都能把人和动物区别开来，是属于人性的一些特征，都是后天形成的，是社会的产物。

黄先生认为："人的本质是人之所以为人而区别于其他动物的最根本的特征，马克思对此早已做出了科学的回答，即人在一定社会关系中具有使用人类自己制造的工具改造自然的活动，亦即生产劳动，更广泛一点讲，即人的实践活动。"[①]马克思主义哲学以前的哲学家总是把理性、意识和思想作为人的本质，事实上，理性、意识和思想虽然能把人与动物区别开来，却不能产生出人的各种属性并使之得到逐步发展。而既能把人和动物从本质上区别开来，又能产生人的各种属性并使之得以发展，也就是使人成其为人的根据，是人的生产劳动。因为，第一，通过生产

---

① 黄枬森：《人学的足迹》，广西人民出版社1999年版，第47页。

劳动，确证人是有意识和自由自觉的类存在物，这种存在物把类看作自己的本质；第二，生产劳动产生了人及其语言、意识、社会性和对自由的追求，并使人及其属性得以发展，思想和意识则不能；第三，生产劳动是使人摆脱动物界而得以作为人而独立于自然界生存、发展下去的根本条件。尽管马克思在《关于费尔巴哈的提纲》中说过人的本质"在其现实性上，它是一切社会关系的总和"①，这实际上只是强调不能离开社会关系的总和来谈人的本质，人的本质的具体表现形式在不同社会条件下是不同的。

　　人性主要侧重于人区别于动物的全部类特性，这种类特性是由人的本质表现和实现出来的。人性是共同性，是每一个人都具有的，因而是抽象的。在我国有不少学者总是存在着一种偏见，认为对人的本质或人性进行任何抽象都不是马克思主义，都是抽象人性论，根据就是马克思曾批评过费尔巴哈"撇开历史的进程，把宗教感情固定为独立的东西，并假定有一种抽象的——孤立的——人的个体"②。黄先生明确指出，对人性是可以进行抽象的，马克思反对费尔巴哈的抽象人性论并不就是反对任何对人性的抽象。黄先生首先分析了抽象在人类认识中的作用，认为抽象是把事物从感性事物中区别开来加以把握的思维能力，是认识摆脱感性具体性而向理性过渡的能力，没有这种能力，人们就无法把握事物的本质，无法认识事物的发展规律。只是人们在进行抽象活动时，容易犯夸大和歪曲的毛病，最常见的就是使共性脱离特殊性和个性，把抽象变成了空洞，这是非科学的抽象。科学的抽象是把根本的深刻的共性抽象出来，即把本质和现象区别开来，把各个层次的本质抽象出来。所以对于人本身而言，问题不在于能不能抽象，而在于如何抽象，如何科学地抽象。只要我们承认人是一个类，就回避不了对人的共性的抽象。人的共性很多，抽象的主要任务是把人的最根本的共性抽象出来。我们把马克思主义诞生以前的人性论称为抽象人性论，事实上其错误不在于抽象，而是在于非科学的抽象。旧人性论者，不管是主张人性善的还是主张人性恶的，主张人性是博爱、自由、平等的还是自私自利、憎恨别人的，主张人性是理性的还是感性的，他们所说的人性都是脱离具体历史条件的，都是脱离具体表现的，因而是空洞的。我们平常所说的抽象人性论就是离开社会关系来抽象人的本质，离开历史时代来谈人性，把人性看成是凝固不变的东西，这是对人性或人的本质的非科学的抽象。

①《马克思恩格斯选集》第1卷，人民出版社2012年版，第139页。
②《马克思恩格斯选集》第1卷，人民出版社2012年版，第139页。

三、人的主体性研究

在20世纪80年代末，主体性问题一度成为中国哲学界研究的热点。人的活动的主体性问题是一个涉及面很广、争论很多的问题。在对人的主体性的研究中，由于过去对这个问题认识和重视不够，关于主体与客体的关系、主体性的含义、马克思主义哲学与主体性的关系等问题上，学术界存在着许多模糊认识。

在过去的教科书中，大多把主体与客体当作认识论概念，这不太确切。黄枏森先生认为，主体和客体首先是历史观概念，主体是指某种活动的主动发出者，客体是某种活动的接受者。而人的一切活动可以分为三种：实践活动、认识活动、评价活动，其中实践活动最根本，认识活动和评价活动从属于实践活动，因而人首先是实践活动的主体，同时也是认识活动和评价活动的主体。对应于三种主体，客体也有三种：实践客体、认识客体和评价客体。我们经常讨论的主体性和客体性这对范畴是从主体和客体这对范畴中引申出来的，主体性是众多活动发出者的根本共性，是人在自觉活动中不可缺少的自主性、目的性、能动性等，是人之所以为主体的根本共性。客体性是作为活动的接受者或指向者的根本共性，是指事物在人的活动中的被动性、外在性、对立性。黄枏森先生认为，主体性与客体性在含义上同主观性与客观性是一致的，"主体性基本上就是主观性，客体性就是客观性。"①

主体与客体是相互渗透的，所以客体在具有不依存于任何主体的客观实在性的前提下，也仍然具有一定程度的主体性。例如人化自然，它是人类作为实践主体自觉地对环境改造的结果，必然有主体性。再如人们在认识事物时，认识主体必须具备一定条件，才能使某些自然物成为可以认识的东西。我们在欣赏音乐时当然得有乐感的耳朵，这里就有自发或自觉的主体建构作用。而且在认识活动中，主体不可避免地会介入到客体的存在状态中，比如钻探、勘察等活动，活动主体必然会影响到活动客体，这样主体介入使客体带有一定程度的主体性。同样，主体也会具有一定程度的客体性。因为主体归根到底是客观世界的一部分，同客体一样具有客观实在性，而且主体的活动及其结果无论是具体的还是观念的，也是客观实在的。

尽管主体与客体是相互作用的，但我们并不能就此引申出否定认识客体本来面目的可能性，乃至引申出否定客体的客观实在性的结论。学术界有同志提出，既然客体有主体性，那么我们所认识到的就不是纯粹的客体，而是主客体相互作用的结果。那种纯粹的客观的不以人为转移的世界是不可能认识的（自在世界），离开人

---

① 黄枏森：《人学的足迹》，广西人民出版社1999年版，第73页。

而客观地存在的世界对人来说是没有意义的，甚至是不存在的，是无。这就陷入了早已被黑格尔和马克思驳倒了的康德主义的不可知论。黄先生指出，主体与客体这对范畴是辩证统一的关系，在辩证关系中，"二者是不可分的，相互依存的，但具体的主体与客体（人和世界）是可分的，主体归根到底是客体的产物，客体的存在是不以人的意识为转移的。因此，从主体与客体在一定意义下的不可分推出人与世界、思维与存在、意识与物质不可分，那就过分了。"①认识有主体性，认识的客体也有主体性，这并不妨碍客体自身的客观实在性，那种把主体性夸大到脱离客体性并否定客体性就走向了极端。

还有的同志认为马克思主义哲学见物不见人，没有主体性，应该以主体性原则来改造马克思主义哲学。黄枬森先生指出，这种观点是不能接受的。过去对马克思主义哲学的研究确实存在一些问题，辩证唯物主义在论述世界时没有正确对待客观世界里的人，而历史唯物主义在论说人时不太讲个人的作用，讲的个人也只是杰出历史人物，很少专门讲人的尊严、人的权利、人的价值、人的地位、个性问题。黄先生认为，加强主体性的研究是完全必要的，但是他强调在研究主体性时，应坚持马克思主义为指导，不能以牺牲唯物主义和历史唯物主义的基本观点为代价，不要过分夸大或歪曲人的活动的主体性，否则结果就是主体性有了，而客观世界却没了，最终陷入不可知论和唯心主义。黄先生具体考察了主体性原则的适用范围，认为人、人类社会、人的认识以及人化自然，主体性原则都是适用的，人、人类社会、人的认识以及人化自然都是有主体性的。而对于那些非人化自然，主体性原则是不适用的，因为非人化自然为人力所不及，没有主体性。但是我们并不能就此断言没有主体性的东西是不存在的或没有意义的，因为人类的认识与实践是无穷尽的，现在没有主体性的东西随着科学技术的进步和认识实践能力的提高，都将进入人类的视野，我们进行科学探索的目的就是让没有主体性的东西具有主体性，或者说是使非人化自然人化。

四、人权和人的价值观

权利是一个法律概念，指法律授予人们享有的某种权益，表现为享有权利的人有权做出一定的行动和要求他人承担相应的义务。人权主要是指人在社会生活中的权利，黄先生总结概括出在人权概念的使用上，通常有狭义和广义两种。狭义的人权，指的是基本人权，即人作为人应该具有的不可缺少的权利，包括生存权（活下

---

① 黄枬森：《人学的足迹》，广西人民出版社1999年版，第105页。

去）、发展权（成长起来，日益发挥其潜能）、平等自由的权利（人与人地位上是平等的，从而彼此是独立的、自主的），自身安全的权利和财产的权利也内涵于这些权利之中。广义的人权是人所具有的或应该具有的一切权利，它包括狭义的人权（基本人权），包括公民权（人作为一国公民所应具有的权利，即各国宪法中详细规定的具体的权利），还包括一些非公民也可以拥有的权利（如休息的权利、娱乐的权利等）。人的一切权利都是从基本人权引申出来的，基本人权可以代表一切人权，因此，人们一般谈论人权时，指的是基本人权。

人权的思想在古希腊社会中就有所发展，但人权观念却是在近代欧洲出现的，是西方资产阶级革命时期启蒙思想家们针对神权、封建特权提出来的。人权观念的确立，从理论上就要论证：人作为主体地位的确立、人应该提出什么样的要求、人凭什么能提出这些要求、谁能赋予人的自主权等问题。西方的人权观作为一种系统的理论论证，是以自然权利学说和社会权利学说为理论内核的。自然权利学说主要由英国哲学家霍布斯和洛克创立，认为人权是人在自然状态下的自然具有的权利，社会法规只是为了维护人的自然权利而制定的，提出了"天赋人权说"。为了保证这种天赋人权，人们在社会生活中订立契约，来保护自己的生命、自由和财产。社会权利学说以卢梭为代表，认为人只有在社会中才能成为人，因为只有在社会中，"公正代替了本能，并赋予人们的行为以往所没有的道德"①。人权并非根据自然法，而是基于社会的公意，公意才代表了社会成员基于共同利益、针对共同目标、追求共同幸福所具有的意志。这就决定了个人的权利只有服从于人民的权利，个人的自由只有服从于公意的法律，才能实现真正的人权。西方的人权理论实质上就是以天赋人权为理论前提，以卢梭讲的社会权利为理论内核整合而成的，后来，随着边沁功利主义学说的渗透，财产权在人权中占据了基础地位。

黄先生认为，这种"天赋人权说"主张人权是造物主或自然赋予的、与生俱来的、神圣不可侵犯的，对于反对封建特权羁绊是有积极意义的，但是其错误也是明显的，因为根本不存在上帝（造物主），当然不存在上帝赋予的权利，而自然也不是活动的主体，也不能赋予谁以权利，更何况把人权说成是自然人具有的天然权利，这与权利本身的社会性也难以相容。资产阶级总是把自己看成是全民代表，所以他们谈论的人权都是普遍人权，主张人权是超越国家、地区、民族、阶级出身、经济状况的。在他们看来，人权当然具有普遍性，没有普遍性就不可能是人权。黄先生并不一般地否定人权的抽象性，但是强调了人权的抽象性与具体性的统一，认

---

① 卢梭：《社会契约论》，商务印书馆1982年版，第29页。

为抽象性、普遍性寓于具体性、特殊性之中，普遍的人权存在于各种具体的人权之中。在阶级社会中，人权寓于阶级性之中，阶级的存在使人权不可能成为全民、全人类普遍地充分地享有的东西。当然也不能以夸大人权的阶级性来否定人权的普遍性，认为在阶级社会中，只有阶级的人权，没有共同的人权。黄先生指出，应该以马克思主义原理为指导研究人权与人的本质、专政以及个人人权与集体人权的关系问题，不能把人的本质（人权的根据）与人权混为一谈，也不能把无产阶级革命与专政和人权绝对对立起来，要辩证看待人权的抽象性与普遍性，坚持个人人权和集体人权正确结合，既要充分尊重和切实保障每个人的权利，又要努力维护和保障集体和社会的权利。我们应该肩负起人权理论建设的任务，不仅要研究人权的理论问题，还要研究人权的现实问题，促进我国社会生活各个领域中的人权事业，并有力回击以美国为首的西方国家对我国的人权干涉与无端攻击。

与人的权利密切联系的是人的价值，社会中的个人正是运用自身所具有的权利通过正确的手段，在实现自身需要的同时满足社会和他人的需求。人的价值问题体现着人和人之间的社会关系，研究的是人的生存和发展的意义问题。"人活了一辈子，进行各种活动，其价值何在？其根本意义何在？是为了自己，还是为了社会？"①这些问题说到底就是人的价值观问题。改革开放以前在我国社会占主导地位的一直是集体主义价值观，随着社会主义市场经济体制的建立，有些人提出，应该推倒过去的价值观，树立起与市场经济相适应的新价值观。黄枬森先生认为，随着社会实践和经济基础的变化，价值观会发生相应的改变，但他明确指出，与社会主义市场经济相适应的不是个人主义价值观，也不是集体主义与个人主义的混合价值观，而是充分发挥人的主体性的集体主义价值观。无疑，由于市场经济的需要，人们要充分发挥自己的独特能力来承担起自主经营、自负盈亏、自我完善、自我发展的使命，集体主义中的主体性应予以充分强调，如果人的主体性（包括自为性、自主性、主观能动性、积极性、创造性、自制性等）不能充分发挥，在激烈的市场竞争中就会失败。但是我们应该正确区分个人主义和对个人利益的正当要求，不能把任何个人要求或个人利益都说成是个人主义，合理适度地要求个人独立自主、个人创造和进取对社会发展和人的自我发展都是有着积极意义的。而个人主义则是片面要求自己的个人权利，否定别人的权利，把自己的权利看成是至高无上的。特别是极端个人主义，例如拜金主义、享乐主义和个人野心家思想，对社会主义市场经济和现代化事业更是有着极大的危害，必须予以坚决批判。

---

① 黄枬森：《人学的足迹》，广西人民出版社1999年版，第166页。

五、人道主义问题研究

在我国，人道主义研究一直受到压制，这种压制在"文化大革命"运动中达到了顶峰，人性论就是地主资产阶级人性论，人道主义就是修正主义。"文化大革命"结束以后，在总结历史经验教训的基础上，我国哲学界开展了一场关于人性、异化和人道主义的大讨论。这场大讨论虽然出现了某些精神文明污染现象，如有人认为马克思主义就是科学的现实的人道主义，人是马克思主义的出发点、核心和归宿，认为人类社会的历史就是人性的异化和异化的扬弃，社会主义社会也存在着异化，与资本主义社会没有本质区别。但是，黄先生指出，这场讨论在理论上和社会主义道德建设方面都有着重要的积极的意义。在理论上的一个重大历史突破就是区分了作为伦理原则的人道主义和作为历史观的人道主义的两种含义。人道主义的历史观用人性的变化来解释人类社会，是一种唯心史观。而人道主义的伦理原则是可以批判、改造和吸收，纳入社会主义人道主义道德原则体系之中的。事实上，人道主义已经成为社会主义道德的一个重要因素。人道主义的道德原则无非就是承认他人与自己人格上的平等，承认他人与自己的权利与义务，既尊重自己也尊重别人，这些伦理原则在社会主义道德原则中应该处于最基础的地位。道理很简单，不尊重自己和别人的人，不把他人看成人的人怎么可能爱国、爱集体、爱社会呢？所以人道主义道德原则应该作为最初的起码的道德原则，包括在社会主义道德体系之中。

尽管人道主义在我国的研究只有20多年时间，但是人道主义研究在世界上已经延续了好几个世纪了。西方自文艺复兴以来，人道主义在哲学、文化、历史、艺术领域中一直处在一个非常突出的地位。特别是在现代西方哲学中，人道主义占了一多半江山，成为与科学主义相并列的两大思潮，但是我们在翻译当中多译作"人本主义"。在这股思潮中有一个引起争议的问题，就是人道主义与马克思主义的关系，有些人认为马克思主义是一种人道主义，即现实的科学的人道主义，这种人道主义在本质上不同于资产阶级的抽象人道主义。西方马克思主义可以说是这一主张的最大代表。西方马克思主义中，流派众多，主要有以马尔库塞和弗洛姆为代表的法兰克福学派，以萨特和列斐伏尔为代表的存在主义学派，以阿尔都塞为代表的结构主义学派。黄枬森先生认为西方马克思主义关于人的理解，其实并没有摆脱古典人道主义的窠臼。比如对于人的本质，不管怎样说明，它终归是某种抽象的理想的东西。西方马克思主义大多赞同马克思在《手稿》中把人的本质理解为劳动的观点，但是他们并没有像马克思一样，从《手稿》前进一步，从某种预设的理想的抽象的劳动前进到具体的社会的劳动，而是退回到古典的人道主义观点，即退回到承认思维、意识、精神、主观能动性、自由或食欲、性欲是人的本质的观点，这些正是启蒙时期人道主义思想家们对人的本质的理解。

在他们把人的本质概括为某种抽象的理想的东西之后，就用人的本质的实现，或人的本质的异化与复归来解释人类社会的历史。西方马克思主义把异化理论批判的锋芒主要集中在资本主义社会，从经济繁荣和生活富裕的背后揭露资本主义社会制度所固有的深刻矛盾。例如弗洛姆认为资本主义社会中无人不异化，工厂里的工人成了一个个经济原子，管理者虽然受到了上帝般的尊崇，但也不得不面临着不可战胜的主人：庞大的企业、跨国公司、国内市场、不得不加以哄骗和控制的消费者、强大的社会组织和政府，小企业家整日担心被大企业家兼并，货币成了人间的奴隶主，核战争时刻威胁着人类的生存，而经济危机、生态平衡的破坏、环境污染更是异化的表现。黄先生认为，他们泛化了异化这个概念，把它扩大为本质与存在之间的任何差异与矛盾。事实上，异化在哲学史上只有三层含义，一种是矛盾向对立面的转化，即黑格尔所说的异化；一种是主体产生出反对自己的力量，即费尔巴哈所说的宗教异化；一种是剥削剩余价值，即马克思所说的劳动异化。而且黄先生指出，人的本质的异化不是一个科学的概念或马克思主义的概念，人的本质的异化就是人的本质的丧失，严格地说只有两种情况符合这一概念，即精神分裂或死亡。正常人在有意识的情况下所做的一切（包括战争、犯罪等）都是人的本质表现，都是人的行为，并没有丧失其本质。尽管西方马克思主义对资本主义社会的矛盾揭露得淋漓尽致，他们根本没有触及问题的根源，即制度问题。异化是人与自己产物的关系，是认识问题，把异化说成是资本主义社会罪恶的源泉，实质是以认识问题掩盖了制度问题。黄枬森先生一针见血地指出，"西方马克思主义关于人的本质及其异化的理论，就是他们的历史观，这种历史观同马克思主义以前的人道主义历史观并无根本区别，都认为人类社会的历史就是人的本质的实现的历史，或者说是人的本质的形成、异化（丧失）和克服异化（恢复）的历史。"①而人性怎样才能复归呢？或者说怎样占有人的全面本质实现人的全面发展呢？他们认为克服异化就要从改革人着手，通过教育，通过文化革命，通过意识形态、思想的作用，进行人的意识和生活方式的改革，使人成为完整的人。所以，人道主义作为历史观，与唯物史观是对立的，我们不能用人道主义来取代马克思主义，认为马克思主义就是现实的科学的人道主义。

以上只是分五个方面简要地概述了黄枬森先生的人学思想片段，还远远谈不上对黄老渊博学识总体综合的把握。事实上，黄先生在我国人学界高山仰止，说他是

---

① 黄枬森：《人学的足迹》，广西人民出版社1999年版，第229页。

泰斗式的人物一点也不过分。自从20世纪70年代末开始研究人学算起，已经有20多年了，在这样一段相当长的时期，人学一直是黄先生教学与研究的中心问题之一，主编了《人学词典》《人学原理》等数部人学著作，他对人学各个方面都有所涉猎，比如对人的环境、人的存在、人的地位、人的社会关系都有自己的真知灼见。他对我国马克思主义人学学科队伍建设也有着巨大贡献，在北京大学哲学系成立了人学研究中心，并倡导组建中国人学学会，亲任会长。在理论建设上，他历来主张用马克思主义的态度研究人学，无论是中国古代的人性善恶论，还是西方现代人本主义思潮，他总是给以实事求是的评价，剔除糟粕，吸取精华，丰富马克思主义人学思想宝库。他这种宽容、严谨、求实的学风和研究方式正是我们社会科学界多年来大力倡导的，也是值得我国广大人学工作者努力学习和实践的。

（韩庆祥，中共中央党校一级教授，博士生导师；彭志勇，哲学博士）

黄枏森先生对创立马克思主义人学学科的贡献

范　文

　　我是1987年9月作为博士生进入北京大学哲学系学习的，导师是黄枏森先生。在几年的学习过程中，我对黄先生的学术思想、学风、人格有了较深入的了解。黄枏森先生是中国当代著名哲学家、哲学史家、哲学教育家。在中国人学学科的创立过程中，他起到了开创者的作用，是人学学科的主要奠基者之一。

　　为什么要创立中国人学学科？黄先生主要是从三个方面去进行阐述的。一是坚持和发展马克思主义哲学的需要。黄先生一生以坚持和发展马克思主义哲学为己任，正因如此，他把创建马克思主义人学，看作是发展传统马克思主义哲学的需要。这里需要提及的是，对西方马克思主义人学思想的研究，是黄先生的人学理论的思想来源之一。20世纪80年代中期，黄枏森先生所做的具有开拓性的工作之一是把西方马克思主义引入马克思主义哲学史来研究。他有关西方马克思主义哲学的学术观点，主要体现在他与施德福先生、宋一秀先生所主编的《马克思主义哲学史》（三卷本），与庄福龄先生、林利先生所主编的《马克思主义哲学史》（八卷本），以及他所写的《西方马克思主义与人道主义》《评西方马克思主义的人本主义流派的代表作》和《西方马克思主义关于人道主义的观点》等论文中。什么是人学呢？西方马克思主义者弗洛姆在《自为的人》一书中提到了人的科学概念，在他看来，人的科学主要是研究人的本质的。1961年，弗洛姆在《马克思论人》中提出马克思主义的人学就是马克思主义的历史观。"存在主义的马克思主义"者萨特则明确提出了人学概念。他在《辩证理性批判》一书中批评传统马克思主义缺乏对人的研究，在理论体系中存在着"人学的空场"，为此他提出应该建立"人的辩证法"，即人学理论体系。黄先生认为虽然弗洛姆和萨特的观点并非全面，但他们提出人学学科问题是具有重要意义的。在黄先生看来，传统马克思主义并不是没有讲人，但应看到由于历史的原因，在马克思和恩格斯那里，讲人主要是讲阶级、群众、人类社会即集体的人，而讲个人较少。后来在一些社会主义国家出现了一些偏向，这就是忽视个人。例如在"文化大革命"中这种倾向走向了极端，走向了忽视个性，甚至把人权看成是资产阶级的东西加以反对。从社会主义实践的沉痛教训出发，有必要建立马克思主义的人学学科，对人的本质、人性、人的需要、人权、人的价值、人的自由、人道主义等问题进行系统研究。例如，在人的本质问题上，黄先生正是通过对西方马克思主义有关观点的扬弃，论述了他有关人的本质及人学的一系列学术思想。黄先生曾任北京大学哲学系主任，由于他在哲学界始终坚持辩证唯物主义和历史唯物主义的基本观点，长期从事构建马克思主义哲学学科体系、学术体系和话语体系的工作，被有些人认为他"左"；又由于他强调要守正创新，发展马克思主义哲学，又被一些人认为"右"，但他都毫不动摇。他通常讲"我不在乎人们说我左还是右，我只是坚持我所追求的真理，坚持为人民做学问"。二是对"文革"惨痛历史教训反思的结果，在"文化大革命"中，人权受到践踏，人性受到压抑，这从反面说明建立一门洋溢着人文精神的人学学科的重要性。三是推进改革开放及社会主义现代化建设的需要，什么是"现代化"？现代化主要是指人类社会从传统社会向现代社会的变迁过程和进步状态。包括物质层面、制度层面和精神等层面的现代化，但归根到底是人的现代化，研究人学是调动人民群众积极性，实现中华民族伟大复兴的需要。

　　早在20世纪80年代初，黄枏森先生就与彭珮云、陈志尚、靳辉明、王锐生等学者一起开始了中国人学学科的创立工作。这主要表现在，其一，发表了一系列有关人学的重要研究成果。例如，他先后主编了《人学词典》和《人学原理》。由他任编委会主任出版的《人学理论与历史》，包括《人学原理》卷、《西方人学观念史》卷、《中国人学思想史》卷，受到了国内外学术界的广泛关注。其二，召开了一系列的人学学术会议。例如，组织发起了全国性的"马克思与人"等学术研讨会，举办了人学理论师资培训班等，通过这些活动，培养了一批人学学术骨干队伍。其三，发起创立了一些人学学术组织。例如，发起倡议创建了中国人学学会，这个学会作为全国研究人学的专家、学者们自愿结合组成的非营利性的全国性群众学术团体，在团结和组织人学工作者积极开展有关人学理论的研讨活动，推进人学作为21世纪的一门新兴学科的建设和发展起到了重要作用。另外，发起组建了北大人学研究中心，该中心发挥了推广人学的学术根据地作用。正因为如此，黄枏森先生被不少学者称为"中国人学的一面旗帜"。

黄枬森先生与有关学者一起，通过《人学原理》等论著，初步构建了人学原理体系，为人学学科的建立奠定了理论基础。黄先生对人学的基本问题、人的环境、人的存在、人的本质，人的需要和利益、人的活动、人的社会关系，人的价值，人的权利和义务，人的理想和信仰，人的发展及规律等论题进行了系统研究，初步建构了他关于人学的理论体系。

黄枬森先生的人学思想具有一系列鲜明特点。第一，具有人民性。黄先生的人学思想非常强调人民群众的历史主体地位，他对人性、人权、人道等问题的论述，处处洋溢着人民至上、公民至上的人学精神。黄先生在新中国成立前就加入了中国共产党，在西南联大上学时就接受了马克思主义。他的学术之路并不平坦，在"反右"与"文革"时代甚至被剥夺了讲课的权力，但他不改初心，多少年来，他始终秉持为人民做学问，为民族复兴教书育人的理念，对坚持和发展马克思主义哲学做出了重要贡献。第二，具有科学性。从历史唯物主义的历史观出发，黄先生强调不能只是抽象地谈人，而必须研究现实的人。为了构建科学的人学理论体系，黄先生对人学的研究对象、范畴及理论体系框架等问题都做了一系列深入的论述。第三，具有辩证性。在黄先生看来，人或人的本质是共性与个性的统一，但是在苏联和中国的理论界都曾发生过一个偏向，只承认人或人性的个性、特殊性，而否认人或人性的共性、普遍性，甚至进一步否认一切具有阶级性的东西的共性，例如认为人性就是人的阶级性，否认人具有共同的人性，这种情况在中国一直继续到改革开放的时候。黄先生则提出要从共性与个性的统一上来把握人、研究人和理解人：一方面，承认人或人性的特殊性，坚持这一点有助于结合中国的具体国情研究人的生存与发展问题；另一方面，承认人本、人性、人权、人道、人伦等理念具有普遍性，承认这一点有助于研究人类社会发展中所面临的一些共同问题，例如推进可持续发展战略，促进人与自然的和谐发展，以及推进和谐世界的建设等。从黄先生的学术志向来看，他所要创建的是马克思主义的人学体系，具有意识形态性，然而，在这个过程中，他也阐述了一系列有关一般人学的基本原理观点。在黄先生看来，人权是普遍性与特殊性的统一。讨论这个问题的方法论，应该从马克思主义辩证法出发进行考察，世界上任何事物都是共性与个性的统一，所以人权也是普遍性与特殊性的统一。世界上任何事物与别的事物都有共性的一面，另一方面，事物与事物的区别、人与人的区别，又有特殊性，有个性的区别。在价值问题上，任何事物都是普遍性和特殊性的统一，所以人权问题在价值理念上也是普遍性和特殊性的统一。从人权的普遍性出发，应该说全人类社会应该遵循一些共同的人权准则，就这个意义来讲，人权是超越国界的。例如世界上大多数国家都签署了《世界人权宣言》，这是联合国建立的基础，也是人类社会的最基本共识，是不分阶级，不分肤色，不分门第，不分语言的。从这个意义来讲，人权无国界，应该存在着共同的人权准则，也正是基于这一点，中国在人权问题上和国际社会对话。按照联合国的安排，中国的维和部队已在多个国家执行维和任务，一些战士甚至在维和行动中牺牲，这是因为一些国家的政府已经不能有效治理和保障人权，维和部队是去维护世界和平，保护人的生命权和发展权，是尊重和保护人权。这说明人权是具有普遍性的，要承认和捍卫人权的共同准则。另一方面，人权又具有特殊性的方面，由于各国经济基础、文化传统等国情的不同，人权保护采用何种具体模式、何种具体方式，要由各个国家的具体国情来决定，这就是人权的特殊性，要抵制一些西方国家利用人权为借口任意干涉别国内政。

黄枬森先生之所以成为中国人学学科的创立者之一，与他的哲人人格是分不开的。他宽厚仁慈，在学术界赢得了"三宽先生"的称呼——"治学宽广，待人宽厚，脾气宽和"。作为哲学教育家，他把全部心血献给学生。1985年的一天的傍晚，我作为资历很浅的一个青年学者，从陕西师大出差来到北京，顺便想拜访当时在学术界已很著名的黄先生，此前他并不认识我。当我给黄先生打电话说明来意时，才知他第二天清晨就要去外地出差，由此我犹豫不决怕影响先生的休息，但黄先生却不顾时间紧张，在家里热情接待了我，一直谈到深夜。此情此景，至今仍历历在目。黄先生治学严谨。记得有一次他和我合写一篇学术文章，首先由他列出写作提纲，然后由我写出草稿，最后由他修改。初稿全文5000字，他逐字逐句修改，最后竟改动了2000多字。对此，我一方面惭愧，另一方面深深敬佩先生在学术上的严谨，这种严谨的学风使我终身受益。这里还要提到的是，人学学科作为一门新兴学科，对它的研究有不同意见是正常的。有些学者并不赞同黄先生的某些学术观点，对此，黄先生从不简单否定不同观点，而是从善如流，提倡自由思想，兼容并包。在黄先生的身上，彰显着学术自由兼容并包的北大精神。

也许从历史发展的大视野来看，才更能意识到黄枬森先生对人学学科创立所做工作的重要意义。在西方，正是通过文艺复兴及思想启蒙运动，促进了人的主体意识的觉醒及思想解放，张扬了人文精神，从而推动了封建制度的解体。当前在中国，"以人为本"及"以人民为中心"逐渐成为社会主旋律，人权建设不断推进、实现中华民族伟大复兴，建设富强民主文明和谐美丽的社会主义现代化国家成为人心所向，黄先生所做的工作正是顺应和促进了这一历史进步潮流。尽管黄枬森先生逝世了，但他所提倡的人民至上的人学精神却长存。

（范文，中央党校国家行政学院政法部教授，中国人学学会副会长）

黄枬森先生人学研究的理论贡献

徐　春

　　黄枬森先生（1921年11月29日—2013年1月24日）是中国著名哲学家、哲学史家、哲学教育家、北京大学资深教授，中国马克思主义哲学史学科和人学学科的开创者。在马克思主义哲学理论和历史、人学、文化理论等研究领域做出了开拓性的重要贡献。今年是黄枬森先生百年诞辰，特撰写此文，系统阐述黄枬森先生对人学学科的开创和理论贡献，以为纪念。

　　人类自诞生之日起，自从有了自我意识，就在不断审视自己，把人自身作为认识对象，这是人与动物区别的根本标志之一。古希腊德尔菲（阿波罗）神庙上的一句箴言"认识你自己"，说明古希腊人已有了认识人的要求。古希腊、罗马时期人学思想丰富，人的地位崇高；中世纪神学大盛，人成了神的奴仆，匍匐在神的脚下；文艺复兴运动恢复了人的主体地位，人本主义再度成为思想的主潮。20世纪，人类经历了两次世界大战，生命的死亡空前众多，有远见的政治家们通过联合国这一国际组织发表了《世界人权宣言》，为国际人权事业提供了指导文件。二战以后的国际经济、政治在思想上的反映就是人权思潮与人学思潮的兴起，而二者又是密不可分的，尊重人权，维护人的尊严和地位也就是实行人道主义，人权和人道主义无疑是人的一个重要方面。与此同时，西方学术界对人的生命意志、生命冲动、心理欲望、人的需要与潜能等人的内心世界的非理性问题也展开了深入研究。这是西方人学思想发展经历的大致过程，具有明显的阶段性特征。

　　中国古代人学思想也十分发达，自春秋战国以来，中国人学研究始终占据思想领域的主导地位，主要研究的是天人关系、人际关系、人性善恶和理想人格等问题。与西方人学思想相比，中国人学思想的发展没有比较鲜明的阶段性。当代中国人学研究的热潮肇始于20世纪80年代初对"文化大革命"的反思和关于人道主义和异化问题的讨论。黄枬森先生人学研究的思想轨迹和对人学学科的开创也从这一时期开启。

　　总的来说，黄枬森先生对人学研究的开拓性贡献在于致力于建构人学学科体系。它的学术研究风格可以简要概括为：关注时代问题，寻找哲学本质，开拓研究领域，创立学科体系。从20世纪80年代关于人道主义大讨论中得到启发：应该建立马克思主义人学，应该把人学作为一门科学来研究和建设，从此致力于建构科学的人学学科。

一、研究人道主义和异化问题，辨析马克思主义与人道主义的关系

由于"左"的影响，我国直到20世纪70年代末人学研究仍然是一个理论禁区。"四人帮"垮台后，人们开始反思"文化大革命"中出现的大量骇人听闻的反人道的现象：为什么在社会主义的中国也会广泛出现反人道的野蛮现象？当时许多学者提出，过去对人道主义和人性论的全盘否定是其思想根源之一。长期以来对作为一种理论的人道主义和人性论始终是批判的态度，这种情况导致人们思想中只有阶级斗争观念，缺乏把任何人当人看的人道意识和人权意识。痛定思痛，重新认识人道主义的价值观是必要的。但有的学者认为，过去对马克思主义的了解是根本错误的，真正的马克思主义是现代人道主义，人是马克思主义的出发点、核心和归宿，马克思《1844年经济学哲学手稿》也成为这些同志的主要理论根据。于是在20世纪80年代初出现了一场关于人道主义和异化问题的大讨论，这一讨论在1983年纪念马克思逝世100周年时达到了高潮。

1983年，黄枬森先生在《哲学研究》第4期发表《关于人的理论的若干问题》，对人指什么？什么是人的本质？什么是人性？什么是人的本质的异化？科学共产主义就是人道主义吗？社会主义社会有异化劳动吗？这六个重要理论问题做了马克思主义的分析和解读。1984年，在《高教战线》第1期发表《关于人道主义和异化的几个理论问题》，梳理自14世纪下半叶文艺复兴开始以来，西方人道主义思想发展的三个历史形态：一是文艺复兴时期（14世纪下半叶至16世纪）的人道主义；二是启蒙运动时期（欧洲17、18世纪）的人道主义，即资产阶级大革命时期的人道主义；三是现代资产阶级人道主义。根据启蒙运动时期的人道主义思想，大致概括出人道主义的共同特点是：其一，他们所讲的人是孤立的、抽象的个人，是脱离历史时代和社会关系的个人。这是方法上的共同点。其二，他们从这种孤立的个人出发进行抽象，抽象出共同的人性或人的本质。这种人性、人的本质，马克思称之为"单个人所固有的抽象物"。其三，其核心思想是个人主义。这些思想家都抽象地谈论人的价值、人的权利、人的自由、人的尊严，抽象地谈人是目的，总是从个人、自己出发来考虑这些问题，把自己作为衡量一切的标准。其四，其历史观是唯心主义的。他们都是以人性作为历史发展的动力，认为人类的历史就是人性实

现自己的历史，或者是人性失而复得的历史。①

关于异化问题，黄先生指出，异化这个概念的含义在黑格尔看来是很广泛的，它相当于向对立面的转化、分化、外化，等等。明确讲人的本质的异化的是费尔巴哈。费尔巴哈认为，上帝是人的本质异化的结果。这个异化的扬弃，也就是人的本质的复归，即新的宗教的建立。必须要弄清楚人道主义和异化理论的关系。②"有些同志把异化问题和人道主义看成两个问题，其实二者是一个问题。异化其实是人的异化或人的本质的异化的省略语，人的本质和人的本质的异化都是人道主义的核心概念。西方文艺复兴以来的人道主义各派，不管他们是否使用这些术语，实质上都是以人的本质的实现，或人的本质的异化与复归，来解释人类社会的历史。"③关于如何理解马克思和人道主义的关系问题，在于如何理解和评价马克思的早期著作，特别是《1844年经济学哲学手稿》中的异化理论和人道主义思想。这场讨论后来渐趋沉寂，但问题并没有完全解决，它给理论界留下了一个问题：究竟应如何看待人道主义？如何看待人？人在马克思主义中应占什么地位？1987年，黄先生曾经谈到，这场争论远没有结束，完全可以而且一定会继续争论下去，这场争论已经有一些积极的成果，那就是，大家都认为马克思主义应该研究人的问题，建设人的理论，人道主义和异化问题应该作为一个学术问题开展自由的讨论。④

25年过去后，2010年，黄先生已近90高龄，再次发表文章《关于人道主义和异化问题的讨论》，回顾20世纪80年代初这场对中国哲学界影响深远的思想论战，认为这场讨论是真理标准讨论的继续。回顾过去的争论，他认为有几个问题需要搞清楚：第一，人道主义思想在历史上从价值观向历史观的发展。在文艺复兴时期，人道主义要解决的是人的自我价值问题，即人的地位问题和人际关系问题。它主张尊重人，平等待人，把人当人看，反对等级制度和身份上的不平等等现象。这些人道主义思想不是以理论形式，而是通过多种文学艺术作品表现出来的，仅仅是一种价值观。17、18世纪欧洲的启蒙运动用理论形式来表达人道主义思想，把人的本质的变化发展看成是人类社会历史发展的动力，以人的自我价值的实现状况的变化发展来解释历史，这样，人道主义就不仅是价值观，而且是历史观了。人道主义理论可以说是启蒙运动的最高理论成就，其内容主要是人道主义思想的系统化和人道主义从价值观向历史观的发展。第二，马克思实质上保留了人道主义价值观，抛弃了人

---

① 黄枬森：《关于人道主义和异化的几个理论问题》，《高教战线》，1984年第1期，第8—13页。
② 黄枬森：《关于人道主义和异化的几个理论问题》，《高教战线》，1984年第1期，第8—13页。
③ 黄枬森：《西方马克思主义与人道主义》，《北京大学学报》，1987年第1期，第3—11页。
④ 黄枬森：《西方马克思主义与人道主义》，《北京大学学报》，1987年第1期，第3—11页。

道主义历史观。第三，1980年中国学术界关于人道主义的讨论是人道主义思想上的重大突破。马克思只是实质上区分了人道主义历史观与价值观，并没有明确作过这种区分，这就为后来的马克思主义者留下了不同理解的空间。中国在20世纪80年代的讨论对人道主义历史观与价值观做出明确区分，实际上继承了马克思的思想，澄清了人道主义头上的迷雾。第四，价值观与历史观有区别，有联系，人道主义价值观应以唯物主义历史观为理论前提。把人道主义区分为价值观与历史观是符合人道主义思想发展的实际情况的。第五，把人道主义区分为价值观与历史观不但具有重要的历史意义和理论意义，而且具有非常重要的现实意义。有了这种区分，我们就可以理直气壮地抛弃人道主义历史观，热情洋溢地提倡人道主义价值观。我们至今还没有把人道主义价值观摆到应有的位置上，在我国的道德体系中不见人道主义的身影，既非家庭美德，又非职业道德，也非社会公德，其实它是一切道德的起点，是起码的道德原则。①在这篇回顾性文章中，黄枬森先生以对历史负责的严谨学术态度，澄清事实，厘清理论纷争，再次明确表达自己的学术观点，实事求是地肯定了人道主义大讨论在中国学术界具有里程碑意义和所取得的学术成就。正是通过这场讨论，学者们得到启发：应该建立马克思主义人学，即科学的人学，应该把人学作为一门科学来研究和建设，从此中国的人学在人道主义争论中诞生。

二、创立人学学科，参与人权研究

20世纪90年代初期，继80年代人道主义问题大讨论之后，学术界围绕人权问题展开了争论。这不仅是意识形态领域的重大理论争论，在当时也是现实的政治斗争。1991年，黄枬森、陈志尚教授共同发表文章《关于人权的若干理论问题》，从马克思主义哲学角度回答了人权和人的本质关系问题、人权存在的时限问题、人权的具体表现问题、个人人权与集体人权、国内人权与国际人权等人权基础理论问题。他们认为研究人权理论的意义不仅仅在于回答某些外国对我国的无根据的攻击，而且也是为了建设我国社会主义物质文明和精神文明。认为我国宪法中应该把人权的旗帜举起来，应该对孩子们从小进行人权教育，让人权意识在孩子们的头脑中牢固地树立起来，这将大大有利于培养一代代有理想有道德有文化有纪律的四有新人。但是在谈论人权时不能忘记人权在现实中不是以单纯抽象普遍的形式存在的，而是存在于具体的形式之中。②随后不久黄先生又单独发表文章，着重论述人

---

① 黄枬森：《关于人道主义和异化问题的讨论》，《北京大学学报》，2010年第1期。
② 黄枬森、陈志尚：《关于人权理论的若干问题》，《郑州大学学报》，1993年第2期。

权的普遍性与阶级性的关系，强调人权是普遍性和阶级性的统一。认为人权之所以存在是由人的本质决定的，人人都具有人的本质，人权当然也是普遍的。基本人权——生存权、发展权、平等权、自由权无疑应是人人都具有的。这种普遍的人权当然是抽象的，如果它们包含在各种具体形式之中，它们就是实际存在的，抽象不等于不存在。普遍的人权存在于各种具体的人权之中，它们都是人权，但有时代、地区、国家、民族、阶级等方面的差别。同是生存权，但发达国家的生存条件远远优于发展中国家的生存条件，有些发展中国家的人民甚至不得温饱，冻馁而死，实际上被剥夺了生存权，即使在发达国家中劳动者也有不得温饱的。人权是普遍的，但绝无离开其特殊表现的抽象人权，在阶级社会中绝无超阶级的人权，人权是有阶级性的。但是，也不能以夸大人权的阶级性来否定人权的普遍性。[①]

从哲学的发展来讲，80年代真理标准讨论直接推动了实践问题本身的讨论，而后是人道主义和异化问题的讨论，随之而来的是主体性问题的讨论，然后是实践唯物主义的讨论，同时进行的还有价值问题以及哲学各领域、马克思主义哲学各原理和体系问题的讨论。90年代初，人权问题的讨论也形成了高潮。在这一系列讨论中，大部分的讨论都围绕人这个中心，从这些讨论中自然而然地出现和形成了人学热。最初出现的是关于人的某一方面的讨论，讨论的方面多了便引出了对人作整体研究的要求和实际努力。正是在这一学术背景下，黄枏森先生开始系统研究人学问题，为创立人学学科和建立人学科学体系做出了不懈努力。

1990年，黄枏森先生发表文章《人学的对象和基本内容》，提出人学是关于作为整体的人及其本质的科学。人学是一种人的科学，但它不同于研究人的某一方面的具体的人的科学，它既不同于人类学，也不等同于人的哲学。人学是一门基础学科，而人的哲学是一门应用哲学或哲学的分支学科，是人学中的哲学问题，即人学中的原则性部分。人学的对象决定了人学内容的两大部分是：作为整体的人和人的本质。作为整体的人也就是现代科学所提供的人的完整图景，它首先包括人和人产生、生存和发展的前提条件的关系，即自然界和人的关系，社会和人的关系；其次是人的历史；再次是人的个人生活和社会生活的各个方面构成的完整的人。人的现代图景所描绘的只是人的现象、人的存在，这种描绘是必要的，但不能停留在表层上和平面上，人学研究必须向纵深发展，必须通过人的存在揭示人的本质和规律性。人的本质问题也就是从本质上讲人是什么的问题，可以从三个方面来考察，即从本身讲，从人和他的条件的关系来讲，从人的将来发展来讲，也就是人的本质、

① 黄枏森：《论人权的普遍性和阶级性》，《马克思主义与现实》，1991年第3期，第46—52页。

人的地位和人的发展。至于人学的分支学科，可以按照对人的属性的区分，分为三大类：人的自然科学、人的社会科学和人的精神科学，合起来就是人的科学。^①作为一门科学，人学至今还没有真正建立起来，但无论是东方还是西方，古代还是现代，思想家们都提出了许多关于人的思想，即人学思想，特别是近几十年来，不少思想家提出了自己的人学体系，但还没有一种体系得到理论界的公认。可以说，迄今为止的人学史只是人学思想史，即人学的前史。这篇文章重点在于把人学作为一门既不同于具体的人的科学，也不同于人的科学的基础学科来建构。

1996年，黄枬森先生发表《人学：作为整体的人及其一般规律的科学》一文，进一步强调人学的对象是人的整体或作为整体的人，这个整体的人是由人的许多基本因素构成的有机整体，这种抽象不是空洞的无内容的抽象，而是具体的有丰富内容的抽象。人学的任务首先就是把这个整体表述出来，"为了完成这个任务，我们就要对人的基本因素进行分析和研究，并进一步弄清楚这些因素之间的各式各样的联系，然后再根据这些联系进行综合和构建，使人的整体或作为整体的人呈现出来。这样的人是现代的人，或现代所理解的人。但这样的人是静态的人，人学当然不能停留在静态的人上，还必须研究动态的人。"^②动态的人，简单说就是人的发展史。但人学并不是人的历史，而是要从中概括出作为个体的人和作为类的人的发展规律。这样，"我们可以把人学的对象规定为：作为整体的人及其一般规律；把人学规定为：关于作为整体的人及其一般规律的科学。"^③人学的对象既然是作为整体的人及其规律，它的内容就应该是两大部分，一部分是人的整体图景，一部分是人的发展规律。人的整体图景不仅是一幅具体生动的感性图画，而且是一个深入本质的理论框架。人的发展规律离不开人作为类的历史与人作为个体的历史，即人类几十万年和个体几十年的历史，但主要是要揭示贯穿几十万年和几十年的规律。人学的内容及其思想体系应循此思路来展开。相较于1990年提出"人学是关于作为整体的人及其本质的科学"，人学内容的两大部分是作为整体的人和人的本质，在1996年关于人学对象的表述则是"作为整体的人及其一般规律"，把人学规定为：关于作为整体的人及其一般规律的科学，这表明黄枬森先生对人学对象的认识更全面、深刻，既强调内涵人的本质的人的整体图景，又强调具有动态变化特质的人的

---

① 黄枬森：《人学的对象和基本内容》，《高校社会科学》，1990年第5期，第56—62页。
② 黄枬森：《人学：作为整体的人及其一般规律的科学》，《学术月刊》，1996年第4期，第12—13页。
③ 黄枬森：《人学：作为整体的人及其一般规律的科学》，《学术月刊》，1996年第4期，第12—13页。

发展规律。他之所以反复思考研究人学的对象问题，根本在于如果人学是研究什么的还搞不清楚，科学的人学是建立不起来的。就人学的学科定位来看，"人学的位置在历史观（一般社会学）和各种的人的科学之间，它低于历史观而高于各种人的科学，因此，人学的研究必须以世界观和历史观为指导，以各种人的科学为基础；反过来说，世界观和历史观的研究应以人学作为自己的基础之一，各种人的科学的研究也应以人学作为自己的指导。"①自此以后，中国人学研究朝着建立学科体系方向发展。

黄枬森先生致力于建构科学的人学体系是在国际学术界对人进行综合研究的基础上，面向中国人学研究涉及的理论问题进一步推进所取得的理论成果。他清晰地揭示出人的存在图景、人的本质、人的存在和发展规律是人学科学体系最基本的三个方面，这三部分是具有内在逻辑关系的有机整体。就对人的完整认识而言，首先认识静态的人，然后才能认识动态的人；首先认识人的存在和本质，然后才能认识人的发展，总结提炼人的发展规律。提出人学科学体系是黄枬森先生对中国人学研究的创新性贡献，它使北京大学的人学研究按照这一思路展开工作，并推动了中国人学研究事业的发展。

三、提出有关人的发展规律，关注以人为本

进入21世纪，黄枬森先生已届80高龄，仍笔耕不辍，系统研究人学相关问题。在2000年出版的他所主编的《人学原理》一书导论中，系统阐述了当代中国人学热兴起的社会背景、中国人学思想史、西方人学思想史以及若干人学基本问题，对人学学科的产生、理论资源和研究对象、基本内容、学科地位及研究方法和研究意义做出完整清晰的界定。1997年，《人学理论与历史》作为北京市重点项目立项。2005年，《人学理论与历史》以《人学原理》《西方人学观念史》《中国人学思想史》这三本书面世，这是自20世纪80年代以来中国人学研究取得的系统性成果，黄枬森先生任编委会主任。他在《人学原理》（陈志尚主编）第十七章中亲自撰写"人的发展及其规律"，系统论述作为个体的人的发展和作为类的人的发展，并提出七条人的发展规律。

在人学理论研究中，对人的发展规律的认识是一个十分薄弱的环节。对人的自然属性的规律认识，在许多具体学科研究中已经很细致深入了，但关于人的总的规

---

① 黄枬森：《人学：作为整体的人及其一般规律的科学》，《学术月刊》，1996年第4期，第12—13页。

律，涉及人的社会属性的总的规律，则研究得很少。由于人之所以为人主要在于其社会属性，黄枬森先生把关于人的社会属性的规律也看成人的一般规律。

如何揭示人的规律？人的规律有哪些？怎样构成人的规律的框架？这是一个有待开拓的人学新领域，这方面的成果很少。遵循从简单到复杂、从外到内、从个体到类的原则，他提出以下七条人的发展规律：

（1）人和环境相互作用的规律。这个规律的具体内容是：人首先是环境的产物，然后才能改造环境，也就是说，环境对人的作用是第一性的、基础性的，人对环境的作用是第二性的、从属性的。这里所说的环境主要是社会环境，其内容是十分复杂的。

（2）人的实践活动和其他活动之间相互作用的规律。这个规律的具体内容是：人的三个主要活动，实践活动是基础，认识活动和评价活动是实践活动的产物，又反作用于实践活动，实践活动与认识活动、评价活动之间存在着互相作用的关系。认识活动与评价活动之间也存在着互相作用的关系，但认识活动占基础地位。

（3）人的社会存在和意识相互作用的规律。这个规律的主要内容是：人的意识归根到底是人的社会存在决定的，又反作用于人的社会存在，二者相互依存、相互作用，由此推动人的发展。

（4）人的个体发展的有限性和类的发展的无限性相互蕴含的规律。这个规律的主要内容是：由于个体生命的延续是有限的，人的个体的发展也是有限的；由于类的繁衍是无限的，类的发展也是无限的。但是，由于类的发展由个体的发展构成，类的发展又蕴含着个体的发展；同时，个体的发展也以浓缩的形式蕴含了类的发展。

前面谈的三个规律都是关于人的个体发展规律。个体的各种活动能力和社会存在的发展都是由低级向高级发展。尽管这种发展中包含曲折、循环、倒退，但其整体是一个前进的过程，所以，每一个正常人的发展总是从幼稚走向成熟，从少能走向高能，从低智走向高智，从简单走向丰富，这是一个社会的过程，但这个过程受到自然过程的限制。当个体的自然过程，像任何生物体一样从成熟走向衰老的时候，这个社会过程也就放慢了或陷于停滞，最终随同肉体的死亡而终止。第四条是个体发展的有限性和类发展的无限性相互蕴含的规律，这条涉及个体发展与类发展的最一般特征，既是对个体发展的一个总结，又是对类的发展的一个先导。但是，就类来说，这个发展过程并未终止，而是在年轻个体的身上延续下去了。前人在发展过程中积淀下来的经济的、政治的、文化的成就不会由于前人的自然死亡而全部消失，会有相当大的部分作为后人发展的起点或有分析地继承的基础而融入后人的发展过程之中，如此一代一代地延续下去，就形成了类的发展。

（5）人的实践的自发性递减与自觉性递增的规律。这个规律的主要内容是：人的实践的自觉性萌芽于类人猿，形成于类人猿过渡到人；人的自觉性随着实践能力的提高和人类社会历史的发展而逐渐提高；人的自发性仍然存在，但随着自觉性的增多而不断减少；人的自发性不会减少为零，人的自觉性不会增多到无限。

（6）特殊个人的作用递减与人民群众的作用递增的规律。这个规律的主要内容是：随着类的自发性的日益减少和自觉性的日益增多，特殊个人对人民群众的影响越来越小，而人民群众通过民主集中制的形式对社会事务的作用越来越大。这里所说的特殊个人包括杰出人物，但不等于杰出人物，它指那些通过多种方式拥有极高的权势、财富或地位的与人民群众不同的人物，包括优秀的、平庸的、奸恶的人物，他们中有帝王将相、才子佳人、英雄豪杰、人民领袖，总之，对人类社会的现状与未来产生过重大作用的人物，不管是好的作用还是坏的作用，推动的作用还是阻碍的作用。

（7）人的发展的不自由性、片面性递减和自由性、全面性递增的规律。这个规律的主要内容是：每个人的自由而全面的发展是人的发展的理想状态，这只有在共产主义社会中才能基本达到。与这种状态相对立的是不自由的片面的发展，人的发展是这两方面相互消长的过程，亦即与社会发展过程相适应，积极方面逐渐增长，消极方面逐渐减少的过程。第五、六、七条都是关于类发展的重要对立特征的相互消长的规律。

当时国内学术界对人的发展问题，特别是对人的发展规律的研究非常薄弱，可以借鉴的前人研究成果非常少。黄先生提出，首先要解决研究人的一般规律的思路问题，即确认人的规律性特征，构建人的规律的理论框架。但是如何揭示人的规律？人的规律有哪些？怎样建构人的规律学说的框架？这是一个有待开拓的人学新领域，经过反复推敲，他开创性地提出了上述七条人的发展规律，填补了对人的发展规律研究的空白。

2003年，中国共产党第十六届三中全会把"以人为本"规定为科学发展观的主要内容之一，"以人为本"第一次出现在党的文件上。如何正确理解和实行"以人为本"，成为理论界关注的一个重要理论和实际问题。针对"以人为本"的思想是否就是人本主义？能不能说"以人为本"思想是马克思主义的核心理念？以人为本与以民为本是否是同一的等相关问题，黄枬森先生在《中国高教研究》2004年第4期发表《马克思主义与"以人为本"——回答以人为本研究中的几点疑问》。

2011年，黄先生以90高龄感觉有必要再谈一谈以人为本这个问题，再次发表文章《论"以人为本"的思想渊源和科学内涵》，认为 2003 年明确提出以人为本有其理论根源，这是 1983 年人道主义讨论以来理论发展的必然，也是时代发展的要求。他详细阐释"以人为本"指的是人们处理和解决一个问题时的态度、方式、方法，即指人们抱着以人为根本的态度、方式、方法来处理问题，而所谓根本就是最后的根据或最高的出发点与最后的落脚点。"以人为本"不同于"以民为本"，因为"民"是"人"的大多数，但"民"并不等同于"人"，不能以以民为本代替以人为本，以人为本比以民为本更宽泛。与以人为本相反的原则是以物为本。以人为本最初本来是为了反对以物为本的管理原则提出来的。因此，以人为本的提法有其确切的含义，不能用别的提法笼统地加以取代。[①]可以从三个方面来分析以人为本：第一，"从人与自然界的关系看，我们的着眼点是人，而不仅是人民。"[②]人与自然界的关系中的"人"实际是人类社会，显然是全人类，是所有的人，而不仅仅是人民。第二，"从社会内部人与人的关系看，我们的着眼点也是人，而不仅是人民。"改革开放以来，人与人之间的交往与关系越来越频繁，越来越复杂，市场经济的发展和经济全球化在国内和国际都大大促进了这个复杂的过程，并使人际关系日益紧张起来。显然这里谈的人际关系中的人涉及所有的人而不仅仅是人民。又如国际交往中的贸易关系、外交关系、政治关系、法律关系、文化关系涉及各式各样的人，这里的人显然也是指所有的人，而不仅仅是人民。第三，"从社会的政治、法律关系讲，社会关系的逐渐变化使人民和非人民的界限日益不断变化，人民的实际内涵日益同人的实际内涵接近起来，以至于可以说人民和人差不多是等值的，其界限是易变的。"[③]这不是说以人为本与人本主义毫无区别。以人为本是一种态度、方式、方法，而人本主义是一种观点、看法、理论，但这种区别只是形式上的区别，其内容则是一致的，以人为本的态度正是人本主义观点的应用，人本主义是以人为本的根据。"'以人为本'在一定程度上是对人本主义或人道主义合理因素的肯定，但不能将人本主义视为社会主义。""以人为本"的原则确认了人在社会发展中的根本地位，将人的发展确定为社会发展的最高目标，体现了一种根本性的人文关怀。[④]

纵观黄枬森先生从20世纪80年代至21世纪前10年，近30年人学研究的思想轨迹，足见其对中国人学研究的开创性贡献。就重要人学问题发表专题文章30多篇，

---

① 黄枬森：《论"以人为本"的思想渊源和科学内涵》，《伦理学研究》，2011年第3期，第11—14页。
② 黄枬森：《论"以人为本"的思想渊源和科学内涵》，《伦理学研究》，2011年第3期，第11—14页。
③ 黄枬森：《论"以人为本"的思想渊源和科学内涵》，《伦理学研究》，2011年第3期，第11—14页。
④ 黄枬森：《论"以人为本"的思想渊源和科学内涵》，《伦理学研究》，2011年第3期，第11—14页。

与此同时，1991年与夏甄陶、陈志尚教授一起主编了《人学词典》，1999年出版专题文集《人学的足迹》，2011年出版论著《人学的科学之路》。1996年黄枬森先生联合一批著名的马克思主义哲学家共同发起成立中国人学学会，2002年任中国人学学会首任名誉会长，在他的学术引领下使人学学科初见体系。黄枬森先生对中国人学研究的理论建构贡献卓著，给人学研究的后继者以深刻启迪。

（徐春，北京大学哲学系教授，博士生导师。北京大学人学研究中心主任，中国人学学会副会长兼秘书长，中国环境伦理学会副会长）

人学新奠基

黄枬森第四大哲学理论创新

王　东　刘　军

黄枬森第四个重要哲学理论创新，是为创建人学奠基。

黄枬森教授不仅专攻马克思主义哲学，而且以马克思主义哲学为指导，广泛进行跨学科综合研究。其中最为显著的创新成果，就是在当代中国首倡人学的创立。

一、人学奠基第一步

1983年人的问题大讨论

人学——这是一门至今初步奠基的新兴学科，黄枬森是其在中国初创的主要奠基人与开拓者之一，近30年间先后迈出了四步，这里着重说说20世纪80年代初第一步。

黄先生认为、人学萌芽产生于改革开放起点上的人的问题大讨论①：

为什么我们要这样来进行人学的学科建设呢？

人学作为一门学科在我国过去是没有的，它的出现始于20世纪 80年代初关于人道主义和异化问题的讨论，在讨论的过程中，人们才逐渐意识到人学学科建设的必要。从那次讨论以后，出版了多种《人学原理》、《西方人学观念史》、《中国人学思想史》、《世界人学思想史》的专著，论文就更多了，但是把人学原理和人学思想史结合起来作一个整体研究，这在人学发展史上还是第一次。为什么要这样做呢？为了说明这个问题，我认为有两个层次的问题要谈一下。第一个层次就是为什么要建设人学学科；第二个层次就是怎样建设人学学科。要说清楚这些问题，有必要追溯一下马克思主义与人道主义的关系。

对"文化大革命"的反思和关于人道主义和异化问题的讨论。

由于"左"的影响，我国直到20世纪70年代末人学研究仍然是一个理论禁区。

---

① 黄枬森：《人学的科学之路》，河南人民出版社2011年版，第1页。

"文化大革命"使"左"倾路线走到了极端，出现了大量骇人听闻的反人道的现象。物极必反。"四人帮"垮台了，"左"倾路线得到了纠正，人们开始反思"文化大革命"：为什么在社会主义的中国也会广泛出现反人道的野蛮现象？许多学者提出，过去对人道主义和人性论的全盘否定是其思想根源之一。尽管毛泽东早就提出过"救死扶伤，实行革命的人道主义"，党的理论、国家的宪法和政策也都包含人道主义的内容，但作为一种理论的人道主义和人性论始终是批判的对象。这种情况导致人们思想中只有阶级斗争观念，缺乏把任何人当人看的人道意识和人权意识，这不能说不是"文化大革命"中反人道行为的原因之一。痛定思痛，肯定人道主义的价值观是正确的，也是必要的。但有的学者认为，过去对马克思主义的了解是根本错误的，唯物主义见物不见人、敌视人，不是马克思本人的思想，不是马克思主义，真正的马克思主义是现代人道主义。这种观点受到了另一些学者的反对。于是在80年代初出现了一场关于人道主义和异化问题的大讨论，这一讨论在1983年纪念马克思逝世100周年时达到了高潮。讨论后来渐趋沉寂，但问题并没有完全解决，它给理论界留下了一个问题：究竟应如何看待人道主义？如何看待人？人在马克思主义中应占什么地位？人们从这场讨论中得到启发：应该把人学作为一门科学来研究和建设，应该建立马克思主义人学，即科学的人学。

第一步，20世纪80年代初，在改革开放新时期起点上，在解放思想、实事求是、拨乱反正、正本清源过程中，他一方面反对把马克思主义哲学抽象人道主义化，另一方面更力主深入发掘马克思关于人的思想底蕴，驳斥把马克思主义说成是"人学空场"的错误观点。

1983年年初，在纪念马克思逝世100周年的全国学术研讨会上，黄枬森在大会中途休会后的最后一天，作了影响重大的学术讲演《关于人的理论的若干问题》。有一种误解，说这篇讲话是为了批判周扬而遵命写成的仓促之作。实际上绝非如此，这是自1980年以来，他与北大学者对人的问题研究的初步总结之作，严肃认真的学术探讨之作。

1983年，在时任北大哲学系主任的黄枬森倡导下，北京大学还以"马克思主义与人"为主题，举行了为期3天、颇有影响的全国学术研讨会，会后连续出版了两部论文集：《马克思主义与人》（1983）；《人道主义和异化问题研究》（1984）。

二、人学奠基第二步
1990年《人学辞典》

第二步，1990年，黄枬森等主编国内外第一部《人学辞典》。

黄枬森在这个问题上，提出一个独特的学术观点：不赞成把马克思主义及其哲学简单化地归结为人学或抽象人道主义；而同时主张在马克思主义指导下，为适应新时代、新体制的需要，独立开创一门新的人学，其特点是对人做综合性、整体性的跨学科研究。从1988年到1990年，经过三年的持续努力，由黄枬森、夏甄陶、陈志尚主编的《人学辞典》终于问世，表明人学创立的最初尝试。在黄先生带领下，参加编写工作的有北京大学、中国人民大学、中国社会科学院等重要学术单位的几十位人学研究者，汇聚了20世纪80年代最初10年的中国人学研究成果，也尽可能吸收了当代国际上人学研究的一些最新成果。辞典共分"人学总论—人的起源、发展、未来—人体结构与机能—人与自然—人学历史"等11个方面，近1500个词条，篇幅近100万字。作为初创之作，尽管在许多方面还有不成熟之处，毕竟这是古今中外第一部人学辞典。

20年后，2011年，他在《人学的科学之路》一书开头，在总结人学开拓20年历程中，把编纂这部《人学辞典》，称之为创立人学的"第一个有组织"的集体努力：

自由思考、自由研究、自由讨论，是学术事业兴旺发达的前提。体现学术自由的"双百"方针是20世纪50年代提出来的，但这一方针的真正贯彻是从真理标准讨论才开始的。从哲学的发展来讲，真理标准讨论直接推动了实践问题本身的讨论，而后是人道主义和异化问题的讨论，随之而来的是主体性问题的讨论，然后是实践唯物主义的讨论，同时进行的还有价值问题以及哲学各领域、马克思主义哲学各原理和体系问题的讨论，90年代初，人权问题的讨论也形成了高潮。在这个过程中，邓小平理论开始形成和发展，其哲学基础也是学者们研究和讨论的一个热点。在这一系列讨论中，人们可以看出，大部分的讨论都围绕一个中心——人，人学热正是直接从这些讨论中自然而然地出现和形成的。最初出现的是关于人的某一方面的讨论，讨论的方面多了便引出了对人作整体研究的要求和实际努力，这就是建立一门人学的科学体系的努力。这种努力起初是零散的，第一个有组织的集体努力是80年代后期《人学词典》的编写，此书于1990年出版。1995年出版了《人学大辞典》。据统计，从1987年到1997年已发表的人学文章达1355篇，其中关于人学基本原理的文章875篇，关于中外人学思想史的文章415篇，关于现代化建设中人学问题的文章165篇；已出版人学著作107本，其中包括一些系统阐发人学基本内容的著作。此外，北京大学在国家教委支持下举办过两届高级人学研讨班，为各高校培养人学教学人才。河北省、河南省、江苏省先后成立了人学研究会，全国人学学会已于2002年成立。小型的、地方性的人学研讨会已开过多次，全国性的人学研讨会从1997年开始至今已召开过8次。

三、人学奠基第三步

1999年《人学足迹》

第三步，1999年黄枬森发表专题论文集《人学足迹》。该书以创立人学为思想主旨，共分七个专题：人学研究的对象和人学的科学体系—人性、人的本质和人的发展规律—人的活动的主体性—人权—人的价值观—社会主义人道主义—西方马克思主义与人道主义。全书汇聚了26篇论文，共22万字，平均每个专题有三四篇论文，3万多字。正如黄枬森教授在"后记"中写的："在阅读了这本书的清样之后，我惊奇地发现，这些文章经过责任编辑白竹林同志的辛勤编辑工作之后，其间的逻辑联系更清楚了，使它俨然成了一本系统阐述当代人学问题的专著，这是我原本没有想到的。"

大致从这一阶段开始，黄枬森也开始注意，从当代世界生态危机角度，来阐明建立人学的必要性，并以此为解决全球问题、人类困境，提供活的哲学智慧：

生态环境破坏在全球各地的表现是不同的，在发展中国家比发达国家更加直接、更加严重，这是由于发展中国家把注意力集中在发展上，往往忽视生态环境问题，而且这些国家治理环境的手段和力量也远不如发达国家。中国30年来在经济上取得了巨大的进展，但在生态环境上也付出了巨大的代价。毁林垦荒、水土流失、围湖造田、水面缩减，是造成1998年长江大洪灾的重要原因之一　黄河每年断流的时间越来越长，许多人惊呼黄河有成为内陆河，甚至成为一串湖泊的危险。全国绝大多数河流遭到工业废水的严重污染，各地不少矿藏被胡乱开采，不但导致资源浪费，而且污染环境。大城市空气污染和环境污染越来越严重，像北京这样的城市，作为全国政治文化中心，空气污染一直十分严重。尽管政府和社会为了解决生态环境问题做了极大的努力，形势仍然十分严峻。这样，人与自然界的关系问题、人在自然界中的地位问题，不仅作为一个一般问题，而且作为一个现实的直接的紧迫的问题提到了中国人面前。党和政府面对这一问题提出了可持续发展战略，这是完全正确的，但怎样实施这一战略，其中有许多科学技术问题，也有许多人的问题，人的问题需要人学来研究。

四、人学奠基第四步

人学理论三部曲与中国人学学会创立

第四步，在21世纪起点上，人学创立有两个显著标志，一是人学体系的初步建构，二是人学学会正式成立，而这两件事的主要推动者、倡导者都是黄枬森教授。

人学理论体系初创的重要标志是，2005年出版黄枬森主编的人学研究的系列性专著三部曲：第一部是由陈志尚为主完成的《人学原理概论》—第二部是由赵敦华为主完成的《西方人学思想史》—第三部是由李中华等人为主完成的《中国人学思想史》。该书从逻辑与历史的统一之中，为建立人学理论体系，勾画出一幅粗线条的草图。当然，距离创立真正富有内容与新意的人学体系，可能还要走相当长的路。[①]

人学初创的另一个标志是，中国人学学会的筹建得到批准，正式成立。走到这一步，也经过黄枬森等诸多同志的共同努力。在20世纪80年代人学研究的基础上，1991年率先成立了北京大学人学研究中心，年届古稀的黄枬森首任主任。90年代中期，已经初步草创中国人学学会，黄枬森教授又首任会长。经过10来年艰苦努力，中国人学学会正式成立，黄先生由于已是八十高龄，不再担任任何主要领导职务，但大家公认，他是中国人学研究与人学学会的主要创始人与主要奠基者。[②]

五、黄枬森先生与人学奠基

做过黄先生博士生，后来做了人学学会副会长的韩庆祥，对于黄枬森在人学创立中的重大作用，作了高度概括与总体说明：

20多年前，人性、人学研究在中国学术界还是一片"理论禁区"，很少有人涉足这一领域。实践标准问题的大讨论之后，一些先行者开始关注人的问题，其中就有黄枬森先生。可以说从中国人学诞生的第一天起，黄枬森先生就一直参与其中，对其注入了极大的研究热情。从最初的"人性、异化和人道主义"大讨论到相对独立的人学学科建设，从有关人和人性的核心范畴界定到人本身的基本理论研究；从对主体性及其原则的客观论说到人学基本框架的严密设计，黄枬森先生都一一阐发了自己的真知灼见。随着中国人学研究经历从无到有到兴盛的发展历程，黄枬森先生的人学思想也在长年累月的孕育中逐步走向成熟，在中国人学界树立了自己的一面旗帜。在新世纪之初，研究黄先生的人学思想，既是对中国早期的人学开拓者思想轨迹的一种回顾与整理，从其不懈地探索人学的足迹中找寻出成功经验，同时也是从一个侧面对中国人学20多年发展历程的梳理与总结，对21世纪中国人学的发展必将是有益的借鉴。

以上只是分五个方面简要地概述了黄枬森先生的人学思想片段，还远远谈不上对黄老渊博学识总体综合的把握。事实上，黄先生在我国人学界高山仰止，说他是

---

① 黄枬森：《人学的科学之路》，河南人民出版社2011年版，第7页。
② 黄枬森：《人学的足迹》，广西人民出版社1999年版，《前言》，第1、2页。

泰斗式的人物一点也不过分。自从20世纪70年代末开始研究人学算起，已经有20多年了，在这样一段相当长的时期，人学一直是黄先生教学与研究的中心问题之一，主编了《人学词典》、《人学原理》等数部人学著作。他对人学各个方面都有所涉猎，比如对人的环境、人的存在、人的地位、人的社会关系都有自己的真知灼见。他对我国马克思主义人学学科队伍建设也有着巨大贡献，在北京大学哲学系成立了人学研究中心，并倡导组建中国人学学会，亲任会长。在理论建设上，他历来主张用马克思主义的态度研究人学，无论是中国古代的人性善恶论，还是西方现代人本主义思潮，他总是给以实事求是的评价，别除糟粕，吸取精华，丰富马克思主义人学思想宝库。他这种宽容、严谨、求实的学风和研究方式正是我们社会科学界多年来大力倡导的，也是值得我国广大人学工作者努力学习和实践的。①

范文教授在《中国人学学科的创立与黄枬森先生》一文中，把黄枬森作为中国人学学科主要奠基者、开创者，并且试着梳理出黄枬森人学观的三大基本特色：

黄枬森先生与有关学者一起，通过《人学原理》等论著，初步构建了人学原理体系，为人学学科的建立奠定了理论基础。黄先生对人学的基本问题、人的环境、人的存在、人的本质、人的需要和利益、人的活动、人的社会关系、人的价值、人的权利和义务、人的理想和信仰、人的发展及规律等论题进行了系统研究，初步建构了他关于人学的理论体系。

黄枬森先生的人学思想具有一系列鲜明特点。第一，具有人本性。黄先生的人学思想非常强调人民群众的历史主体地位，他对人性、人权、人道等问题的论述，处处洋溢着人民至上、公民至上的人学精神。第二，具有科学性。从历史唯物主义的历史观出发，黄先生强调不能只是抽象地谈人，而必须研究现实的人。为了构建科学的人学理论体系，黄先生对人学的研究对象、范畴及理论体系框架等问题都作了一系列深入的论述。第三，具有辩证性。在黄先生看来，人或人的本质是共性与个性的统一，但是在苏联和中国的马克思主义者中都曾发生过一个偏向，只承认人或人性的个性、特殊性，而否认人或人性的共性、普遍性，甚至进一步否认一切具有阶级性的东西的共性，例如认为人性就是人的阶级性，否认人具有共同的人性，这种情况在中国一直继续到改革开放的时候。黄先生则提出要从共性与个性的统一上来把握人、研究人和理解人：一方面，承认人或人性的特殊性，坚持这一点有助于结合中国的具体国情研究人的生存与发展问题；另一方面，承认人本、人性、人

---

① 王东主编：《21世纪哲学创新——黄枬森教授八十华诞纪念文集》，中央编译出版社2001年版，第446、461页。

权、人道、人伦等理念具有普遍性，承认这一点有助于研究人类社会发展中所面临的共同问题，推进和谐社会及和谐世界的建设。从黄先生的学术志向来看，他所要创建的是马克思主义的人学体系，具有意识形态性，然而，在这个过程中，他也阐述了一系列有关一般人学的基本原理观点。

上述一系列学术创新不是孤立并列的，自始至终贯穿了一个思想主旨，就是马克思主义哲学中国化与中国现代化。正是这样一条思想红线，使黄枬森先生四大哲学创新，构成一个内在联系的有机整体。

（王东，北京大学哲学系教授，中国马克思恩格斯研究会副会长，列宁思想研究会会长；刘军，北京大学马克思主义学院教授，副院长）

第六篇

"学而不厌，诲人不倦"的师德典范

纪念马克思主义理论家、教育家 黄枬森先生 100 周年诞辰

朱传棨

黄枬森先生是当代杰出的马克思主义理论家和教育家，是中国马克思主义哲学史、马克思主义人学和马克思主义文化学的奠基人和拓荒者，是马克思主义哲学基本理论深化研究和马克思主义中国化研究的推动者和践行人。他无愧为马克思主义理论界最敬仰的师长，在纪念他100周年诞辰之际，我们不仅要深入研究他的思想，还要弘扬和传承他对马克思主义哲学发展所做的杰出贡献。

一、恩师六十年间的延续教诲、终身受益难以忘怀

黄枬森先生是我最亲密和最敬仰的恩师，但他却十分谦逊地当众说，他不是我的老师，只是苏联专家和我们研究生的联络员。这是黄老师与我多次共同参加学术研讨会，我在作自我介绍时，他即时做出的插话，他的这种谦逊精神和真诚的表态，使与会者非常感动和受教益，令大家十分敬仰。但在实际上，黄枬森先生确实是我难以遇到的恩师，而且是六十年间延续予以教诲的恩师。

首先，黄老师1954年在中国人民大学进修后回到北大哲学系里，作为苏联专家的助手，就担任我们研究生的辅导员，但不是一般性的辅导员，应该是专业性的辅导老师。因为他不仅为我们研究生讲解或补充苏联专家未讲清楚，或翻译老师未译全面的问题，他还应我们研究生的要求，系统地讲授了康德的《纯粹理性批判》。同时，由于我是非哲学专业的本科毕业生，故向他请教的就会比其他研究生同学要多一些，几乎每次课后都要向他请教问题。1956年，我研究生毕业被分配到中国哲学教研室，在冯友兰、周辅成和任继愈三位名师指导下，研修中国哲学，三位名师分别为我讲授《礼记》《书经》和《淮南子》。期间我向黄老师请教些问题，他为我讲解了西方哲学、中国哲学和马克思主义哲学发展规律的不同和各自特点，黄老师的见解对我研读哲学史予以深刻影响。期间组织布置思想政治批判任务，指定由

黄老师牵头，由冯瑞芳、高宝钧和我四人参加讨论，批判一个问题的结果，请黄老师执笔形成批判性的文章，发表在《光明日报》。20世纪50年代中后期，暂时中断了与黄老师联系，他被冤屈，受到磨难。1966年，"文化大革命"初期，我去北大拜见他时，他心胸坦然，身体安康，我很欣慰，但当时的非常时期，他处于逆境之中，只好慎言，交谈一番就告别了。

其次，1978年，我参加"实践是检验真理的唯一标准"研讨会间，匆匆去北大看望黄老师，看到他和夫人刘苏同志双双矍铄，思维敏捷，他还就真理理论问题谈了他的见解和观点，并鼓励我放开思想进行研究。到1979年，"中国马克思主义哲学史学会"正式成立，他是学会会长，我是学会常务理事。因而几乎每年都能相会和交谈有关学术问题，每次年会研讨理论问题期间，均能得到黄老师的教诲和指点。如1981年在浙江省委党校召开的中国马克思主义哲学史年会中，研讨的主题是有关唯物史观方面的若干问题。会上关于"历史唯物主义逻辑起点"问题，是"社会实践"还是"现实的人"问题，发生尖锐争论；在争论中，有同志在发言中带有个人的政治情绪，缺乏理论深度。在我准备发言时，黄老师向我指出两点：一是对争论的问题要从理论上多加分析和论证，不要夹杂个人情绪；二是要我在发言中建议与会者多研读马克思和恩格斯的有关著作，特别是要认真学习研究《德意志意识形态》。黄老师的这两点指教不仅帮我当时的发言提高了学术水平，而且更为我以后的研究给了深远的影响。再如，1988年，在贵阳召开的马克思主义哲学史学术研讨会研讨的主题之一，是关于人道主义、人性论问题。同时"中国马克思主义哲学史学会"，要进行换届。会上对马克思主义人道主义和一般人道主义的异同问题纷争热烈，同时有的单位代表争选理事会会长问题，发生激烈争论。主持换届的领导小组的组长和副组长分别是我和张奎良同志。因而，我不仅就研讨会的主题进行发言，还要就换届改选新理事会作发言。当天午餐后，就我在会上的发言中要讲的关于"人性、人的本质和人的属性问题，以及关于改选新理事会问题"，找黄老师咨询指导。当时他说，不仅人性和人的本质有区别，而且人性、人的本质与人的属性也是有区别的，要我依据马克思的思想在会上讲清这两个问题。同时，黄老师非常关心马克思主义哲学史学会的健康发展，嘱咐我在会上要多讲"团结对学会发展的重要性"，学会是群众性的学术团体，做学会的领导和理事，都是没有任何报酬的义务性工作。由此说明，黄老师为中国马克思主义哲学史的研究，不仅他本人做出了突出贡献，还通过学会的形式团结、引导更多的学人开展研究。黄老师在中国马克思主义哲学史学会上之所以享有崇高的威望，是与他对学会和会员的关心、提携和予以学术指导是分不开的。

再次，黄老师对我予以的教诲和指导，还通过学习、领悟他的学术研究成果实现的。黄老师在不同时期研究的每一项成果，我都是最早的拜读者，包括《唯物主义和经验批判主义》注释初稿和《哲学笔记》注释初稿在内，他所研究的成果，总是尽先寄给我研读，而且总是在每一部著作内封上亲笔署上："朱传棨同志指正，黄枬森×年×月×日"。可见之于他寄赠的《〈哲学笔记〉与辩证法》《人学词典》《马克思主义哲学史》《列宁传》《哲学的足迹》《人学的足迹》《黄枬森自选集》《哲学的科学化》等书。还有，于2011年推出的三卷本重要成果《马克思主义哲学创新研究》上，都是如此署上他亲笔的签名。他的九卷本的《黄枬森文集》第一卷刚出版，就由刘苏同志亲笔书写我的地址寄赠，后续的八卷由出版社直接寄我。每收读他的著述，不仅令我深切感受到恩师的谆谆教诲，同时也令我们教研室的同仁，深受感动和教育，丰富和增新了我们的教学和研究。

二、坚定理论信仰，指导课题组创新研究

1987年，在我申请主持国家社科基金项目《马克思恩格斯哲学思想比较研究》前，向黄老师致函，请他予以指导，并请他为课题组成员时，他不仅对屈身为课题组一般成员表示同意，而且以谦祥和谐的语气复信，强调指出：要坚定马克思主义理论信仰，马克思和恩格斯的关系决不是对立的，但也不是绝对的一致，要进行新研究，研究要开拓创新是对的，但必须坚持理论原则。当时，这对于我来说是巨大的鼓舞，坚定了此项理论研究的申请，加深了对课题的论证。在申请课题获准立项之后，课题组每次开会，黄老师均及时出席，并以他的深厚学养和丰富的治学经验，始终影响着课题组研讨的水平。不论在庐山，研讨成员分工查阅有关资料，撰写提纲有关问题；还是在牡丹江，课题组讨论撰写提纲定稿工作有关问题，他都以极为谦和的态度，积极指导大家如何进行撰写，并具体指出，要将论点和论据有机结合起来，要在论证上多下功夫。完全可以说，课题组的每举行一次研讨会，大家就得到黄老师的一次关于专题的讲解和指导，数年间使大家不仅提高了理论水平，也获得了丰厚的治学理念和科学研究方法。最后，在课题最终成果以专著《马克思恩格斯哲学思想比较研究》的形式定稿、并获入选由中央编译局原副局长林基洲主编的《马克思主义研究丛书》时，黄老师又为该著撰写了"序"。

黄老师在"序"中明确指出，任何两个东西、两个人、两种思想总是既有同也有异的。不存在绝对的同或绝对的异的问题，问题总是有多大的同或多大的异，就某一层次而言是大同小异还是小同大异。我认为本书作者就是按照同与异的辩证关系来比较马克思和恩格斯的哲学思想的。作者的结论是：马克思和恩格斯的哲学思想是大同小异，即在基本观点上是相同的，在有些具体问题上，在侧重点上，在论

证方法上，在风格上是有差别的。这个结论是符合实际的。黄老师为肯定这个结论的正确性，他就进一步作了深刻论证："这个结论原本是人们的一种共识，因为马克思和恩格斯两人不仅在革命事业上志同道合，共同从事共产主义的革命活动，而且在理论事业上自青年时代以来就进行多项合作，合著了多种著作，即使那些各自单独撰写的著作和文章不少也是经过他们之间的互相讨论完成的，以致他们的全集无法分开，而不得不编在一起。不知从什么时候开始，马克思和恩格斯的思想被说成完全一致的，这当然是不对的……科学的马克思主义发展史或马克思主义哲学发展史显然不能停留在这种'完全一致'的观念上。为了弄清楚马克思主义创始人思想发展的轨迹，不但需要研究他们在思想上的共同之处和差异，也需要研究他们各自在不同时期的思想发展和变化。"[①]

　　黄老师在"序"中，还针对"对立论"的错误观点，以较长的段落就客观存在的"物质世界问题""自然辩证法问题""人类社会发展的客观规律问题"和"反映论"等原则问题，批判了"对立论"观点的谬误性。其中黄老师还着重就《反杜林论》的写作和内容，阐明了马克思和恩格斯在理论原则上的一致性，并引证马克思1878年10月10日致摩·考夫曼的信，深刻论证了马克思和恩格斯在哲学观点上没有原则性的分歧，《反杜林论》和《资本论》在根本观点上也是没有什么分歧。最后，黄老师明确指出："对立论"者之所以要把恩格斯和马克思对立起来，是因为他们根本反对恩格斯的观点而又不愿意把自己摆到马克思的对立面，最妙的办法就是曲解马克思和恩格斯的思想了。……那就是把马克思的哲学思想歪曲为唯心主义，把恩格斯的哲学思想歪曲为旧唯物主义，其"对立"自然就非常鲜明了。并进一步告诫我们说："当前我国马克思主义哲学的发展研究，既不能退回到唯心主义，也不能退回到旧唯物主义，而要在坚持其基本观点的前提下以人类实践和科学新成就为根据把马克思主义哲学发展到一个新阶段。"[②]黄老师的这个"序"是1993年春写的，其中提出的根本观点和研究思路，不仅使我受益终身，也是课题组全体成员深化恩格斯哲学思想研究的指导原则和基本方法。这充分表明，黄老师为提携后学成长、为推动马克思主义哲学的新发展，确实是费尽了很大心思，做出了杰出贡献，是我们加强研究和传承的宝贵财富。

三、令人敬仰的马克思主义教育家

　　黄枬森老师作为我们崇敬的马克思主义教育家，他的教育思想十分丰富，他

① 朱传棨主编：《马克思恩格斯哲学思想比较研究》，河南人民出版社1994年版，黄枬森序言。
② 朱传棨主编：《马克思恩格斯哲学思想比较研究》，河南人民出版社1994年版，黄枬森序言。

的教育理念既厚重又深刻，他的教育实践经验既丰富又感人。2003年11月，在武汉举行"第十次全国应用哲学学术研讨会"后，我陪黄老师乘船去三峡途中，由于同住一个船舱，不仅聆听黄老师关于"应用哲学"作为哲学分支如何定位的问题，以及如何进一步加强研究等问题，而且较多的给我讲了如何培养研究生思维创新能力的问题。黄老师对当时有些学校存在的把指导老师称之"老板"，非常反感。他认为，这是对师生关系的一种"异化"。他说：师生之间的关系是最纯洁、最真挚、最高尚的关系，如果把老师异化为'老板'，那么学生就异化为打工者了，这是很不好倾向。然后他关于如何培养研究生的谈话，有两点对我的教诲很深刻，一是他说，要教育研究生结合现时代认真研读马列原著，向他们讲明做学问要一步一个脚印地走下去，永不停息，培养研究生要有热爱自己专业的情感，讲明对自己的专业要热爱到"入迷""上瘾"的程度，要天天接触自己的专业。二是，对有些研究生爱发表不同意见，包括对导师的观点持不同看法，并能提出独立的见解，导师要喜爱这样的学生，导师不能以自己学术思想"控制"学生，对研究生要有严格要求，是对的，对确有错误观点进行严肃批评，也是应该的，但决不能压抑他们的创造精神，也不能以自己研究思路和理论观点来衡量学生。我们教师要尽力创造有利条件培养出视野广阔、时代感强烈，能够很好地运用马克思主义哲学研究新问题的人才。我想黄老师的这些思想既是他多年教学实践的写照，更是使我受益终身的经典性的教育原则。在黄老师百年诞辰之际，更加使我怀念他六十年间，对我以真挚的情感进行延续性地谆谆教诲和具体指导，令我在数十年的教学和科学研究中之所以能取得好的效果，是与黄老师的教诲分不开的。但是，对此，在黄老师生前没有向他进行很好的叩谢，是我终生最重大的憾事。

（朱传棨，武汉大学哲学系教授）

高举辩证唯物主义旗帜

黄枬森老师教我学马列

陈志尚

黄枬森教授的逝世使我失去了一位敬爱的老师和亲密的战友，悲痛情深难以言表。几十年来我与黄老师的交往频繁几乎已成了生活习惯，每天不是见面就是通话。近年来因他有病见面少了，但电话还是常通的，有时一讲就是半个至一个小时。直到今年元旦我去医院探望长谈两小时，不料竟是最后一别。因此，这些时日倍感失落，对黄老师的印象，许多涉及他的人和事，在我脑子里反复呈现，想说的事太多了。谨以此文表达我的哀思怀念之情。①

一、跟黄老师学列宁的《哲学笔记》

我是1961年北大毕业留校，在马克思主义哲学教研室任教。正好黄老师开设列宁的《哲学笔记》课，我就去旁听了。在此之前，我听过贺麟先生讲黑格尔的《逻辑学》，张世英先生讲黑格尔的《小逻辑》，苏联专家格奥尔吉也夫讲列宁的《哲学笔记》，但是自己对列宁的《哲学笔记》并没有通读，有些地方是一知半解。黄老师讲课与他人不同的地方，是对《哲学笔记》特别是《黑格尔逻辑学一书摘要》，几乎从头至尾逐句逐段解释，先讲列宁所引黑格尔思想的原意，再讲列宁的批注，然后再予评论。因此，我课堂上是拿着列宁的书边听边看，课下再查黑格尔书中有关原文加以对照，才算读懂了两位大师的思想，辨明了他们之间的分歧所在。感到黄老师所作的分析在理，是准确把握了列宁思想的精神实质。记得第二年黄老师还讲这门课，我还再去听过。可惜听课笔记在"文革"中被抄走了，只留下一份复习提纲，是黄老师亲自刻写用粗纸油印的，因夹在书中未曾丢失。黄老师的讲稿后来经过整理加工发表了，就是著名的《〈哲学笔记〉注释》和《〈哲学笔

---

① 此文发表于《中国高校社会科学》，2013年第5期。

记〉与辩证法》两本书，我是经常参阅的。现在回想，我是跟黄老师学了《哲学笔记》课，对辩证法的理解才从毛泽东的《矛盾论》扩展加深了，才领悟到哲学确实是有党性的，必须把辩证法和唯物主义结合起来，把世界观、认识论和方法论统一起来，才能达到客观真理性的认识。

二、跟黄老师学《唯物主义与经验批判主义》

马克思主义哲学界都知道黄老师研究《哲学笔记》的重要贡献，其实黄老师对《唯物主义与经验批判主义》研究同样深刻，而我是受益最多的。

"文革"结束后北大恢复正常教学，我被分配在马克思主义哲学教研室做黄老师的助教，他主讲《唯物主义与经验批判主义》，是一门必修的基础课，每周讲4节，一学期共80节，要求学生用1：2即比上课多一倍的时间自学原著，分量是很重的。（据我所知，当时很多学校开《唯物主义与经验批判主义》课是10—20学时，只学第一至三章和第六章第四节，主要介绍列宁本人的思想。）开始时我主要协助黄老师做答疑，组织课堂讨论。不久黄老师就提出要我准备接他的班，登台讲课。我上大学时虽然学过这门课，但老师讲得比较简单，我学得也很肤浅，要让我开讲是很困难的。黄老师要我别紧张，说他把讲稿给我看，我可以先讲一、二章，逐步过渡。后来我是经过3年才把这门课完全担当起来的。同《哲学笔记》课一样，黄老师讲《唯物主义与经验批判主义》课也不限于讲列宁的观点，而是涉及以马赫主义为代表的整个西方经验主义和实证主义思潮。他讲课是顺着列宁的思路，先抓住马赫主义的理论来源，对贝克莱、休谟和康德等人的观点进行分析，然后把它们与经验批判主义代表马赫、阿万那留斯等人的观点加以对比，深刻揭露和剖析了两者共同的本质：世界观上的唯心主义、不可知论和方法论上的折中主义和相对主义。接着，着重讲解列宁在书中是如何引证和解释马克思、恩格斯原著（从《关于费尔巴哈的提纲》到《反杜林论》《费尔巴哈论》等）一系列重要论断，明确规定马克思主义世界观是辩证唯物主义，强调"辩证唯物主义和历史唯物主义是一块整钢"，既抓住辩证唯物主义认识论的精髓，又有丰富和发展。再把马克思、恩格斯的观点同贝克莱和马赫等人的观点相对比，揭示其分歧的实质所在。由于这门课是给高年级学生开的，学生已学过马克思主义哲学原理和中外哲学史，黄老师这样教原著课，我称为对比法，不仅进一步使学生们深刻理解和把握了马克思列宁主义哲学的精华，而且加深了对西方近现代哲学的认识，有助于分清哲学上的理论是非。后来我自己学着做了才理解，运用这种双重对比的方法，必须认真严谨，对教和学都是很辛苦的，因为不仅要精读《唯物主义与经验批判主义》这本书，而且要阅读许多有关的哲学家的著作，才能进行对比思考。黄老师为此专门摘录了双方的主要论点、论据，编印成教学资料供学生阅读。据我所知，经验批判主义创始人阿万那留斯的著作没有中译本，他的主要观点（如"思维经济"和"原则同格"）出处很难查到。黄老师费了很大努力，才找着了20世纪初出版的德文原著，摘译成中文，收集到教学资料之中。

尤其应该提到的是第五章《最近的自然科学革命和哲学唯心主义》的教学，这是重点和难点。这主要是由于，经验批判主义的主要代表马赫在科学上是做出过重要贡献的物理学家，但恰恰是"拙劣的哲学家"（爱因斯坦语）。他打着科学哲学的旗号，利用当时物理学革命的新成果（发现放射性元素和电子，突破了以原子为最小物质实体的古典物理学原理以及相应的机械论宇宙观），宣传"物质消失了"，提出了所谓"要素"等理论，以此攻击唯物主义的物质概念是"无"，是不可认识的"自在之物"，否定唯物主义，宣传唯心主义。因此，列宁要驳倒马赫主义，除了从哲理上揭露其唯心主义和诡辩的本质外，必须根据科技革命的新成就，克服旧唯物主义物质观的严重缺陷，提出一系列新的论断，建立与现代科学一致的哲学物质观。如指明"物质的唯一'特性'就是：它是客观实在，它存在于我们的意识之外"[1]，"为人的意识所反映"[2]，提出"物的'实质'或'实体'也是相对的；它们表现的只是人对客体的认识的深化。……日益发展的人类科学在认识自然界上的这一切里程碑都具有暂时的、相对的、近似的性质。电子和原子一样，也是不可穷尽的，自然界是无限的，而且它无限地存在着"[3]等等。现代科技的发展，完全证实了列宁思想的真理性。问题是作为教师如何把握第五章的丰富内容并把它传授给学生。我的现代物理学知识不过是中学生水平，几十年过去已经忘得差不多了，可要完成教学任务，不仅要学懂物理学从古典到现代的革命成果及其哲学意义，而且要准确地表达出来，使学生能够理解和掌握，很困难。我曾去旁听大学物理学的公共课，也是一知半解，主要是靠黄老师给我看了他的备课笔记才渡过了难关。他曾是大学物理系学生，有专业知识基础，加上深厚的哲学和文字功底，把与这门课程相关的一些物理学概念、公式，以及马赫如何歪曲利用，列宁如何批驳创新，都深入浅出地写在笔记上了。我才得以消化，完成讲课任务。后来到20世纪90年代，又有人歪曲利用物理学家海森堡的"不确定原理"，指责列宁的物质定义不适用于微观世界，"列宁是错的，阿万那留斯的'原则同格'是对的"，公开宣扬

---

[1] 《列宁全集》第18卷，人民出版社1988年版，第273页。
[2] 《列宁全集》第18卷，人民出版社1988年版，第274页。
[3] 《列宁全集》第18卷，人民出版社1988年版，第275页。

唯心主义的主体性，为马赫主义翻案。

在黄老师的指导和鼓励下，我才完成了《马克思主义哲学史》（八卷本）及《马克思主义哲学原理》（博导本）中承担的科研任务。有了这方面的经历，再加上围绕辩证法与系统论关系的讨论，对钱学森科学体系的思考，我才深刻理解为什么黄老师始终坚定地强调马克思主义哲学的科学性，坚持马克思主义哲学是辩证唯物主义，这是马克思主义哲学与其他哲学的本质区别，是它超越现存的一切哲学学说而具有永久生命力的根据所在。

三、跟黄老师学《1844年经济学哲学手稿》

从1980年开始，黄老师和我们北大的一些同志就陆续参与了人道主义和异化问题的研究和讨论。当时他是北大哲学系主任，我是科研秘书，协助他组织了学术研讨会，并具体负责编辑《马克思主义与人》（北京大学出版社，1983年3月）、《人道主义和异化问题研究》（北京大学出版社，1985年6月）两本文集。由于争论各方都大量引证马克思《1844年手稿》中的论述，以此作为自己的论据并做出不同的解释，因此，如何理解和评价《1844年手稿》就成了研讨的热点。从那时起，到后来参加马克思主义哲学史学会和编写马克思主义哲学史的活动，中国人权研究会的活动，中国人学学会的活动，指导博士生的学习，承担马克思主义理论建设工程"经典作家关于人的基本观点研究"课题，以及国家社科基金《马克思主义哲学体系创新研究》课题等，可以说30年来《1844年手稿》是我们持续研讨最多的一本著作。我跟着黄老师反复学习研究，深受教导，获益匪浅。

在如何认识《1844年手稿》以及马克思关于人道主义、异化等一系列人学理论问题上，我们彼此的立场观点始终是一致的。从1983年我们（还有施德福同志）合写两篇论文①开始，后来我俩还陆续发表过十多篇论文，每次都是黄老师提议的，大多收入他的文集中。黄老师出版过《人学的足迹》《人学的科学化》两本专著。我则主编出版了《人学原理》，前年完成了《人学新论》（尚未出版），都是首先请黄老师审读，根据他的意见修改后才定稿的。平时这方面的学术信息交流更是频繁不断，自己知道了什么总是最先与对方分享、议论。现在回想起来，我的人学思想（包括对《1844年手稿》的认识）主要是跟黄老师学的，有些新观点往往是他先发出思想的火花，我领会后再加以论证发挥。当然，我也有一些自己独立的见解，

---

① 《马克思主义和人道主义》，《红旗》，1983年第19期；《关于人道主义的两种含义问题》，收入《关于人道主义和异化问题论文集》，人民出版社1984年版。

总能得到黄老师的鼓励、赞同和支持，合作得非常愉快。

2013年是马克思逝世130周年，本来我和黄老师计划共同作文，并在"五四"时发起召开系列研讨会，继承和发扬马克思的哲学思想。遗憾的是黄老师走了。我这篇文章是为了纪念老师，也是想以此表达黄老师一贯坚持并有所创新的重要思想。文章的篇幅和水平都有限，肯定不能完全反映黄老师思想的精华。只是希望借此引起朋友们的兴趣去直接阅读《黄枬森文集》，我想肯定会有收获的。

（陈志尚，北京大学哲学系教授，中国人学学会原会长）

学习黄枬森先生献身马克思主义
哲学的精神

许全兴

改革开放以来，思想解放，百家争鸣，马克思主义哲学研究成果丰硕，令人欣喜，这是一方面。另一方面，随着时代的深刻变化和改革开放的推进，我国马克思主义哲学研究打破了辩证唯物主义和历史唯物主义体系一统天下的局面，出现了辩证唯物主义、历史唯物主义、辩证的历史的唯物主义、实践唯物主义、实践哲学、类哲学、人学等不同的观点。有一些哲学家在批评斯大林的《论辩证唯物主义和历史唯物主义》时，对辩证唯物主义和历史唯物主义基本原理及其体系采取简单否定的态度。有的学者认为马克思哲学只有历史唯物主义，没有辩证唯物主义。有的学者主张实践本体论，否认物质本体论。有的学者更彻底，否定一切本体论，要超越唯物主义与唯心主义。有的学者认为，在马克思那里只有主客辩证法、实践辩证法，没有一般的客观辩证法。针对马克思主义哲学研究对象和体系上的不同观点，本人撰写了《马克思主义哲学对象之我见》，提出马克思主义哲学对象是研究人类认识世界和改造世界的最普遍的规律，从而不断地获得自由、扩大自由[①]。在进入21世纪之际，在活跃于哲学界的学者中坚持辩证唯物主义的已很难说是多数。相当多的研究者主张实践本体论，鼓吹实践思维，认为物质本体论是一种保守的、过时的、本体论思维。马克思主义哲学正处于自我革命之中，面临着严峻的挑战和危机。

如何迎接挑战，化危为机，推进马克思主义哲学的发展和自我革命，这是每个马克思主义哲学工作者所关切的重大问题。针对马克思主义的辩证物质本体论

---

① 拙文是为1995年10月在南京大学召开的纪念《关于费尔巴哈的提纲》和《德意志意识形态》写作150周年而召开的学术研讨会撰写的，曾刊于《理论前沿》1996年第5期；人大报刊复印资料《哲学原理》1996年第10期；收入中共中央党校哲学教研部编《当代哲学前沿问题探索》，中共中央党校出版社1996年出版；收入胡福明任编委会主任委员编的学术讨论论文集《马克思主义实践论与邓小平理论的哲学基础》，南京大学出版社1998年版。

面临严重的挑战，趁在复旦大学召开的第二届马克思哲学论坛之机，本人撰写了《坚持辩证物质本体论的当代意义》的论文①，主要讲了"辩证物质本体论受到严重的挑战""马克思的哲学革命是在唯物主义基础上的革命""对马克思主义哲学体系的理解不能回避恩格斯及列宁"和"坚持辩证物质本体论的当代意义"四个部分。论文认为，虽然本体论已不是马克思主义哲学研究的重点，但倘若否认了辩证物质本体论，那就没有党的实事求是思想路线可言，势必导致唯心主义大泛滥。倘若否认了辩证物质本体论，那就没有科学的共产主义人生观可言。之后，本人又撰写了《历史地看待马克思主义哲学》②，对辩证唯物主义和历史唯物主义体系的形成、发展的过程及其历史局限性做了实事求是的勾勒，阐释了马克思主义哲学需要自我革命。再经过数年努力，本人完成了国家社科基金课题《马克思主义哲学自我革命》（评定为优级），并于2007年由人民出版社出版了相应的著作。

在马克思主义哲学体系争论中，黄枬森先生始终是坚持辩证唯物主义的领军人物，处于争论的中心。在同黄先生交往中，本人深感先生对发展马克思主义哲学有着强烈的忧患意识和崇高的使命感。为此，先生在古稀之年，依然活跃在理论前沿，同这股否定辩证唯物主义的思潮进行论争，笔耕不辍，成果迭出，为坚持、发展和创新马克思主义哲学奋力不止。近日，为了写作本文，在学习《黄枬森文集》时进一步深深感受到先生对这场争论的形势严峻及其争论意义的认识远比本人及一般同仁更为深切。他指出，中国哲学界在世纪之交出现了"一股强劲否定辩证唯物主义世界观的思潮""辩证唯物主义世界观几乎成了许多观点围攻的中心"③。哲学界的有些人把辩证唯物主义与历史唯物主义称之为传统的即非现代的马克思主义哲学、讲坛哲学、教条主义哲学、僵化哲学体系。他本人因旗帜鲜明地高举马克思主义哲学的辩证唯物主义大旗而遭到一些人的围攻，被视之为僵化、保守的代表人物。10年之后，形势依然严峻。他说，尽管科学的哲学辩证唯物主义岿然不动，但否定辩证唯物主义思潮"至今仍然波涛汹涌。"④

如何面对这股"波涛汹涌"的否定辩证唯物主义思潮？如何对待这场世纪之

---

① 《高校理论战线》，2002年第8期，收入论文集《马克思主义的自我反思与创新》，人民出版社2019年版。

② 《中共济南市委党校学报》，2004年第2期，人大报刊复印资料，《哲学原理》，2004年第9期，收入论文集《马克思主义的自我反思与创新》，人民出版社2019年版。

③ 黄枬森：《钱学森与辩证唯物主义》，为祝贺钱学森90华诞而作，《南通师范学院学报》，2001年第4期。《黄枬森文集》第9卷，中央编译出版社2016年版，第22页。

④ 黄枬森：《哲学不能脱离科学——纪念钱学森院士诞辰100周年》（2011年7月31日），《黄枬森文集》第9卷，中央编译出版社2016年版，第104页。

交攸关马克思主义哲学命运的争论？黄先生没有采取有的批评者用简单粗暴的态度来回答对黄先生的批评，而是持冷静的科学的说理的态度回应对先生粗暴的批评。他认为，在贯彻"双百方针"和开展学术研究过程中出现这种激烈争论现象是"正常的，甚至可以说是不可避免的。"另一方面，他认为决不能对这种现象采取放任自流、不予理睬的态度，而应该明辨是非，澄清混乱，使马克思主义哲学能够适应时代的发展而健康地发展。他明确地提出："马克思主义哲学今天面临两方面的任务，一是捍卫马克思主义哲学——辩证唯物主义与历史唯物主义的基本观点，一是建构与当代社会发展水平相适应的中国特色的马克思主义哲学的新形态，也就是振兴、弘扬和发展马克思主义哲学的任务。"[①]这两方面的任务是密切相连的、不可分离的。一方面，只有在坚持中的发展、创新，才是真正的发展、创新，而不是借发展、创新之名背离、阉割其精神实质，最终导致破产。另一方面，只有在发展、创新中才能做到真正的坚持，否则墨守成规，搞教条主义，势必脱离时代、脱离实践、脱离人民，最终为人民抛弃。在这两方面的任务中，坚持虽然是前提，但发展、创新更为重要。先生的研究重点、指向和主要的任务则旨在发展与创新。

　　进入新世纪，黄先生虽已耄耋之年，但依然壮心不已，怀着捍卫、发展和创新马克思主义哲学的强烈的忧患意识和崇高的使命感，毅然决然领衔主持《马克思主义哲学体系的坚持、发展与创新》国家重点课题。2011年，先生用十年磨一剑的精神带病主持完成了这一国家重点课题，出版了由国内学术界48位著名教授（涉及马克思主义哲学、西方哲学、中国哲学和科学哲学等诸学科）共同完成的四部五卷共计247万字的《马克思主义哲学创新研究》成果。

　　在《马克思主义哲学创新研究》出版和发行的座谈上，本人发言时曾说，当我收到黄先生送我的皇皇巨著后深深地为先生献身马克思主义哲学的精神所感动。对一位年近九旬的哲学家来讲，要主持和完成上述国家重点课题，需要有一种献身马克思主义哲学的崇高精神，有一种坚韧不拔的顽强意志。没有崇高精神和顽强意志的人，没有献身于马克思主义哲学使命感的人，是不会在耄耋之年去申报和主持这样重大的研究课题的。哲学是哲学家的学识、品格、意志、精神的对象性存在和显现。黄先生主持的四部五卷的《马克思主义哲学创新研究》成果是先生一生的哲学总结，不仅表达了先生对马克思主义哲学体系的总看法，而且也充分体现了黄先生献身马克思主义哲学的崇高精神和人格魅力。黄先生献

[①] 黄枬森：《怎样建构马克思主义哲学的当代形态》，《山东社会科学》，2001年第1期，《黄枬森文集》第4卷，中央编译出版社2012年版，第137页。

身马克思主义哲学的崇高精神是《马克思主义哲学创新研究》成果的首要价值所在，值得每一位马克思主义哲学工作者和理论工作者学习。本人又说，在我的老师辈的哲学家中一生献身于哲学的大家甚多。他们在各自的领域中取得了卓著的成就，有的还建立了融合中西哲学、富有个性的自家哲学体系，为当代中国哲学的发展做出了重要贡献。他们的学术成就和献身哲学的精神，为我所钦佩和学习。黄先生的显著特点则是：一生执着马克思主义哲学，一生献身于马克思主义哲学。这是黄先生最可贵的精神。作为一个共产党员，一个马克思主义哲学工作者，我坦率地承认，我对先生献身马克思主义哲学的精神更有一种格外的钦佩之情。2006年，在北大哲学系为庆贺先生八十五华诞而召开的小型学术讨论会上，时任中国辩证唯物主义学会会长、中共中央党校原副校长杨春贵教授说了一句至今犹在耳边的话："黄枬森先生是中国哲学界的一面旗帜。"杨会长的这一评价得到与会者的赞同，实至名归。

黄先生一生执着马克思主义哲学，一生献身于马克思主义哲学，这决不是对马克思主义哲学的盲目迷信，而是基于对马克思主义哲学的理性的科学认识，基于对真理的追求和坚持。黄先生在回顾自己一生学术经历时曾多次说到，还在高中时就阅读过艾思奇的《大众哲学》。在大学时期，醉心于西方哲学，师从郑昕教授当研究生，研究康德哲学。新中国成立后才转向致力马克思主义哲学，从理论上思想上认识到："西方哲学家为哲学的发展做出了伟大的历史性贡献，但人类哲学史上第一个真正的科学形态还是马克思主义哲学——辩证唯物主义与历史唯物主义，我愿意为宣传和建设马克思主义哲学贡献我毕生的时间和精力。"（《我和哲学》手稿，2012年12月27日，未完稿）马克思主义哲学成了黄先生的终身事业，即使在受到错误打击、身处逆境时也矢志不渝。改革开放后，在哲学体系改革的讨论中，马克思主义哲学是科学的观点遭到质疑、否定。先生则始终坚持认为："辩证唯物主义和历史唯物主义是在哲学史上终于出现的唯一的科学的哲学，但是它有缺点有问题，应该加以适当的改造，才能成为名副其实的科学哲学。"他一直致力于把辩证唯物主义和历史唯物主义改造成为"一个完整严密的科学的哲学体系"。他认为这不是一个人在一生中能完成的任务，而是集体的、几代人的事业，他坚信人类哲学思想的发展一定能实现这任务。他继续为完成这任务而奔走呼号！① 这就有了后来由他领衔主持《马克思主义哲学体系的坚

---

① 黄枬森：《哲学的科学化》（论文集）的《学术自序》（2008年），《黄枬森文集》第9卷，中央编译出版社2016年版，第240页。

持、发展与创新》国家重点课题。

如何坚持、发展与创新马克思主义哲学？黄先生提出了经长期思考的"一总五分"体系："一总"即辩证唯物主义世界观，"五分"即辩证唯物主义的历史观、人学、认识论、价值论和方法论。黄先生对这一体系的称谓、内容和结构均作了全面的、系统的阐述，对学界不同的意见有所回应，言之成理、持之有故，是当代中国重要的、有影响的马克思主义哲学体系的一家之言，自有其重要的学术价值。在坚持、发展与创新的途径上，黄先生提出了三个方面："从时代的研究中去寻找""从自然科学与社会科学的研究去寻找"和"从外国哲学（特别是西方哲学）与中国哲学的发展中去寻找"，整个课题也是依此安排展开的。尽管笔者及学界同仁对"一总五分"体系的持有不同的看法，但由于课题的撰稿者均为某一方面有成就的研究者，因而课题成果所容纳的不同学术观点和丰富的思想资料对推进哲学的发展、创新均有启发和裨益。该成果的出版和隆重的发布是近30年来辩证唯物主义哲学的第一次响亮的集体发声，意义重大。

黄先生说："学术的生命在于创新，但我始终反对为求新而求新的本末倒置的做法。无论是在我年轻的时候，还是到了老年，我都坚持马克思主义最基本、最核心的观点，也就是马克思主义的灵魂——辩证唯物主义。"他决不随波逐流，改变自己的立场和观点，也不在乎别人对他是"左"或是右的评论。"我所坚持的，不过是学术的良心，我所追求的，不过是科学的精神。"[①]在社会发生深刻变革的时代，随着政治气候的变化，有的共产党员学者（其中有的已是数十年的老党员了），虽然还挂着共产党员之名，但在学术思想上已与马克思主义哲学分手了。黄先生在《文集》自序中对马克思主义的意识形态性和学术性、马克思主义的实践性和科学性、马克思主义哲学的集体性和个体性等三个问题的关系作了精辟的分析，其中心思想是马克思主义的科学性，马克思主义是科学真理。他最后说："马克思主义哲学不仅给了我科学的思想、智慧，而且给了我科学的理想，使我活得更加清楚、明白。我庆幸我选择了马克思主义哲学作为我一生的事业。"[②]

我很赞同黄先生的，也是我国马克思主义哲学界的主流观点：即马克思和恩格斯共同创立的马克思主义哲学是人类哲学史上的一次伟大革命，哲学由此具有

① 黄枬森：《我的哲学思想及其由来》（2001年），《黄枬森文集》第9卷，中央编译出版社2016年版，第225、226页。
② 黄枬森：《〈黄枬森文集〉自序》（2011年），《黄枬森文集》第1卷，中央编译出版社2012年版，第1—3页。

科学的形态。马克思主义哲学的产生也是人类认识史、科学史上的一次伟大革命，它为人类认识社会、认识历史提供了科学的世界观和方法论，从而使社会科学有可能成为真正的科学。马克思主义哲学是"放之四海而皆准的普遍真理"，是无产阶级和被压迫人民获得解放的精神武器。马克思主义哲学如同一切科学一样，从对象到体系、从内容到方法均会随社会的发展和时代的变迁而发展，而完善，而变革，且永无止境。哲学不同于自然科学，具有社会性（在阶级社会具有阶级性）、民族性，否认或轻视哲学的社会性、民族性是完全错误的。产生于西方的马克思主义（包括哲学）到了具有悠久历史文化的中国，不仅要与中国现实的实际相结合，而且还要与中国的历史文化（包括哲学）实际相结合，吸取中国的历史文化（包括哲学）的优秀成果，吸取中国的历史经验、民族智慧和民族精神，使自己具有中国的内容、中国的作风和中国的气派，一句话，使自己中国化。但客观世界（包括自然界、人类社会和人的思维）的发展规律具有同一性；人类在改造世界中认识世界，又在认识世界中改造世界的改造客观世界规律具有同一性；在改造客观世界中改造主观世界，又在改造主观世界中改造客观世界的改造主观规律具有同一性。中华民族的历史经验、民族智慧和民族精神将丰富和发展马克思主义（包括哲学），使之真正成为人类智慧的结晶、文明的活的灵魂、时代精神的精华。笔者认为，马克思主义（包括哲学）的科学性与社会性、民族性是统一的，科学精神和人文精神是统一的。把马克思主义（包括哲学）作为科学来建设，在强调其科学精神时丝毫不会影响其人文精神。

马克思主义哲学是无产阶级及其政党——共产党的科学世界观、方法论和价值观。以毛泽东为代表的中国共产党人在领导革命、建设和改革的伟大斗争中始终认为，马克思主义哲学的辩证法唯物论是高度的和严密的科学性、同彻底的和不妥协的革命性密切地结合着的、一种最正确的和最革命的科学世界观、方法论和价值观，是一种科学（一种哲理的科学）。哲学是世界观、方法论和价值观。马克思主义哲学是整个马克思主义科学体系的理论基础和精髓。理论建设是党的基础建设、根本建设。马克思主义哲学是领导干部的必修课。重视党的思想理论建设，重视哲学的学习、研究和运用，是我们党的优良传统和赢得胜利的思想法宝。毛泽东在领导中国革命和建设的实践中，在反对主观主义思想斗争中，善于从哲学上、从主客观关系上思考和总结实践经验，将马克思主义哲学的基本原理转化为认识世界和改造世界的方法论，转化为党的实事求是的思想路线和群众路线，并在理论上丰富和发展了马克思主义哲学。

党的十八大以来，以习近平同志为核心的党中央更加重视发扬我党学哲学、用哲学的优良传统，他曾主持中央政治局两次集体学习辩证唯物主义与历史唯物主义的基本原理和方法论。他指出，我们党自成立起就高度重视在思想上建党，其中十分重要的一条就是坚持用马克思主义哲学教育和武装全党。学哲学、用哲学，是我们党的一个好传统。在两次学习会上，习近平同志结合我国的实际，十分简明扼要地论述了辩证唯物主义和历史唯物主义的最基本原理及其方法论意义。从一定意义上讲，习近平同志的这两次讲话是对改革开放以来曾一度"波涛汹涌"否认辩证唯物主义思潮的一种回应，目的是推动我们对马克思主义哲学有更全面、更完整的了解。

今年是中国共产党的百年华诞。中国共产党诞生之时只有50多名党员，经过百年的艰苦奋斗，领导中国人民创造了一个又一个奇迹，取得了革命、建设和改革的一个又一个的胜利，今天已发展成为拥有9000多万党员，领导着14亿人口的、世界第二大经济体的社会主义国家的执政党。中国共产党成立时，一没有钱，二没有权，三没有枪，靠什么战胜了一个又一个的国内外敌人，克服了各种艰难险阻，经历多灾多难，付出了巨大牺牲，前仆后继，创造了一个又一个的奇迹？中国共产党人的回答是：靠马克思列宁主义真理吃饭，靠实事求是吃饭，靠科学吃饭。这里所说的实事求是，如邓小平所言，是马克思和恩格斯创立的辩证唯物主义和历史唯物主义的"中国语言概括"。[①]

百年来中国革命、建设和改革所取得的伟大胜利，是马克思列宁主义真理在中国的伟大胜利，也是马克思主义哲学——辩证唯物主义和历史唯物主义在中国的伟大胜利。马克思主义哲学不是僵死不变的教条，而是随着生活、实践发展而发展的科学。百年来马克思主义哲学在同中国的革命、建设和改革的伟大实践相结合的过程中，同具有5000余年的丰富的历史文化和新的时代特征相结合的过程中，无论从内容到方法上，还是从体系到精神实质上，都随之得到丰富和发展，马克思主义哲学正处于自我革命之中。但无论怎样发展、创新、革命，它的辩证唯物主义和历史唯物主义的最基本原理，它贯彻于整个体系的辩证的历史的唯物主义的科学精神是永远不会过时的，只会随时代、生活的发展而丰富发展。

黄枬森先生是党的同龄人，在庆祝党100周年诞辰时纪念黄先生100周年诞辰

[①] 邓小平：《坚持党的路线，改进工作方法》（1980年2月29日），见《邓小平文选》第2卷，人民出版社1994年版，第278页。邓小平所言，不仅准确领会和把握毛泽东思想的精髓，而且在文本上也有根据。毛泽东的《改造我们的学习》一文最初文本的第三部分有将"主观主义的态度"与"马列主义的态度，即辩证唯物论与历史唯物论"相对立的两个小标题。"马列主义的态度"，亦即文中反复论说的"实事求是的态度"（见解放社编的《整风文献》（订正本），中原新华书店1949年版，第57、59页）。

是很有意义的。黄先生一生致力于把辩证唯物主义和历史唯物主义改造成为"一个完整严密的科学的哲学体系"的精神，就是一生献身于真理的精神，献身于科学的精神。这种科学精神是每一个哲学工作者应永远学习、继承和发扬的！

（许全兴，中共中央党校哲学教授，当代中国哲学著名专家）

先生之风永驻我心

纪念黄枬森先生 100 周年诞辰

陈新权

今年是黄枬森先生100周年诞辰。先生离开我们已经8年多了，我深深地怀念先生，不仅是因为他的造诣和贡献，更是因为他的品质和风格。黄先生不仅向我传授了知识，也深刻地影响了我的为人和处世。

往事历历在目，恍如昨日。我成为黄先生的博士研究生，是十分幸运的，同时也有些偶然。这与我当时的职业取向有比较大的关系。1978年，我以军人的身份考入北京大学哲学系，之前我是解放军重庆后勤工程学院政治理论教研室的一名教员。按照当时的规定，我大学毕业后应当回部队工作，我也是这样准备的。我到北大后，就喜欢上了北大，特别羡慕北大的老师们，对能够在北大的讲台上讲课、与学生交流无比向往。后来我也听说，如果留校，部队是可以放行的。本科毕业留校几乎没有可能，于是我报考了硕士研究生。但当硕士研究生即将毕业时，听说学校又规定只有获得博士学位才可以留校当老师。我正在为此烦恼时，得知黄先生当年招收两名博士研究生，其中一名的研究方向是当代中国哲学。我就抱着试一试的想法报了名。也许同这个研究方向当时不是热门有关，我居然考上了，算是哲学系1984级的博士研究生。我是1982年上硕士研究生的，我学的专业是马克思主义哲学原理，当时这个专业读硕士研究生是两年半学制，可以报考1984级的博士研究生，不过是在1985年春季入学。和我一起考上的还有另一名同学，他是另一个研究方向。再算上两年前入学的师兄王东，当时黄先生带我们三个人。

我是从本科就在哲学系读起的，因此对黄先生的印象不是从读博士开始的。应当是本科上到三年级的时候，黄先生来给我们讲列宁的《哲学笔记》。用什么词来形容先生给我的第一印象呢？是"斯文"。一方面他讲的《哲学笔记》的内容，对当时的我们来说是深奥的；另一方面，他的举止、谈吐，阐述问题的方式，慢条斯理，温文尔雅。后来，在我读硕士研究生和博士研究生的过程中，更加强化了这种印象。在黄先生身上，既有当代知识分子的精神，也有中国传统文人的素养。先生的斯文不是那种经过雕饰而刻意表现的，而是自然流淌出来的，是很质朴的。"质朴"也是先生给我印象特别深刻的。不管是著述、讲课，还是与人交谈，不管是谈专业学术问题，还是谈其他问题，先生总是实实在在地说"理"，从不拐弯抹角，从不虚加修饰。20世纪80年代，黄先生参加了关于"人道主义"的一场讨论，影响很大。当时理论界和社会上有议论，有的人认为黄先生跟风，有迎合之嫌，包括我的一些同学也有类似的看法。有一次，我向先生提到这个问题。当时我还担心先生会不会不高兴。出乎我的意料，先生十分平和、十分诚恳地说，他的文章说的是他的观点，是他自己研究得来的。他的观点可能和某些看法有吻合的地方，但不是"跟风"。他也不会担心被说"跟风"就不表达自己的观点。先生的这番话，一扫由于这个问题笼罩在我心中的阴霾，对先生的敬意油然而生，更加为有这样的老师而感到骄傲。黄先生的质朴，不是那种简单的率直，而是基于高度的自信。"自信"也是黄先生令我十分钦佩的一个方面。黄先生的自信不是盲目的自以为是，而是基于对事实、对真理、对人的高度尊重，包含着深刻的科学内涵、很高的道德水准和文化素养。作为他的学生，我所观察到的黄先生，无论谈什么事，无论对什么人谈，无论在什么场合谈，无论是形成文字，还是口头表达，总是不卑不亢，从容不迫，娓娓道来。也许是因为我接触得有限，我确实从来没有见过、也想象不出先生着急的样子。尤其是面对不同的观点和意见时，更是如此。我有时会问自己，为什么先生可以这样而我却做不到。后来我渐渐地明白，这种状态，从根本上说是以强大的自信做支撑的。这种自信，是以对事实的全面了解，对真理的深入探求和对人性的深刻认识为基础的。

"宽厚"，宽以待人，在黄先生身上表现得非常突出。在和我们的相处中，他既是老师，又是仁厚的长者。他总是平等待人，与人为善，助人为乐，诲人不倦。他十分尊重学生、理解学生，总是设身处地地替你考虑，真心实意地给你帮助，无论遇到什么问题，你都可以向他求教。我在读本科和硕士的时候，与黄先生之间个人接触不多。读博士研究生后，感到先生带我们是很宽松的。他那时任哲学系主任，也很忙，对我们基本不提具体的要求。我读博入学不久，1985年3月赶上北大研究生会换届，我被选为第六届研究生会主席。那时学生很活跃，社会活动频繁，接触层面繁杂，做学生干部是很耗时间和精力的。那时研究生会是一年一换届，我从1985年3月到1986年3月做了一届。这一年时间里，忙于社会活动和学生工作，除了完成课堂上的功课外，根本没有时间做学业上的研究。这一年我同黄先生很少接触。黄先生也不曾具体过问我的学习情况。我卸任研究生会主席后，在向黄先生的请教中，他总是尊重我学习的自主性，包括博士论文的选题、写作等，除了给予必要的指导外，他也很理解和支持我的选择。他的指导，也总是以平等交流的姿态和商量沟通的口吻，从不强加于人，体现了黄先生尊重人、理解人、平等待人的理念。对待我的职业选择，黄先生也是这个态度。在报考和就读博士研究生的过程中，我也曾表达过毕业后留校当老师的愿望，先生都很高兴地表示欢迎。但是，我自己的想法渐渐发生了变化。可能是在学校待久了，对外部世界的好奇增加了。后来，我越来越觉得留校当老师，未来太确定、太清晰了。我愈来愈渴望走出校园，进入相对未知、不确定性较大、可能面临更多挑战的领域。1987年夏天，我到无锡参加了一次研讨会。那次会议主要是全国重点高校哲学专业的部分青年教师、研究生在一起讨论感兴趣的问题。一天晚上，在太湖边，我曾对师兄王东谈到想走出学校的想法。那时更事不多，每每想到选择一个不大确定的未来，内心还是会涌起一股激情。在即将毕业的时候，1987年年底和1988年年初，我最后下定了决心，我向黄先生和系里有关的一些老师，报告了自己的想法。好几位老师表示不理解我的变化，他们仍然希望我留校。对此，我始终心存感激。我也有一点儿担心，怕黄先生也不同意，毕竟自己的选择有点儿辜负先生的美意。自己留校的愿望曾经那么强烈，先生也是君子成人之美，一直在支持。如今自己却变了，确有不妥。但我又觉得依黄先生的风格，他是会宽容我的选择的。果然，黄先生十分诚恳地说，系里和他个人都希望我能留下，但对我自己的选择，他也理解和尊重。如果我仍想留下来，他们仍然欢迎；如果我决心走，他也支持。他还说，年轻人想法有变化，想出去闯闯是正常的。对此，我也始终心存感激。1988年1月，我博士研究生毕业，后来离开了学校。几十年过去了，现在想想，留在未名湖畔，留在先生身边，跟着先生做做学问，应该是很美好的。而先生那时对我所作选择的理解、宽容和支持，永远让我感动。

我离开学校后，有时去看望先生，有时参加学校和系里的活动也会碰到先生。斗转星移，时间在不断地流逝，而不变的是先生孜孜不倦地对学问的探求，与日俱增的是先生的学术成就和教书育人的杰出贡献。他90岁生日的前几天，我去看他，他仍在做研究。世事多变，不变的是先生的品格和作风，永远的斯文、质朴、自信、宽厚。每次与他的接触、与他的交谈，都能感受到人格魅力的影响，都能够感受到哲理的巨大力量。黄先生离开我们已经8年多了，今年清明节时，我为怀念那些故去的曾经指导和帮助过自己的贵人作了一首小诗，其中有一句："光阴经愈久，教诲感弥真"。黄先生对我的教诲，不仅是言传，更是身教，更多的是"润物无声"。我翻阅着先生的文集，真是文如其人，仿佛觉得先生就在我的对面，侃侃而谈。黄先生不仅是我学业上的导师，而且是我人生的导师。当然，我知道自己远远不可能做得像先生那样好，但我始终倾慕先生的人格、境界和修养，可以说是"虽不能至，然心向往之"。

（陈新权，中央纪委派驻原中国保险监督管理委员会纪检组组长）

深切缅怀黄枬森先生

安启念

我不是黄枬森先生的入室弟子，但对这位前辈哲学家，心怀弟子般的敬意。

20世纪70年代，我在山西师范学院马克思列宁主义教研室从事马克思主义哲学教学。当时的哲学课没有教材，主要是讲马克思主义经典作家的哲学著作。我是"文革"期间毕业的大学生，所学专业也不是哲学，只能边教边学。毛泽东的著作比较通俗易懂，贴近日常生活，辅导材料也多，自学问题不大，阅读马克思、恩格斯和列宁、斯大林的哲学著作，我就倍感吃力。一位学生，北京到山西插队的知青，听我的哲学课。有一天他到我家里来讨论问题，当时我正在读列宁的《唯物主义和经验批判主义》，顺便和他谈起这本著作对我难如天书。他当即表示可以送我一本参考书，是北京大学哲学系编写的，他的母亲在北京大学图书馆工作，寄给他做参考书用。他送的书帮了我的大忙，为我扫清了阅读中的大量技术障碍，让我对列宁的这本著作有了全面、深入的理解。凑巧的是，1979年我报考中国人民大学哲学系马克思主义哲学专业的硕士研究生，马克思主义哲学经典著作试卷中有一道占60分的大题，就是关于《唯物主义和经验批判主义》的。得益于那本参考书，这门课的考试我得了很高的分数。入学以后才知道，这本参考书是黄枬森先生在北京大学哲学系资料编译室工作时主持编写的。

在中国人民大学读书期间，听说黄枬森先生在北京大学哲学系讲授关于列宁《哲学笔记》的课程，十分精彩，于是我去旁听了几次。听课的人很多，我没有和黄先生交流，他根本不知道有我这么一个人大来的学生，但我终于见到了黄先生"真人"。

1984年，我作为中国人民大学哲学系的年轻教师，参加了在中山大学召开的马克思主义哲学发展史方面的会议。会后集体去海南岛参观，登岛第一站是海口。晚饭后几位老师散步，其中有黄枬森先生，我也跟在后面。老师们聊起当时开始流行的迪斯科舞，我插了一句："有的人跳得不好看，有的人跳起来怎么扭都看着舒服，好看。"黄先生回头白了我一眼："好看？怎么跳都不好看！"这是我和黄先生的第一次直接"交流"。

2005年，我在莫斯科就辩证唯物主义历史唯物主义体系的由来收集了一些原始资料，回国后发表了一篇名为《关于辩证唯物主义历史唯物主义体系的几个问题》的文章。2011年的一天，我收到一个沉甸甸的包裹，打开一看，是黄先生主编的《马克思主义哲学体系的当代构建》，上、下两册。书中夹着一张黄先生手书的纸条，说他这套书参考了我那篇文章提供的资料，对我表示感谢。只是参考了我的一篇文章便寄一套书来，还附上短信道谢，让我很是感动。再一看包裹的封皮，更让我感动得不知说什么好了——从上面的字体看，这一套沉甸甸的书是黄先生亲自拎到邮局寄出的！要知道他当时不仅已经名满天下，而且是年届90岁的学界老前辈。

黄先生是坚定的马克思主义者，20世纪80年代曾与实践唯物主义展开论战。实践唯物主义弘扬人的主体性，有人提出"实践本体论"，以取代传统唯物主义的物质本体论。黄先生旗帜鲜明地表示反对，坚持用物质及其运动解释整个世界的唯物主义世界观，坚决捍卫辩证唯物主义历史唯物主义。与此同时，他特别强调马克思主义哲学的科学性，认为马克思主义哲学是唯一作为科学存在的哲学，创建科学的哲学理论使哲学变为科学，是马克思、恩格斯的重大理论贡献。他在晚年曾出版两部著作——《哲学的科学之路》（2005年）和《哲学的科学化》（2008年）——阐述这一观点。我不赞成把马克思主义哲学等同于科学，认同罗素的观点——哲学是介于科学和宗教之间的理论。我曾写文章与黄先生商榷，强调人的情感、意志、自由，自古以来便是哲学的对象，也是马克思哲学思想的重要内容，但它们无论如何是不能运用经验和逻辑的方法加以研究。即便是作为对整个世界的总体认识的世界观，也是任何经验、逻辑推理无法最终证实的。

这一观点分歧丝毫都没有影响我对黄先生的崇敬之情。最近几年，由于对马克思主义哲学，特别是对马克思主义哲学在俄罗斯和中国的发展，有了进一步的认识，我对黄先生更增添了几分敬意。

任何人都是历史的产物，尤其是对社会、历史产生过重要影响的人，他们的思想与事业，只能在社会历史的大背景中才能深刻理解。黄先生在《我的哲学思想及其由来》一文中说："马克思主义哲学诚然是一种信念，一种思维方法，但关键在于它是对客观规律的正确反映，所以它是一门科学，一种科学的信念和科学的方法。"他还说，"我这么说是有根据的。因为马克思主义具有每一门科学都必须具备的基本条件：第一，它具有明确的研究对象——整个世界及其一般规律。第二，它所包含的原理是以自然科学和社会科学为根据的，经过实践检验最终证明是与客观实际及其规律相一致的。第三，它是一个相对独立的思想体系。物理学、生物学、数学、医学等是科学，马克思主义哲学也是一门科学。它们从不同的侧面反映着世界这个完整的大系统。把各门科学统一起来，就形成了一个完整的科学体系。马克思主义哲学与其他科学之所以不同的，只是由于它研究的对象的区别，使得它成为一门抽象程度最高、涉及范围最广的科学。"①这是黄先生对自己哲学思想的完整概括。黄先生的观点，据我所知，今天国内不少人都不认同。且不说马克思、恩格斯，尤其是马克思，有许多重要哲学思想无法纳入黄先生所说的马克思主义哲学范畴，他对马克思主义哲学的理解，也不能涵盖今天中国马克思主义哲学正在研究的许多问题。例如社会主义核心价值观，就不能完全用科学理性的方法研究。

单纯从理论的角度看，黄先生的观点有值得商榷之处，但是如果把他的观点放在社会历史发展的大背景中来看，结论立即大不一样。

黄先生的观点来自20世纪30年代苏联哲学家创建的马克思主义哲学体系——辩证唯物主义历史唯物主义，辩证唯物主义历史唯物主义的基本思想又直接来源于斯大林和列宁的著作。再往前追溯，它们源自恩格斯的《自然辩证法》《反杜林论》和《路德维希·费尔巴哈和德国古典哲学的终结》。恩格斯在这些著作中最早对突出强调世界的客观性和客观世界的运动及其规律的必然性，作了全面论述，提出了辩证唯物主义和历史唯物主义的基本思想。恩格斯本人在这些著作中讲得很清楚：他的相关思想是对18世纪法国唯物主义的继承与创新发展——继承了它用物质及其运动解释整个世界的唯物主义；立足于19世纪自然科学的三大发现，用黑格尔著作中的辩证法思想取代了18世纪法国唯物主义对物质存在与运动的形而上学解读。我们知道，18世纪法国唯物主义哲学是启蒙运动的组成部分，而法国启蒙运动是对封建主义意识形态的批判与冲击，它的重要内容之一是批判宗教，因而基本特征是高举唯物主义大旗，弘扬科学理性。黄先生的观点与斯大林、列宁、恩格斯以及18世纪法国唯物主义，一脉相承，也是高举唯物主义大旗，弘扬科学理性。正因为如此，他才突出强调马克思主义哲学具有科学性，是科学。西方马克思主义，20世纪80年代在我国兴起的实践唯物主义，用马克思早期著作中的人道主义思想否定恩格斯，否定辩证唯物主义历史唯物主义，他们完全不了解马克思主义哲学的发展历史。弘扬人道主义和弘扬科学理性，在马克思、恩格斯那里完全没有矛盾。我们无法在这里讨论这个问题，本文想说的

---

① 黄枬森：《黄枬森文集》第9卷，中央编译出版社2016年版，第230—231页。

只是，马克思、恩格斯的哲学思想不仅大力弘扬科学理性，而且这些思想在苏联和中国曾经发挥了十分重要的作用，至今仍有积极意义。这是因为，弘扬科学理性，对马克思主义来说就是大力宣传辩证唯物主义历史唯物主义，在20世纪这是苏联和中国社会发展的迫切需要。

1917年爆发十月革命时，苏联还是一个军事封建帝国主义国家，绝大多数人口是刚刚脱离农奴身份的农民，文盲占人口多数，东正教在思想文化领域拥有强大影响，资本主义力量薄弱。正因为如此，列宁特别强调唯物主义世界观和辩证法的重要性，把辩证唯物主义和历史唯物主义作为马克思主义哲学的主要内容。他在写于1922年被人称作"列宁哲学遗嘱"的《论战斗唯物主义的意义》一文中，一再嘱咐苏维埃俄国的马克思主义者，要把继承学习18世纪法国唯物主义，联合党外的和自然科学家中的唯物主义者，集中力量批判宗教。他清楚地认识到，对于落后的俄国，批判宗教，大力宣传科学理性，是苏联社会的迫切需要，走上社会主义道路实现现代化的重要条件。正是由于深刻认识到苏联社会发展的这种客观需要，斯大林以及苏联的马克思主义哲学家，继承列宁的思想，创建了辩证唯物主义历史唯物主义。

苏联是处于东西方之间的国家，中国是典型的东方国家，在人民的文化教育和科学技术发展水平方面，在社会的工业化和现代化方面，中国比苏联更加落后。苏联在18世纪初就被彼得大帝拖上资本主义道路，18世纪30年代建立了科学院，很快涌现出罗蒙诺索夫等享有盛誉的科学家。在罗蒙诺索夫的积极参与下，1755年莫斯科大学问世。此时正是中国历史上封建统治鼎盛时期，所谓"康乾盛世"。20世纪初的苏联和中国，都属于落后的东方国家，宣传科学理性是苏联的需要，更是中国的需要。

1917年十月革命一声炮响给中国送来了马克思列宁主义，其中就包括辩证唯物主义历史唯物主义。"五四"新文化运动高举"德先生""赛先生"两面大旗，"赛先生"就是科学。但是由于持续30年的战乱，科学理性在我国的真正传播，是在1949年新中国成立以后。新中国一成立，立即取缔各种封建会道门，在干部中开始了社会发展史学习，知道了达尔文进化论，"猴子变人"；紧接着在各类学校，在工人农民中间，掀起群众性"学哲学用哲学"热潮，所学内容就是辩证唯物主义历史唯物主义。这是我国有史以来第一次大规模宣传科学理性，是中国的，中华民族的，前所未有的声势浩大的启蒙运动。新中国培养的科学家，没有一个不是通过学习辩证唯物主义历史唯物主义哲学理解并掌握科学理性的。工人农民中间也涌现出了以李瑞环为代表的大批学习运用马克思主义哲学基本原理做好本职工作的先进人物。进入新世纪李瑞环出版的《学哲学，用哲学》等著作，生动地告诉我们，马克思主义哲学是怎样用科学理性武装了他，让他学会了运用唯物论、辩证法分析解决问题并终身受益。

"文化大革命"中流行阶级斗争决定论、意识形态决定论，注重客观规律性的辩证唯物主义历史唯物主义被曲解冷落，同时对毛泽东的个人迷信愈演愈烈。"文革"一结束，以"实践是检验真理的唯一标准"大讨论为标志，我国立即开始了新的启蒙运动，主要旗帜还是大力宣传辩证唯物主义历史唯物主义。新的启蒙运动不仅破除"两个凡是"终结了对毛泽东的个人迷信，从而解放了全党、全国人民的思想，为改革开放扫清道路，而且把经济建设确立为全部改革工作的中心，使社会发展回归体现科学理性的历史唯物主义。这一次理性启蒙意义多么重要，只要看看中国社会自改革开放以来发生的翻天覆地的变化便一目了然。

放在这样的历史大背景之下，黄枬森先生所宣传捍卫的哲学观点，他毕生从事的事业，其重大意义十分清楚。他早在20世纪40年代就接受了辩证唯物主义历史唯物主义，宣传和捍卫辩证唯物主义贯穿他的一生，直到生命结束。在我看来，把马克思主义哲学等同于科学，未必符合马克思、恩格斯的真实思想；弘扬科学理性也并非任何时候都是中国马克思主义哲学面临的主要任务。但是，从"五四"新文化运动直到今天，100多年的历史证明，对于中华民族，这一工作"功德无量"。在今天的中国，科学理性，不论自觉还是不自觉，人们早已接受，已经像空气一样，感觉不到它的存在。然而实际上，这是自"五四"新文化运动以来中华民族100多年充满艰辛不懈努力甚至激烈斗争的结果，来之不易。黄先生的难能可贵，就在于他用半个多世纪的时间，可以说是用毕生的精力，为此奋斗。

有其人，方有其事。黄先生强调马克思主义哲学是科学，应该与他早年曾在西南联大物理系学习有关，不过他的观点，他一生的成就，主要还是得自他的人格力量。西南联大学习期间，为了抗击日寇侵略，他投笔从戎，参加青年军远征缅甸。自从接受马克思主义理论以后，追求真理，从不左顾右盼，投机逐利，以至于在1957年受到错误处理，一度离开教学岗位。但是即使在逆境中，他也不消沉、不苟且，为马克思主义哲学研究作了大量基础性工作，包括注释和解读列宁的《唯物主义和经验批判主义》《哲学笔记》。改革开放以后，在与实践唯物主义的论战中，他恪守学术讨论底线，从不唱高调、说空话、扣帽子，坚持以理服人。他是"真人"，怀着一刻赤诚的心做人处事，而且勇往直前，从不退缩。这种人格的力量，是他能为马克思主义哲学，为中华民族的启蒙事业，做出突出贡献并得到众人，包括意见不同的人尊重的深层原因。

　　黄先生的事业、人品，永远值得我们景仰、学习。我们怀念他。

　　　　　　（安启念，中国人民大学哲学系教授，列宁思想研究会副会长）

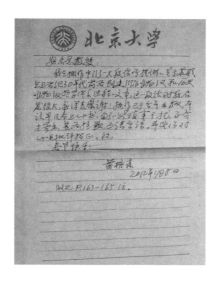

一个不吝称赞别人的人

黄枬森先生百年诞辰纪念

陶富源

　　黄枬森先生，是我十分敬重的一位师长。他作为哲学专业理论家，是改革开放以来中国哲学界高举辩证唯物主义旗帜，对马克思主义哲学守正创新的第一人。他的道德文章影响了包括我在内的许多后辈学人。

　　我与黄先生相识较早。关于这一点，我曾在《历历往事寸草心》一文中有所忆及①。那是50多年前的事。我于1964年秋入北大哲学系学习。在北大的五年零九个月里，绝大部分时间被"四清""文革"占用，正常的上课学习时间仅一年稍多。学业耽误过甚，此为终身憾事。但是尽管如此，北大仍然是我的学术航程的起锚之地，包括黄先生在内的一些老师的教诲和榜样作用，影响了我此后几十年的人生。

　　黄先生不是我的任课老师，没有给我们上过课。我与黄先生相识是在当时的哲学系资料室里。黄先生原先也是哲学专任教师，只因"反右派运动"中遭到不公对待而被贬到资料室担任副主任。不过，我原先并不知道这些。

　　我当时担任班级团支部书记，常因公跑系办公室。当时系资料室与系办公室在同一座名叫"南阁"的楼里，故而到系办公室办完事以后，也顺便到系资料室走走。几乎每次都能碰到黄先生，于是渐渐熟识起来。黄先生面善、平和，说话不快不慢，但透着几分坚毅。一开始，我以为黄先生是到资料室来查找资料的老师，后来才觉察他是系资料室的一名工作人员，进一步交谈中，我才发现，他对一些哲学问题都有自己的思考，其谈吐，远非我心目中的资料室一般工作人员可比。我不时向他请教一些现在看来很为幼稚的一些问题。不过，他不是三言两语加以打发，而是热情指点，有条有理地加以分析说明。他在与我交谈中的那种胸有成竹，抓住机会，一吐为快的样子，给我留下了深刻印象，至今回忆起来，还历历在目。

---

　　①《陶富源文集》第9卷，安徽师范大学出版社2016年版，第344、345页。

有一次，在谈到我们当时学的马克思主义哲学原理教科书，即艾思奇主编的《辩证唯物主义历史唯物主义》时，黄先生说，学习马克思主义哲学，既要学原理，也要读原著。说实在话，这是我平生第一次听说"读原著"这个概念，至于读原著为什么重要，刚开始也是心中无感。但我还是按照黄先生的指教，捧起马克思主义原著读起来。我在北大读的第一本马克思主义原著是恩格斯的《反杜林论》。后来到高校从事马克思主义哲学的教学和研究，更是反复阅读了大量的马克思主义原著。几十年来，我深切体会到，学习马克思主义原著，这是构筑马克思主义研究的根基，也是我能在学术上略有建树的看家本领。

1970年3月毕业离开北大以后，由于多方面的原因，我与黄先生中断联系长达30多年。然而在此期间，我对黄先生参加和主持的学术活动，一直予以关注。对黄先生发表的学术成果，怀着本然的亲近，尽量搜求，认真拜读。在黄先生九卷本（后为十一本）文集出版以前，我虽不敢说，我阅读了黄先生发表的全部论著，但我敢说，我阅读了其中的大部分论著。另外，还敢说，除马克思主义经典作家以外，黄先生的论著在我所阅读的个人论著中是最多的一位。

正是在黄先生和其他许多哲学同仁的研究成果的诱导和启发下，作为一个原因，我从1993年到2003年，用10年时间先后写成了三本系列著作：《形上智慧论》《实践主导论》《终极关怀论》。这最后一本是阐述马克思主义人学思想的。黄先生是中国马克思主义人学学科的主要开创者之一和做出重大贡献者，由此我萌生了一个大胆的念头：想请黄先生为该书作序。然而又一想，这可能不行。一是多年没有联系，黄先生还记得我吗？二是这本著作能入得了黄先生的法眼吗？不过，虽有疑虑，但我还是决心一试。很巧，机会来了。

2003年11月，在上海召开了一个全国性马克思主义哲学研讨会。我获得邀请。于是我带着书稿赴会。不出所料，黄先生也来参会。在接下来的几天里，我与黄先生朝夕相伴，交谈甚欢，谈到北大受到的教诲，先生欣然。他说，读过我发表的一些文章，认为写得不错。我顺势告诉他，我带来一本书稿，想请他指点，如有可能请他作序。黄先生接过书稿，没有马上答应，只是说，我带回去认真拜读，你等我的消息。

大概过了一个多月，黄先生给我寄来他写的"序言"。该序言不是就书论书，而是把该书放在一个大的时代背景下，来加以考察，洋洋洒洒写了3500多字。概括起来，讲了五个方面的内容：一是国际人学研究兴起的原因；二是人学研究的两种路向，即抽象人道主义与历史唯物主义；三是改革开放以来我国人学研究成为学术焦点；四是我国人学研究的状况；五是本书的理论成就与不足。在这一部分，黄先生对拙作给予了一个总体的评价，认为这"是一本时代气息浓郁、内容翔实，学术品味醇厚的，对人学理论进行了深入系统研究的力作"。①

黄先生当年八十有二，如此高龄，他在不太长的时间里，看完了我那厚厚的长达43多万字的一本书稿，并写了一篇比较长的序言，这令我很为感动。使我更为感动的是，黄先生作为学术前辈，作为中国马克思主义人学领域的泰斗式人物，对我这位后学的作品作如此高的评价，这是我没有想到的。我感到这是先生的鼓励，也是巨大的鞭策。

2016年12月，黄先生文集九卷本出版，作为对黄先生哲学思想进行系统研究的专家、曾是我的博士生的金承志副教授②送了我一套。我当即放下手头的工作，花了三个多月时间，从头至尾通读了一遍。通过阅读，我发现，黄先生不仅对我不吝称赞，而且对不少人赞赏有加。

我感到黄先生对人的赞赏有其特点。其一，既重学问，也重人品。即他赞赏别人在学术成就的同时，也赞赏其真善美的高尚品德。其二，他对别人的赞赏，往往把自己摆进去，联系自己的不足和对自己的激励，来肯定别人的优长。其三，与一些学人只对古人、外国人抱赞赏态度不同，黄先生所赞赏的对象主要是现代人。具体说来，是他的学术前辈、同辈和后辈。其所折射的是他对前辈的敬重、同辈的欣赏和后辈的激励。这令我心生波澜。

比如，黄先生赞扬前辈学人冯友兰先生"心怀祖国，志在真理"。③赞扬贺麟先生"一生追求真理，坚持真理，是一个真正的学者"。④赞扬"艾思奇不仅属于过去，也属于今天和明天""是哲学史上一座不会坍塌的丰碑。"⑤赞扬杨献珍先生"对马克思主义的坚定信念、从事研究的科学态度和提出新观点的勇气"。⑥

与对前辈学者持赞扬态度相比，我以为能对同辈学人持欣赏态度，这就更显可贵。这是因为同辈人之间对比性强，往往容易计较，从而区分出彼此的高低。我以为，通常所说的"文人相轻"，主要是指同辈文人的彼此相轻，然而我在黄先生身上看不到一丝这种庸俗气息，他总是对不少同辈学人给予真诚的、实事求是的肯定和褒奖。

---

① 《陶富源文集》第3卷，安徽师范大学出版社2016年版，2004版序言，第3页。

② 金承志在读博期间，以"黄枬森哲学思想研究"为其博士毕业论文的选题，该选题获2011年国家社科基金资助。其结项成果《黄枬森哲学思想研究》于2018年在安徽师范大学出版社出版。

③ 《黄枬森文集》第9卷，中央编译出版社2016年版，第10页。

④ 《黄枬森文集》第9卷，中央编译出版社2016年版，第77页。

⑤ 《黄枬森文集》第9卷，中央编译出版社2016年版，第9、15页。

⑥ 《黄枬森文集》第9卷，中央编译出版社2016年版，第18页。

比如，黄先生赞扬同辈学人钱学森先生的"大成智慧学""把辩证唯物主义摆在他的现代科学技术体系金字塔的顶端，给我极大的鼓舞，也给了我极大的启发。"①他赞扬胡绳先生说："读了《胡绳文集》（1979—1994），感到其中处处闪耀着思想的光辉，给人以深刻的启示。"②他肯定自己北大曾经的同事孙伯鍨先生，说他"作为一个马克思主义专业理论家，他给后代留下的遗产是丰富的、宝贵的，其中不但有思想深刻精当的大量论著，而且有他立身行事的高尚风格，特别是他的学术道路，更是我学习的榜样。"③

如果说对同辈学人的赞赏，表现了赞赏者的一种亮丽风格，那么可以说，对学术后辈的赞赏，则更多地寄托了赞赏者关于未来的希冀与情思。

比如，黄先生称赞后辈学者许全兴先生："他的性格和文风颇具特色。他的党性是鲜明而坚定的，又喜欢独立思考，只要有真凭实据，他是敢想敢说的。"④黄先生在这里饱含深情，寥寥几笔，就把许先生的学识人品、闪光个性，画龙点睛地勾画了出来。其实，在我看来，这里的评价对黄先生来说何尝不是一种自我写照。黄先生还一改他那通常的比较平实和略带古板的行文风格，以欣喜的、颇为感性的笔调，赞扬起他曾经的学生田心铭先生的作品：《认识的反思》。他说："在阅读这本书的过程中，我仿佛跟随作者经历了认识论领域的探险，一道道难关，都被作者凭借着马克思主义哲学的智慧，一一跨越了"。⑤在这里，黄先生作为哲学名流，不见其任何显赫，反倒把自己放得很低，只是学术探险中的一个跟随者。先生如此低调，如此谦逊，令人叹服。特别应该提到的是，黄先生在《创造性是博士论文的灵魂》⑥一文中，称赞他的博士生王东，认为其博士论文《探索辩证法体系的"列宁构想"》，在水平上已经超过了作为导师的他。看到这一段文字，我很为感动。尽管在中国历史上，早有"弟子不必不如师，师不必贤于弟子"的古训，然而现实生活中，那些习惯了别人恭维的"名流"，能放下教师爷的架势或身段，如此坦诚地称赞学生对自己的超越之处，恐不多见，因而极为难能可贵。何况，还是见诸文字的公开赞扬。在我看来，这表现了黄先生灵魂的坦荡与高洁。为什么会如此？因为黄先生早已把作为自己的个我，融入了马克思主义哲学促进人民事业发展的"大化"之中。

① 《黄枬森文集》第9卷，中央编译出版社2016年版，第121页。
② 《黄枬森文集》第9卷，中央编译出版社2016年版，第14页。
③ 《黄枬森文集》第9卷，中央编译出版社2016年版，第55页。
④ 《黄枬森文集》第8卷，中央编译出版社2016年版，第157页。
⑤ 《黄枬森文集》第8卷，中央编译出版社2016年版，第203页。
⑥ 《黄枬森文集》第7卷，中央编译出版社2016年版，第27、28页。

结识先生是我之幸。

黄先生作为一位在新中国成长起来的哲学家、哲学史家、哲学教育家，是时代的造化、人民的养育。他也以自己一生的奋斗，奉献给了时代、奉献给了人民，为后人树立了一座道德文章的丰碑。让历史永远记住这个名字——黄枬森。

（陶富源，安徽师范大学哲学系教授）

黄枬森先生与《北京大学学报》

刘曙光

黄枬森先生无疑是北京大学的骄傲。他不仅是北京大学哲学系的骄傲，也是《北京大学学报》（哲学社会科学版）的骄傲。先生作为当代中国著名的哲学家、哲学史家、哲学教育家，已广为大家所熟知。可是，对先生与《北京大学学报》的渊源或许知之者并不多。在近60年的时间里，先生与《北京大学学报》的关系，用他自己的话说，是"有三重身份：读者、作者和编者"，他与学报是"同呼吸、共命运、共同成长和前进的"。①作为作者，他以精品力作为学报添砖加瓦、增光添彩；作为编者，他以高度的政治责任感和巨大的学术影响力为学报排忧解难、掌舵导航。先生走了，但他以自己一生的心血，用学术和学报，为自己建造了两座丰碑。

一

先生说，从《北京大学学报》诞生之日起，自己就是它的忠实读者，不断地从中获取所需的各种新鲜的学术信息；从《北京大学学报》诞生之日起，自己就成了它的坚定的作者。的确，先生经常给学报惠赐名篇佳作，为学报增光添彩。据不完全统计，除了"文革"时期外，先生每年都会在学报发表一篇文章，有的年份甚至是两篇。即使到了晚年，也是如此，可谓是生命不息、战斗不止。透过这些文章，我们可以窥见先生和《北京大学学报》乃至整个中国知识分子近60年来所共同走过的学术足迹，可以感受到先生"思维之活跃"与"用力之勤"；分析这些文章研究的主题，我们可以真正体味到先生的"治学之宽"和"功力之深"。

最为难能可贵的是，先生虽然60多年专门从事马克思主义哲学的教学与研究工作，但他决不囿于一门一派，而是强调古今中外学术思想的融会贯通和综合创新，这不仅表现在他与其他各领域的学者联系紧密、表现在他所承担的国家重点社科基金项目总是吸纳从事中国哲学、西方哲学和科学哲学研究的学者参加，而且，从他

---

① 黄枬森：《同呼吸共命运的五十年》，《北京大学学报》，2005年第5期。

自己发表在《北京大学学报》上的研究成果也可见一斑。或许，这与他早年所接受的中国传统文化教育以及在大学期间"醉心于西方哲学，绝大部分时间用于学习西方哲学和外语"①有关。先生认为，马克思主义哲学体系要创新，就必须与现时代、与现代科学、与中西方哲学结成联盟。他的这种学术视野，对于当前马克思主义哲学的研究走出困境是极有借鉴和启发作用的。

1955年《北京大学学报》创刊，其中，就刊登了金岳霖、汪子嵩、张世英和黄枬森四位先生的共同撰写的文章《批判胡适实用主义哲学——实用主义是反理性的盲目行动的主观唯心论哲学》。尽管文章的内容有以政治代替学术之嫌，但也在一定程度上反映了当时整个学术界的思想风貌。

《北京大学学报》上，有奠定先生学术地位的代表作。如，20世纪60年代，先生关于列宁《辩证法的要素》的独创性的理解，就是在这里首发的。如，1963年第6期《列宁如何批判地继承黑格尔的辩证法》，1964年第2期《读列宁辩证法十六要素》。

改革开放以后，先生更是迎来了学术研究的黄金时期，硕果累累，在《北京大学学报》发表了一系列坚持和发展马克思主义哲学的文章。其中，绝大部分是对马克思主义哲学基本理论的坚持和发展。如，1979年第2期《马克思主义哲学的重大发展——纪念列宁〈唯物主义和经验批判主义〉发表七十周年》；1979年第3期《社会实践是检验认识的真理性的唯一标准》（与陈志尚、张翼星等合作）；1981年第1期《一个涉及多方面基本理论的问题——重提真理的阶级性问题》（与陈志尚合作）；1982年第5期《试评人的本质的异化》；1987年第1期《西方马克思主义与人道主义》；1988年第1期《论人和自然的关系》（与赵光武合作）；1991年第4期《社会主义道路是历史的选择》；1992年第1期发表《关于主体性和实践的几个问题》，等等。也有一些是对前辈学者的学术反思。如，1980年第4期《评1964年对冯定〈共产主义人生观〉的批评》；1994年第6期《对冯友兰先生抽象继承法的重新认识》；2005年第3期《张岱年先生与马克思主义哲学》，等等。

先生在1998年第2期《学报》上刊载的《必须坚持辩证唯物主义》一文，荣获中宣部"五个一工程"论文奖。这是我校出版物第一次获此奖项。

先生晚年也是退而不休，老当益壮，厚积薄发，笔耕不辍。代表作有：2001年第2期《辩证唯物主义只会被发展而不会被消解》；2005年第5期《论哲学研究的对象》；2007年第5期《关于科学发展观和构建社会主义和谐社会理论的哲学思

---

① 黄枬森：《我和哲学》（2012年12月27日未完稿）。

考》；2008年第5期《黑格尔与经典作家论哲学体系的逻辑展开》；2010年第1期《关于人道主义和异化问题的讨论》；2011年第5期《也谈哲学就是哲学史的含义和意义》等文章。很荣幸，我是这些文章的责任编辑。这些文章大多数在《新华文摘》《中国社会科学文摘》《高等学校学术文摘》等刊物上全文转载。这些都为《北京大学学报》赢得了荣誉，扩大了学报的社会影响力。

可是，在荣誉和利益面前，先生总是退让，想到的总是别人。他谦虚地说自己"是在《学报》的支持和帮助下不断成长的"。若干年前《北京大学学报》募集到一笔捐赠，作为优秀论文的奖励基金，每两至三年评选一次"北京大学学报优秀论文奖"。以先生的佳作名篇，入选优秀论文是当之无愧的。可是，作为编委会主任，在前面八届的评选中，黄先生总是想着把机会让给别人，希望能更多地调动其他作者的积极性，坚持自己的论文不参加评选。直到2012年第九届优秀论文奖的评选中，因为黄先生已不再担任编委会主任，他才满怀感激地接受了大家评选的结果。

二

20世纪80年代初期，先生开始成为《学报》的编委，1987—1990年担任《学报》副主编，1991—1994年担任学报主编①，1994—2010年春天担任学报编委会主任。黄枬森先生担任编委会主任，并不是挂一个虚名，从一开始他就是求真务实、真抓实干。说起先生与《学报》的缘起，这里还有个鲜为人知的小故事。

20世纪80年代初期，时任北大主管文科工作的副校长朱德熙先生非常重视北大学报，非常重视编委会对学报的咨询、监督和指导作用。他亲自担任学报主编，学报编委会的成员也都由他选定。除了挑选一般编委外，他还特别挑选了黄枬森、厉以宁、金开诚三位著名学者协助他管理学报，担任学报副主编。朱德熙副校长把几位副主编和学报编辑部的负责同志邀请到他家里，一同商讨学报的办刊宗旨、组稿计划和稿酬标准等。后来，厉以宁先生由于校内外事务较多，无暇过问学报工作；金开诚先生因工作需要调离北大，学报的工作也是心有余而力不足。朱德熙副校长委托的主管学报工作的重任，自然而然地就落到了黄枬森先生一个人头上。

从那时起，北大主管文科工作的副校长换了一任又一任，而黄先生却一直担当替文科副校长主管学报的重任，几十年如一日。黄先生不负重托，利用他的威望、学识和影响，以学术大家的胸襟和气度，关心和指导学报工作。

---

① 当时的主编、副主编相当于后来的编委会主任、副主任，负责实际编辑工作的还是编辑部的同志。

　　黄先生对编辑部的同志从来都是轻言细语、和颜悦色，给人如沐春风之感。不与他打交道的人是难以体会到他待人"平等"和"宽厚"的意境的。

　　先生家住在朗润园，我们去他家中汇报工作，有时候他会在一楼门口迎接；我们告辞的时候，有时候他会执意送到一楼门口。送他审阅的稿件，我们请他写完审读意见后打电话我们过去取，可是，大多数情况下，他会亲自送到编辑部，从一开始骑自行车，到后来蹬三轮车。实在来不了的时候，他会请他女婿代送过来。很多次，望着先生多少有点跟跟跄跄的背影，我们有说不出的感动。

　　先生审稿宽严相济。一方面，坚守"循思想自由原则，取兼容并包主义"的北大传统，倡导"海纳百川""和而不同"。不以一派一别或自己的喜好作为判断文章优劣的标准，即使与自己观点不同的论文，只要能言之有理、持之有故，他认为都是可以的发表的。正如南朝的文学大家刘勰所说的"无私于轻重，不偏于憎爱，然后能平理若衡，照辞如镜矣"。另一方面，他也非常讲原则，有底线，外柔内刚，旗帜鲜明，丝毫不隐瞒自己的观点。倡导优良学风和文风，反对论文写作过程中的晦涩文字或生造词句；坚持公平、公正原则，反对拉关系走后门。

　　先生非常认真地审阅送审的每一篇论文，尤其是定稿后的清样。对于每一期清样，先生会以高度的政治敏锐性和宽广的学术视野非常认真地审阅、把关，并写出审稿意见。编辑部也很尊重先生的意见，总是根据他的建议修改或调整稿件，从而保证了学报正确的办刊方向和舆论导向。

　　如，2009年11月对学报第6期清样，先生写了整整两页审读意见，批评也很尖锐。特别是对一篇纪念五四运动的文章，他认为内容似乎是在阐明"五四"的丰富性，但事实上是在重提过去反对学生运动的主要借口——耽误学业，《北京大学学报》不能这样去纪念"五四"。黄先生写道："谁否认过学生入学的主要目的是学习、学校的主要工作是教学呢？谁主张过学生应该天天上街游行示威呢？问题是：刀枪已架到我们脖子上，难道我们不应该起来反抗吗？……此文发表出去，说不定会引起轩然大波。"根据黄先生的审读意见，我们马上撤换了稿件。

　　先生身为学报编委会主任，在学术界声名卓著，因此，许多稿件都是直接寄送给他本人的。但他从来不向编辑部推荐稿件，一律转给编辑部处理。他还特意告诉我："凡是我转来的稿件，都按照编辑部的审稿程序办理，不需要任何照顾。"

　　先生桃李满天下，很多学生在学术界也很有建树，而且有的是享有盛名的学者。有时候，他们直接投给编辑部的稿件我也会请先生审稿，先生并不因为作者是自己的学生、因为作者的盛名而放低要求。如，2006年7月我把一篇关于马克思主义人学的稿件送请先生审阅，过了两星期，先生给我回信，写了整整一页的审阅意见，指出作者一开头对马克思主义哲学作了一个总的概括，这个概括就有片面性。恩格斯把马克思一生的理论贡献概括为两点，第一点就是他的哲学贡献，即唯物史观。唯物史观诚然包括了人的哲学，但把人的哲学夸大为马克思的整个哲学就片面了。在信的末尾，他还很客气地说："由于最近身体不适，回信晚了，十分抱歉，请谅。"其实，应该说抱歉的是我们，先生那么大年龄，不免年老体衰，而我们还时不时去麻烦他。

先生时不时利用他在学术界的感召力和凝聚力来为学报组约稿件和笔谈，如1990年第1期，他组约了"人学问题研究"笔谈，作者除了他本人外，还有陈先达、赵家祥、陈志尚、夏甄陶、袁贵仁、朱德生、王锐生、靳辉明和施德福等校内外哲学界的著名学者。

2007年第6期，先生承担的国家社会科学基金重点项目《马克思主义哲学体系的坚持、发展与创新研究》已基本完成初稿，在此基础上，先生组织了"马克思主义哲学体系创新笔谈"。参与笔谈的作者除黄先生本人外，还有赵敦华、孙熙国、曾国屏、王东等知名学者。这组笔谈对马克思主义哲学的学科建设、对推动马克思主义哲学的发展具有重要意义。

2009年，由于年事已高，精力不济，本着对学报高度负责的精神，先生多次向学校领导提出辞去编委会主任职务。他对我们说："我年龄大了，有些力不从心，难以组织和发动编委的作用，不能因为我耽误了学报的发展。"经过慎重的考虑，最终学校同意了先生的请求。从此，厉以宁先生又从黄枬森先生手中接过了学报这副重担。

正是由于有黄先生这样的大学者的指导，学报学术水平不断提高，为海内外学者所瞩目。1995年，入选国家新闻出版署举办的首届全国期刊评奖。2001年入选国家新闻出版署"中国期刊展"最高层次"社科双高期刊"。2003年11月，入选首批教育部名刊建设工程。2005年，连续荣获三届国家期刊奖。2009年《北京大学学报》荣获"新中国60年有影响力的期刊"称号。2012年6月，入选第一批国家社科基金资助期刊。

北大学报这些成绩的取得，都是与黄先生的辛勤劳动分不开的。可以说，学报的发展，黄先生功不可没。

三

我在外地学习和工作的时候，就已久仰黄先生的大名，熟读了先生的许多论著，有的还作为教材学习过，如，《马克思主义哲学史》《〈哲学笔记〉注释》

等。1997年秋天有幸来北大哲学系师从赵家祥先生，也有幸认识了黄枏森先生。按辈分论，黄先生是赵先生的老师，也就是我的"师爷"。在读博士期间，与先生交往不多。由于年龄问题，当时黄先生已不再单独开课，我们只能在学术研讨会或个别讨论课上，聆听到先生的发言。

毕业以后，由于工作关系，与黄先生的联系渐渐密切起来。

首先，来学报工作就与先生有直接关系。2000年6月，博士毕业之际，我联系去了中国社会科学院。《北京大学学报》虽然一直人手很少，一直没有哲学编辑，一直给学校打报告想进人，可是，直到当年毕业生都已基本分配工作，学校的进人指标才落实下来。因为找不到合适人选，当时的学报负责人请我导师赵家祥先生推荐，赵先生便问我愿不愿意去学报。我回答说，虽然很留恋北大的学术环境和学术氛围，但我毕竟已到中国社科院马克思列宁主义研究所报到，而且教研室领导都已找我谈话，改派的希望不大。如果学报出面，能把改派的事情办成，那我就同意回北大。果然，学报去和社科院交涉的时候，社科院不愿意放人，因为他们也严重缺编，当年的进人计划也还远没有完成。最后，作为学报编委会主任的黄枏森先生出面了，他挨个给社科院马列所的几个领导打电话，告诉他们北京大学学报编辑队伍的现状，已严重青黄不接，希望他们能给予理解和支持。因为黄先生德高望重，又是前辈和老师，马列所的几位领导这才同意进行调剂。这样，我就成了来学报工作的第一个博士。

先生总是以其渊博的知识诲人不倦。记得我刚来学报的时候，有一次，和他谈到人名用繁体还是简体的问题，他说一般要尊重历史、尊重作者，繁体字、异体字可以保留。他举例说，他的名字中"枏"最好不要写成"楠"，因为他的身份证上就写作"枏"，如果简化了，就有可能会遇到麻烦。当然，如果有的电脑中没有这个繁体字，使用简体也是可以的。后来，我在《咬文嚼字》上读到一篇文章，谈到姓名中的繁体字、异体字不要简化，很有感触。

有时候，先生会和我一起商讨组稿计划，特别是哲学方面的选题。一些学术研讨会他也会通知我参加，看能否在会上组发一两篇论文。

先生不仅关心我的工作，而且也很关心我的学习。每次出了新书，他总是认认真真题签后送给我。先生承担的有的课题，也吸纳我参加。编辑先生的论文的过程中，有什么不懂的问题，他也总是不厌其烦地解答。

先生乐于帮助别人，却总不愿意给别人添一丁点的麻烦。我们在筹备第九届学报优秀论文颁奖时，因为先生是编委会顾问和论文获奖者，程郁缀主编安排我在颁奖当天开车去请黄先生参加。可是，当我给黄先生打电话时，他却说现在身体大不如以前，已不能行走，要坐轮椅，办一个会方方面面的事情很多，他就不来给大家添麻烦了，临了他还不忘要我代他向编辑部的同志问好和表示谢意。

有的学者指出，先生继承了北京大学李大钊、冯定等开创的马克思主义哲学中国化的优良传统，北京大学的马克思主义研究，从李大钊到冯定到黄枬森是一脉相承的。的确，先生对李大钊的学问和人品都很敬重，也把李大钊作为自己的学习的楷模。2007年，先生曾送给我一副他亲笔书写的李大钊的对联"铁肩担道义，妙手著文章"，还特意注明"四月二十八日为李大钊烈士英勇就义八十周年纪念日，录此联与刘曙光同志共勉"。先生送我这副对联，意在勉励我办学报要关注社会的发展和民族的命运，弘扬正气和主旋律，自身要做到"政治强、业务精、作风正"。"铁肩担道义，妙手著文章"，是李大钊的述志和写照，是黄先生一生的真实写照，也是我们办刊人须臾不能忘记的座右铭。

高山仰止，景行行止。虽不能至，然心向往之。先生的道德文章，是我们学报人永远的榜样。"弘扬民主与科学传统，为实现世界一流大学目标，繁荣哲学社会科学学术事业做出进一步贡献"①，这是黄先生对《北京大学学报》的希望，也是我们不懈努力的目标。

（刘曙光，哲学博士，《北京大学学报》常务副主编）

---

① 《北京大学学报》创刊50周年时，黄枬森先生给学报的题词。

深切怀念尊敬的黄枬森教授

陈学明

　　尽管我不是黄老师正式的学生，但我自认为是他真正的学生。从他平时对我的关切来看，他似乎也认了我这个学生。

　　每当我见到北大的同仁，如陈志尚老师、子义兄、王东兄等，我从自己的嘴里蹦出的第一句话总是：黄老师身体怎么样？我实在太害怕失去黄老师了，这已进入了我的潜意识。我深切地知道，失去黄老师，对中国的马克思主义哲学界，乃至对整个中国的马克思主义研究，将意味着什么。但可怕的事情还是发生了：黄老师在2013年1月24日永远离开了我们。我实在难于接受这个事实。

　　我最后一次听到黄老师声音，是在2012年7月下旬的一天早上。那天，我家的座机响了，是黄老师的声音我听出来了。但由于我近年患了老年性耳聋，听力很差，所以我听不清楚黄老师究竟要向我讲什么。黄老师一下子发急了，他大声对我说："你讲的话我听得非常清楚，我讲的话你怎么听不清楚呢？"他提高了嗓门对我讲的这几句话我大致也听清楚了。我对他说："我耳朵不好，你就用书面向我说吧！"当时，我真的一方面为黄老师如此高龄声音还这般洪亮听力还这般好而高兴，另一方面也为自己的耳朵不争气还要黄老师亲笔给我写信而懊恼。过不久，具体地说，是2012年8月10日我收到了黄老师的亲笔来信，知道他所主编的于1998年出版的《马克思主义哲学史》教材要修订，因为我参与了该教材的编写，所以他嘱我对我所编写的章节加以修订。

　　我有幸结识黄老师是在20世纪70年代末、80年代初。那时，我刚开始从事"西方马克思主义"的研究。我在一家实在不出名的杂志上发表了一篇评"西方马克思主义"批评列宁的唯物主义反映论的文章。文章被黄老师看到了，他给我来了信，对我的文章加以肯定，并问我能不能花时间编一份关于"西方马克思主义"评论列宁的《唯物主义与经验批判主义》一书的资料。黄老师是个大名鼎鼎的教授，而我当时连助教还没有正式确认，他礼贤下士，不耻下问，我激动极了。当时卢卡奇的《历史与阶级意识》、柯尔施的《马克思主义与哲学》等著作还没有中译本，我花了两个多月的时间，完全通过阅读外文原著，整理出了一份3万多字的题为《"西方马克思主义"论列宁的反映论》的资料。我以最快的速度把那份资料交到了黄老师的手上，黄老师再次赞赏了我的工作，并鼓励我继续研究下去。从此，我开始了与黄老师的长达30多年的交往。如果说一个人在漫长的征途上，总会遇到几位能决定自己一生前途和命运的关键人物，那么对我来说，黄老师无疑是其中的一位。我现在已是六十好几、快奔七十的人了，我之所以能在马克思主义研究领域，特别是在"西方马克思主义"研究领域做了一点事情取得了一些成绩，之所以回顾所走的道路自己觉得还对得起自己的"良知"，一个重要因素就是有幸遇到了黄老师，确实，黄老师的为人为学、道德文章对我的一生产生着重大影响。

我与黄老师有一个多月的时间朝夕相处、形影不离。那一个多月的时间实在太难忘了，现在回忆起来还是历历在目，心向往之。那是在1991年的冬季，黄老师受国家教委委托，组织编写面向21世纪课程教材《马克思主义哲学史》。他在组织编写班子的时候，一方面基于对我的了解和信任，另一方面经余源培老师的推荐，他把我也组织了进去。班子组织起来以后，他当即带领十多位编写组成员，利用去成都参加马克思主义哲学史理论研讨会之便，到陕西师大、四川大学、西南师大、武汉大学等高校进行调查、座谈、访问，同时在西安、成都、重庆、北碚、达县、武汉各地参观工厂、农村和革命根据地。我知道这是一个千载难逢向黄老师学习的机会，于是我想方设法与他近距离接触。我认真倾听他在座谈会上的每一次发言，甚至每一句话，我仔细观察他的待人接物，日常举止。这一个多月的时间我真的当了个有心人，从而我的收获是全面的。与黄老师相处之初，我还十分拘谨，他毕竟是个大教授，而我只是个无名之辈，我们之间的落差实在太大了。但过不了多久，我与黄老师的距离感就没有了，我与他无话不谈，在我们整个团队中，我成了与黄老师交往最多者，实际上我俩成了忘年交。我们的整个旅途过程，是研讨马克思主义哲学发展史的过程，也是研讨这部教材的整个思路与提纲的过程。由于我在黄老师面前思想完全放松了，所以在研讨这部教材的思路与提纲时我也可尽情地展示自己思想敏锐的特点，最大限度地发挥自己在这一团队中的作用，而每当我贡献出一个思想火花时，黄老师总是把这一火花捕捉住，给予弘扬。在从重庆到武汉的江轮上，我突然产生了灵感。黄老师要求这部马克思主义哲学史教材必须有新的面目，即新的体系出现在读者面前，我顺着黄老师的思路，提出能否把整个马克思主义哲学发展史划分为三个五十年，分上、中、下三编，上编只写西方的，后两编再按西方、苏联东欧和中国分开写。每一编前写一个有分量的"导论"。我当即把我的设想向黄老师叙说了，黄老师听后非常高兴，把所有的编写成员召集起来讨论这个新的设想。后来正式出版的教材尽管没有完全按照这一思路展开，但基本上保持了三个五十年的格局。

有了这一个多月的亲密接触，我真的已把黄老师当作自己的"恩师"了。从此以后，我基本上每年都与黄老师保持联系，总有一些时间相处在一起。我利用到北京办事的机会，曾数次上他家拜访。1998年年底，重庆出版社委托我组织编《北京著名学者文集》和《上海著名学者文集》。我来到北京大学朗润园黄老师的家中，他热情地接待了我。他详细地向我叙述了他的那一本自选集的构想。使我特别感动的是，他亲自带着我去拜访北京大学的那些著名学者。我们在北京大学未名湖四周跑了一家又一家。我们来到季羡林老先生家中已是傍晚时分，季老先生一看是黄老师带着我造访，放下了手中的活，与我们谈了足足数个小时。季老先生的那本《季羡林自选集》的"自序"的一开头有这么一段话："复旦大学陈学明教授受重庆出版社之委托，来舍下，想让我在《北京著名学者文集》中滥竽一席之地。我乍听之下，既感光荣与感激，但又立即谢绝。我的理由是，像这一类的书，我已经颇出了几本，连台湾都出过一本，再出就难免重复了。但是，陈先生以为无妨，并讲出了他的理由。没有经过很长的争论或辩论，我立即甘拜下风。"我知道，季老先生之所以如此爽快地"甘拜下风"愿意"加盟"，不在于我讲出了什么"理由"说服了他，关键还在于我有黄老师的"陪同"，有黄老师的力荐。后来，这套书顺利出版了，我作为策划者心中非常清楚，没有黄老师的支撑，这件事是做不成的。讲及这套书，我想顺便还要提及一下，黄老师为他的《自选集》所写的"代序"——《我的哲学思想》。黄老师在这里不仅回顾了数十年的学术生涯，而且概述了自己的哲学思想，其中包括对马克思主义哲学发展史、马克思主义哲学原理、人学、文化的基本看法。黄老师自己说"我认为我自己没有自己的什么哲学思想体系"，但实际上黄老师在这里已把他的哲学思想较完整地描述出来了。在黄老师已离开我们数个月后的今天，重读他的这篇《我的哲学思想》，不禁泪流满面！

与黄老师更多的接触，还是在各种学术研讨会上。我每参加学术研讨会，特别是马克思主义哲学发展史学会和人学学会组织的研讨会，最关心的就是黄老师有没有来参加会议。只要他来参加，我总有一种兴奋感，对会议的期望值也随之提高。我除了认真阅读黄老师的会议论文和认真听取他在会议上的演讲之外，还会利用一切"空隙"时间与黄老师交谈，在黄老师面前，我会把最近一段时间存留在头脑中的一些疑难问题和盘托出，真心实意地向黄老师求教，而黄老师也总不会使我失望。我觉得，只要黄老师与会，我总会通过会议获得最大的收获。这样的会议太多了，这里仅举两例。一次是由人学学会在南京召开的关于"以人为本"思想的研讨会。我当时是带着这样一个大疑问与会的：现在人们已普遍接受了"以人为本"的命题，并且已把此作为中国特色社会主义理论体系的一个主要内容。这是不是意味着也接受了西方的人本主义世界观？原先总认为马克思主义的历史唯物主义哲学观是与西方的人本主义哲学观是根本对立的，现在是不是要重新理解历史唯物主义，要对历史唯物主义重新做人本主义的解释？原先认为对马克思主义做人本主义的解释是错误的，现在是不是要改变这种看法？我来到黄老师的房间，就此求教于黄老师。黄老师告诉我这一问题也正是他近时一直思考的问题。他详细地向我叙说了我们提出"以人为本"并不是意味着放弃了历史唯物主义而接受人本主义世界观的理由。正是在这一会议上，他就"以人为本"与历史唯物主义之间的相互关系作了一个精彩的演讲。说实在的，黄老师的这一发言是我至今所听到的关于强调"以人为本"并不等于以人本主义世界观作为出发点的最富有说服力的说明。后来在北京石景山召开的关于"以人为本"的另一次研讨会上黄老师的那个发言，我听后一开始真有点吃惊，真不相信这是黄老师的观点。黄老师在这一会议上着重论述了人性的普遍性的问题。他提出，"以人为本"中的"人"包含着"普遍的人"的含义，必须承认有着一般的人性的存在，必须承认"人性""人的本质"这些"共性"概念的合理性。这样"以人为本"就意味着要尊重普遍的"人性"，亦即尊重所有人的生存和所有人的权利。改革开放以来理论研究，特别是马克思主义理论研究的一个重要成果是明确了人不仅有其特殊性，而且也具普遍性，即人体现了普遍性与特殊性的统一。现实的人既有先天的自然性又有后天的社会性，不要说先天的自然性是普遍的，就是后天的社会性也有其普遍的成分。我在会后与黄老师的交谈，似乎已不再如以前那样完全是求教式的，而还带有一些争辩的成分。但最后黄老师还是基本上把我说服了，他所说的强调"以人为本"就得承认人性有其普遍性一面的理由是充分的，他所说的承认人性有普遍性的一面并不意味着就接受资产阶级人道主义的理由也是充分的。后来在我所发表的关于"以人为本"的论文中，如发表在2009年第9期《哲学研究》上的《以人为本：以"什么样的人"和"人的什么"为本》一文，就常常引用黄老师的这一观点，分层次地阐述什么是人，也分层次地讲如何坚持"以人为本"。

回顾与黄老师长达30多年的交往，我作为他的一名非正式的学生，确实受他的影响是非常大的。那么，他身上究竟有哪些东西在时时吸引着我，感受着我，使我对他永远有一种高山仰止之感呢？我仔细地思考了一下，觉得主要是以下三个方面：

其一，他对马克思主义的坚定的信念。我常常对一些学生和同仁讲，黄老师身上有一股力量，这股力量是不可战胜的，也是望而生畏的。这一力量来自他对马克思主义的坚定信念，这一力量实际上也是马克思主义的力量。黄老师平时讲话声调不高，语速也不快，他总是慢条斯理地表述自己的观点，可充满了自信，也总能震撼人的心灵。毫无疑问，黄老师是坚信马克思主义的，他对马克思主义的理论造诣已转化为他对马克思主义的崇高信仰。20世纪90年代初，苏联解体、东欧的社会主义国家也纷纷易帜，面对那种局面，对一个马克思主义的研究者、信奉者来说内心世界肯定是不好受的。黄老师数次与我交谈如何看待这种变化。有一次他这样对我说道："不管当今形势发生如何变化，有一点我们必须坚信，这就是人类的最终前景只有两种可能：要么走向共产主义，要么灭亡。"黄老师的这句话深深地铭刻在我的心里，无论是给学生上课还是写文章，我经常引用黄老师的这句名言。当今表示拥护马克思主义的人还不少，"拥护者"之所以拥护，有的是出于自己的"利益诉求"，马克思主义当今还是"官方意识形态"，这些人的利益与这种意识形态密切相关，所以他们还不能不要拥护马克思主义；还有的是出于对马克思主义的"理性的认可"，也就是说，他们是由于认识到马克思主义是当今任何其他学说都不能替代的真理，才如此拥护马克思主义。黄老师显然属于后者。

其二，他严谨的学风和科学的态度。众所周知，黄老师有一个永远坚持的观点，这就是马克思主义是科学。在黄老师那里，追求马克思主义就是追求科学，相信马克思主义就是相信科学。他把马克思主义视为科学，决定了他必然以科学的态度对待马克思主义。我记得他曾经与我讲过，研究马克思主义最重要的是要有科学的态度。他是这样说的，也是这样做的。他强调，研究马克思主义哲学史不但要放在思想史中加以探讨，即探讨马克思提出的哲学观点与他前后左右的哲学家的关系，更重要的是要剖析马克思形成其哲学观点的时代背景，即剖析马克思的哲学观点形成的社会历史条件，这就是一种科学的态度。黄老师是研究列宁的《哲学笔记》的专家，只要读过他论述列宁的《哲学笔记》的文章的人就可知道，他所花工夫之深。列宁的《哲学笔记》在大量的摘录，如果这些摘录不弄懂，就根本无法理解列宁的批注。他先把列宁的摘录的原文找出来，对原文进行一番注解，再在此基础上注释列宁的思想。实际上，他所做的工作连苏联的学者也未曾做过。他对列宁提出来的辩证法要素16条所发表的独特的看法，正是建立在这种科学的、细致的阅读基础之上的。黄老师做学问的科学态度往往通过其严谨的学风表现出来的。凡是与黄老师合作研究过的学者一定会有这样的感觉，与他合作是比较累的，累就累在他的要求太严格，要想"讨巧""偷懒"是不可能的。大的对相关观点的推敲，小的对某一名词概念的说明，他都会提出要求。在黄老师"手"下干活累点，"吃些苦头"，但实际上是值得的，因为他使你领悟什么叫作学问。

其三，他对人的宽容大度。黄老师一生坚守自己的观点，按照自己对马克思主义的理解发表自己的观点，当然会"得罪"不少人。他自己可能也知道，他的学术观点在学术界遭到了许多人的反对。但我可以自信地说，黄老师一生可能有许多"学术上的对手"，但没有自己的"私敌"。原因在于，即使是在学术观上不认同黄老师观点的人，也不得不声明他仅是在学术观点上与黄老师有分歧，在人品、人格上，也认可黄老师。黄老师的道德与文章是相一致的，文章有特色，道德也高尚。他的道德高尚的一个主要表现形式就是对人的宽容大度。黄老师绝不会因为某人在学术观点上发表了与自己的不同的看法，就对此人有成见、偏见。对此，只再回忆一下黄老师参加学术会议的情景就一清二楚了。黄老师参加学术会议，不会自己做完演讲就一走了之，他会自始至终地参加会议。他往往坐在第一排，对所有人的发言他都会仔细地听，只要他认为对自己有启发的，他还会认真地记。特别是在一些学术会议上，有些学者在发言中还会以各种方式发表与黄老师不同的观点，对前面黄老师的演讲提出非议，当出现这样的情况，黄老师会听得格外仔细。一旦他没有听清他人的观点，他还会在会后询问别人，尽量弄明白别人的意思。他总会认真对待他人的不同观点，总会十分大度地接纳别人的批评，这对于像他这样的大学者来说是多么难能可贵呀！他在会上真诚地、认真地坐在会场的第一排听取别人的发言，特别是听取别人对他的批评的情景永远留在我们的脑海里！

黄老师人虽然永远地离开了我们，但他的学识、人品、精神永存！

（陈学明，复旦大学哲学系教授，西方马克思主义研究会会长）

宽广 · 宽容 · 宽厚

谈黄枬森先生治学待人的风格

张翼星

黄枬森老师是我国著名的坚定的马克思主义哲学家。在我们当前所处的时代和潮流中，要做一位坚定的而又很有成就的马克思主义哲学家是很不容易的。像黄老师这样的哲学家，在国内哲学界是屈指可数的。

黄老师的开创性的研究和成就，在我看来主要有以下几个方面：

1.他开创和推进了马克思主义哲学史这门学科的比较系统的研究，获得了最为显著的成果。

2.在国际国内关于异化和人道主义的激烈争议中，他坚守阵地，创造性地运用马克思主义的立场、观点、方法，开展了马克思主义人学的全面深入的研究，获得了丰硕的成果。

3.结合教学，他深入开展了列宁哲学思想，特别是列宁《哲学笔记》的颇有特色的研究，在教材建设、科研成果和人才培养等方面，都有突出的贡献。

4.坚持和发扬马克思主义哲学的基本传统，对马克思主义哲学的体系和原理、社会主义的市场经济和文化建设等方面，提出了自己的独到见解，产生了重要影响。

总之，不论是在国际国内的政治风浪和学术争论中，还是在平常的教学和科学研究中，他都显得很坚定、很扎实、很有主见，因而在许多方面做出了卓越的成绩和贡献。这与他优异的理论学术风格和文化道德素养是密不可分的。对于黄老师的这种风格和素养，我想用一个"宽"字来表达，或者说：宽广、宽容、宽厚。分别来说，我觉得有以下几个特点：

一、知识宽广，功底深厚

正如他在他的《自选集》的一篇"代序"中所说，他从小就学习中国古代典籍，在上高中时，就读了一些马克思主义哲学的著作。上大学开始学的是物理，后来转到哲学系，主要又是学的西方哲学。到1947年再度接触马克思主义。新中国成立后，便系统地学习马克思主义，逐渐把马克思主义哲学作为自己的理论专业和终身事业。可见他既熟悉中国哲学和西方哲学，又懂得些自然科学，是在这个基础上从事马克思主义的教学与研究的。所以，他的知识面宽广，加上他的勤奋、天赋和掌握外语的条件，就使得他在马克思主义哲学的领域如鱼得水，游刃有余。据我的观察，在我们的马克思主义理论队伍中，极而言之，有两类情况。一类是：知识面太窄，知识结构过于单一，主要只读过一些马克思主义的著作，不懂自然科学，对中、西哲学知之甚少，外语也不过关。这一类情况是比较多、比较普遍的，特别是在中年以上的教师中。这当然与一定的历史条件、与长期以来专业、教研室的划分中的问题都是有联系的，我自己就属于这一类，想作一些补救，终因先天不足，时过境迁而力不从心。这一类人中，如果没有一种基本的改善，要在科学研究中做出开创性的成果是比较难的。另一类是：知识面比较广，熟悉哲学史，懂得一些自然科学或者富于实践经验，掌握一两门外语。这样，从事马克思主义哲学的教学与研究，情况就大不一样，就视野比较开阔，能打开局面，进行开创性的工作。应当说，这一类人是比较少的。黄老师当然是这一类人中最杰出的学术带头人。我想，我国的马克思主义哲学研究，若要发生大的改观，就需要在知识的结构上有所调整和变化。就是说，第一类人应当大大减少，第二类人应当大大增加。这一点正是从黄老师的经历和成就中得到的启发。

多年以来，我觉得哲学系有的老师的哲理文章确实写得深入浅出、自然流畅。比如，中国古典文献中某些深奥难懂、令人却步的东西，到了冯友兰先生的笔下，都变得明若观火，而且引人入胜了。张岱年先生的文章也是这样。这是一种很难学到的功夫。黄老师的文章也有这个特点，把哲学上的一些思辨性很强的内容，表达得清晰透彻。这显然与他的深厚的学术功底是密切联系的。

二、学术宽容，胸襟开阔

有一句格言是：理解一切，便宽容一切。由于理解得多，便宽容得多。这就是通常讲的学术风度、文化涵养。在许多理论问题上，黄老师一方面有自己的独立见解，很坚定，而且是始终一贯的，但另一方面，他又总是耐心地听取对方的不同意见，仔细弄清观点的分歧所在。他的文章，包括一些论战性的文章在内，都是认真分析，冷静说理的。一般地说，总是先把不同的意见、对方的观点表述得很清楚，然后展开分析，阐明自己的观点。看他的文章，即使有不同观点，他从来不把别人的观点简单化，从来不把自己的观点强加于人，从来不扣帽子，不强词夺理，而总是从容不迫，徐徐道来，以理服人。

就这一点来说，我认为是继承了北大的传统，继承了蔡元培先生开创的传统。蔡先生的办学方针、发展学术文化的方针，就是兼容并包，思想自由。蔡先生不但明确阐述这个方针，而且是坚决贯彻、身体力行的。他把大学看作"囊括大典，网罗众家之学府"，在北大容纳了各种不同学派的人物和观点，他以自己虚怀若谷的风度和实际行动来培植良好的学术探讨的氛围。比如对孔子关于"仁"的思想的解释，他与梁漱溟是有分歧的，在对《红楼梦》的考证方面，胡适曾经批评过他，他也写文章争辩，但这些丝毫不影响他们之间的合作共事关系。

当然，对于北大的传统，可以从不同的角度去理解。但我想，北大是一所最高学府，它的基本任务，就是繁荣学术、发展教育、培养人才。兼容并包、思想自由的方针，正是反映了学术、文化发展的规律，开创了人才成长的康庄大道。在我看来，这就是北大之所以成为北大的一个基本传统。100多年来的历史说明，能不能真正继承和弘扬这个传统，是决定着北大以至整个文化教育事业兴衰成败的关键性问题。在争创世界一流大学的今天，这个问题是不能不引起我们深思的。

回到黄老师学术上的宽容风度，使我想起一件事。坦率地说，在某些学术观点上，我与黄老师是有分歧的，我很少就这些观点参与学术界的争议；只是在1993年，黄老师在《马克思主义与现实》上有一篇文章：《略谈人道主义道德教育在社会主义道德教育中的地位》，我看后有不同的想法，就写了《关于人道主义研究和教育的几个问题》的文章。文章寄出之前有人劝我不要发表，说这可能对我不利。我就给黄老师打了个电话，想试探一下他的口气和态度，要是他稍有不高兴的表示，我就不寄出去了。他回答说，有不同意见可以讨论，他是支持我发表的。文章接着就在同一个刊物上发表了，副标题很醒目："与黄枬森先生商榷"。文章发表后不久，我听到冷言冷语："就怕有人搞内讧。"但想到黄老师的宽阔胸怀，我也就泰然处之了。在那篇文章的最后，我提到，本着"吾爱吾师，吾尤爱真理"的精神提出自己的看法，以利学术讨论的进一步展开。我不能同意"吾爱吾师，吾师就是真理"的那种态度，如果都是那样的话，我们的学术、文化事业，就很难后浪推前浪地有所繁荣和发展了，我想那也是不符合黄老师的心愿的。

三、待人宽厚，乐于助人

黄老师的道德涵养和他的学术水平是一致的。在他的身上，治学与做人，达到了高度的融合。这也是继承了中国文化的传统、北大老一辈学者的传统。

由于马克思主义在国内居于指导地位，有少数从事马克思主义理论工作的人，就喜欢摆出"唯我独尊""唯我独革"的架势，说起话来，总有点盛气凌人、指手画脚的味道，让人感到不舒服。黄老师就完全不是这样，不论在什么场合，他待人总是温和敦厚、谦虚谨慎的。在教学、科研和日常工作、生活上，只要有求于他，他总是尽力支持和帮助。对于学生和后辈，他关怀备至，鼓励上进。看到别人的缺点、错误，从不简单斥责，而是耐心开导。遇到无礼态度或令人不快之事，他也总是不动声色，我从来没有看到他动怒、发脾气。就是欣逢喜事，表示兴奋时，他也从不敞怀大笑，只是微笑而已。

我在北大哲学系学习和工作了40多年，黄老师一直是我的师长或领导。我主动与黄老师的接触并不是很多，但他对我的支持和帮助却是很多的。我所从事的列宁哲学思想和《哲学笔记》的教学，就是接手和延续他的工作，主要受惠、受益于他；我与王东同志主持的国家重点科研项目，以及《列宁哲学思想的历史命运》的写作和出版，都得到他的具体指点和鼎力支持。这里还想谈到一件给我印象较深的事。黄老师主编的《马克思主义哲学史》八卷本，是国家重点科研项目的重大成果，由于工程比较大，延续的时间比较长，到了最后第八卷中有关于卢卡奇的一节，因原来的安排没有完成，就准备让我来写。我本来对这项工作是有些看法的，在已经出版的几卷中，也有我所熟悉而颇不满意的部分，所以就不愿意参与这项工作。但我没有料到，为了这件事，黄老师突然亲自从中关园骑自行车到承泽园我家里来找我，说明时间和形势的紧迫，希望我承担写作这一节。殷切之情，使我感动。那时他已经是70多岁的人了，本可以打电话或找别人通知我的，却亲自来约我。这使我本想推辞的话，都说不出来了。应承之后，也比较顺利完成了这项任务。可见他的道德涵养，遵循礼门义路，是有利于促进团结和学术事业的发展的。

黄老师的身体很好，老当益壮，这常常使我们称道和羡慕。当前有不少人，包括某些知识分子在内，流行着一种说法，就是到一定的年龄或退休以后，就要少看书，少动脑子，免得累着，只是从锻炼、活动身体上来争取长寿。我在看书写东西时，也常听到一种劝告："别干了，多活几年不好吗？"这种观念看来有些片面性。我注意到，经常进行理论思维活动的哲学家，倒是好像有一种长寿的基因或传统。我们哲学系的一些著名前辈，特别是哲学大师，一般都是长寿的。比如，熊十力先生活到84岁，金岳霖先生88岁，冯友兰先生95岁，唐钺先生96岁。另如贺麟、朱光潜、宗白华、洪谦、任华、熊伟、王宪钧等先生，都活到80至90岁之间。可见，健身与健脑应当和谐地结合，这是个人长寿和为社会做贡献的最佳途径。黄老师一直积极参加各种学术研究活动，笔耕不辍，硕果累累。从他的身体、精神状态看，是可望寿享期颐的。

　　最后，我想，任何一个德高望重、成就卓越的人物，都不是十全十美的。我个人认为，半个多世纪以来，黄老师在马克思主义哲学方面的功绩，不外乎四个字：守正创新。守正与创新，黄老师都有显著的贡献。但是，总的来看，基本的一面，是属于守正。相对而言，还是使人感到守正富富有余，创新略嫌不足。当然，守正是基础，是前提，但创新更是民族的灵魂。适应时代潮流和社会发展的需要，进一步有所突破和创新，正是我们所期待的。

（张翼星，北京大学哲学系教授，列宁哲学研究专家）

兄弟情谊六十载

深切怀念黄枬森先生

杨祖陶

一

　　黄枬森先生是我的亲密的学长和知交，我和枬森相识是20世纪50年代的事了。1950年我从北京大学哲学系毕业，留校作助教。而由于我是作为实际上已名存实亡的贺麟先生主持的西洋哲学编译委员会的干事身份留校的，我就得以住进沙滩中老胡同编委会的宿舍，而与日后对我为人为学影响极大的黄枬森、汪子嵩、王太庆三学长朝夕相处。那是一个有三进平房的小院子。第一排有三个小间，我住在靠东的一间，与王太庆先生隔室相望。第二排是小院的正房，向南为一个长长的厅，厅的左侧临窗有一张很大的书桌，据太庆说这张书桌的来历非同小可，它是我国著名启蒙主义思想家、翻译家严复所用的书案。厅的中央摆着三件套的沙发和小圆茶几。右侧临窗是一张汪子嵩先生用的较小的书桌。厅的左侧北边小门进去是共用的卫生间，右侧北边小门进去是汪子嵩和夫人俞九生的居室，那时他们已有一个女儿汪愉。他们的居室后门对着小院的第三排，它是比前两排都较为简陋和矮小的灰色平房，枬森和他的夫人刘苏就住在那里。由于我们是四川老乡，我就常到他们家去玩，那时他们的两个女儿黄丹和频频还很小，刘苏看见我来了总爱开玩笑地逗她的女儿："叫，快叫'杨大哥'"。

　　这时，枬森在哲学系内主持辩证唯物主义和历史唯物主义教学，主要是请艾思奇和胡绳讲课；我坐系办公室，业务上是参与贺麟先生主译的黑格尔《哲学史讲演录》第一卷的翻译工作，彼此在业务上没有往来与接触。不过，我一旦碰到有关马克思主义的问题总还是要向他请教。一天我在大图书馆里偶然发现一本马克思著的《论犹太人问题》和《黑格尔法哲学批判导言》的德文版小册子，就借回想翻译出来，我征求枬森的意见。他考虑了一阵子说："你还是先译完贺先生交给你的黑格尔哲学史讲演录中的有关部分再说吧，我看《黑格尔法哲学批判导言》可以译，

《论犹太人问题》就算了吧！"我感到他对我提的问题不是随便回答，而是经过了周密的考虑，就信服地接受了。从另外一件小事上我也深感枬森对我的特殊关怀。那时全国兴起了轰轰烈烈的土地改革运动，传言高校师生都要参加土改。一天早晨，在我完全不知情的情况下，枬森来敲我的窗户，要我赶快起来到怀仁堂去听一个高级领导人关于土改的报告。这使我提早了解到土改的意义和政策，使自己的思想有所准备能及时跟上形势。

二

1952年北大从城内沙滩红楼迁往西郊海淀燕园——前燕京大学校址。同年全国高等学校进行史无前例的院系调整，形成了一个非常奇特的现象，全国所有外地的大学哲学系都合并到北京大学哲学系，也就是说，北京大学哲学系成为全国唯一的、独一无二的哲学系。不久，学校建立了直属校方的"马列主义基础教研室"，由郑昕先生任教研室主任，赵宝煦先生任秘书，实际上是副主任。由于北大马列主义基础教研室是最早成立的，又有苏联专家，它的任务不是立即向本科学生讲课，而是受教育部委托先办一个由全国各高校选派来的政治理论课骨干教师和本校选拔的一批学员组成的研究生班。我被"借调"到这个新建的教研室从而有机会与枬森亲密共事。由于枬森已在新建的中国人民大学进修过马列主义基础（实即联共党史），就被安排来主持研究生班的教学，我是他的助教，做学员的辅导工作。枬森对待教学极其严肃认真，学生学习热情很高。他的课都是按照充分准备好的讲稿进行的。他讲课的速度不紧不慢，语调平实，叙事清晰，说理透彻，有分析有综合，娓娓道来，引人入胜，绝少重复和强调，听者稍一走神就会跟不上，只好课后赶快补笔记。我主要是配合他的进度，辅导学员学习列宁的一些原著，如《什么是"人民之友"以及他们如何攻击社会民主主义者？》《怎么办？》等等。我在作这些原著的辅导报告之前，总要就自己准备好的稿子征求他的意见。他也极其耐心悉心地翻阅和提出意见与建议，这使我增加了底气和信心。

后来马列主义基础确定为本科生必修的基础课，熊伟、张世英、张寄谦等先生和我就在枬森领头下集体备课，分头向各班学生讲授。在枬森安排回哲学系协助苏联专家萨波什尼科夫开展辩证唯物主义和历史唯物主义课程的教学工作时，熊伟、张世英先生也都安排回系，张寄谦先生回到原来的历史系。我则继枬森之后协助苏联专家主持新一轮由来自全国高校的政治理论课骨干教师组成的研究生班。在这段共事的时间里，我对枬森的认识逐渐加深了。他是一个平易近人，人品高尚，严于律己，实事求是，坚持原则，一贯到底，而又勇挑重担，敢于创新和善于打开局面的真正的学者。在这段难忘的岁月里，枬森总是对我的认真态度和教学效果给予鼓励，他对我如兄长般的扶持和关爱，不仅限于业务上。记得有一次夜间辅导回来骑自行车跌倒在路边的沟里，枬森得知，十分关心，忙问我受伤没有，并十分同情而亲切地对我说，应该配一副眼镜了。我的确是在他的提醒后才戴上近视眼镜的。

学校迁到燕园后，我住在未名湖边的单身宿舍备斋，太庆住在才斋，枬森和子嵩住在中关园新建的两家一栋的平房里，依然是邻居。我经常到他们那里去玩。那时枬森和刘苏有了三女儿黄萱，刘苏的母亲和妹妹都来了，好大一家子啊，成天都是热热闹闹，其乐融融的。1957年1月25日我与在汤用彤（也是汤一介、乐黛云）先生家"平生第一邂逅"的肖静宁，在乐黛云的操办下结为百年之好，枬森和刘苏真诚地为我们祝福，还送我们一对精美的枕套和一条漂亮的纱巾。以金岳霖先生为系主任的哲学系全体教马列主义基础教研室的青年教师，以及肖静宁的同学们，全都也赶来参加了我们的盛大、朴素、热烈的婚礼，那是何等美好的时光。

1957年的夏季，风云突变，执政党与知识分子的"蜜月期"过去了，高校形势急剧变化，人人自危，许多正直善良真正的学者、知识分子还有大学生被划为右派。反右后我随北大哲学系师生一锅端下放到贫瘠的门头沟山区。刚回北大不久，武汉大学匆忙来北京大学要人，原来是武汉大学的陈修斋先生"内定"为右派剥夺了上讲台的权利；可我连一堂西方哲学史的课也没有上过，何况，我还有家庭的具体困难呢！刚考上研究生（那时不能自由报名是组织上推荐的）的肖静宁又不能同行，我只有独自扶着年迈的老母和怀抱刚满周岁的女儿踏上新的征途。

三

1959年国庆后我受命从北京大学调到武汉大学哲学系任教，我不得不告别了如兄长般关爱着我的枬森学长。但还在北大医学部读研的肖静宁仍然经常到他们家去玩，建立了亲密的友情。三年困难时期之后，紧接着就是"四清"和"文化大革命"。时间和空间相隔都没有使我和枬森的友谊疏远。"文革"初期，我是靠边站的准黑帮分子。肖静宁随武汉医学院同事到北京大串联。她到北京曾去看望枬森和刘苏，回到武汉绘声绘色地告诉我，还没有走到北大中关园他们家，就远远地看见长高了的小黄萱身着绿军装，手臂戴着红袖章，在门前路上来回迈步，飒爽英姿，十分逗人喜爱，当她认出是肖阿姨时很是惊讶。肖静宁问起她父亲时，她就向另一方向指着。肖静宁看见身着蓝色旧军干服的枬森与过去判若两人，正抱着许多棵大白菜走着，显然是在劳动，见到肖静宁也没有说什么，也没有放下白菜回家，很不自然的样子。肖静宁在他们家里见到刘苏，她十分平静，只说房子已经没有那么大了，被别人占用了一半。肖静宁后来回想起这次见面有一种难以名状的感觉，而且随着时间的推移，这种感觉日益强烈。"文革"后期的1974年，想想次年女儿高中毕业就要上山下乡了，不知何时能够回来，我利用从襄阳分校回武汉探亲的机会一家四口到北京看天安门，当然也拜访了枬森。当时刘苏的海外亲戚回大陆探亲，有一双少男少女非常可爱，中文名字分别叫祖念和祖珍，令人难忘。他们住房的面积好像也恢复了。这次枬森一定要留我们吃饭，亲自下厨为我们做了麻辣豆腐等菜肴。可能是海外亲戚赠送的，1974年我的两个孩子在他们家第一次看彩电真是乐不可支，至今还记得第一次听到德德玛唱的歌。

改革开放后，学术活动频繁了，人们的交往也增多了。我去北京参加学术会议，或他来武汉参加重要的学术会议，我们都会见面。特别是我们两家的交往更是深深地印在我的心里永远珍藏着。难忘的1990年夏，枬森带上刘苏去庐山开会，途经武汉，曾在我家逗留，这真是天外来客，我们何等的喜出望外。刘苏对肖静宁种植的、悬挂如一面墙似的矮牵牛绿篱很是赞赏，园中各种花草繁多，有一种开蓝色花朵的我们一直不知其名，刘苏说，它叫"蝴蝶蓝"，过去他们住中关园平房的园子里也种过。由于武汉天气酷热，这里流行一句俗话叫"天热无君子"，我们武汉人夏天都是圆领衫、短裤头很不讲究，客人穿得当然整齐。我们招待吃饭的桌子简陋，菜肴也很简单，这样的家庭相聚却倍感真挚。留下的照片真实记录了那一时刻，现在看来倍觉珍贵了。多少年来，都是刘苏寄来精美的贺年片，而且她的字写得那么好，这次会面才知道刘苏擅长钢笔书法，还公开出版了书法作品，令人钦佩不已，她赠送的作品至今还珍藏着。

1998年夏，我和肖静宁到北京送外孙女上飞机到巴黎去看望正在攻读博士的她的母亲，女儿给她办的是机上专门有人照顾的"儿童托运"机票。临上飞机时才知道她超过了规定的12周岁的年龄，怎么办？只好让13岁的她独自闯天下了。起飞时大雨滂沱更增加了心中的不安。后来我们到朗润园枬森家做客，说起这次来北京的事，很不放心外孙女。枬森问，这孩子平时独立性强不强，我们说很行，刚上初中就是班长，而且是班上年龄最小的。枬森笑容可掬地说，放心，放心，没有问题。刘苏讲起他们的二女儿，下乡插队时任妇女队长，带队修堤时有精干的组织能力和吃苦耐劳的精神，晚上带领大家就睡在堤上。后来女儿到美国"洋插队"了，还认为这段经历是很有意思的。这更使我们的心得到宽慰。我们这次见面心情格外好，不仅品尝到了美味佳肴，而且留下了我们四人笑容满面的珍贵的照片，收在我的《回眸》一书中。

令人难忘的是，2006年11月初枬森以85岁高龄来武汉大学参加一个大型的马克思主义哲学的会议，在年轻学者陪同下他亲自来到我住在四楼（加上地下室算五层）的家中，他还是老样子，上楼还很轻松。我们见面真是分外惊喜，为他的健康高兴。他说这次大会还隆重地为他祝寿，很是感激。我说这是马克思主义哲学界的盛事啊！我们一道走到珞珈山庄他住的一套房间，问长问短，彼此有说不完的话。他对数码相机玩得自如，拍照在行。后来我与肖静宁在校内新开的有些档次的小观园餐厅再次为老朋友祝贺生日，并邀请马克思主义哲学界著名学者我们共同的好朋友朱传棨先生作陪，大家非常尽兴。这里要特别提出的是，枬森是执意从山庄自己走下山，而且不走平缓的柏油路，还是从崎岖不平的石阶路下来，显示出他健康与精神的力量。我觉得他再精力充沛地工作10年或更多年是没有任何问题的。这次武汉之行给他留下十分深刻而美好的印象。在以后电话中他还提起过。谁能料到，这次会面竟成永别。这令我心中悲痛难忍，但一想到他已攀登上一座座马克思主义哲学的山峰，我就似乎看到枬森在珞珈山上栩栩如生的身影，他永远定格在我的心中。

四

改革开放迎来了高等教育的春天。1981年枬森被任命为北京大学哲学系主任。他作为正直的有真知灼见的学者，深知办好系最重要的就是不仅要有大批优秀的教师，更要有学术上的专家和大师。他当时采取的各种举措中最令我折服并认为十分重要的，就是请时任系总支书记的朱德生同志亲赴宁夏银川接回了可以说是流放到那里的我国古典哲学翻译界巨擘王太庆先生。

改革开放也迎来了学术的春天。枬森作为真正的马克思主义哲学理论家现在有条件大展宏图，施展才华，著书立说了。他密切地注视着我国的社会现实和哲学事业的发展进程，撰写和发表了大量哲学论著，内容涉及马克思主义哲学的各个领域，并做出了不同程度的创新和重大贡献。我的专业不是马克思主义哲学，而是西方哲学，不可能对枬森的成就做出全面、准确的评价。单就我个人的肤浅见解看来，枬森至少在以下四大领域内，笔耕不懈，建立起了四座雄伟的学术丰碑。

1. 马克思主义哲学科学体系的对象和构成问题

枬森认为，20世纪20—30年代在苏联形成的"辩证唯物主义和历史唯物主义"是马克思主义哲学的第一个科学体系，但这个体系不够完整严密，从而大大影响了它的科学性。他主张在坚持这个体系的基本性质的基础上，根据当代科学与实践的水平，创建科学的马克思主义哲学体系。他从明确和规定马克思主义哲学的对象的性质入手来解决这个任务。他提出，马克思主义哲学的核心对象是三个层次或三个重叠的世界：把世界作为整体来研究，它的一部分是唯物主义（世界的物质图景），一部分是辩证法（世界的一般辩证规律），这就是辩证唯物主义的世界观。人类历史当然应包含在作为整体的世界之内，但由于它对人类的至关重要性，可以抽取出来作为历史唯物主义的对象，这就是辩证唯物主义的历史观或社会论，它的组成部分为：实践论，人类社会结构论和人类社会规律论。而由于意识或精神的重要性，又可将它从历史观中分离出来与之并列。这就是意识论，它的组成部分为认识论（他认为认识是一种社会现象，不应像过去那样放在世界观部分内，而应放在从历史观、即社会论中分离出来的意识论部分内）、价值观和方法论。枬森曾经尝试按照列宁在《哲学笔记》中提出的要求构建了一个包含36对范畴的新的马克思主义哲学体系，但他并无以之代替现有体系的奢望。他作为一个真正的学者，依然实事求是地认为，如何按照逻辑与历史一致的原则从抽象出发、依据对立统一规律，将现有马克思主义哲学诸组成部分的全部内容建构成与现代科学和实践发展水平相适应的从抽象上升到具体的矛盾运动过程，从而成为一个完整严密的科学体系，仍然是马克思主义哲学的建设和发展所需要解决的一个重要任务。

2. 马克思主义哲学史作为一门科学的理念和创立及发展

20世纪70年代北大哲学系由枬森牵头的几位学者曾编写了一个马克思主义哲学史的初稿，并曾油印交流，作为大学教材使用。在这一过程中枬森关于马克思主义哲学史作为一门科学的理念开始形成进来。改革开放后，枬森就从正面阐发了他的这个理念，认为马克思主义哲学既然是一门科学，就和其他科学一样有它萌芽、形成与发展的过程，就必定有正确与错误、真理与谬误的相互交织和转化，马克思主义哲学的发展不是像过去认为的那样是少数几个领袖人物的哲学著作所构成的真理加真理、没有什么功过是非的过程。而马克思主义哲学作为这样一个曲折复杂上升的历史过程就是马克思主义哲学史。马克思主义哲学史作为一门科学建立起来，其必然的后果就是把马克思主义哲学研究的水平推进到一个新的阶段。基于这样的认识，枬森和其他学者们共同努力，于1981年推出了我国第一部《马克思主义哲学史稿》，枬森被公认为是起了第一位作用的主要撰写人和统稿人。此工作一发便不可收，相继于1987年枬森作为第一主编推出了三卷本、计120万字的《马克思主义哲学史》；1996年枬森仍作为第一主编与50多位学者共同完成了八卷本、400万字的《马克思主义哲学史》巨著，从而把我国的马克思主义哲学史的研究推向了世界的前沿。

3. 马克思主义人学的奠基与创立

20世纪80年代初人道主义和异化问题的讨论，实际上是对文化革命中惨无人道的罪行的控诉和清算，人的理论问题受到文艺界、学术界的关注，与此同时也出现了马克思主义理论体系是见"物"不见"人"的议论。枞森虽然拒斥了这种议论，但作为一个正直的学者和马克思主义哲学家，也实事求是地承认，马克思主义理论体系中的"空白"虽然不是笼统的"人"的问题，但的的确确是作为"个人"的人的问题，因此对于马克思主义理论体系所要补充的正是关于个人的理论，即"人学"。枞森在1983年3月纪念马克思逝世100周年的全国学术研究会上的学术讲演《关于人的理论的若干问题》中阐发了他的思想。在这以后的几年里他逐渐地形成了这样一种学术追求，就是要在马克思主义的指导下开创一门新的"人学"，以便对人作综合性、整体性的跨学科研究。为此，经过三年的努力，以枞森为第一主编的包括近1500个词条、近100万字的《人学辞典》终于在1990年问世，它标志着马克思主义"人学"的最初创立。在尔后的10年里，他敢为人先，发表了多篇讨论人学问题的论文，内容涉及人学的方方面面，这些创新的成果集中起来就是他的专著——《人学的足迹》。在这本系统阐述当代人学问题的书中，他把人学的研究对象及性质定义为："它是从各门有关人的科学相互联系和统一中，研究完整的个人及其存在和发展的一般规律的一门相对独立的综合的学科"。在讨论人学理论的基本构架时，枞森明确提出，"人性和人的本质"是人学的第一个根本问题，它要回答的是"人是什么"的问题，他认为人的本质就是人的社会实践活动。而人学的第二个根本问题则是包括"人权"在内的"人的价值和自我价值"的问题。21世纪初枞森在他主编的《人学原理》的导论中系统地论述了他关于马克思主义人学的各个基本问题的观点，总结和概括了他20年来人学研究的成果。2005年枞森在与人合著的《人学原理》中又以整整一章论述了人的发展的七条基本规律：人和环境相互作用的规律；人的实践活动和其他活动之间相互作用的规律；人的社会存在和意识相互作用的规律；人的个体发展的有限性和类的发展的无限性相互蕴含的规律；人的实践的自发性递减和自觉性递增的规律；特殊个人的作用递减与人民群众的作用递增的规律；人的发展的不自由性、片面性递减和自由性、全面性递增的规律。这些闪耀着真理光芒和科学智慧的观点，标明枞森开创的马克思主义人学理论体系的大厦已经耸立起来了。

4. 对列宁《哲学笔记》与辩证法的研究

枞森对列宁的《哲学笔记》研究的贡献是独特的。这一方面基于他深厚的德国古典哲学的学养，也要"感谢"那一段不让他上课只能作资料的工作的经历，使他从1960年起就开始静心钻研《哲学笔记》，在长达20年的时光里坚持不懈，终于开花结果。1981年枞森与北大学者一起推出了50万字的列宁的《〈哲学笔记〉注释》，做出了苏联哲学界始终没有做出的重大贡献。在此基础上他又系统地总结了自己长期研究的成果，于1984年推出了学术专著《〈哲学笔记〉与辩证法》，开中国学者对《哲学笔记》做出研究性成果之先河。与此同时，他还指导博士生完成了一些很有水平和价值、得到学界肯定和嘉奖的有关《哲学笔记》的著作。对此苏联哲学界也曾做出了高度的评价，认定中国出现了一个以黄枬森为代表的、以完整研究列宁《哲学笔记》与辩证法为主旨的独特学派。

除《哲学笔记》外，枬森对列宁的《唯物主义与经验批判主义》也作了精深的研究，认为这部著作是"马克思主义哲学的重大发展"。这主要集中表现在它把辩证法和实践观点引入唯物主义反映论，从而把它发展成了一个颇为完整的辩证唯物主义认识论体系。但它作为历史的产物也有其历史的局限性和缺点或不足，如从认识的辩证法看，没有讲感性认识转化为理性认识的问题。为了如实地认识和评价列宁的理论和实践，枬森与曾盛林合著了《列宁传》，这部著作的导言的标题就是"列宁是人不是神"。

枬森上述四个方面的成就，实实在在地大大丰富和发展了马克思主义哲学的理论宝库。他的勋业将彪炳史册，永不褪色。

五

枬森对于我在德国古典哲学研究中做出的哪怕是极其微小的进展，都十分关心，并给予鼓励和大力推荐，表现出了他对我极其真挚的兄长般的关爱。

1993年，枬森得到我的《德国古典哲学逻辑进程》一书后，于10月14日来信表示"感到十分欣慰"，并衷心地评论说："这不是一本普通的著作，而是一个学者生命与智慧的结晶，无数次探索追求、殚精竭虑的成果，又为我国的哲学宝库增添了一大笔财富，这是值得大大庆贺的。"

2001年，我的书稿《康德黑格尔哲学研究》拟交武汉大学出版社继《德国古典哲学逻辑进程》之后，再次作为"武汉大学学术丛书"出版，请枬森审阅。当时他正在深圳讲学，当通过手机联系上了后，他一听欣然同意。他看过书稿后在我的出版申请书的专家评审栏中写道："杨祖陶教授一生研究西方哲学，对德国古典哲学尤其精深。此书的显著特点是真正贯彻了马克思主义哲学的指导，从原始材料出发，以康德黑格尔为重点，对德国古典哲学做出了客观深入的挖掘和公允的评价，达到了国际一流水平。我相信它的出版不仅对进一步研究德国古典哲学将发挥引导作用，对哲学、哲学史和马克思主义哲学的研究和发展也会发挥积极的推动作用。"

2010年，我的学术生涯回忆录《回眸——从西南联大以来的六十年》成稿后请枬森作序，他高兴地接受了我的请求。他的这篇序文影响很大，对我一生的学术追求、学术精神和学术成就做出了高度的概括和实事求是的评价。他说："《回眸》不仅是祖陶一生求学为学的生动写照，而且是我国大学教育中学术传统形成、传承、发扬的一面镜子。"而序文中谈得较多的是有关我主导合作新译的康德三大批判著作问题。

枬森在北京大学文科研究所做研究生时，曾在郑昕先生门下攻读过康德哲学，"啃过"康德三大批判著作的原文和英译本。因此，当2002年春，他得到我寄去的2001年年底出版的《康德三大批判精粹》时，就以极其喜悦的心情翻阅过，并且推测，既然《精粹》译出了三大批判近一半，全译本的出现就不会太远了。不出枬森所料，继《判断力批判》《实践理性批判》问世后，2004年2月《纯粹理性批判》也出版了。2004年4月在北京人民大会堂举行了十分隆重的三大批判新译的首发式，我托赵敦华教授代我将《纯粹理性批判》《实践理性批判》和《批判力批判》三个译本送到枬森家里，他看到后非常高兴，我回武汉后就接到他热情祝贺的电话，他说北大和中国社科院曾对三大批判多次立项都没有搞出来，你们悄悄地搞出来了，真不简单！令人惊讶的是，他当时就发现《精粹》的译文与三大批判全译本相关部分的译文完全一致，可是《精粹》与三个单行本的署名方式却不一致的问题。我当时只是很钦佩枬森是一个多么严肃认真的、在行的、专家学者，因为再没有第二个人注意到这件事，但对此我并没有特别在意，更没有想到这样做日后所引起的众所周知的严重后果。他在仔细看了我的译事回眸的有关文章、详细了解到合作翻译的过程后，他不无遗憾地说："你那哪能叫'校'啊！"对我在三大批判全译本上署名校者而非译者颇有些不以为然。后来在《回眸》的序言中，他就明确地批评我说，《精粹》和三大批判全译本"两种书的翻译过程既然完全一样，为什么署名截然不同呢？"前书是两人合作"编译"，后书却毫无理由地变成了一个是校者，一个是译者，更何况从翻译过程、工作分量和作用大小来看，"校者"显然起了主要的作用呢！枬森着重地批评我说："因此，我认为'三大批判'的署名未能反映翻译的真实过程。我还认为署名不仅是一种权利，而且是一种责任，是不能马虎从事的。"我从内心完全接受和深深感激唯有枬森才能做出的这样中肯的批评。回想当年在安排三大批判的署名时，我一心只想以自己甘居校者而让合作者署名译者的方式来扶持后学，却忘记了自己应负的责任。为此，面对世事难料、居心叵测的现实，我不得不付出了沉重的代价！可见，枬森对我不仅在做出成绩时有鼓励和赞扬，而且对我实际存在的缺陷、盲目和失误也有严格的要求和中肯的批评。这一正一反体现出他对我的真正兄长般的关爱，这是我终生难忘的。

　　2012年12月下旬枬森得到人民出版社特地先期送上的黑格尔《耶拿逻辑》中文首译本。这时他已是重病缠身，可仍然在电话中激动地、深情地说："向祖陶祝贺，他在首译黑格尔《精神哲学》后，又把难啃的黑格尔《耶拿逻辑》首次翻译出来了，真是厉害，了不起！" 后来得知正是在2012年12月28日《耶拿逻辑》首发式那天枬森住院了，我还期待着他出院后再向他谈谈对这一不寻常的首发式的感受。听刘苏说入院后有一段时间还平稳，以后就急转直下，一直在重症监护室，不断地下病危通知，牵动着学术界的心。元月24日，噩耗传来，枬森走了！这对我和肖静宁来说真如同晴天霹雳，难以置信。你看，他不是活生生地在那里吗？浮现在我们眼前的不就是他和蔼清癯的面容吗？他不是和往常一样正在条理清晰、不紧不慢地为我们排忧解难、向我们诉说着什么吗？

　　安息吧！枬森！你的离开带给我的是无法安抚的、永久的悲痛，但你对我兄长般的关爱将长久地温暖和激励着我的心灵，直到永远！

　　　　　　　　　　　　　（杨祖陶，武汉大学哲学系教授，西方哲学史专家）

永远的丰碑

怀念黄枬森老师

李少军

一、仁者寿

黄老师走了，以92岁高龄走在北京冬日里，离春天的到来就差11天。

2013年1月25日清晨，我去学校计算中心参加今年硕士研究生政治理论课入学考试阅卷，在入口处遇见王强，他忧伤地告诉我，黄枬森老师昨天走了。我自语道："怎么会呢？刚住院没几天，怎么就走了！"他说，学校已下正式通知。这时我明白了，黄老师真的离开了我们，不能和大家一起欣赏今年的春色。

为了排解内心的晦暗不明，我几次到四院哲学系灵堂，见到鲜花上方悬挂着黄老师的遗像，遗像充满慈祥。抬头望见他柔和的目光，他的目光带来极大抚慰，身心松快许多，犹如他活着时，一次次为我们破解内心困惑，为我们解决学术难题，为我们驱散思想迷雾。2月1日，在八宝山与黄老师最后告别，他躺在鲜花翠柏中，鲜红的党旗覆盖在身上。在音乐声里，在泪光中，黄老师永远离开了我们。离开了他终身热爱的哲学和教育事业；离开了他的亲人和朋友；离开了他的同事和学生；离开了他生活、学习和工作70年的北京大学，离开了这个曾把他推向人生高峰，又曾让他跌入谷底的地方。在未名湖畔、在教室里、在校园里、在会场上，在这个世上，我们再也见不到他。但是在他的著作里、在我们的心里、在我们的梦里，我们与黄老师在一起思考、对话和游耍。他的著作不朽，他的思想不朽，他的风范不朽，黄枬森老师永远活在我们心中。

我一直期待黄老师长寿，像期待父母长寿一样。

2012年10月26日上午，哲学系举行建系百周年纪念大会，黄老师在主席台上与3000多名系友共庆哲学系生日。那天黄老师带着手杖，与其他三位老师接受哲学系颁发的"哲学教育终身成就奖"，这是我第一次在公开场面见黄老师带手杖，毕竟是91岁的老人了。但三个小时的大会，黄老师未曾离开。那时我脑海又浮现一个念头：黄老师能突破百岁关口，我在内心祝福他成为百岁老人。

我期待黄老师长寿。第一次有这样想法是在他80岁时，21世纪第一年即2001年。那年春天，谢龙老师主持召开关于"纪念冯定百年诞辰"筹备会。在筹备会上，黄老师发言认为：冯定贡献很大，但对他的研究和宣传不够，由北大发起召开全国纪念冯定学术研讨会十分必要。筹备会决定2002年冯定百年诞辰时召开研讨会并出版纪念文集。会议结束已到中午，谢龙老师安排与会人员在百周年纪念堂北侧"师生缘"就餐，他有为黄老师祝寿之意，因为今年黄老师刚好八十。席间，大家祝黄老师长寿，我也希望并祝愿黄老师不仅是马克思主义哲学领军人物，而且是这支队伍健康长寿的榜样。从事马克思主义哲学研究的同志与从事中国哲学、西方哲学同道相比较，长寿的同志不多，像艾思奇、高光等同志英年早逝。黄老师已经八十，但精神和身体尚健，有望成为长寿老人。第二年春天，冯定纪念会如期在北大召开，并出版了张岱年题写书名的《平凡真理 非凡的求索》一书。

在此后的日子里，黄老师多次讲道：冯定对马克思主义哲学贡献巨大，但我们对他研究和宣传不够。事实也如此，在协助谢龙老师筹备冯定纪念会期间，我到学校档案馆查阅冯定相关资料，深感冯定是一位学者和战士，而无论作为学者，还是作为战士，后人的认识都不足。

黄老师对先人记挂，显示他有仁者之心！认识黄老师的人都认为他为人宽厚，也许是这种仁者之心，使黄老师长寿，生命到92岁高龄才安息！

二、丰碑

2012年4月，北京大学马克思主义学院将迎来20周年院庆，受学院委托，我主持编写《北京大学与马克思主义理论教育》一书时，经过对历史梳理和现实考察发现：马克思主义在北京大学已有近百年历史，在北大近百年的马克思主义理论教育史上有三座里程碑，他们是李大钊、冯定和黄枬森。

李大钊（1889年10月—1927年4月）1917年11月被聘为北京大学教授，1918年年底，他在北大秘密组织马克思学说研究会，1920年3月，他指导邓中夏等人成立中国最早学习和研究马克思主义团体——北京大学马克思学说研究会。1920年秋，李大钊先后在北大史学、经济、政治各系讲授唯物史观研究、社会主义史、社会主义和社会运动等课程，前后达7年。这标志着马克思主义作为课程进入中国大学课堂，在世界上，李大钊是仅晚于意大利拉布里奥拉把马克思主义引入高校课堂的又一代表人物。李大钊是中国马克思主义的先驱，是中国共产党创始人，他在北大点燃马克思主义火炬，马克思主义由此传遍中国大地并成燎原之势。直至今日，马克思主义在北京大学、在中国薪火相传并成为党和国家指导思想。他是北京大学马克思主义理论教育第一座里程碑。

冯定（1902年9月—1983年10月）1925年在上海商务印书馆加入中国共产党，1927年大革命失败后，前往莫斯科中山大学学习马克思主义。抗战期间在新四军工作，新中国成立后任华东局宣传部副部长，1955年冯定成为首批中国科学院233名学部委员之一，1957年由毛泽东提名调北京大学哲学系任教授，后任系主任、党委副书记、副校长。冯定的贡献在于：首先是他的《平凡真理》，这是继艾思奇《大众哲学》（1935年出版）之后，又一部马克思主义哲学大众化的杰作。此书1948年在大连出第一版，1950年6月在上海三联书店出第二版，到1980年共重印11次，发行近50万册，是中国五六十年代最流行的马克思主义哲学读本，直至今天仍然放射真理光芒。其次是冯定对个体生命的意义和价值从马克思主义哲学高度作了深入研究。1937年他出版《青年应当怎样修养》，1956年出版《共产主义人生观》，1964年出版《人生漫谈》。在30年时间里，冯定一次次研究和阐述个体生命意义和价值并取得突出成果，这在马克思主义发展史上具有重要理论意义：西方马克思主义批评马克思主义存在一个人学空场，实际上指的就是马克思主义对个体生命意义和价值没有形成自己理论；冯定的这一工作，从理论和实践上对西方马克思主义的指责做出一定程度的回答。在新的历史条件下，这个问题仍是当今中国马克思主义者面临挑战的重大问题，必须深入研究并取得具有说服力成果。对此冯定开辟了一条道路，树立了榜样。再次是冯定为哲学系制定了"一体两翼"办系方针（马克思主义哲学为体，西方哲学和中国哲学为两翼）这一方针为哲学系健康发展奠定坚实思想基础，改革开放后，黄枬森任系主任，这一思想得到发扬光大。最后是作为校领导冯定使马克思主义理论教育在北大走向学术化、正规化和普及化。作为中国学者，冯定培养了第一批马克思主义哲学硕士研究生。由于"文革"冲击，冯定在北大未能充分展其才，但是这动摇不了他成为北京大学马克思主义理论教育的第二座里程碑。

黄枬森（1921年11月—2013年1月）1942年在昆明考入西南联大物理系，一年后转入哲学系，抗战期间投笔从戎，参加中国远征军，赴印度受训，抗战结束复学，1948年大学毕业前夕加入中国共产党，后读研究生，研究康德哲学。1949年任北大政治理论课教师，1950年任哲学系助教，开始讲授马克思主义哲学，直至生命结束，时间长达60余年。在60余年的教学科研中，黄枬森取得杰出成绩。第一，他对马克思主义经典著作研究和教学取得重要成果，尤其是他主编的《〈哲学笔记〉注释》具有国际水平，获得苏联同行高度评价，一代代中国学人通过他的书而读懂列宁这部深奥著作。第二，他在中国领导并建立了马克思主义哲学史学科，他主编的《马克思主义哲学史》（三卷本、八卷本、一卷本）奠定马克思主义哲学史学科基础，尤其是八卷本，达到了国际一流水平。第三，他开创并推动人学学科的形成与发展，他主编《人学理论与历史》受到国内学者重视。第四，他始终坚持和发展辩证唯物主义和历史唯物主义，他主编的《马克思主义哲学创新研究》（四卷本）把马克思主义哲学原理推向新的高度。第五，他对文化和社会问题研究取得突出成绩。第六，他为马克思主义理论学科建立和发展奠定基础。他培养出新中国第一批马克思主义哲学博士，为中国社会主义建设培养大批人才。黄枬森是北京大学马克思主义理论教育第三座里程碑。

李大钊、冯定和黄枬森，他们成为北京大学马克思主义理论教育百年史上三座丰碑。第一，他们有悲天悯人的博大胸怀，深得马克思主义是关于无产阶级和广大劳动人民解放学说精髓；第二，他们都有独立思考、不畏权势、追求真理的独立人格；第三，他们具有求实创新的精神和能力，以自己的创新成果丰富和发展马克思主义；第四，他们以自己学术创新成果培育青年，使马克思主义在北京大学、在中国薪火相传。他们做到了"铁肩担道义，妙手著文章"。对于他们的伟绩，不是用笔写在纸上，用键盘敲到电脑里，而要用锤子和錾子铭刻在岩石上，因为他们事业不朽！

三、风范

对于我来说，李大钊和冯定是听说过没见过的前辈，只能从他们的著作和事迹中去接近他们、认识他们，从他们的书里吸取智慧和力量。黄枬森老师呢，我与他交往20年，在他教育下，在北京大学马克思主义园地里生活、学习和工作20年。如今他走了，这块园地失去照料它的一流园丁。而在这块园地继续耕耘的我，又怎能忘记老园丁的身影。阵阵春风刮过，北京十分难得的春雨春雪已飘落几次，春风吹开了迎春花、樱花、桃花和玉兰花，在雨水的滋润下，树枝吐出新绿。清明节越来越近，此时对故人的怀念也更加强烈，往事自然呈现……

黄枬森老师是我博士论文答辩委员会主席，我们马克思主义哲学专业博士生的经典著作选读课要学习一年。那一年，每周三下午三节课黄老师都与我们在一起，从未缺席过，这是黄老师参与上的最后一届博士生课。这门课程有四位老师八位学生，四位老师是黄枬森、赵光武、赵家祥和施德福老师。黄老师从年龄、资历和学问都是尊者，但他以平等身份与大家在一起，每次带一本很厚的笔记本，学生发言他也会记笔记，同学在他面前没有任何压力，大家畅所欲言，错误观点、幼稚想法都讲出来，老师们给予指点。第一学期快结束，辞旧迎新时刻到了，约定一个晚上时间，老师和学生一起迎接新年到来，黄老师从家里带来许多糖果和糕点，同学和老师都很开心。师兄们说，这是黄老师多年习惯。第二学期结束已是夏天，最后一次课老师们提前下课，四位老师带着八位同学去未名湖留影。那时相机不普及，黄老师带来相机，领着大家在湖畔边讲解边一起留影。记得我们从一教小路下去，到现在陈守仁中心，黄老师介绍说，这里以前是校医院。那天阳光灿烂，天高而远，湖平而静，老师和学生着夏装，年轻而精神。照片还在影集里，黄老师却离开了。

我与黄老师有过一次远行，2004年春天，我们一起去绍兴参加全国人学学会年会，那时我留校任教已经六个年头。陈志尚老师提前到绍兴做会议准备，他委托我负责陪同黄老师，因为黄老师已经83岁，确实需要一个年轻人同行。我去买票时，黄老师特意提醒，他身份证上"枏"电脑打不出，就用"楠"，买票很顺利，电脑字库能出"枏"了。出发那天，我到朗润园接黄老师，他在家收好东西，一看他的行李就知道黄老师出门不用担心，上了出租车就去首都机场，飞机正点，下午到杭州笕桥机场，乘会议中巴到绍兴。

一路平安，我也高兴，其实，黄老师不需要特殊照顾，他身体健康精神饱满，一路给我讲了不少生活小常识，如飞机上乘务员发零食，黄老师告诉我，飞机上气压有变化，这会让耳不舒服，咀嚼坚果就解决问题。黄老师一口乡音（四川话）我听着很顺当，因为是独处我也就讲云南方言。黄老师在昆明上西南联大，听到云南话，他对云南兴趣来了，记得他说，在联大他参加远征军，到印度受训，主要是学习汽车驾驶，我插话说，您能在滇缅公路开车，穿越怒江峡谷，您的车技厉害。他说，当时可以，新中国成立后再也没有开过汽车，但驾驶证现在还保留着。会议期间，组织大家参观鲁迅故居、蔡元培故居和会稽山兰亭，这些活动黄老师都参加。游会稽山兰亭那天，我们坐在流水边休息，他说，当年王羲之他们就坐在流水边，杯里倒上酒，把杯放在流水上，酒杯漂到谁面前停下，谁就喝酒。《兰亭序》写的"流觞曲水"就是这个意思，这就是魏晋风度。黄老师一说，我对魏晋风度的理解加深了。会议结束，我们直接回北京，没有在杭州停留。现在回想，有些遗憾，当时应该邀黄老师一起游西湖。如果有来生，只能下辈子找机会与黄老师游西湖了。

这次与黄老师出门远行，我发现黄老师不仅宽厚慈祥，而且他十分坚强，他的骨头很硬，像千斤顶一样能撑起巨大压力。我也理解为何"反右运动"中他被开除党籍也不能动摇他对马克思主义真理的追求和坚定的信念。也许正如列宁所说，马克思主义理论"对世界各国社会主义者所具有的不可遏止的吸引力，就在于它把严格的和高度的科学性（它是社会科学的最新成果）同革命性结合起来，并且不仅仅是因为学说的创始人兼有学者和革命家的品格而偶然地结合起来，而是把二者内在地和不可分割地结合在这个理论本身中"。这是问题的一面，黄老师坚强的性格使他逆流而上，在马克思主义研究中取得一流成果。

2011年教师节前夕，孙熙国书记带着马克思主义学院几位教师拜访黄老师，我也参加拜访。黄老师主编的四卷本《马克思主义哲学创新研究》出版不久，他用纸包好写上我的名字送给我，我很感动。但那天的谈话有些沉重，我说："黄老师，我有一个不成熟的想法，我觉得马克思主义在北京大学快100年了，从学术角度看，它在北大没有完全站住脚。"黄老师有些激动，他说："正因为如此，我才给党中央写信，我都90多岁，跳出来了。我们一起努力，哲学系是半边天，马克思主义学院是半边天，大家团结在一起，一个问题一个问题研究，拿出扎扎实实的东西。"黄老师90岁披挂上阵，在北京大学挂出"北京大学马克思主义哲学研究中心"的牌子，他在中心作了第一次学术演讲。现在他走了，真是："出师未捷身先死，长使英雄泪满襟。"

清明的脚步越来越近，过几天就迎来黄老师逝世的第一个清明节。在此，我写下以上文字，表达学生对老师的怀念！

先辈们安息！黄老师安息吧！

（李少军，北京大学马克思主义学院教授，博士生导师）

黄先生印象小忆

宇文利

黄枬森先生是我国著名的哲学家和哲学教育家，其令人高山仰止的人格与风范是学人们公认的。作为晚辈，我远不具备为先生写纪念文章的资格和荣幸。但万幸的是，由于工作关系，我与黄先生有过虽然不多但印象深刻的交往，成就了我缅思这位可敬前辈的真实记忆。还有，2012年年末，也是由于一次偶然的机缘，我得以与黄先生的两位弟子及哲学界几位师长同程出差，在一起相处了两周多的时间，而当时恰恰是黄先生病重住院、临终前治疗的关键时期。出差途中，同行的师长们因为牵挂黄先生住院治疗情况，因此言语之中便多了很多关于黄先生的话题，使我对这位既陌生而又熟悉的尊长了解得更多了，对此前先生留在我心中的印象也更清晰和深刻了许多。行程中，先生的弟子们牵挂恩师的病情，每天都要打电话或发短信询问先生的境况。每有远隔万里传去的信息，一行人必是抛开其他话题，静默地倾听，少不了长吁短叹，但更多的是发自内心的祝愿；行程中每停留一处，也必会想办法走入清静圣洁之地，为先生燃烛祈福。车上车下，餐前餐后，几个人每聚在一起时便总要相互打问一下黄先生的病情。人总是这样，心有所系时便会格外关心，而心有触动便更能感同身受，大家都期盼着先生能够闯过那一关！

然而，先生还是驾鹤西行了。虽然没有机会侍学左右，但却因为那份珍贵的记忆，虽然没有频繁的声息相通，但却因为这份遥远的"近距离"，促使我不能堕于慵懒、怯于执笔，反而让我不得不去追忆与先生接触的点滴，缅怀先生的高贵人格。

从2002年起，我一直在教育部人文社科重点研究基地北京大学邓小平理论研究中心（已更名为北京大学中国特色社会主义理论体系研究中心）做助理工作，最早接触黄先生也就是从那个时候开始的。这个中心是一个跨学科、跨院系的综合性的学术研究单位，中心的研究员多是来自校内外科学社会主义、马克思主义和中共党史研究领域内的著名专家、学者。从中心成立之初起，黄先生就是中心的资深研究员。他资格老、学问大、人品好，没有丝毫的架子，从来不以老资格示人，慈祥、谦和、温文尔雅的气度一直都让大家折服。

　　2002年是中心成立几近10周年的年份，也是中心被批准成为教育部文科重点基地的第二年。基地建设有了过去十年的积累，又有了新的荣誉所带来的鼓励，中心成员们都很振奋，目标明确，干劲也十足。在我的记忆中，那时以及接下来的几年中，中心经常召集各种不同类型的会议，既有年度性的大规模的全国学术会议，也有结合时政命题或基地建设组织的中型论坛，更多的是各种小型的专题研讨会、课题论证会和成果交流会。那时开会的频度很高，几乎每个月都有会议，有一段时间甚至隔上十天半月就有一次会议。我因为担任着助理工作，天天待在中心，因此便常常打电话给中心的研究员们，请他们参加会议，有时也协助去传递或索要文件。每次给黄先生打电话通知会议或请教其他事情，他都很愉快地答应，即便会议上要讨论的课题并不是由他主持的，但只要身体和时间允许，他都会早早地骑着自行车来开会，很少推脱和拒绝。因此，每当说到参会情况时，中心的工作人员都有一个共识：黄先生年龄最大，是最有资格和最有理由不一定到会的人，但恰恰相反，先生每次都到会，他从来没有理由，也不找任何理由缺席。

　　在我的印象中，每次参加中心的会议，黄先生也都会发言，从来不把自己当摆设，更不摆老资格，这是他的人格和责任感使然。他的发言似乎总是简明扼要、直奔主题，从不拖泥带水，也没有愤懑、忧虑、埋怨等不良情绪。在我们的心目中，黄先生总是那样的温和，那样的谦虚，那样的平静，那样的笑容可掬。他似乎有着一种超凡的定力，不仅自己始终精笃安定，也常常能够使看见他的人静下来。我常偷偷地想，这得需要多大的修为才能达到这样的境界啊！我不知道这修为的高度，但知道黄先生是好人，是有着超乎寻常的生命力和生活阅历的老人，他的仁和与静笃，一定是在经历了太多的起起伏伏、坎坎坷坷后对人生的至深参悟。

　　平素的交往，留下的是比较模糊的记忆。但有一次面谈，却让我真实地领略了先生的人格与学品。2006年的春天，我受某出版社的委托组织编写一本政论小册子。交完初稿后，出版社的负责人打来电话，告诉我他们已经邀请了黄先生帮助审看一下稿件，并让我几天后去听听先生的审稿意见。记得那是一个下午课后，等我赶到位于朗润园的先生的家中时，天色已经近晚了，敲开门，说明来意，黄先生便热情地把我让进他的书房，请我坐下，又让家人拿来一杯水，让我先喝口水，喘口气。之后，先生便拿出一沓厚厚的书稿，我接过来一看，上面密密麻麻地写满了批注。我知道那是先生的审阅意见，顿时觉得羞愧难当，也有些胆怯，内心忐忑不安，不知道先生会说些什么。

　　先生慢慢地开口了，他微笑着说，小宇同志，你别紧张。我看过了书稿，写得挺不错的。我对书稿的主题研究不深，抱着学习的态度，写了几条想法，不知道对不对，和你商量商量。请你不要以我的看法为标准答案，我的看法你觉得有道理就采纳，没有道理的就不要采纳。同一个理论问题，可以有不同的解释角度，我们交流一下最好，不能认同的看法可以再继续探索。

先生的一番话，让我放松了很多。后来，我斗胆向先生谈了编排书的结构和内容时的想法，也就一些具体观点请教了先生的修改意见。匆匆的见面结束了，走出先生的家门，我的心情感觉得了从未有过的舒畅。按照先生提出的意见，我后来又认真地修改了书稿。等到书出版时，先生又专门为书写了序言。他在序言中用称赞的口吻介绍了书的主旨和内容，对书的视野、观点和适用度都作了好评。其实，我深深地知道，由于时间仓促和水平所限，那本书连我自己都能看到很多瑕疵，但是先生没有苛求，也没有批评。或许，他根本就不会苛求。他所做的，就是创造条件，让别人朝着向好、向上、向前的方向走。我理解，他是用鼓励让我们年轻的一代建立信心，找到理论自信，好让我们更好地投身学术中，更好地发展。

先生的宽厚、儒雅与谦逊，是有口皆碑的。这种感觉，不光是在学术中人之间如此，在所有人眼里也都是如此。多年前，我的夫人刘英曾在北京大学校医院工作，她很早以前就曾经听我说到过黄先生，但一直没有见过先生的面。2006年的一天，先生到医院体检看病，碰巧到了刘英所在的诊室。开始时，刘英并不知道他就是黄先生，在诊治过程中，她发现老先生特别配合，从问诊到用药，先生都是彬彬有礼的，和一些人的颐指气使、傲慢不逊、满口抱怨完全不同。后来，刘英知道了这就是黄先生，就和先生多聊了几句，提到了对先生的敬意与仰慕。黄先生连忙摆摆手，说自己不过是一个年长的退休教师而已。回家后，刘英兴奋地告诉我："今天特别高兴，见到了黄先生。先生虽然是个大专家，但就和刚刚入职的年轻人一样谨慎、讲礼节。他特别慈祥、恬静，而且还特别的谦虚，一点儿也没有架子。"此后不久，我夫人调离了北大校医院到新单位上班了。一晃七八年过去了，去年年底，当得知黄先生离世的消息时，她又和我说起了多年前和黄先生的那次见面，说着说着，她难过地哭了……

（宇文利，北京大学马克思主义学院副院长，北京大学中国特色社会主义理论体系研究中心副主任）

三代师生的哲学情缘

成　龙

　　听到黄枬森老师去世的消息，我把他的书再次翻出来，重新拜读这位世纪老人的著作，发现《〈哲学笔记〉注释》一书的购买日期竟是1986年9月25日。那时我只有20多岁，才开始学哲学。虽然对黄老师的书当时并没有读懂，但那时我已特别关注黄老师的研究动向。一旦发现黄老师发表的文章，都要刻意读上两三遍。由于对黄老师的敬重，随后也就认识了我的导师王东老师。那时，王东老师作为黄老师的开门弟子，是中国培养的最早的哲学博士，每每看到王东老师在《北京大学学报》《中国社会科学》等刊物发表的文章，仰慕的心情，就会油然而生。2000年9月，我有幸考取了王东老师的博士生，圆了我的博士梦。也因为在北京大学学习，便有了更多与黄枬森老师接触的机会，形成了三代师生的哲学情缘。

　　开学不久，黄老师给我们这一届博士生做关于人学研究的报告。其时，马克思主义人学还在形成之中，很多人并不赞成人学的提法，认为人学的提法过于宽泛，又有哪一门学问不是人学呢？我很想知道黄老师对这个问题的看法。黄老师讲课时，结合国内外研究提出的挑战问题，娓娓道来，所举的事例特别生动，让人感到既简单又深刻。其中的一个问题是："动物保护主义者反对人类中心主义，要求给动物和人类同等的权力。"黄老师指出："要求人类完全禁止杀掳动物，恐怕做不到。你可以不杀珍稀动物，但是否连一只鸡都不能杀，不能吃，给鸡和人一样的权力，恐怕不行。动物有生命，植物也是有生命的。你不杀动物可以，但连植物也不能吃，人类就无法生存了，人类永远是地球的中心。"黄老师讲课的声音并不大，和蔼可亲，没有一点架子。这个讲座是由杨河老师主持的，文理科的博士生在一起，有几百人之多，主要是请国内著名专家、学者讲他们的思想和治学经验。平时的课堂大家都会窃窃私语，动辄就要和人进行辩论，可黄老师讲课时，教室里十分的安静。

　　在北京大学学习期间，曾多次和黄枬森老师在一起开会。那时，辩证唯物主义受到来自各个方面的质疑和挑战，几乎与斯大林模式画上了等号，成了僵化、保守的代名词。黄枬森老师一直在坚守着辩证唯物主义的阵地。能不能守得住，我心里一直在嘀咕，不知他会怎样应对。但每次见他发言，总是从容不迫，既实在，又有很强的逻辑。黄枬森老师多次强调，辩证唯物主义所说的"物质"，是辩证的物质，是运动的，不是静止的。辩证唯物主义是尊重人的主体地位的，马克思主义哲学本质上是"人学"。辩证唯物主义的体系是苏联20世纪20、30年代形成的，其基本内容包括：唯物论、辩证法、认识论、历史唯物主义。这个框架在30年代就传入中国，被一些先进的中国人所借鉴，形成了中国特色的哲学体系。斯大林模式教科书是1938年以后形成的，统治马克思主义哲学界十余年，斯大林逝世后，就被人们所抛弃，重新恢复了20、30年代的体系。辩证唯物主义的许多原理确实是恩格斯提出来的，不是马克思提出来的，但二人的基本思路是完全一致的。听了黄枬森老师的分析，以前的疑虑顿时消散。新中国成立后所犯的错误，诚然与哲学讲得不够透彻有着深层的联系，但更多的是体制和封建专制主义遗毒的影响。"文革"结束后，邓小平开展真理标准大讨论，他所要恢复的正是辩证唯物主义最基本的道理。不是辩证唯物主义错误，而是"文革"完全背离了辩证唯物主义。哲学家不仅要研究马克思主义的基本原理，更应研究哲学与政治结合的关系，防止哲学变成政治的婢女，甚至为了政治目的而刻意曲解、篡改马克思主义的理论。

2001年11月29日，是黄枬森老师八十华诞。北京大学为之举办庆祝大会，主题是"21世纪哲学创新暨庆祝黄枬森教授八十华诞"学术研讨会。会议开得十分隆重，教育部、中宣部、中央党校、中央编译局、中国社会科学院、北京大学、中国人民大学、北京师范大学、北京市委党校、复旦大学、山西大学等单位组织了祝寿团，共有150余人参加了庆祝会。教育部副部长袁贵仁、北京大学校长许智宏、中央党校副校长王伟光、中央编译局局长韦建桦、北京大学哲学系主任赵敦华等人分别致辞。与会专家、学者纷纷发言，高度评价黄老师的学术成就和为人师表的学术风范，同时展望哲学未来创新的方向。会议的庞大阵容，各位领导和专家、学者的发言，让我对黄枬森老师感到更加神秘：黄枬森凭什么受到这么多人如此的敬重呢？那时，黄枬森老师正在搞马克思主义哲学科学形态建设，我为会议提交的论文是《本体论：马克思主义哲学形态建设的一种选择》。会后，我写了一篇综述文章，发表在《哲学研究》2002年第1期，被数家刊物转载，引起一定范围的关注。

2003年6月，作为黄枬森老师的再传弟子，我和李宏伟、黄皖毅三人顺利通过了论文答辩，即将奔赴各自的单位工作。王东老师向黄枬森老师汇报了我们几个人的情况。那天，阳光特别明媚，下午3时许，黄枬森老师骑着一辆加重自行车来到未名湖畔，和我们一起照相，为我们送行，留下了让我终生难忘的照片。2007年

4月29日，我和王东老师一起去黄枬森老师家看望黄老师，给黄老师献了花。黄老师的精神特别好，穿着汗衫，谈笑风生。我向黄枬森老师请教几个研究中的问题，并向他汇报了在广东工作的情况，他非常高兴。他说广东是个好地方，广东人思想灵活，做事实在。邓小平把改革开放的第一枚"棋子"落在广东，这是有着非常深刻道理的。一听我们想和他照相，黄老师立即起身，去内间换了正装。黄老师的女婿帮我们拍了照。这是三代师生在一起手拉手的一张珍贵照片。张翼星老师曾说，黄老师一般不笑，若有笑，则只是微笑而已，不会大笑。照片里的黄老师笑得特别甜美。2011年7月，我到北京参加由中央八部委联合主办召开的"庆祝中国共产党成立90周年理论研讨会"。会后我和王东老师再次去看望黄枬森老师。其时，黄老师已是91岁高龄，看上去比以前微有发胖，但精神仍然健好。我向他呈上我的新作《海外马克思主义中国化理论研究》，请他批评指正，并请他有空时到广东去讲学。黄老师高兴地答应了。临行时，黄老师题词赠给我他新出版的大作《哲学的科学化：黄枬森自选集》，勉励我继续努力，出更多的成果，并送我们到门口。没想到，这竟是和黄老师的最后一别！

黄枬森老师一生勤奋不已，成果卓著，他的学术成就，他的为人，他做事的风格，国内学界、政界早已闻名。我在北京上学时，遇到一摆地摊卖书的老人，谈起黄枬森的书和他的事迹，讲得头头是道，兴高采烈。我一直在想，看上去十分朴实淡然、没有一点架子的黄枬森为什么能够赢得那么多人的崇敬，他的奥秘到底在哪里？从黄枬森老师本人的叙述及周围人们的评价来看，可能的原因主要是黄枬森具有以下几种特别的才干、精神和品德。

首先是他严于律己，宽以待人的君子风度。黄枬森虽然对自己严格要求，一丝不苟，但对学生、同事却十分谦和、宽容，从来没有丝毫盛气凌人、唯我独尊的气势。有的学生研究领域超出他的范围，他能宽容；有的学生出现了过失，他能宽容；有的学生发表了不同的学术观点，他能宽容；有的学生甚至言辞激烈、有些失礼，他也能宽容。张翼星老师称黄枬森老师是具备"三宽"的老好人：宽广、宽容、宽厚。知识宽广，功底深厚；学术宽容，胸襟开阔；待人宽厚，乐于助人。这些高尚的品德，使黄枬森老师具备了一种特别的人格感召力和凝聚力，能够把众多的知识分子团结在他的周围。中国古代的智慧老人老子曾说："天长地久。天地所以能长且久者，以其不自生，故能长生。是以圣人后其身而身先，外其身而身存。以其无私，故能成其私。"（第7章）黄枬森老师的风范，再次印证了老子的人生哲理。

其次是他开拓进取、永不自满的创新精神。纵观黄枬森老师的一生，其人生道路并非一帆风顺。但无论逆境还是顺境，他都能坚守自己的阵地，善于发现新的领域。黄老师青年时代是在抗日战争、解放战争的环境下度过的。20世纪60年代初，黄枬森曾被取消讲课资格，到北京大学哲学系资料室工作。因此，是"文革"的结束，才开启了他开拓创新的航程。50岁的时候，他开拓了马克思主义哲学史新学科；60岁的时候，他开拓中国特色社会主义理论来源与哲学基础研究新领域；70岁的时候，他开创马克思主义人学研究；近80岁的时候，他又开始了中国特色社会主义文化研究的新探索。2011年，90岁高龄的黄枬森还主编出版了《马克思主义哲学体系的当代建构》，总计115万字。最近，习近平总书记在中央党校讲话，要求全党学习、学习、再学习，实践、实践、再实践。并指出：在农耕时代，人们只需要读几年书就可以用一辈子；在工业时代，人们读十几年书就可以用一辈子；在今天，只有终身学习，才能满足实践的需要。黄枬森老师不仅是一位学者，而且是一位优秀的共产党员，他用他真实的行动，践行了"活到老，学到老"的格言，树立了"生命不息，战斗不止"的共产党人形象，体现了马克思主义哲学的无限魅力。

再次是他带领团队、联合攻关的领导才干。黄枬森一生不仅自己刻苦钻研，功底扎实，视野广阔，具有对时代的独到敏锐的觉察，因而写出了多部引领前沿的哲学专著，而且善于带领团队，集体攻关，完成了多部集体创新的成果。比如，《马克思主义哲学史》八卷本的编写，从1983年到1996年，共动员了全国十多个单位、50多位学者，历时13年，长达400万言，先后获得"五个一工程"奖、吴玉章奖、首届国家社会科学基金项目优秀成果一等奖等三项国家级大奖。能够把这么多的学者动员起来，团结一心，高质量地完成学术研究，这是黄枬森最了不起的本领之一。再比如，对列宁《哲学笔记》的研究，不仅写出了他本人的《〈哲学笔记〉注释》《〈哲学笔记〉与辩证法》两部专著，还指导王东老师完成了《哲学笔记》的博士论文《辩证法科学体系的"列宁构想"》，支持张翼星老师完成了国家"八五"重点项目《列宁哲学思想的历史命运》。还有对马克思主义人学的开拓，今天已经形成一个庞大的全国性的研究队伍。黄枬森脚下生风，走到哪里，哪里就能带出一支队伍。这一点，不是所有的学者都能做到的！

（成龙，哲学博士，浙江大学马克思主义学院教授）

纪念杰出的马克思主义哲学家黄枬森教授

林　锋

　　2013年1月25日下午，我从北京大学同事李少军教授那里惊悉黄枬森教授病逝的噩耗，迟迟不肯相信，沉默许久，十分伤感。我印象中最后一次与黄先生交谈是在一年多前，那时先生主持北大马克思主义哲学研究中心的会议，虽九十高龄，仍思维清晰，风采依旧，状态颇佳。此前多次见到黄先生时，亦感觉以先生的健康状况，"百岁健在"不在话下。我清晰地记得，数年前在先生家做客时，我曾提到，自己十分期待能与其他北大同志同庆先生的百岁华诞。当时说这句话时是多么轻松自信，在我看来，这是根本不成问题的，我甚至认为先生有望成为北大最资深的寿星。当时及后来数年先生的频繁学术活动，给了我足够的信心。当李少军教授那天突然对我说道"黄先生去世，你听说了吗"时，我愣住了，既不相信，也不愿接受这样的现实。之后数日，我在北大与哲学系的官方网站上木然地、重复地看着黄先生逝世的讣告，仍不愿相信，觉得这不像是真的。虽然我不像黄先生的家人那样与之朝夕相处，但始终感觉先生离我们很近，从未远离，我们经常聆听他的学术理念，感受其风采气质，如今先生突然离去，让我们如何适应这种剧烈的变化？在我们看来，先生是北大学术的一部分，是中国哲学界的旗帜、马克思主义理论界的骄傲，我们北大哲学人早就习惯了有这样一位德高望重的标志性人物，他的不辞而别，叫我们情何以堪！

　　就学术辈分、理论造诣而言，我与黄先生自然相差悬殊。我在厦门大学读本科时，就听说过黄先生的鼎鼎大名，知道他是我国马克思主义哲学理论界数一数二的标志性人物。在当时的我看来，这样的学界泰斗只能仰望，甚至是永远仰视，如能当面交流一次，就像"粉丝"见到偶像一般，定然激动不已，难以自控。后来我考入北大哲学系攻读硕士学位，三年内多次在校园里偶遇黄先生，我竟都缺乏勇气不敢打招呼，原因是，我实在缺乏自信，感觉以自己的低微身份，先生可能根本不会放在眼里，甚至不屑于与我这个陌生的学生说上几句客套话。2005年我再次回到北大哲学系攻读博士学位时，与我同住的一位哲学系博士生告诉我，他在考上博士前就学术问题频繁请教黄先生，作为学界泰斗的先生不厌其烦，对于他这样一位没有哲学专业背景的陌生学子，每次均慷慨赐教解惑，竟不遗余力。我听后极为惊讶，也深感懊悔。原来大名鼎鼎的北大黄枬森教授如此平易近人！为什么我不敢效仿那位博士生呢？原来先生那么容易接近！后来我还得知（根据黄先生家人的描述），对于类似的毫无学术地位的普通哲学爱好者，先生也总是乐于交流，从不拒绝。[①]

与黄先生的第一次交流，我永远记得。当时作为北大哲学系王东教授指导的博士生，我与导师及一位同门师妹，一同拜访了黄先生。当时我作为配角，协助导师记录先生对导师新作《马克思学新奠基》的学术评语。主角自然是先生与导师，我的说话机会不多。但与黄先生的短暂交流却带给我极大的幸福感，毕竟，我与学界泰斗黄先生有了第一次学术交流。我记得，导师向先生介绍我时，特意提到我较为支持先生对马克思主义哲学的"辩证唯物主义解读"，信仰辩证唯物主义世界观，先生很高兴，还亲自拿点心招待我。我一时受宠若惊，幸福得不知所措。先生认真地问我，为什么赞同他对马克思主义哲学的解读？我紧张地谈了自己平时积累的几点看法，先生频频点头，面带微笑。看来他对我的看法是比较满意的。从这一次交流中，我发现先生确如那位博士生说的那样平易近人、和蔼可亲，不仅如此，我还注意到，先生是个纯朴而认真的人，毫不做作，他不被他人的赞美之词所迷惑，他会用自己的慧眼来判断，别人对他的好评究竟是恭维客套之词，还是真心认同。

我充分了解先生的学术思想、学术见解，深刻感受其学术气质、学术精神，是在大量研读他的学术论著之后。读博士以来，除第一次短暂交流外，我还有多次与先生的直接学术交往，这同样加深了我对先生的学术思想及学术品格的认识。

客观地说，我并非赞成先生所有的学术观点。比如他对于马克思早期著作的评价，我就不很赞同。在我看来，似乎先生对马克思早期著作的评价偏低。当然，我理解并支持先生对"辩证唯物主义世界观"的坚守，赞成他对马克思哲学的唯物主义本体论基础的肯定，认同他始终强调的"唯物辩证法"在马克思主义哲学中的重要地位。先生晚年提出的"哲学科学化"构想，我同样十分赞成，认为这是一个了不起的学术事业。作为一名在学界地位不高的后学晚辈，或许我对先生学术思想的个人评价不值一提。我不敢信誓旦旦地宣称：我所赞同的黄先生的那些学术观点就完全是正确的，我所不赞成的黄先生的那些学术看法就一定错误无疑。就像研究学术问题难免失误一样，评价他人学术思想也可能发生失误。

但是，我却有足够的、完全的自信断言，在探寻真理的道路上，黄先生是一

---

① 王蓓:《【燕园学人】黄枬森：哲学之路即人生之路》，北京大学新闻网，2013年1月25日。

位伟大的战士，为我们树立了光辉的榜样。不论先生学术得失如何（我个人始终认为，他是我国当代哲学界最杰出、最了不起的学者之一），他都始终驰骋在追寻真理、捍卫真理的疆场上，"为真理而奋斗"是他一生哲学事业的主题。作为一名研究者，他对真理有高度的热忱、最大的忠诚，不论是否学术上的所谓"少数派"，他都不以为然。有人或许认为这是孤芳自赏、清高自大，但这绝不是真正了解作为一名年迈的"战士"的黄先生，绝对没有走进他的精神世界。黄先生介意的，不是他是否是什么"少数派"，而是他是否掌握了或正在接近真理？如果确信掌握的是真理，他不畏惧任何学术批评，始终坚守在"真理"的园地里，哪怕只是孤身一人、不得不单打独斗。从表面上看，似乎黄先生"自负"，实际绝非如此。他忠诚的是真理，而不是所谓的"主流意见"。我相信，如果他意识到自己有学术失误，他会立即修正自己的看法，而如果某些流行意见是错误的，他选择战斗到底，绝不盲从。作为一名后辈，我满怀敬意研读他的学术作品，感受到的他最鲜明的学术品格，就是以真理为最大权威、最高原则，面对谬误绝不妥协，面对真理绝不放弃，不屈不挠，战斗到底！这不仅是一种学术立场，更是一种学术精神、学术气节！

先生走了，再也无法现场领略先生的风采音容，不能当面聆听他的学术教导，这是不能承受的巨大遗憾，不可化解的极大悲伤，但先生的高大形象，永远矗立在晚辈后学的心里。对于我们来说，继承先生的事业，弘扬先生的精神，是对先生最好的纪念。杰出的学者，伟大的战士，黄枬森教授，您的英名和事业将永垂不朽！

（林锋，哲学博士，北京大学马克思主义学院教授）

追忆黄枬森先生

赵玉兰

  从2006年考取北大哲学系马克思主义哲学专业博士生以来，黄枬森先生的名字便会经常地出现在我的耳际。说来也荣幸，我的导师王东教授是黄先生培养的第一名博士（也是我国马克思主义哲学专业的第一名博士），与先生情同父子。王老师时常在我们的学术共同体活动中提及黄先生的为学与为人，言语间充满了对恩师的倾慕与敬仰。我们这些后辈学子在为导师的深情讲述感染的同时，亦为黄先生的学识、人品所深深折服，甚至暗自遗憾没能早入北大、亲耳聆听黄先生的教诲。

  尽管是黄先生的嫡系徒孙，可是作为一名晚辈，大多数时候我也只是在一些学术活动中远远地观望黄先生，看着他宽和而温暖的微笑，听着他谦逊却坚定的发言，感叹先生在耄耋之年依然身体硬朗、耳聪目明、才思敏捷。一直以来，黄先生于我而言都是一位高高在上、遥不可及的老前辈，我只能在远处默默地仰望他，不求能够接近半分。然而有幸的是，2011年下半年我有了一次同黄先生近距离接触的机会。

  2011年8月，黄先生主编的《马克思主义哲学创新研究》四卷本出版，这可谓是学界的一件盛事。8月26日，北京大学英杰交流中心举行了该书的出版座谈会，国内学界近百位知名学者参加了此次会议，并在会上进行了热烈的讨论与交流。会后，我受命负责会议的录音整理以及综述的写作。9月下旬，在完成了这两项任务后，我询问王老师，是否需要由他把这些材料转交给黄先生审阅。王老师说，你可以直接把材料送到黄老师家，我会提前跟他说一声。我听后，又激动又紧张。激动的是，终于有机会和我崇敬的师爷爷直接交流了；紧张的是，自己毕竟是晚辈后学，在黄先生那样的大人物面前，该如何举手投足呢？王老师看出了我的心思，笑着说，你不要紧张，黄老师对人是特别好的！

  9月29日上午9点左右，我怀着激动的心情给黄先生打了个电话。在电话中，我问先生何时方便，我把会议记录与综述送到他家里。先生说，他每天早上9点左右都方便，让我不妨次日早晨给他送过去。我一听，犹豫了一下。因为我家住在通州，离北大比较远。若是早上前往北大，很难保证能够按时到达。于是，我跟黄先生说，好的，不过我可能会晚到一点，因为家离得稍远些。黄先生便问我，你家住哪里，我说在通州。黄先生说，那可挺远的，若是单为这件事跑一趟北大，不值得。你可以先把综述的电子版发给我，等有事到学校的时候，再顺便把会议记录给我送来，不必专门跑一趟。我听了非常感动，没想到黄先生如此平易近人，处处替人着想。同时，我又后悔自己真是多嘴，干吗要说住在通州，可能迟到之类的话。我一个年轻人，早点起床早点出发不就能够按时到了吗？还让先生操心这些琐事。于是，我连忙回答说，没关系，我本来也要去学校办事。那我就按您的意思，先把综述的电子版发过去，明天早上再把会议记录给您送过去。黄老师说好，然后告诉了我他的邮箱地址，便结束了通话。

放下电话，回想着方才对话的内容，我心里一阵温暖。王老师说得没错，黄先生对人真是好啊，他是那么大的一位大家，却如此亲切和蔼，真是让人心生敬意啊！正想着，手机响了，接起来一听，原来是黄先生。先生说，他考虑了一下，为了避免我早晨赶车辛苦，若是我方便，当天下午也可以给他送材料。他下午3点左右有空。我听了，又是一阵感动。这个时间对我来说确实更方便些。于是，我连声说好。

下午3点左右，我到达了北大朗润园。黄先生家的地址是王老师告诉我的，比较好找。我按了门铃，黄先生开了门，热情地让我进去。坐下后，我把材料交给黄先生。他接过来，并没有看，而是询问我的情况。我便跟他简单地说了自己出国留学以及留人大工作的情况。老先生连声说好，并让我把外语和专业都抓起来。我跟先生说，会议记录和综述中有不当的地方请他提意见，我来修改。他说好。我又说，文中他的名字我都打成了"黄楠森"，而不是"黄枬森"，因为五笔输入法中没有找到这个字。黄先生笑着说，没关系的，两个都可以，只是他用"枬"字多一些。说话间，他起身走到书架前，抽出一本书，对我说："这是我新出的一本书，送给你。"我接过来一看，是黄先生著的《人学的科学之路》，2011年3月刚刚出版。翻看了几页后，我说："黄老师，您给我签个名吧。"黄老师像想起来什么似的连忙说好。于是，他拿了支笔，打开扉页，开始写。我在旁边看着。只见他写下"赵玉兰同志"几个字，便顿住了，好像在思考什么。我猜，他可能在想是写"留念"还是什么别的话。几秒后，他继续写了下去，我一看，他直接署了自己的名字"黄枬森赠，2011年9月29日"。然后，他递给我，说："可以吗？"我一看，他写的正是：

"赵玉兰同志

黄枬森赠

  2011年9月29日"

　　我不由得笑了，说好，好。之后，我又同黄先生简单地聊了几句，便告别离开了。回家后，我又仔细地看了看黄先生题的字，然后把他的书端端正正地摆在了书架上。

　　在把综述材料交给黄先生的几天后，我一直都没有收到他的回复。我想，先生年纪大了，事务又多，可能无暇顾及这些小事吧。于是我考虑，要不要把它们交给我的导师来审校一下。然而，又过了几天，也就是10月15日上午，黄先生给我打来电话。他说，他把综述的修改稿发给我了，让我上网查一下。并且说，他把文章的第四部分删掉了，新加了一部分，让我看看是否合适。我说行。之后，他又说，建议我把文中的"先生"两字去掉，直接把他称呼为黄枬森。我说，黄老师，这篇文章是我写的，当然要把您称呼为"先生"了，还是保留吧。黄先生呵呵笑了，没说行，也没说不行。

　　挂了电话，我打开邮箱，看到里面果然有一封黄先生刚刚发来的邮件。打开附件里的修改稿，我仔细一看，不由得又对黄先生增加了一分敬意。原来，我在综述中写了四部分内容：第一，《马克思主义哲学创新研究》这套著作的内容；第二，黄先生在出版座谈会上的发言；第三，与会学者关于该书对马哲体系的构建与创新方面的高度评价；第四，与会学者对黄枬森精神的阐释。而在修改稿中，黄先生把第四部分有关他个人学术精神的内容全部删掉了，代之以"这套书的不足和需要进一步研究的问题"。虽然写的会议综述不多，但是就我个人的认识而言，大部分会议综述都是只讲好的，不讲坏的，只谈重大意义，不谈批评建议。而黄先生却本着实事求是、诚实严谨的治学精神，把会议中相关学者、专家的中肯建议和意见单辟一个部分原原本本地列了出来，实在让人肃然起敬。话说回来，关于黄枬森精神的那一部分本是我个人最想写也写得最顺畅的部分，因为在整个出版座谈会中，几乎每位学者都会谈到黄先生在为人为学方面的事例、小故事，对他的学识、学风充满了景仰之情。在我看来，这些内容远比一些官话、套话更为实在，也更能表达学界同人对黄先生发自内心的崇敬。然而，黄先生却把这部分毫不客气地完全删除了。显然，黄先生想要的是推进学术、推进讨论，而不是为自己大唱赞歌。可以说，从黄老师的修改稿中，我看到了老先生淡泊名利、追求真理的执着严谨的科学精神。

　　遗憾的是，这篇由我起草、黄先生修改的会议综述后来并没有发表，因此，它同黄先生赠予我的那部著作一道成为我手中仅有的来自黄先生本人的珍贵文献。在之后的日子里，由于工作的繁忙，再加上女儿的出世，我未能有时间去联系黄先生，也未能再见他一面。本来想，在今年春节的时候让王老师带着我去拜会先生，而今，这一想法只能成为永生不能实现的憾事。

黄先生已然驾鹤西去，而他毕生所致力于的马克思主义哲学大业如今正处于关键的发展时期。作为他的晚生后辈，直系徒孙，我愿把无尽的难过与遗憾化为绵绵不绝的动力，全身心地投入到我国马克思主义哲学大业的建设之中，也算是告慰黄先生的在天之灵！

黄先生千古！

（赵玉兰，哲学博士，中国人民大学马克思主义学院教授）

第七篇

平凡人生，伟大信仰

黄枬森的精神魅力与"黄枬森命题"

袁吉富　李凯林

黄枬森先生2013年仙逝，他走得仓促，留有遗憾。尽管如此，作为一名哲学家和马克思主义理论家，作为一名教育家，他传承了一种精神并为中国哲学界贡献出宝贵的思想财富。其中，把学术看作一种崇高生活方式的精神、哲学的科学化这一黄枬森命题就是两个重要的方面。

一

黄枬森先生曾在《学术界》2001年第4期扉页上作了"学术是一个国家的灵魂"的题词。这个题词体现着先生对学术的定位，也体现着先生视学术为生命的精神追求。在先生看来，选择学术，并不是为学术而学术，而是自觉地选择了一种生活方式。这种生活方式，意味着把不断地揭示真理、超越自己作为生活的核心追求，它是对一个国家的发展至关重要的生活方式，是关涉当代社会根本的生活方式，是孕育民族未来的生活方式。

在先生那里，这种生活方式首先表现为以学术服务于国家、民族和社会。它要求以国家、民族和社会的思想自我为自我，要求小我融入这个大我之中，要求为百姓立心、为生民立命、为万世开太平。先生2000年在北大学者墨迹展览上的题词颇能表明他的这一心迹：

> 天下为公，世界大同，干戈止息，四海弟兄。
> 安居敬业，其乐融融，绿色大地，郁郁葱葱。
> 科技发达，人寿年丰，精神高尚，礼让成风。

显而易见，这样的生活方式或许并不轰轰烈烈，但绝对称得上是崇高。

在黄先生那里，学术这种生活方式其次表现为以求真为生活的根本标准和目标。在生活的根本标准和目标的设定上，历来有多种多样的主张。尽管如此，学问家对这个问题的回答应当具有一定的确定性，这就是求真二字。可以毫不夸张地说，黄先生是求真的典范和表率。他选择马克思主义哲学，是出于对真理的执拗；他在1947年加入共产党在北大的外围组织"腊月读书会"，是出于对进步的追求和对马克思主义哲学科学性的坚信；他在1948年加入中国共产党，是因为他认定共产党代表着中国的希望；他1959年一度被错误地开除了党籍，是因为讲了几句真话；他之所以在改革开放之初被人称为"右派"，后又被人称为"左派"，是因为他始终坚持自己认为正确的东西。他之所以在20世纪90年代初费心写《孔子与儒家》一文，是为了填补自己在求真理想上的缺憾。先生对求真的践行，在下面这首他1995年6月24日晨起写的诗中作了很好的表白：

> 人生满百又何为，苦辣酸甜我自知。
> 书山跋涉分真假，哲海浮沉辨是非。
> 中圣西哲徒古奥，马恩列毛得精髓。
> 终身探索全无悔，宇宙人生两有之。

我不能说先生在求真二字上一点失误也没有，但先生始终淡泊名利，始终把求真放在首位，这确确实实体现着知识分子的责任和气节。

在黄先生那里，学术这种生活方式还表现为一种生活美德和生活境界。人生在世，本来就是个如何做人的问题，而其中一个重要的方面就是在与他人的关系中如何做人。如果说求真是知识分子的本分的话，那么，把握做人的真谛就是求真的基本或基础的内涵，而这事实上告诉我们，做学问与做人应当是一体化的，断不可辟为两半。先生深谙这一道理，他在培养自己的研究生时，谆谆告诫的根本上是两句话。一句话是亚里士多德的名言："吾爱吾师，吾更爱真理。"另一句话是"做学问首先做人"。这两句话也是先生学问人生的真实写照。先生作为哲学上的巨人和生活上的哲人，我认为其生活美德和生活境界可以用仁爱、温厚、谦让、自强八个字来表述。先生关爱学生、关爱同事、关爱家人、关爱社会，乐善好施，成人之美，这是仁爱；先生宽以待人，厚道处人，虚怀若谷，温和处事，坚执中庸，这是温厚；先生谦虚谨慎，为人恭敬，不贪名利，先人后己，克己惠人，这是谦让；先生自尊自立，动心忍性，百折不挠，坚持信念，不息进取，这是自强。

2006年，在庆祝先生八五华诞暨马克思主义哲学学术讨论会上的致辞中，时任北大党委副书记杨河教授这样讲："黄先生是北大师德的楷模。在他的身上，体现着一种特殊的人格魅力。这种人格的魅力既有中国传统关于师者传道、授业、解惑理念的历史积淀，也有我们今天所提倡的教书育人、求真务实、淡泊名利、宽厚谦让、甘为人梯的师德精神风范。"曾在先生门下就读的康健则称先生为"一品学者，一品好人"。在先生的遗体告别仪式上，叶朗、朱良志先生在所敬挽联中写道："海阔天空胸襟宽广宽容宽厚；光风霁月气象平澹平静平和。"这些说法都绝非虚言、妄言。

2013年3月30日，先生女儿黄萱写了一篇纪念文章《父亲的信念为全家洒满阳光》。文中说：

有的时候，我们也曾悄悄地猜想，父亲这般阳光的心态是不是在别人眼里有些傻？——他冒着生命危险参加革命，加入地下党，共产党领导的翻天覆地的革命却剥夺了他祖上的家产；反右时期他在党内讨论会上满怀真诚的发言在今天看来全都是真知灼见，却使他在生命中最年富力强的20年成为不堪回首的蹉跎岁月；20世纪80年代末苏东解体，中国学术界弥漫着马克思主义哲学不过是政治、辩证唯物主义体系早已过时的指责，可是他却始终坚守着马克思主义哲学是科学、辩证唯物主义不能被否定的底线一步不退。父亲到底是为了什么？

这十几年来，我帮他录入文稿，记录整理传记和学术自传，从他一篇篇的文字当中，我体会到父亲走上革命道路，以马克思主义哲学为终生事业，是他根据自己的亲身经历以及观察思考做出的理性选择。

……

亲爱的父亲——黄枬森匆匆地走了，他没有给我们留下任何产业，所遗存款也仅仅可以帮助母亲补贴家用。但是他却留下了摞起来2米多高的著作，装满一书橱的手稿、笔记，再就是堆满几间屋的哲学书籍。这些天，我一边含泪整理着他的书桌、书柜，一边默默地想，父亲留给我们最多、最有价值的，其实是他的精神遗产——他的坚定信念，他的阳光心态。①

黄萱的描述显然可以为我们对黄先生精神魅力的界定提供有力的佐证。

2008年，先生把北大精神诠释为关心国家大事、投身学术事业②。应当说，先生对北大精神的界定未必全面，但对北大学人精神的界定则是非常准确的，同时也体现了他自己的精神风范。

二

黄枬森的精神魅力显著地外化在他的学术成就之中。对于他的学术成就，这里

---

① 黄萱的这篇文章是我在她自制的纪念黄先生光盘中发现的。
② 赵为民、郭俊玲主编：《精神的魅力（2008）》，北京大学出版社2008年版，第7页。

不系统地谈，而只重点谈一个命题，这就是哲学的科学化。这一命题完全可以称之为黄枬森命题。

哲学的科学化是个老问题，但在改革开放后，特别是20世纪80年代中期后的中国，否定哲学的科学性逐渐成为一种主流声音。出于对哲学安身立命出路的忧虑，出于对真理的执着，干脆特立独行，打出了"哲学科学化"的旗帜，推出了一系列研究成果，代表作有《哲学的科学之路》（北京师范大学出版社2005年版）、《哲学的科学化》（首都师范大学出版社2008年版）、《马克思主义哲学体系的当代构建》（人民出版社2011年版）等。

老实说，黄先生的这一思想，他的学生一段时间内也觉得不好理解。例如，20世纪90年代初，本文作者之一的李凯林在随黄先生读博时，曾诚挚地当面向他表达过劝导性意见："哲学是哲学史。哲学是主体性很强的人文学科，所以不宜说哲学科学化。"黄先生当时回答："这是我深思熟虑的观点，当然不是随便说。"再比如，21世纪初，本文另一作者袁吉富曾经在先生家里讨教，觉得肯定哲学应当具有科学性足够了，没必要说科学化。先生当时看了我一眼，就我的提法没有回答。其实科学性必然蕴含着科学化，我自己是自相矛盾的。

后来我们知道，先生观点萌芽于在四川自贡蜀光中学读高中期间。在先生生前最后一篇未完成的《我和哲学》的手稿中，他这样说道："1939年我18岁时到自贡市蜀光中学上高中时，课外我阅读了艾思奇的《大众哲学》以及苏联哲学家的著作，知道有一门学问叫作哲学，它的任务是揭示宇宙的奥秘和人生的真谛。""在蜀光中学开始接触哲学时，我便很容易地把它作为一门学科，也就是一门科学接受了下来。"萌芽并不意味着成形，实际上，这个观点的成形是在20世纪50年代初。还是在那篇未竟稿中，先生这样说："我当时已初步具有这种思想：西方哲学家为哲学的发展做出了伟大的历史性贡献，但人类哲学史上第一个真正科学的形态还是马克思主义哲学——辩证唯物主义和历史唯物主义，我愿意为宣传和建设马克思主义哲学贡献我毕生的时间和精力。"改革开放后，先生的这一观点酝酿成熟并为了推动哲学的科学发展进而亮出了哲学科学化的大旗。

在先生的视野中，所谓哲学的科学化，就是要把哲学自觉地当作一门学科来建设，要强化哲学求真品格，要走一条哲学学科的科学发展之路，要把哲学终究建设成为科学。这个命题有五个依据。第一是何谓科学性的依据。黄先生认为，所谓的科学性并不意味着自然科学意义上的科学性，而是体现哲学社会科学学科特性的科学性，是融工具理性与价值理性一体的科学性，是饱含人文关怀的科学性，是广义的科学性，也即辩证的科学性。在科学技术地位日益突出的时代，根本问题不在于消解科学，而在于升华科学，在于推进科学超越工具理性的局限性。第二是学科依据。在黄先生看来，任何一门学科，根本任务都是求真，否认这一点，就是否认所有科学。哲学作为一门学科理应求真。第三是哲学史依据。黄先生认为，应当这样来看哲学史，正如任何一门科学都有其萌芽、孕育、诞生、成熟的过程一样，哲学史也有一个由前科学到科学的发展过程，只不过哲学学科由于其复杂性需要的时间长得多而已。有鉴于此，黄先生指出："我们决不要为今天的'哲学就是哲学史'现象所迷惑。这种现象虽然已存在两千多年，但绝不是永恒的，它在人类漫长的科学史中仍是一种暂时的现象，是哲学发展的非科学或前科学阶段。"[①]第四是哲学本性上的依据。黄先生认为，哲学是一门求真的学问。否定了这一点，任何一个哲学家都不能准确地表达自己的思想，更难以让人接受自己的思想。因为，即便是研究善与美，也有个是不是善与美的问题，否则我们根本就不知道何谓善、何谓美。第五是实践依据。在黄先生看来，马克思关于真正的哲学是时代精神上的精华的论断在当代恐怕是得到公认的。但是，哲学要成为时代的精华，不能科学地把握时代脉搏是万万不可能的。而否认哲学的科学性，实际上也就是在根本点上否认真正的哲学是时代精神上的精华的论断。

对于黄先生的命题，陈先达先生有一个解读，认为别的哲学可以不要科学化，但马克思主义哲学要科学化，因为它给自己提出的任务是改造客观世界。对于这一解读，我们相信黄先生是不完全赞成的，因为黄先生考虑的是哲学科学化，而不仅仅是马克思主义哲学的科学化。对于哲学应当成为一门科学的问题，除了上面已提到的哲学就是哲学史、哲学研究善与美的质疑性观点外，还有别的质疑性观点，其中主要的一个看法，就是认为哲学不是实证的，而是思辨的，思辨的东西不存在实践检验的问题，因此哲学不可能成为科学。黄先生则认为，这种观点是似是而非的。实际上，哲学命题不是纯思辨的，它最终还是实证的，也就是说，哲学命题归根到底是要经过实践检验的。这当然不是说用一次实践、二次实践、多次实践就能证明它或者否定它，而是要用整个人类的实践来检验它。与此同时，黄先生还指出，把科学直接理解为实证科学并不准确，例如数学就不是实证科学、理论物理学则更多地依靠数学和逻辑推理，但是，尽管如此，我们都不能否认它们都是科学。不仅如此，更进一步说，即便是实证科学，也不完全是实证的，而是实证和思辨的统一。"可以说，一切科学归根到底都是建立在实践及其经验材料的基础上，也都离不开逻辑思维，它们在一定程度上都是实证的，也在一定程度上是思辨的。既没

---

① 黄枬森主编：《马克思主义哲学体系的当代构建》上册，人民出版社2011年版，第68页。

有纯粹实证的科学，也没有纯粹思辨的科学。实证与非实证的区别只有相对的意义。作为一门科学，哲学与其他科学一样具有实证性和思辨性"。[1]应当说，黄先生的这个论断是很有说服力的。

黄先生还进一步认为，马克思主义哲学对科学性的追求，其实就是哲学学科的科学性建设，当这个任务真正实现时，在哲学前面的"马克思主义"这个定语其实可以不要。在众多要坚持和发展马克思主义哲学的呼声中，黄先生的这个理解颇具哲学大心，超越了学派的局限，体现了他所主张的哲学研究是以民族性的形式、时代性的内容去求索具有人类普遍性的问题的哲学良知，很好地回答了哲学怎样科学发展的问题。对于这一点，黄先生在2012年为纪念北京大学哲学系百年系庆所撰《更加自觉地走哲学学科的科学建设之路》一文，作了明确的阐述。他指出，我国关于硕士博士研究生培养的"学科专业目录"中，其他学科的第一个二级学科基本上都是与一级学科同名，其任务是要研究该学科的一般理论，如政治学的第一个二级学科是政治学理论，法学的第一个二级学科是法学理论，还有社会学、民族学、等等。唯独哲学学科的第一个二级学科是马克思主义哲学，它似乎不是研究哲学的一般理论，而是研究一个流派；而其后的七个二级学科也没有一般哲学理论，"这样，一般的哲学理论不见了、失踪了，哲学成了集合名词"。"在中国第一个哲学系百年大庆之际，我想提出一个建议：全系八个二级学科都应该走学科建设的科学之路，即以对象为出发点，按对象的要求来构建更加真实、更加完整、更加严密的科学体系。""这个问题涉及北大哲学系发展的百年大计，千年大计，所以在建系百年大庆中提出来，言简意深，言难达意，是耶非耶，均所企盼。"[2]

随着改革开放和思想解放的不断深入和全面推进，在中国哲学界，一切传统理念都被重新审视，对何谓哲学、何谓马克思主义哲学成为众说纷纭的话题，求新、求异思维成为主流志趣。但与此同时，对原有理论的科学性不加分析、一概否定的倾向也日趋严重。历史发展中虽然难免矫枉过正现象，但这种动荡性若摆动太大，则会使社会发展付出不必要的"折腾"代价，有些折腾甚至会导致长达若干年的民族灾难。世界上一些国家的政治剧变就与其在哲学思想上被某种西化理念所折腾相关。中国的改革开放在思想理论上保持了继承发展的路子，其实质内涵就是马克思主义理论的科学性没有被全然否定。这首先有赖于党中央在政治上正确掌舵，同时也与学术上有黄先生这样一批不怕被斥为保守的冷静的"求实者"密切相关。可以

---

① 黄枬森：《哲学的科学之路》，北京师范大学出版社2005年版，第9页。
② 黄枬森：《更加自觉地走哲学学科的科学建设之路》，《北京大学校报》，2012年10月27日。

说，黄枬森命题为捍卫党的实事求是思想路线提供了学理基础，为继承和弘扬党的优良哲学传统提供了智力支持，饱含着他对中华民族哲学自我构建和中华民族伟大复兴的理论自信。

　　黄枬森的精神魅力和黄枬森命题意义都非常重大。现粗浅梳理这两份遗产，以表达对黄枬森先生深切缅怀和纪念。

　　（袁吉富，北京市委党校教授，副校长；李凯林，中国政法大学人文学院教授、博士生导师，哲学博士）

妈妈的生日礼物

黄　丹

　　2007年7、8月时，大约在妈妈满80岁生日之前的某一天，我们聚在一起商量怎么给妈妈过生日。爸爸对妈妈说："你这一辈子我也没给你买过什么首饰，趁着你的八十大寿，我给你买个钻戒吧！"我们都在一旁表示赞同，妈妈却连连说，不用不用。我们不知道妈妈是什么意思，妈妈却说，她会跟爸爸说的，我们便没有多问。

　　过了几天，爸爸就跟我们说，妈妈建议把爸爸要给她买钻戒的钱用来成立一个助学金，捐助给他们的母校——四川自贡蜀光中学。妈妈说，买钻戒的钱一两万就够了，如戴在手上就是好看，而摆在那里更是没有一点用处。如果把这个钱用于资助家庭贫困的学生，将对孩子们是一个很大的激励。

　　我们觉得如果成立一个基金，那是需要很多钱的，而爸妈的全部工资收入也不是很高。妈妈已经离休，爸爸除了离休费以外，只有有限的稿费，一下子拿不出那么多钱来成立基金，怎么办呢？爸爸说，他想了一个折中的办法，不是一次性地拿出一笔钱，而是将计划奖励给学生的大约钱款数每年在发奖之前汇给学校的专门机构。他已经把这一意向与学校负责人商量过了，最后，经过协商，决定成立"刘苏·黄枬森奖学金"，每年1万元，用以奖励品学兼优但家庭贫困的10名高中学生，每人1000元，以资助他们完成他们的高中学业。

　　要知道，在2007年时的1万元钱，并不是一笔小钱，每个获奖的贫困学生，能够得到1000元的资助，也可用以补贴一些学习或生活费用，以解燃眉之急。

　　关于命名，妈妈说，应该把爸爸的名字写在前面，因为大多数款项将会是爸爸出。而爸爸说，这个动议首先是妈妈提出的。于是，我们都说，妈妈您就别谦虚了。

　　后来，在妈妈的生日聚会上，爸爸读了他给妈妈写的诗，妈妈说，这是她最好的生日礼物。现在辑录如下：

　　我与刘苏相逢于战火包围之北平已60年矣，60年来相响以湿，相濡以沫，甘苦与共，休戚相依，无论顺逆，从无嫌隙，八十大庆将至，沉思十余日，得一律诗以献：

《刘苏八十大庆献诗》

作者：黄枬森

二十离家革命追，不知艰苦不知危。

饱暖饥寒皆不顾，生来死往几多回。

狂风起处遭摧折，暴雨来时欲躲迟。

且喜高龄臻八十，一生苦乐有人知。

另外，爸爸还十分风趣地读了他的《成语集锦》，并说：

刘苏八十大庆，戏缀四言成语十韵，以表衷曲：

花容月貌，光彩照人。锦心绣口，冰雪聪明。

温良恭俭，文质彬彬。多才多艺，能书能文。

尽职尽责，敬业乐群。敬老爱幼，亲仁善邻。

多病善感，和蔼可亲。结褵五七，情深爱真。

相濡以沫，刻骨铭心。与子偕老，足慰平生。

听着爸爸的肺腑之言，感念着父亲的浪漫，我也真真地羡慕他们那个年代的爱情。

2007年10月9日，"刘苏·黄枬森奖学金"如期颁发，10名充满朝气的学子获得了该奖项（见图1、图2）。从此以后，每到暑假快结束时，妈妈的生日前，父亲总是亲自到邮局去给蜀光中学汇款1万元。

2013年1月24日父亲去世了。蜀光中学的负责人在父亲的告别仪式之后，对父母亲对于母校的厚念和支持表示了感谢，同时，他们也表示，以后母亲可以不必为此奖学金捐款。但是，母亲把对父亲的哀思融化在对父亲的承诺上。她不顾自己体弱多病、很多方面需要用钱的现状，仍然在每年8月底，她的生日即将来到之时，让我们替她去给蜀光中学汇款。直到2018年暑假，她的病情已经十分严重，仍然催我速速去汇款，念念不忘她的承诺。

这就是妈妈的生日礼物。

（黄丹，黄枬森先生大女儿，曾任《中国中医药报》编辑）

图 1

图 2

父亲母亲的"诗书联璧"

黄 丹

2016年11月，在父亲黄枬森95周年诞辰之际，《黄枬森文集》第七—九卷由中央编译出版社出版。在第九卷中收录了父亲写的60余首诗。并且，这些诗全部由母亲用毛笔和钢笔各抄录了数遍，精益求精，选出一份刊印在书中。我将此过程记述了下来，以示对父亲的纪念。

2013年1月24日，父亲因病去世。父亲92年的人生，有近70年在马克思主义哲学教育、科研领域辛苦耕耘，确立了他在马克思主义哲学研究领域的地位，被誉为当代中国著名哲学家、哲学史家、哲学教育家。他对信念执着，对教学勤勉，对学问严谨，对名利淡泊，是我们一生学习的榜样。

父亲在世时，《黄枬森文集》已经开始编纂了。几十年积累下来，父亲长长短短的文章足有近千篇，除手稿外，全都散布在几百本书、上千册杂志中。为避免遗漏，妹妹和我在父亲的书房里一本一本地翻书，一篇一篇地查找。我们把收集起来的文章进行查对，留有电子文稿的比较好办，重新校对、统一排版即可；没有电子文稿的能扫描录入的就扫描录入，不能扫描录入的（如纸张太薄的）就由我进行人工录入。对我们收集到的所有文章，父亲亲自筛选，拟订了八卷本的出版方案，分成著作部分、论文部分、评论部分和手稿讲稿部分，每部分再以发表时间排序。父亲在世时，已经分两批出版了前六卷，父亲去世后，我们觉得对父亲最好的纪念，就是继续完成父亲文章的收集整理工作。我们把重点放在难度最大的手稿和讲稿部分，整理，辨识、录入、校对，进展比较缓慢。拾遗补漏的结果，八卷变成了九卷，又扩展到了十一卷。真难以想象，这么多的文章，父亲是如何写就的。

父亲写作，通常都是深思熟虑，打好腹稿，落笔时则一气呵成。父亲的文稿虽然字迹清晰，改动不多，但由于书写快速，常为行书连笔，不誊抄无法交付出版。在没有计算机录入的年代，父亲文章的誊写工作是由母亲承担的。母亲秉承家学，不仅写得一手秀美的毛笔书法，钢笔字也独有神韵。母亲用钢笔正楷把父亲的文章誊写到400字一页的稿纸上，其工整、美观、规范的字体，每每被出版社编辑赞为"艺术品"。那时，母亲是父亲文章的第一读者。

20世纪90年代中期，妹妹购置了电脑，父亲的文稿从此就改由电脑录入了。8年前，妹妹患了眼疾，帮父亲录入文稿的任务就由我承担下来。于是，我又成了父亲文章的第一读者。我一边录入，一边读着父亲的文章。父亲的文章思维严谨，逻辑严密，却又语言流畅，常常寓深奥的思辨于通俗的文字之中，使我获益匪浅。

大约在2010年，父亲将他在笔记、日记、信件等手稿中散存的诗稿收集起来，竟也有60多首，母亲看到后非常喜欢。父亲说，他的诗如能得母亲用毛笔书写成楷书或行书，装裱成册，将成为两人最好的纪念，如果再能印刷出来赠送给亲朋好友，就更完满了。谁知不久，母亲不幸摔伤，右臂右掌多处骨折。我们都很担心，原本就体弱多病、腿有伤残的母亲，还能再次拿起笔，实现和父亲的这个约定吗？

在父亲的抚慰和鼓舞下，母亲并没有气馁，她打算一旦右手无法恢复，就用左手来实现约定。待受伤初期的剧痛稍有缓解，母亲就开始了左手写字的练习，渐渐地，她用左手写的钢笔楷书，竟也中规中矩，颇具神采。母亲手臂骨折的愈合时间比常人多数倍，功能尚未恢复，她的眼疾又加重了，经多次手术治疗，才恢复了一只眼睛的部分视力。所以直到2012年年底父亲最后一次住进医院，她仍然没能着手履约。

2013年1月父亲去世，母亲悲痛欲绝。然而，正是当年她和父亲做出的将父亲诗作书写成册的约定，给了她巨大的精神支撑。在父亲离去至今的3年时光里，母亲还遇到一次脑梗的袭扰，被迫搁笔一年多。今年年初，母亲重新开始书写时，虽然右手功能并未完全恢复，虽然一只眼视物总有倾斜，但她仍坚持每天端坐桌前，稳住心神，调匀气息，研墨运笔。她说，书写父亲的诗作，不仅内心能得到抚慰，身体也得到了锻炼，这才是最适合她的养生之法。

今年夏天，她在89岁高龄时，完成了父亲诗作的书写。她不仅书写了一套毛笔小楷，还书写了一套钢笔行草，前者端庄娟秀，后者苍劲洒脱。出版社编辑看到这两套风格迥异、各有千秋的书法作品，赞不绝口。根据两种书法作品的不同的页面布局，出版社将母亲用钢笔行草书写的父亲诗作收进《黄枬森文集》第九卷，在《纪念篇》《杂文篇》《自述篇》之后，增设了《诗词篇》。母亲用毛笔小楷书写的父亲诗作，出版社准备收入明年出版的《黄枬森画传》，力求达到诗、书、图、文并茂。

　　两天前，在父亲95周年诞辰之际，我们收到了刚刚出版的《黄枬森文集》第七—九卷。翻开散发着淡淡墨香的第九卷的《诗词篇》，父亲的诗，母亲的字，可谓珠联璧合。母亲终于实现了多年前她和父亲的约定——这也是对父亲最好的纪念！

　　　　　　　　　　（黄丹，黄枬森先生大女儿，曾任《中国中医药报》编辑）

人生满百又何为

一个哲学家的生死观

黄频频

我的父亲黄枬森走了，在他92岁的高龄，永远地离开了我们。我们全家非常悲伤，尤其是我的母亲悲痛欲绝。

按说父亲也算是高寿，回天乏力，我们又有何求呢?

我哭父亲，是因为我常年漂泊在外，父亲为我操碎了心。现在我的孩子大了，却是"树欲静而风不止，子欲养而亲不待"。我为他在最后的日子走得太过仓促而哀叹;我为他有太多的想法没来得及表述而遗憾;我为他已经计划而尚未开始着墨的一本有益于普通老百姓的书《生活中的哲学》胎死腹中而扼腕叹息。

也许，和我一样，除了对他的热爱，对他的眷恋，人们的伤痛还在于就在三个月前他才出席了北大哲学系的百年庆典，在会上他端坐了三个小时;就在两个月前，他还出席了十八大研讨会，在会上曾做了长达45分钟的发言;就在一个月前他在住院后还与同事商讨研究长达几个小时。人们以常理推断，当一个人的头脑还十分清晰时，他的寿数应当未尽。可是像我父亲这样的哲人，他只能是生命不息，思考、工作不止。的确，在他入院前的最后一天，他刚刚开始《我和哲学》的写作，仅仅写了4页，成了他的绝笔。父亲的好友，美学家杨辛先生给父亲写的挽联"春蚕吐丝尽，玉帛流芳长"，是他一生最好的写照。

是啊，人们对这位九秩老学者期待太多。

在为他守灵的那一个星期，我亲眼看到他的弟子、他的学生、他的崇拜者在他的遗像前长跪不起，痛哭失声。哭拜自己的亲生父母也不过如此了，此情此景带给我的震动难以言表。看着父亲安详的遗像，我在想，一个伟大的哲学家带着满腹经纶和一生荣辱毁誉终于能够彻底的休息了。爸爸，您安息吧。

作为他的女儿，我这几十年来远离他的身边，每次见到他或在电话里，总有说不完的家常话，但是我对他又有多少真正的了解呢?

父亲生前我们从来未同他谈起过生死话题。仅有的一次还是在"文革"结束之后，在一次聊天时他说到在那是非颠倒、黑白难辨的岁月里，住在牛棚时他也曾有过生不如死的念头。他说使他坚持下来的是我们，是我们的妈妈。后来我常常想，那些年有多少邻居，多少朋友的父母不堪其辱走上绝路，有多少专家、学者被迫害致死。我们家虽然像所有其他家庭一样分散到天南地北，但是毕竟我们还有一个完整的家，这是何其幸运啊！是的，在那些年代，父亲有我们是他的幸运，我们有父亲更是我们的幸运。

父亲教学研究笔耕不辍七十年，一生著作等身，可以算作高产作家。除了在那个人们不能用自己的头脑思考的年代父亲违心写过批孔的文章——这却使他内心十分不安，日后做了忏悔——在改革开放后父亲所作的一系列研究都是忠于他自己的思考，从未写过违心的文章。

不为人们所知的是，父亲在教学、研究、写作之余还写过六七十篇诗词，有些诗是他在外出的路上，坐在火车、汽车上写就的。在他生前曾计划由我母亲用毛笔楷书抄写，印制成册送给亲人朋友赏玩。在他走后这件事成了我母亲克服哀伤的动力，我相信她会完成父亲的遗愿。

我央求母亲找出几篇老爸的遗诗来先睹为快，却从这几首诗中窥探到父亲的人生观与生死观。

我抄录其中两首诗如下：

1.1995年6月24日晨起偶得：

> 人生满百又何为，苦辣酸甜我自知。
> 书山跋涉分真假，哲海浮沉辨是非。
> 中圣西贤徒古奥，马恩列毛得精微。
> 终身探索全无悔，宇宙人生两有之。

2.1995年8月31日惊闻挚友刘克果病逝：

> 初闻朋辈成新鬼，不禁涕泪满襟裳。
> 再闻朋辈成新鬼，昂首望天心暗伤。
> 三闻朋辈成新鬼，庭前踯躅意彷徨。
> 多闻朋辈成新鬼，始知生死本平常。
> 人生满百终须死，莫把时光论短长。

历史长河难阻挡，但求无悔活一场。

从这两首诗中，我看到父亲在70多岁时已把生死看作了平常事，早已超然度外。我又从记忆的缝隙里回想起父亲曾经对我说过："人生七十古来稀，我过了七十以后活着的每一天都是赚来的。"我终于了解了父亲，在他人生的最后二十年，他是以只争朝夕的精神把他的光亮撒向人间。所以他从不故步自封，在将近古稀之年还能踏进人学的新领域，引领同僚创出一片"人学"的新天地。

我父亲不可能在他的晚年享受生活，颐养天年。他早已给自己定下了远大的目标，一辈子不可能写完的书，一辈子不可能实现的目标，他是人生有涯，治学无涯。虽然他永远地离开了他深深眷恋的家庭，他的同事、学生，他的书斋，他热爱的人生，但是他的精神永存。他做到了"但求无悔活一场"，他活得精彩。

亲爱的爸爸，愿您在天国永远的安息吧！

不孝的女儿

频频

（黄频频，黄枬森先生二女儿，侨居美国）

父亲黄枬森逝世五周年祭

黄　丹

其一

寒来暑往已五年，慈父音容犹眼前。

踏车缓行湖微漾，伏案疾书月高悬。

洋洋九卷著文集，浩浩万言遗雄篇。

矢志不渝求真理，马哲科学信笃坚。

其二

四川富顺沱江边，走出热血新青年。

"公能"品质蜀光立①，报国情怀联大传。

投笔从戎赴沙场②，针砭时弊斗强权③。

北平向学读马列，献身正义真党员。

其三

为师孜孜诲不倦，为友忡忡心坦然。

为父谆谆舐犊情，为夫殷殷乐忘年。

研史习论少励志，讲学著述终立言。

身体力行传佳话，返璞归真誉"三宽④"。

其四

五更提笔泪长流，思父更要遵父言。

为文为学重立本，做人做事论贡献。

楠木森森藏美德，松柏青青矗山巅。

昊天罔极父恩重，思哉念哉常怀缅。

——黄丹、黄频频、黄萱共悼　黄丹执笔　刘苏审阅注释：

①自贡市蜀光中学是黄枬森的母校，该校校训是"尽心为公，努力增能"，简称"公能"，与社会主义人才标准"德才兼备""又红又专"相一致。

②1944年，黄枬森和西南联大的一批同学毅然投笔从戎，挺身报国，参加了远征军。

③1946年暑假，西南联大三校复员，黄枬森利用假期回乡养病，与当地进步学生一起创办石印小报《民主生活三日刊》，自任主编兼主笔，小报针砭时弊，矛头直指富顺县封建反动势力的主要代表。

④黄枬森学识渊博、学风严谨、品德宽厚，北大师生和学界同仁称黄枬森为"三宽先生"，即"治学宽广，待人宽厚，脾气宽和"。

（黄丹，黄枬森先生大女儿，曾任《中国中医药报》编辑）

我与哲学家阿公

霍霜霜

听到一个带着浓重四川口音的有些沙哑的嗓音在跟客人讨论"马克思主义……"什么的，声音就在耳边，很近很亲切，是阿公！我这才发现自己不知为什么正坐在阿公所坐的沙发脚下的地上。一时很激动，抬眼想看他，却只来得及瞥到他银白的鬓发，就醒了。梦醒后却发现自己正站在雪地里，远处是妈妈陪在坐轮椅的阿婆身边，突然意识到自己其实还在梦中，却无论如何醒不过来。我想跑过去告诉妈妈我见到阿公了，又怕阿婆伤心，只好小心翼翼地拉着妈妈避开，来到一个角落里，可是话到了嘴边却无论如何说不出来了，似乎全身上下都被一种沉重的悲伤僵住。我很想醒来，可是连手指头都动不了。我憋足全身的力气奋力地甩了甩头——终于睁眼看到了自己屋里的天花板。墙上的钟嗒嗒地走着，下午2点10分。醒来第一件事是放声大哭，也好，终于哭出来了。

阿公是2013年1月24日20点35分去世的。到今天2月5日，已经有将近两个星期的时间了。阿婆和妈妈备受打击，我心目中的妈妈一向有着男人一般的坚忍性格，可是这次却脆弱得像个孩子。记得13日北京阴霾来袭的那天，阿公突然毫无征兆地肺部感染、病情急转直下的时候，我害怕得不知所措，给在医院里陪护的妈妈打电话，手机里却传来妈妈烦躁的声音："现在还不是哭的时候"。我突然就明白了，在这件事上，家里的每一个人都比我更有资格脆弱、伤心、痛苦，因为她们是阿公的妻子、女儿，而我只是最小的孙女。从此在家里我再也没有当着她们任何一个人的面流过眼泪。

阿公的最后一程是全家在他的病床边一起陪他走完的。当时我和妈妈最早赶到医院，破格被允许在非探望时间进入ICU（重症监护病房），陪伴在阿公床前。阿婆腿有骨折，行动不便，大姨说会开车带她和姐姐过来。我眼看着阿公的血氧指数从70一路下跌，每闪烁一次就降低一点。阿公平时就有耳背的毛病，我们只好大声地跟他说话，求他等等阿婆，再努力多等一下。医生不断地给他注射强心针，注射的频率越来越快。我知道这一定让阿公很痛苦，可是如果阿公就这样走了，阿婆一定会抱憾终生，一辈子呵护照顾阿婆的阿公也不会走得安心。终于，姐姐推着阿婆的轮椅冲进了病房。我看见被阿婆拥在怀里的阿公，他的眼角渗出了一滴眼泪。没过多久，大夫说阿公已经没有心脏的自主收缩压了，现在的心率血压指数等生命体征都是刚才那30剂高纯度强心针的后续作用。这表示他的灵魂已经提前离开了，只是离开的那一刻太过寻常，以至于我们谁都没有意识到。我只注意到那一滴泪，渐渐地干燥了。十几分钟后，留在人间的躯体才完全失去了光泽，竟变得不像了。

同病房里被一扇屏风隔开，还躺着位满身插管的病重的老太太，神志清醒地望了我好久，一直听着身边混乱的一切。我忘不了她眼神里的无助和恐惧。

接下来的日子就是繁忙地操办后事。我参与了能参与的每一件事，每为阿公多做一点点事情，就觉得稍微好过一点。家里客厅的一角支起了简单的灵位，没有灵牌，只有一张我从前为阿公照的大照片和鲜花美果，背后是一整书架阿公的著述。北大哲学系的灵堂更是布置得庄重肃穆，吊唁的人络绎不绝，也有一进门就扑倒在地痛哭不止的。遗体告别仪式的诸项事宜也都筹备得差不多后，只剩下让人感觉很漫长的等待。于是我开始学习西哲了。阿公是马哲界的泰斗人物。可是从小受学校灌输式教育荼毒的我，对政治老师教的马哲已经深恶痛绝了。记得有一次我拿着政治课的一份马哲题考卷去问阿公，其中一道选择题我为什么错了。我已经问过了老师，可她还是讲得稀里糊涂的，怎么都不能让我信服，后来她居然干脆说，你就这么记住就可以啦。阿公看了看题目叹了口气摇摇头说，唉，是你们老师的答案错了。我当时很高兴，可是也有点沮丧，因为再正确的答案，在老师那里也拿不回分。而背题，从来不是我的强项。高考时语数外成绩都飙得极高，包含了政治科目的文综却惨惨地砸到了泥里。大学基本上就撒欢了，马哲思修什么的基本上课从来不听，考前狂背一通，考后全部扔掉。

我现在开始学习西哲，是因为马哲的根源来自西方哲学。我想知道92岁的阿公孜孜不倦，直到住院前还在奋笔疾书，写了满满4页纸的未完稿《我与哲学》，他到底是在追求什么。我也知道真正的学术精神决不是盲从，如果阿公的理论我未经思考就全盘接收，他也一定不会高兴的。所以我只是想看看通过对西方哲学史的学习，马哲能不能最终说服我。

也不知为什么，这些天只有在读哲学的时候，我才能静得下心来。因为最近总不想睡觉，就常常在半夜读书，同时做笔记，总是到凌晨5点困倦不堪才去睡。我看到先哲们常常讨论躯体与灵魂的关系，我第一次对这样的话题有这么切肤的感触。德谟克利特说人在死去的时候，灵魂原子就会飞散开来，不复存在。而柏拉图说人有着不朽的灵魂。普罗提诺说上帝在世界的一端发出光，那照耀着灵魂的光芒逐渐减弱，直到物质的另一端完全湮没……我喜欢这里的每一个描述，可还不能相信任何一个。我原来有点像泛神论者，觉得神寓于万事万物之中，却又掌控着万事万物。而随着这些天学习西哲，我开始趋向不可知论，怀疑一切。也许以后，我慢慢就会有属于自己的信念吧。即便最后我还是成不了一个彻底的唯物主义者，我相信宽厚开明的阿公也不会生气的。

今天，2月5日中午1点吃过饭，经过数天熬夜的我已经疲惫不堪，终于倒回床上。当我脱离梦中梦醒来时，雪后的天色似乎渐晴，因为拉拢的深色窗帘竟也往屋里投射进一些暖暖的光线。我一把拉开窗帘，外面的光陡然倾泻进屋里。我心中突然惊觉，也许方才在头顶耳边听起来那么真切的阿公的声音是真的呢，我希望是真的。可是现在，这么亮堂堂的房间，恐怕他已经走了。

我喜欢《通灵男孩诺曼》里的一个场景，诺曼坐在地毯上边吃零食边看电视，而去世的奶奶的灵魂微笑地飘在他身后的沙发上打着毛线，只有诺曼知道奶奶是存在的。我不知道该相信什么，如果灵魂在人死去后不再存在的话，阿公笃信科学的信仰便得到了证实。可是如果灵魂存在的话，我的心里却会感到宽慰很多。我想，大概只有把灵魂解释成他在世时不懈探求的学术精神和高尚的人格才能化解这个两难局面吧，这样的话，只要我继承下去，他就会永远微笑地注视着我。

（霍霜霜，黄枬森先生外孙女）

寻根问祖

黄　丹

　　每个人的心中，对自己源自何处都有个情结，可现代人往往离乡别井，疏忽了家族的观念。2003年10月，我曾陪父亲黄枬森回了一趟老家，在自贡、富顺和泸州，我见到了许多亲朋好友和父老乡亲，还和四叔、四婶、姑妈、堂兄弟姐妹、表妹等黄家至亲，一起去给祖父祖母扫墓。从那时开始，我才对家庭、对家族、对祖父有了一些探究的想法——按现在的说法就是"寻根问祖"。

　　说实在的，因为与那个环境相距遥远，所以我对家乡一点儿概念都没有。在那之前的几十年，父亲或是因为忙，或是因为政治环境，他几乎没有给我们讲起过他的父亲——我的祖父。直到此行，我听到了一些故事，也记录了一些逸闻，后来又读过一些文章，如我四叔黄述桓和父亲好友李公天伯伯的叙述，最近又通过微信与堂姐黄振默交流，了解了更多的家族故事，现将这些片段进行了一些梳理，记述如下：

返乡之旅，探寻往事

　　富顺之行我们去看了祖宅——位于东街的老屋。县里的几个领导热情地陪着，父亲和四叔黄述桓、堂兄黄力生带我们走了多半条街，才回忆起来——他们是看见了才想起来的。老屋已被拆掉了一半，还剩一个小四合院，临街的房子与后院的门被封死，去院子只能通过一条一人多宽的黑黑的巷道。院里的房子破败不堪，墙体已被换了，房顶的老瓦上长满了杂草和绿苔，门口堆着一些破烂垃圾，我就坐在堂屋前长满了绿苔的台阶上拍了一张照片（2014年我第二次回去时则更加破败）。

　　房子早已充公，院子里住着四五家房客。一个房客问我们是什么人，当听说是黄家人时，旁边一个四五十岁的妇女立刻说她已过世的妈妈曾说过那些房子，包括前面的临街门脸房都是黄三婆的。黄三婆就是我的祖母。父亲指给我看堂屋边的小屋就是他和祖母住过的，那时，他要转学去蜀光中学读书，但在富顺时没学过英语，爷爷给他找了个人补习英语，他常躲在那间屋里读英语，他的母亲就在一边静静地听着。

父亲告诉我说，1938年和1939年，他先在富顺县中学就读了一年半初一和初二，之后跳级上了半年高中，又重新考上自贡蜀光中学，重新读高中。结果初中省下的一年半时间，高中又浪费了半年，不过总计中学少用一年。之后，1942年他考上了西南联大物理系，离开了富顺老街——东街，中间只短暂地回去过，只有1946年住得久一些，有一个多月，其他时间都很短。有时即使到了富顺，也没有去看过老屋，几乎可说是过了61年才回来探访的。我看着那些老屋、巷道、残墙、破瓦，感到了一些沧桑。

我们的祖屋所在的东街就在富顺城边，出城，过沱江桥（又叫锁江桥），向左转，一座名唤锁江塔的古塔就立在岸边不远处。为何叫锁江塔呢？因为早上太阳升起时，塔影正好把沱江横截。这真是一个很有诗意的名字，父亲常常带着他的弟弟和只比他小四五岁的侄儿在塔旁读书和玩耍。四叔告诉我一些地名：旧码头、瓢儿山、骡马坡，不知现在这些地名是否还在。我们远远看见一座灰白色的古塔，因其坐落于同心观中，故名同心观塔。还有我们游览过的富顺名胜文庙，名园西湖。我想在这些地方，一定都留下过父辈们的足迹。

黄氏家族，传承有序

就是那次富顺之行，从四叔和堂兄的口中我才零零碎碎地知道了祖父和老家的一些故事（幸好我有做笔记的习惯）。四叔告诉我，祖父名叫黄文杰，生于1876年，卒于1951年，享年75岁，在富顺生活过多年。祖父自号东湖主人，是前清秀才，教过私塾，自学了中医，能给人治病，还在军阀杨森的部队里做过幕僚（文员）。爱喝酒，善书画，他的字画在十里八乡都有些名气。祖父的私塾里有不少黄氏子孙，以及邻里的许多孩子。我在黄家的全家福照片上看到过祖父，瘦高的个子，清癯的面庞，就是电影和小说中秀才的模样。振默姐姐说，原来家里珍藏着一幅祖父的自画像，画得很好，很像他本人，他的儿子长得都很像他。奶奶多次搬家都一直收藏着，但经历了"文革"，祖母去世后，不知怎么遗失了，很可惜。

四叔告诉我，祖父年轻时颇富有正义感，他曾不顾自己是一介书生，步行几千里去紫禁城叩见清朝光绪皇帝，为黄姓家族的一位抗暴姑娘请来圣旨，建起了烈女牌坊，祖父的这一做法很受当地士绅的尊敬。祖父后在川军中任文职，走遍了西南三省，年过花甲以后，在本地坐馆教黄氏子弟读书，同时开堂坐诊，给乡人看病。

四叔说，黄氏一族在当地还是一个较大的家族，人口很多。多少代以前的老祖宗就给黄氏家族排好了字辈，这是一首诗，四叔还能清楚地记得：仁义礼智信，杰述振家声，有祖光先德，大宗必显荣。父亲是"述"字辈的，祖父给他起名叫述烈，枬森是他根据儿时的小名自己改的。三叔彰文叫述贻，四叔叫述桓。到我们这一辈里只有三叔的女儿叫振默，大伯的儿子原名叫振声，参加革命时才改名叫力生。按说我也应该是振字辈的，可是父亲没有按照排行给我们起名。

祖父在家行三，人称三爷（很奇怪，连我父亲他们都这么称呼他）。祖父的弟弟是四爷，父亲叫他幺爹。四爷只有一个儿子叫春哥，春哥一家三口都抽鸦片，春哥的儿子早早就死了，春哥死后其妻想改嫁，祖父便给她一笔钱让她嫁人。四爷家没人了，四爷的土地房产就归了祖父。祖父让他的二儿子，就是我父亲顶四爷家那一支（过继），但父亲上大学后就再也没有回去过。

我在富顺还见到了黄菊端和她的儿子甘小明，黄菊端是父亲二伯的孙女，他们在一起摆龙门阵，说起许多亲朋往事。在成都时我们住在父亲的外甥女郑家蓉家里，郑家蓉是父亲同父异母的二姐的女儿，我叫她表姐，她比我大整整20岁，早就退休了。见到我父亲她特别高兴，说她父母去世后，与舅舅家的联系太少了。新中国成立前表姐在富顺女中上学时，曾参加过共产党的外围组织民盟，因为一些原因没有组织为她作证，退休时未能享受离休待遇，表姐为此耿耿于怀，幸好她所在单位四川省公安厅对退休干部照顾得很好。

言传身教，一代儒生

虽然四叔说了一些祖父的往事，可我对祖父的了解更多的是李公天伯伯所写的文章。李公天（中共中央党校教授）是祖父的学生之一，他的父亲也是我祖父的学生，所以他称祖父为师祖，称我父亲为二叔（父亲行二）。他年长我父亲一岁，同窗读书，背地却只叫我父亲小名"楠娃儿"。他们是将近一个世纪的朋友，从私塾到小学，再到中学，而且后来所从事的又同是马哲学科的研究与教学工作，彼此特别了解，共同的信念和认知使他们无话不谈。

在我父亲病重时李伯伯前去探病，在他们的谈话时父亲表示了他的遗憾。父亲对李伯伯说："我一直忙于工作和研究，现在总算告一段落，可以安排时间研究整理老父亲的长短文章、诗词歌赋、琴棋书画、信函往来。可惜年纪大了，又病倒了，真是力不从心！"这样的肺腑之言只有对挚友才能说出，也只有挚友才能理解。父亲去世后，李伯伯不顾已是93岁高龄，亲自撰文记录了他的老师，也是我的祖父的点点滴滴。

"黄文杰老人是清朝末年没有废除科举时考中秀才的人。其才华横溢，诗词、文章、书法、绘画俱佳，我们家乡的人视之为文豪。宣统皇帝逊位后，黄老先生曾在成都任过当局的幕僚。不久返回故里以教书为业。黄老先生为人低调,不惹是非,但眼光敏锐,心里亮堂。对时政有自己的观点,对军阀割据、横征暴敛、税款预征几十年等恨之入骨,深恶痛绝。黄老先生平时手不释卷,闲暇时也写字、画画,都自成一体,卓尔不群。他对历史很熟悉,记得很多典故。与人交谈,滔滔不绝。因此,整理19世纪末、20世纪初这位老知识分子的一些生活往事、诸多趣闻、他人感受,对我们今天记录和认识中国近现代的知识分子的发展历程,理解怎么从老一代发展传承到我们这一代,中间经历过哪些曲折、扬弃、发展,可以接受哪些经验教训,是很有价值的。"

"我少年时有幸与枬森同时作为黄老先生的学生。我现在还记得黄老先生时常教诲我们:'教书读书要得法,得益须于无字处,金针度予细心人。'比如他讲到苏秦问其嫂为何对自己'前倨而后恭',其嫂答曰:'后来以子位尊而多金。'黄老先生告诉我们司马迁写苏秦最初游说六国不成,退而'头悬梁、锥刺股'。再去游说,合纵成功,佩六国相印,显赫一时。黄老先生告诉我们司马迁在这里不是表扬苏秦,而是说他是一个追逐个人名利的小人。"

李伯伯又举例说,当年黄老先生给我们讲解史学家司马迁所作《报任少卿书》(此信对当时司马迁自己下狱受刑经过和著书的志愿叙述颇详),黄老先生说:"这篇文章表面上是叙述司马迁自己忠而见疑,因替投降匈奴的李陵辩解,得罪下狱,受腐刑,辱及先人。实际上通篇是为了揭露当朝汉武帝刻薄寡恩。李陵受汉武帝之命,率步卒五千之众,对匈奴十万之军,然犹斩将搴旗,追奔逐北。三军用命,斩其枭帅。李陵立了大功,而匈奴惨败后,举国兴师,单于亲自率军十万,又去包围李陵。李的疲兵再战,一以当千,死伤积野,余不满百。李陵不愿白白死去,欲仿范蠡不殉会稽之耻,先投降,伺机再归汉。而汉武帝严厉谴责李陵叛变降敌,并对为李陵说公道话的司马迁处以腐刑,并刑及家属。在那个年代,不可能直接指责皇帝,司马迁用这种摆事实的手笔,让读者,让后人体会到当朝皇帝的刻薄寡恩。"

李伯伯盛赞祖父的教学方法,他说,"黄老先生教导我们的这种读书方法,使我们众多学生、后人,受益良多。"受祖父的影响,黄家的后辈也都很爱读书。我父亲后来成为哲学家,著述颇丰,自不必说;三叔黄彰文虽然工作繁忙,也在工作之余读过许多书;四叔黄述桓不但读书,还写书,除了出版过机械教学的专业书籍外,还发表过诗歌、散文、短篇小说,出版了源自生活的长篇小说《走进城市》。

亦祖亦母,含辛茹苦

2003年,我回自贡时,力生堂兄告诉我,他母亲早逝,祖母待他视如己出。

堂兄比我父亲只小四五岁，是祖母一手把他带大的，祖母在他的心中就好比是母亲。祖母名叫殷慎义，生于1900年，卒于1968年，享年68岁，是祖父前妻去世后的续弦。祖母育有三儿一女，这四兄妹上面还有个大哥，两个姐姐，都是祖父前妻所生。祖母读过私塾，知书达礼，聪慧和善，在家族和邻里间的口碑都特别好。

堂兄说有一件事情可以看出祖母处理事物的能力。新中国成立前，全国一直处于战乱之中，人民的生活也颠沛流离。祖父曾经在川北某县做个小官，任收支局长（税务局局长），1929年，刘文辉的驻防旅长张志方（音）被杀，祖父受到牵连，被关进了监狱。其实他们也找不出祖父犯有什么罪。

爷爷是一家的生活支柱，奶奶不能容忍爷爷失去自由。她毅然决然地把富顺东街临街的一排房子卖了，上下打点，想方设法要救出爷爷。虽然没有成功，但爷爷在监狱里就比较自由了，能住单间，吃小灶。监狱长也尊重爷爷，不把他当犯人对待。爸爸、三叔、堂兄去探监时，爷爷就在狱中给三个孩子上课。爷爷还能在狱中行医，行走自由，只是不能出去罢了。

后来刘文辉的24军和他侄子刘湘的21军打了起来，刘文辉被打到了西康，监狱无人看管，爷爷趁乱就跑了出来。爷爷听说杨森的参谋长正在网罗人才，就去了20军驻防的广安，做了幕僚，又把奶奶和三个孩子接了过去。爸爸在广安读到了小学毕业（1935年）。

之后，爷爷带着全家回到了富顺，姑妈是回到富顺后出生的，爷爷为姑妈取名黄永賨，"賨"是广安的古称，就是为了纪念这一段经历。后来因为那个"賨"字太偏，谁都不认识，爸爸为姑妈改了一个字为"崇"，普通话"賨"读cóng，与"崇"chóng的音不同，但四川话的读音是一样的。

振默姐姐是我们孙辈中除堂兄外与祖母一起生活时间最久的人。她说奶奶是一个特别和善的人，非常爱孩子。振默姐姐母亲去世早，三叔在外面工作，她就一直跟着奶奶生活。刚解放时，爷爷受到不公正的待遇，心情很不好，经常发脾气。只有奶奶默默地照顾爷爷和身边的大孙女。1951年，爷爷在院里小天井处跌了一跤，把头后部跌破，因缺乏医治，不久就去世了。奶奶的生活就更苦了，当时和奶奶生活在一起的还有伯娘（爷爷给大伯取的续弦，堂兄的继母邹氏）。

振默姐姐说，奶奶从来不讲她受过的苦，总是坚强地面对一切困难。20世纪50年代初期，因为说奶奶是地主，全家人被迫回到富顺乡下，住在破房子里，下雨都不敢睡觉，因为四处漏雨，只能坐等天亮。吃的都是粗粮和青菜，没有油荤。她说："奶奶对我爱护有加，总把家里最好吃的东西留给我吃，不让我受一点委屈。人民公社吃大锅饭时，不准在家里做饭，真苦了奶奶，她没有牙齿，吃不动食堂的饭菜，伯娘只得半夜起来悄悄地给奶奶做一点吃的。那时真是艰难度日，我的衣服是伯娘亲手做的，我的书包课本是奶奶给我买的，直到后来爸爸把我们三人接到泸州才安定下来。"

兄弟情深，勇于担当

2003年10月，我和父亲在富顺和自贡的七八天，四叔似乎在潜意识里要让我多了解家庭，多了解我的祖父和父亲，只要一有时间就给我讲故事："1947年春节，我们家比以往任何一年过春节都要热闹喜庆，因为在北京上学的二哥回家来了。往年父亲画窗芯纸，画的都是山水，只有黑白两色，今年特意画成花卉，五颜六色的，糊在窗子中间，整个房间都显得温馨一些。母亲在厨房里帮忙杀过年鸡，不是一只，而是两只。三姐贪婪地拔着公鸡尾巴上的羽毛，拿去插她的毽子，忙得不亦乐乎。二哥跟三哥写对联，我给他们牵纸，写完了，我就提糨糊、拿刷子，跟着他们去各个房间张贴，都贴完了，才在堂屋两边的大柱子贴上最大的一幅，上面写的是：民主挺好；自由最棒。因为堂屋面对天井，没有门楣，所以没有楣批。

"这副有着强烈政治诉求，带有浓重北方语气的对联，惹得一家人都站在天井里看，但没人说话。我这时才10岁，还不知道民主自由为何物，只想到有了民主自由，父亲就不会像从前那样，经常打骂我们了。

"父亲就在堂屋，对联上写的什么，他早看见了，好像无动于衷，仍然在整理他的书桌。这时，父亲已是古稀之年，见儿子们贴出这样的对联，虽然有些扎眼，但无大碍，知道是二哥的主意。二哥是他最爱的儿子，只好装作没有看见。毕竟对联是贴在家里，只有亲朋好友来家时才能看到。"看来祖父对他的二儿子还是很器重和理解的。

原来，在1946年，父亲与富顺县的一群热血青年创建了一份进步刊物《民主生活三日刊》，父亲是主编，大部分文章都是出自他的手笔。这份刊物对富顺的年轻人产生过深远的影响，尤其是父亲的家人，除了兄弟侄子，就连老父也给予了理解。

四叔对我父亲十分崇拜，他讲的故事我们从未听父亲说过。大伯襄文早年去读黄埔军校（第八期）时，留下儿子在家中，到1947年时已有20岁了。四叔说："名义上，家中有120石谷子的田产（约48亩），实际上只有90石谷子的收入，有30石是大哥遗弃的那个大嫂（邹氏）的陪奁（这30石收入归她），加上父亲看病的脉理（诊费）收入，供一个儿子上大学，供全家9口人吃穿用，经济上已是捉襟见肘，入不敷出，现在又面临如何给大孙子安排出路的问题，父母很是焦心。父亲明白，把大孙子交给大哥，是最省事、也是理所当然的事情。但大哥在儿子出生十多天之后就走了，接着孩子生母去世，成了一个'孤儿'。幸得祖母照料，孩子才得以长大成人，跟他父亲非常隔阂，视如寇仇，要登报跟他父亲脱离父子关系。要让这样的父子相互承认对方，在一起共同生活，几乎是不可能的事。大哥又因为曾经被父亲逐出家门而父子结怨。这样三代人的怨恨，谁能解得开？大哥在黄埔军校毕业后，一直留校任教，抗战胜利后回到四川宜宾团管区任司令，离家很近。如何叫大哥负起责任，父亲真不知道如何开口。

"二哥在《三日刊》停刊之后遭到富顺当局的逼迫，加上离学校开学的时间也越来越近，就此逃离富顺，顺理成章。但不知道为什么，二哥没有即时返校，而是去了宜宾。我当时年幼，不谙世事，二哥也从未主动讲过此事。现在想来，二哥是主动去宜宾的可能性比较大，一是躲避当局的迫害；二是去找大哥要盘缠；三是他要带大侄子去北方，（这可能是他早就想好了的事）；四是站在他的角度去做大哥的工作，要他认了这个儿子。二哥对大哥到底做了些什么工作，怎样做的，只有大哥二哥清楚，但二哥回家来的时候，却带回了一大笔钱，说是大哥给他儿子的！这让父母很是吃惊。二哥又说，他要带大侄子去北平，由他负责给大侄子安排一条适合的出路。对此，父母都有点担心：你都还是个学生，能担负起这个重任吗？二哥没有回应父母的疑问，兀自把钱分做两份，一份用作为他跟大侄子去北平的盘缠，一份留在家里，以备不时之需。父亲的心病，母亲的担忧，就这样轻易地被二哥化解了，叫人简直不敢相信！

"二哥刚刚离家返校去不久，三哥黄彰文的魂就像被二哥勾走了一样，背着父亲，跟母亲要来一些盘缠，抛妻别子，一个人悄悄去了北平。经二哥介绍，又去了河北泊头镇（泊头市），在那里参加学习，同时加入了中国共产党，过后受党组织派遣，回到富顺工作，迎接解放。解放初期，时任县公安局侦察股长的三哥参加了征粮剿匪（残留的国民党余孽）的工作。那是一场民匪难分、战线不明，稍有不慎就会被扮作农民的特务夺去生命的残酷战争，为巩固新生的人民政权，三哥尽了自己绵薄之力。从前的三哥可不是这样，有点放荡不羁，常做一些出格的事，让父亲头疼，但在泊头加入共产党回来之后，简直变了一个人，思想上有了明确的政治方向，行为上变得勇敢忠诚，严于律己。那是一个多么好的年代啊，催人上进，引人向善！我跟三姐也是一样，才十三四岁就去当了解放军，而且一去就很快适应了军旅生活。

"就在二哥带着大侄子走后不久，20年没有回过家的大哥高高兴兴地回家看父母来了，真是叫人喜出望外。过后不久，大哥又把父母接去宜宾享受天伦之乐，可谓前嫌冰释，皆大欢喜，一家人和好如初。现在想来，二哥能解开父亲跟大哥的结怨，关键是他直接把大侄子成人的责任担在了自己肩上，让大哥跟父亲都没有了相互责难的口实。对二哥来说，则需要勇气，需要责任感，需要同情心。几十年之后，我跟二哥谈到这事时，他淡淡地说："大哥要我留在他身边，给他管事，我才不干呢。"可见，他在宜宾没几天时间，就深得大哥的赏识和信任。只是人各有志，不得不分道扬镳罢了。

四叔在文章中写道："二哥带着大侄子从富顺到隆昌、重庆，转坐轮船沿长江去上海。然后北上天津，再转北平，纵横数千里，奔波十多天。到了北平之后，二哥就忙着安排他去补习班学习文化，去矫正口吃，名为叔侄，情同兄弟。大侄子从小没有得到父母的爱，祖父又极严厉，成长在孤单寂寞的一人世界中，是二叔把他带出了那个环境，帮助他修补了性格缺陷，找回了生活的信心。二哥在送他走上革命之路的时候，他把自己的名字改为力生，以明自力更生之志，足见他已经找回了自我。

"其时，二哥还是个学生，一边读书，一边照顾大侄子，生活很清苦，很忙碌。能够这样做的人恐怕不多。新中国成立以后，力生回到北京工作，上班之外，每逢周日都在二叔家中度过，二婶同样把他视为家人。直到大侄子为了照顾夫妻关系，调回四川，才跟二叔分开。

"二哥为大侄子做的这一切，平凡而琐碎。实际上，正是这些平凡琐碎的事，不但完全改变了大侄子的命运，更重要的是，重塑了大侄子的人格，让他在后来的事业上，发挥了自己的聪明才智，为国家做出了自己的贡献。"

力生堂兄也对我说，1947年，我父亲在北平参加了地下党的工作，曾送许多热血青年奔赴解放区参加革命，堂兄和我妈妈都是我父亲送走的。堂兄说我父亲把他送到前门火车站，他经天津去了冀鲁豫边区，先后在北方大学、华北大学学习并接受政审。1949年到张家口，在察哈尔省政府办公厅等部门工作，又调到中央劳动就业委员会，1953年底该机构与劳动部合并，他一直在劳动部工作到1969年去河南劳动部五七干校。1971年东方锅炉厂建厂，他调回四川，在东方锅炉厂负责组织人事工作，直到离休。

李公天伯伯曾呼吁祖父的学生、亲友把自己的感受不拘一格地说出来，写出来，把零星的资料汇总、梳理，以对一代儒生的纪念。

黄家的故事我就收集到这些，还很不完善，现在只能将这些素材罗列在此，以抛砖引玉，让亲朋加以补充完善。

（黄丹，黄枬森先生大女儿，曾任《中国中医药报》编辑）

黄枬森铜像在蜀光中学落成

黄　丹

　　我此次回四川是身负重任的——带着妈妈的重托到自贡市蜀光中学参加父亲铜像的落成仪式。蜀光中学是父亲和母亲的母校，他们对那里充满着感情。在父亲去世后，蜀光中学特地聘请了自贡最好的雕塑家之一曹念先生来为父亲塑像，又在父亲去世一周年之际——2014年1月24日，举行了铜像落成典礼。

　　那天的仪式庄严肃穆，9点钟准时举行了铜像落成典礼。参加人员除了学校领导和部分教师、部分老校友外，就是我们亲属以及"刘苏·黄枬森奖学金"获得者代表，共有五十余人。

　　仪式由副校长苏春荣主持。熊勇校长和我轻轻地将覆盖在铜像上的红色绸布揭开。父亲的铜像和蔼安详。

　　"刘苏·黄枬森奖学金"获得者代表小张及堂兄的孙女和外孙献上了鲜花。熊勇校长和我分别讲了话。

　　熊勇校长在黄枬森塑像落成仪式上的讲话：

　　尊敬的黄丹女士，尊敬的各位校友、各位教师、各位同学，大家上午好！

　　今天，我们在这里举行黄枬森先生塑像落成仪式，仰视先生的风采仪容，感受大家风范，深为先生的母校之情所感动。

黄枬森先生生于富顺沱江边上，1942年毕业于自贡市蜀光中学高中二班，在蜀光中学求学的经历，使先生与母校建立了深厚的感情。

先生一生从事马克思主义哲学的教学与研究，成果丰硕，由先生等人主编，历时13年才完成的《马克思主义哲学史》，不仅是中国马克思主义哲学之最，而且是世界上马克思主义哲学史研究著作之冠，更是中国和世界学术界最系统最全面地研究马克思主义哲学史的巨作。先生的学术成就是我蜀光学子的楷模。

让母校师生感动的是，先生对蜀光之深情，先生牵挂母校，关注蜀光中学的发展。他多次将自己的著作赠送给学校，成为蜀光人的精神财富，他为《蜀光人物》撰写序言和多篇文章，深刻解读"公能"精神，在哲学层面为蜀光发展找到立校之本。

更让蜀光师生难忘的是，黄枬森先生与夫人刘苏（王美瑜）共同设立的"刘苏（王美瑜）·黄枬森奖学金"，至今已奖励资助了七十位蜀光学子，其至美至善的人格魅力，至纯至真的精神风范，必将激励蜀光学子将巍巍"公能"精神传承永远。

今天，先生魂归母校，依然默默地注视蜀光。蜀光人能感受到长者的关爱，学者的睿智，仁者的温存，智者的激励。黄老塑像的落成，给蜀光校园文化建设增添了一处浓浓的亮色，是蜀光"公能"精神的具体体现，必将引导蜀光人立足公能精神，勤奋学习，全面发展，迈出更加坚实的步伐。

感谢大家的光临！

黄丹在黄枬森铜像落成仪式上致辞：

尊敬的各位领导，尊敬的各位来宾，上午好！

今天我来到自贡蜀光中学，参加我父亲黄枬森的铜像落成仪式。一年前的今天，我父亲因病在北京不幸去世。在他去世前，有一次聊天时他曾跟我说起，在蜀光中学90周年校庆时，他要回校参加庆典，他一直魂系梦萦的就是他的家乡和他的母校——蜀光中学。父亲一直有一种浓浓的家乡情结。现在，在家乡在母校树立起他的铜像，可以这么说，游子终于回家，落叶归根了。

2003年我曾陪同父亲回富顺参加二中建校百周年的庆典，那次我曾到蜀光中学参观，使我对蜀光中学有了一定的了解。父亲于1939年从富顺老家到蜀光中学读高中，在校三年。可以说，这三年在蜀光中学所受到的教育对他思想上的影响是非常大的。首先，是他受到蜀光中学"一心为公，努力增能"校训的熏陶，使他树立起了一个正确的人生观；其次，是在许多老师的教育下，特别是在一些共产党员老师的教诲下，他课外阅读了许多进步书刊和一些马克思主义哲学著作，使他对哲学，尤其是马克思主义哲学产生了浓厚的兴趣和尊崇之心。这三年打下的基础，使他终身受益，奠定了他从事马克思主义哲学研究的基础。

20世纪50年代初，父亲就开始从事马克思主义哲学教育工作，即使在1957年的"反右斗争"和"文革"时期受到了不公正的待遇，他仍然矢志不移，信仰坚定。从上世纪60年代起，他开始了对列宁《哲学笔记》的研究，从而树立起他对《哲学笔记》研究的权威地位。在马克思主义哲学史研究方面，他先后主编的《马克思主义哲学史》单卷本、三卷本、八卷本，更具有这一学科的奠基作用。父亲还是马克思主义人学最早的研究者之一，他主编的《人学原理》《人学理论与历史》三卷本等一系列人学论著，为当代人权问题的研究和观念的确立提供了思想资源。特别是父亲在八十岁之后，又以"十年磨一剑"的精神，带领学术团队潜心研究，主持编写了《马克思主义哲学体系的当代构建》四部五册，为构建真实完整严密的马克思主义哲学的科学体系付出了艰辛的努力。父亲主编的《有中国特色社会主义文化建设研究》，对于认识文化的本质、建设有中国特色的社会主义文化等重大问题也提出了许多建设性的意见。

父亲虽然在学术研究上倾尽了心血，但他始终时刻关注着母校的发展。在改革开放之后，他和一些老校友共同发起成立了蜀光中学北京校友会，并担任了首届会长。他运用他的组织力和号召力，团结校友，共同工作，使校友会得以蓬勃发展。他还关注蜀光年轻校友，利用返校以及在京见面的机会，启发同学们破除对哲学的神秘感，树立正确的人生观。他还关心贫困学生，和我母亲从家庭生活费中每年挤出一万元设立《刘苏·黄枬森奖学金》，以激励后来人。

现在，以父亲的终生研究成果为内容的《黄枬森文集》已出版了6卷，还有4卷正在陆续编辑出版中。这部近千万字的巨著全部是他在几十年间陆续写就的对马克思主义哲学的研究心得，每一篇都是深入浅出，通俗易懂，简洁明了。这部文集不仅是一部高水平的学术论著，还可以看作为一部马克思主义哲学的教科书，一部帮助青年人树立科学的世界观和思想方法的普及读物。今天，我们把这部文集已经出版的6卷也带来了，送给学校图书馆，将来精装版和简装本出齐后，我们会送来更多。我们相信，他会乐于看到他的心血为蜀光学子们的思想成长提供帮助。

如今，我们的父亲终于回到了他魂牵梦绕的母校。他将目睹着一届又一届新的校友走进来，和他们一起共浴"公能"校训的熏陶，再目送他们奔向更广阔的天地。在这里，我谨代表全家，也代表父亲，衷心感谢蜀光中学，给了我父亲这样的殊荣，使得他能够永远陪伴母校，祝福母校繁荣发展。

父亲安息吧，您永远活在我们的心里。

我和塑像的作者曹念先生合影，我们与部分老校友合影。

让我们再多陪伴父亲一会儿……

父亲的铜像就坐落在蜀光中学的一条主要大道"公能大道"的起端，路口有"公能"碑和"伯苓亭"。

（黄丹，黄枬森先生大女儿，曾任《中国中医药报》编辑）

黄枬森：哲学之路即人生之路

王　蓓

在黄枬森教授90岁生日时，由他领衔的北京大学马克思主义哲学研究中心成立，《黄枬森文集》首发，他也被称为"中国哲学界一面旗帜"。这不仅是一份厚礼，更是黄先生多年的心血结晶。他和他的学术团队进行的主要哲学创新，即以辩证唯物主义哲学世界观为一条红线，实现辩证唯物主义、历史唯物主义一体化，使马克思主义哲学更好地熔为一块整钢，更好地体现"创新哲学，改变世界"的马克思主义哲学精神实质。

哲学的科学化是黄先生终其一生的理想，也是他奋斗了一生的事业，可以说他的一生都与哲学紧密相连，哲学之路就是他的人生之路。在哲学的精神家园里，有着他的满足与不满足：精神上的富足让他感到满足，而学海无涯同时让他感到无法满足。回顾过去，坚持"板凳宁坐十年冷，文章不写半句空"的黄先生在这条人生路、哲学路上，也曾经历低谷，但曲折没有打倒他，反而让他更加执着于对理想的追求。正如黄先生所言："我不在乎人们说我'左'还是'右'，我只坚持我所追求的真理。"

哲学之路的前奏

黄枬森与哲学结缘的命运，在少年时便现端倪。

自明代起便享有"才子之乡"美誉的四川省富顺县，是黄枬森的故乡。1921年，黄枬森出生在一个小康之家。父亲黄文杰是清末最后一批秀才之一，书画文章颇有名气，以任教私塾为主业，兼做小吏，还是镇上的一位儒医。

在父亲的安排下，黄枬森五六岁便开始读私塾，一读便是五六年。其间，在老师及父亲的指导下，饱览群书。到了10岁，他的文学修养已经颇深，曾以亲身经历写了一首五言古诗，描写几百只船出行的壮观景象以及沿途风光，令其父大加赞赏，认为如果在前朝，能做出此等水平的诗文，已经可以考上秀才了。

1936年春，黄枬森读了两年高小后，父亲被邀请到大山铺乡当私塾老师。黄枬森也随父亲一起去了。在这个特别的私塾里，学生的年龄和水平都比较高，先生教学生读古文，做文章。虽然黄枬森在这里只读了一年半，但这段经历对他影响很大，他开始用哲学的思维方式进行思考。虽然黄枬森自认那时不知哲学为何物，但这种训练培养了他对哲学的兴趣。

这种兴趣在他的高中时代变得更为浓烈。

哲学就是要探索宇宙的奥秘。宇宙是什么？从哪里来？到哪里去？规律如何？这就是世界观。哲学还要探索人生的奥秘。人从哪里来？到哪里去？如何生活才算有意义？这就是人生观。高中时代的黄枬森便开始思考这些哲学的基本问题，并且有一种强烈的愿望想要搞清楚这些问题。慢慢地，哲学成了他的研究志向。

高中时代，黄枬森还研读了一些马克思主义哲学著作，如艾思奇的《大众哲学》、潘梓年的《逻辑学与逻辑术》，以及一些苏联哲学家的著作，开始对马克思主义哲学有了一定的兴趣。黄枬森从艾思奇、潘梓年等先生的著述中，悟出了这样一个道理：哲学与自然科学虽分属文、理两个天地，但二者关系其实非常密切，不懂自然科学就不可能真正懂得哲学。研究"新哲学"不能没有物理学的基础。

黄枬森的兴趣正是在"新哲学"方面，在他看来，哲学可以自修，但作为基础的自然科学特别是有基础地位的物理学，靠自己啃书本就不行了。因此，高中时期的黄枬森对物理学非常重视，他用勤奋、刻苦克服了动手能力不足的缺点，加之读小学时打下了一定的理科基础，他取得了所就读的蜀光中学的物理竞赛第一名。1942年，黄枬森考取了有亚洲第一美誉的西南联大物理系。

进入大学后，黄枬森很努力，但成绩中等。他不喜欢实验和烦琐的数据。他意识到自己的强项不在实践而在理论研究。他想，学习物理本不是他的终极目标，是想为将来学习哲学打下自然科学基础，不如干脆及早改学哲学。大学二年级，他便转到哲学系学习。

虽然没能按照原先的设计先读完物理学再转读哲学，但在物理系这一年，可以说是黄枬森通往哲学之路的前奏。他学到了"手脑并用""系统思维""全局把握"等理科研究技巧。他曾回顾说："我在物理系学习了一年……从实验中得到了科学的锻炼。我经常在反思，我至今坚持不渝地走哲学科学化的道路，恐怕同我受过一年的物理学训练有一定关系。"

从那时起，黄枬森的哲学梦想正式扬帆起航了。

投身马克思主义哲学

1942年，黄枬森已经对学习哲学形成了一些初步想法：不搞中国传统哲学，而是走一条从物理学到哲学之路，即走一条哲学的科学之路，只有这样才能达到自己的目的。

转到哲学系后，他对西方哲学很感兴趣。因此，他在外文上下了不少功夫：英语，不用字典就可以阅读专业类书籍；德语，借助字典可以看书；法语，已经入门。新中国成立后，他还学了俄语。

黄枬森对马克思主义哲学的学习则相对曲折。在西南联大哲学课程中没有马克思主义哲学，也没有一个老师讲到马克思主义哲学，当然更没有老师说马克思主义哲学是科学。抗战胜利后，他选择了北大。北大的情况有些不同，如果有老师在课堂上涉及马克思主义哲学，他就去听课，比如许德珩的《社会学概论》。课下，他就通过参加读书会和自学来学习马克思主义。

那段时期，黄枬森的思想完成了一次质变。"尽管我在进入联大之前，对马克思主义、共产党已略有所知，对国民党的腐败反动也有所认识，但基本上还是一个中间群众。联大民主精神的熏陶使我慢慢地睁开了眼睛。"

抗战胜利之后发生的"一二一事件"，李公朴、闻一多在昆明遭暗杀事件，美军强奸北大女生暴行等，更是让他看清了国民党的反动面目，大大影响了他的政治倾向。他在《我所理解的北大精神》一文中写道："我虽然没亲历过抗日战争前北大民主运动的洗礼，就是新中国成立前这短短的六七年，北大的民主思潮也犹如一股炽热的铁流烘烤着我，最后使我熔化进去。"

1946年的整个暑假里，黄枬森在家乡和一批热血青年合办了一张犀利的石印小报，抨击当地弊政，一个多月后，因受到各方压力停刊。他作为主笔加主编，遭到当局驱逐。当他来到北京大学时，学校的民主运动已经红红火火开展起来了。黄枬森立即投入这全新的生活。他参加了多次学生反内战要民主的活动，还参加了北大地下党外围组织"腊月读书会"，在暗地里相互传阅进步书籍。在读书会里，他再度学习了马克思主义哲学著作。

1948年，黄枬森加入地下党，本来打算去解放区，但组织认为，解放在即，他更应该在北平准备迎接胜利。为了获得合法身份，黄枬森考上北大哲学系的研究生。新中国成立后，他的专业转向马克思主义哲学。

从1947年到1957年的10年时间里，黄枬森在马克思主义哲学方面的研究取得了长足进步和初步成果。

新中国成立初期，我国急需人才开展马克思主义系统教育，就从苏联聘请了几百位专家，进入一些高校，开展对马克思主义的系统教育和研究。黄枬森于1951年秋由学校保送到人大马克思主义研究生班学习，学习持续了一年半，这让他收获很大。

1953年春，他中断了在人大的进修，被召回北大为正在北大讲学的苏联哲学专家当助手，协助他们培养研究生。当时，北大还请了一些北京的哲学家来北大办讲座，如艾思奇、胡绳等，他也当过他们的临时助手。正是从那时起，黄枬森逐渐将马克思主义哲学研究视为终身事业。

那几年里，黄枬森还参加了大量的社会活动，参加过许多关于马克思主义的会议，并开始发表文章。从1954年到1958年，他曾在《光明日报〈哲学副刊〉》当编辑，先后协助金岳霖和郑昕两位主编抓全面工作。这是当时全国唯一的哲学刊物，对于哲学思想的传播和研究起了很大的作用。

苦难显才华

1958—1978年，是黄枬森人生中最曲折的20年。他先是在"反右"斗争中受到错误对待，被剥夺了讲课的权利，后又在"文化大革命"中受到冲击。

因为在一次会议上的发言，黄枬森于1958年8月被定性为"犯了严重右倾错误"，给予"留党察看"两年的处分。1959年春，他又被加重处分、开除党籍。1964年，"四清"运动开始；1966年，"文革"开始，北大哲学系被卷入政治动荡的漩涡中。黄枬森被定为"漏网右派"。1968年，他被恢复了普通革命群众的身份，但直到1978年才恢复党籍。

在这20年里，黄枬森带着心痛在反思，反思北大、反思中国、反思马克思主义在中国。但是，作为一名坚定的马克思主义者，他从未动摇过对马克思主义的信仰。他性格中的乐观精神使他尽管在如此逆境之中，仍然能够笑对人生、勤奋治学。

1959年，一批被视为"不宜授课"的教师被安排到哲学系资料编译室工作，黄枬森被"清除"出党后担任该室负责人。其间，他开始了对列宁《哲学笔记》的系统梳理和研究。

《哲学笔记》不是一本普通著作，是由列宁的许多笔记编纂而成的。其大部分内容是摘录过去哲学家的言论，列宁在这些摘录的旁边作了批注，多数是三言两语，但包含很多重要且精彩的思想，可这些思想都没有展开，更没有加以系统化。因此，要读懂列宁的《哲学笔记》是比较困难的。20世纪50年代，这本书就已经翻译出全译本，但是没有能真正解决这个问题的辅助读物。

中国人有"注释"的传统。那时大家都有这样一个想法：如果想把《哲学笔记》读懂，就得先把列宁的摘录读懂，但是前人没有做过这样的工作。1960年左右，这项注释工作被黄枬森组织并开展起来。有几个搞西方哲学的老师也在编译室，外语能力较强，于是他们利用图书馆的丰富资源，把相关的书一本本找出来。这样，花了两三年的时间，到20世纪60年代初，这项工作完成了，共50多万字，分为2册，上册曾在内部铅印交流。到了20世纪80年代初，才公开出版。

注释工作进行得相当扎实，对于哲学专业的学生和哲学工作者读懂并进一步研究列宁的《哲学笔记》，起了很好的作用。黄枬森也成了研究《哲学笔记》的专家。

1962年，哲学系要开《哲学笔记》课程，教师们都不愿意接受这项任务。有人提议由黄枬森来讲，哲学系竟破例同意了。这门课程是给北大哲学系五年级学生讲的，可见其难度。黄枬森连教了3年。《〈哲学笔记〉注释》的编写和后来的3年教书经历，对他日后的发展很有作用。列宁的哲学思想研究，也成为北大在马克思主义研究方面的重要特色。

1972年，邓小平复出后，政治氛围发生了变化。周恩来总理认为，学校是对学生进行基本训练的场所，不能把应用与系统学习对立起来，不能需要什么学什么，主张恢复系统学习。趁此良机，黄枬森向哲学系的军工宣队建议集体编写马克思主义哲学史教材，准备在哲学系开设这门课程。该提议得到了批准。黄枬森和几位教师集中到一起开始编写，一年多便写成了初稿（只写到斯大林）。由于有这些准备，北大在改革开放后不久就开出了马哲史课程，成为我国最早开设马哲史课程的高校之一。

1978年，北大开始了平反冤假错案的工作，黄枬森的处分被取消了，党籍得以恢复，党龄也恢复了，并担任了马哲史教研室的主任。正是他在这曲折20年中的勤奋与坚持，为他日后事业的腾飞打下了坚实基础。

致力于哲学科学化

如果说从在哲学系开始读书到1978年是黄枬森从事马克思主义哲学专业工作的第一个阶段，那么另一个阶段当数改革开放后的这30年。1978年，全国展开了真理标准大讨论后，大环境宽松了。在这30年里，他真正对马克思主义哲学进行了比较深入系统的研究，并对马列的哲学思想有所发挥，提出了一些自己的观点。

按照哲学科学化的道路和"哲学是科学"的中心思想，他将自己的研究工作逐步细化，落到实处。他曾把自己一生从事马克思主义哲学研究的工作综合起来，从四个方面进行了总结：马克思主义哲学史、马克思主义哲学原理、人学和文化学。

作为马克思主义哲学史研究的先行者和建设者，黄枬森认为，马克思主义哲学作为一门科学，其思想是在一定历史条件下提出来的，必定会受到某些限制，从而有需要发展、修正或者丰富的地方，应该有一门科学叫马克思主义哲学史，来理清这些思想的发展，来评价历史上提出来的哲学思想的功过是非。他不仅发表了一些有分量的文章、提出了很多有见地的观点，还与庄福龄、林利任主编，历时13年完成了《马克思主义哲学史》8卷，它不仅是中国马克思主义哲学史之最，而且是世界上马克思主义哲学史研究著作之冠，更是中国和世界学术界最系统、最全面地研究马克思主义哲学史的巨作。他在马克思主义哲学史方面的学术成果和他提出的研究原则与方法在国内外学术界产生了广泛影响。苏联《共产党人》杂志在评价中国哲学界的成就时这样写道："通过黄枬森教授和其他一些人的努力，实际上在中国学界形成了一个探索列宁辩证法思想的完整学派。"

他在研究马克思主义哲学原理方面亦有所成就。之前，马克思主义哲学原理在经典作家那里都没有形成一个完整的体系。而黄枬森则有自己的看法：一是对原来的马克思主义哲学体系，他认为应抱一种坚持和发展的态度，既要肯定它的科学性，也要认识到它的局限性。二是提出马克思主义哲学体系由世界观、历史观、人学、认识论、价值论、方法论六部分组成，辩证唯物主义是其总称。三是认为哲学范畴的展开应该从抽象逐渐走向具体，整个体系应按照这个原则来安排。

黄枬森还是中国人学研究的开拓者。黄枬森在67岁以后，呕心沥血十余年，和同事们一起，从零开始在中国创建起了马克思主义人学学科。从最初的"人性、异化和人道主义"大讨论到相对独立的人学学科建设，从有关人和人性的核心范畴界定到人本身的基本理论研究，从对主体性及其原则的科学论说到人学基本框架的严密设计，他都倾注了极大的研究热情。随着中国人学研究经历从无到有，到兴盛的发展历程，黄枬森教授的人学思想也在长年累月的孕育、积累中逐步走向系统化。他不仅是人学研究的开拓者，而且在中国人学界树立了辩证唯物主义、历史唯物主义的旗帜。

黄枬森还十分关注国际的文明冲突论、文化帝国主义论、国内的文化热、现代新儒学研究及市场经济与人文精神的讨论，他对有中国特色的社会主义文化进行了长时间的深入研究，《有中国特色社会主义文化建设研究》是黄枬森及其同事们的一项有意义的科研成果。黄枬森对文化问题进行了多方面、全方位的思考，以科学态度来研究、讨论和建设具有中国特色社会主义的文化理论，这种思考处处贯穿着马克思主义的唯物论和辩证法思想，体现出科学、严谨、求实的治学态度和方法。

不过，总体上来说，黄枬森认为，他并没有所谓的自己的哲学思想体系。马克思主义哲学是一门科学，它和任何科学一样，是集体的事业，是全人类的事业。

师表育后人

2006年时，黄枬森的女儿黄萱说："我父亲10年来每天工作三四个小时，有学术会议邀请，他从不推托。有时我劝他，这么大年纪了，有些小规模的学术会就不要去了，可他却说，就是这样的小型学术会上，大家发言最自由，最容易产生新思想，参加这样的讨论才能学到东西，一定要去。"

他的学生、北大哲学系教授王东曾形容85岁的黄先生为"小学生"。他说："先生每天勤奋学习，总是能发现新问题。"

进入21世纪，黄枬森提出了"马克思主义哲学体系的创新之道"，在撰写文章与学者们交流讨论的基础上，用10年时间，主持完成了由全国哲学界48位专家共同研究的国家重点课题《马克思主义哲学创新研究》。

对于创新，黄枬森有他自己的看法。21世纪中国哲学发展的主导方向既不是自由主义全盘西化论，也不是保守主义儒学复旧论，而是马克思主义中国化的综合创新论。

为什么黄先生至今仍在学术上具有创新能力？他的学生、北大哲学系教授陈志尚这样解释：因为他是个"无私者"，他的头脑从不被名利、得失牵绊，情绪轻松，身心健康，思维灵敏清晰。"这就是所谓'无私者无畏'，无畏者才敢于突破、敢于创新。"

因为黄枬森在学术问题上，最乐于与人讨论，毫不隐讳自己的观点，但又坚持对事不对人，在生活中与不同学派的学者相处融洽，大家称黄枬森为"三宽先生"，即"治学宽广，待人宽厚，脾气宽和"。

凡是黄枬森领导下的学会，在他的感召下，成员总是相处和谐，从不会出现"文人相轻"的情况。陈志尚举例说，当年编写《马克思主义哲学史》八卷本时，黄枬森任第一主编，带领全国50多位学者工作。这些学者分属不同学派，观点多有冲突，且都是国内一流专家，让他们默契配合不是容易的事情。黄枬森平等待人，学者们心悦诚服，在他的领导下团结协作，历经三个"五年计划"，终于将《马克思主义哲学史》顺利编写完成，获得了"五个一工程"奖。黄枬森虽是全书第一主编，却坚持与大家平分稿费，绝不多拿一分钱。

黄枬森的治学精神也令人感佩。他坚持从来不讲自己不懂的，讲出来的一定都是自己想清楚的问题。有些问题谈不了就不谈，绝对不会乱谈。他认为："现在的年轻人一定要学会独立思考，不追风，不赶时髦，特别不要抱着功利主义的心态去学习、生活和工作。作研究时要讲求'理论良心'，实事求是，不要花腔，不搞花架子，不哗众取宠，更不能作假，不能剽窃。"黄先生自豪地说，他这一生在学术上从未作假，并一直这样要求着自己的学生。

黄枬森的为师之道也是有目共睹、有口皆碑。"听黄教授讲课是一种享受"是北大学生对黄枬森讲课的评价。他讲课的最大特点，就是能把玄秘深奥、枯燥乏味的哲学讲得通俗、生动、朴实，有如阅读一本常识书，总能吸引各色各样的学生与听众。他认为，最应该向学生传授的不是具体的知识，而是科学的思维方法、严谨的治学态度、大胆的创新精神、正确的人生追求。所以，黄枬森对他的学生虽不严厉，却要求很高。他告诉学生，要出高水平的东西，就一定要敢于从根本上突破和超越。

黄枬森不仅对他自己的学生照顾有加，有不相识的年轻学子向他求教，他也都耐心解答。一次，两个学生到黄枬森家里请教问题，尽管他们并不是哲学系的学生，黄枬森还是和他们热情地聊了近两个小时。社会上一些爱好哲学的退休老人也常找上门来与黄枬森"争辩"问题，黄枬森总是耐心地听他们讲完，再阐述自己的观点。女儿黄萱担心黄枬森的身体受不了，说"上门讨论的人你要是不能拒绝，我来帮你拒绝"，可黄枬森坚决不同意。

"学而不厌，诲人不倦，教师精神，学人典范"，黄枬森80岁生日那天，中央编译局副秘书长杨金海代表黄枬森所有已毕业的博士生送上了这个条幅，表达了学生们对黄枬森崇高师德的感怀和敬仰。

北大原党委副书记杨河评价黄先生是北大的师德楷模。杨河说："在他的身上，体现着一种特殊的人格魅力。这种人格魅力既有中国传统关于为师者传道、授业、解惑理念的历史积淀，也有今天我们所提倡的教书育人、求真务实、淡泊名利、宽厚谦让、甘为人梯的师德精神风范。"

2011年11月29日，黄枬森刚刚过了90岁生日，虽然年岁已高，但哲学仍是他的生活重心，他仍然坚持写作、研究、发表文章、参加会议。

这不禁让人想起黄先生曾于2000年应邀为《二十世纪北京大学著名学者手迹》题词：

天下为公，世界大同，干戈止息，四海弟兄。
安居敬业，其乐融融，绿色大地，郁郁葱葱。
科技发达，人寿年丰，精神高尚，礼让成风。

言为心声。这是人类的千年憧憬，也是黄枬森的理想与追求。

（王蓓，北京大学艺术学院党委副书记；此文见《光明网》）

哲学，父亲的生活方式

黄　萱

转眼间，父亲黄枬森离开已经3年了。但我通过父亲留下的文章，他的笔记，他的日记，感受着他的存在，就像他从未离开。阅读父亲的日记或者笔记的时候，我有一个鲜明的感觉，就是他的大脑没有一天不在思考着哲学问题。

这当然不只是说他从未退而休之。在他的晚年，哪怕是耄耋之年，也仍然是一篇文章接着一篇文章，一个科研课题接着一个科研课题，直到他生命的最后时刻。

我这里的意思是，只要他醒着，在没有琐事打扰他的时候，他的脑子里就全都是哲学问题，甚至于普普通通的家居生活，在他眼里，也充满着哲学意味和哲学情趣。

那还是20世纪90年代，父亲陪着我母亲去美国探亲。在那里的三个月，他没有办法带上他做学术研究不能离身的哲学资料和书籍，也没有办法继续他未完成的课题项目。按说这对他来说是一次难得的长假，然而，他那早已习惯思考的大脑却停不下来。

记得他回国后很高兴地告诉我，他在那里整理出了40多篇哲学杂文题目，既然是杂文，那就不能像平时的论文，长篇大论，而是以千字为限，一题一议，力求通俗易懂。并且，他已经写出了头几篇。

我在帮父亲录入这几篇文稿时得以先睹为快。发现这几篇哲学杂文从题目看就很吸引人，如《从先有鸡还是先有蛋谈到哲学》《自相矛盾的哲学家》，等等。这些杂文与父亲通常写文章的语气结构均有不同，清新，生动，真正是寓高深的哲理于浅显的文字中。我欣喜地催父亲接着写下去，但父亲每次都说，等他的课题完成了，有了闲暇，再来写。然而，随着时光的推移，他手中要完成的工作有增无减，他所期盼的闲暇时光愈加遥遥无期。他也曾设想，在我退休之后，由我当他的助手，帮他完成两本书，一本是《我的哲学体系——对马克思主义哲学的解读》，另一本就是《生活中的哲学》，具体方法是由他把这些提纲列出来，或者用录音笔把想法口述出来，由我来整理成文。然而，直到2013年1月那个寒冷的冬日，长达16年的时间里，他再也没有过类似的假期，最终也只留下了当年写于大洋彼岸的4篇杂文。

虽然哲学杂文没有续写，虽然父亲的工作是紧张的，但这却不妨碍他饶有兴味地品味着生活。只不过，这种品味，绝对是属于哲学家的。

父亲从美国回来后不久，我的女儿出生了，父亲非常喜欢孩子，他有时热心地帮我哄孩子睡觉，方法是操着浓重的四川口音对着几个月大的婴儿读他的哲学杂志，他说这叫工作生活两不误。效果居然奇好。

在父亲的眼里，孩子的成长过程也满含着哲学道理。他曾在日记里这样写道："一岁三个月的宝宝看见妈妈集邮，用铁夹子夹票放入集邮簿内，也要了一个夹子夹纸片玩。她称纸片为'票票'，夹子为'夹夹'。她当然不知道邮票为何物，也不知夹邮票在干什么，她能了解的是用夹子夹纸票，也就是说，她已有了初步抽象能力，但抽象出来的东西是表面的，初步的，这就叫从抽象开始，人的认识是从抽象到具体的过程。几年后，她的认识才能上升到'集邮'这一水平，那时她的认识当然就具体了。"

一个月后，父亲又有了新的发现："一岁四个月的宝宝已经有'相对'概念。最初她只知道一个妈妈，即她的妈妈。当她的妈妈叫她的阿婆为妈妈时，她哈哈大笑。可能她觉得太可笑了，怎么又跑出一个妈妈来呢？慢慢地她懂了，妈妈是相对于谁来说的，阿婆是妈妈的妈妈。当她妈妈问她：我怎么叫阿婆？她回答说：'妈妈'。进一步问她，我怎么叫阿公？她回答，'爸爸'。"

父亲的哲学思考仿佛无时不在，无处不在。

清晨早起洗脸时，听见窗外公交车的行驶声自远而近又自近而远，他就想到："我知道，实际上公交车的声音并没有变化……因为我知道我听到的声音大小是由两个因素决定的，一是声音的大小，一是声音离我的远近（当然还有我的听力如何，此处只谈外部因素）。我所听到的声音变化不是它本身的变化，而是它与我的距离的远近的变化，因此，我不会因为我所听到的声音变化就断定公交车在行驶中声音是忽有忽无，忽大忽小。我知道当汽车稳速行驶时，其声音基本上是不变——这是感性认识中包含理性因素的一个恰当的例证。"自然，随后还有一些学术思考的申发。

春节到了，姐姐一家、保姆小蒲一家连同我家和两个老人一起聚餐，父亲高兴地说："四家人各坐一边，围着桌子团聚了，好不热闹。"姐姐的女儿接口说，不是四家人，是一家人。我们都说她说得好，父亲回答说："我说的是小家，你说的是大家。"接着父亲满含哲理地说："但愿大家似小家，不要小家似大家。"

餐后家人围坐打麻将，父亲也被我们拉上桌，尽管输赢的不是钱而是一堆黑白围棋子，但仍然是风水轮流转。晚上静下来后父亲写道："世事如麻将也。各种博弈中，均有偶然与必然二因素，唯比例不同而已。在没有作弊的条件下，我估计对面下棋（各种棋类），技术、主体状况（必然）与偶然之比大致为90∶10，桥牌70∶30，麻将30∶70，纯赌博10∶90。"由此，父亲想到了人生："个人达困、家道兴衰，棋乎，赌博乎？偶然必然均有，比例则难言也。"

哲思于父亲，就像他须臾不离的眼镜，帮他看清眼前的一切。但有时，理性的思辨也会给他带来困扰。

我女儿长大后，常常因为工作加班深夜不归。父亲曾在一篇日记中记载了他的心情："改革开放以来，经济上发展确实太大，过去无与伦比，但思想上、道德上、社会秩序上所付出的代价也太大。一个年轻女孩午夜独行就很不安全，全家都担心。真是辩证法弄人，令人左右都不是人！"父亲的理性与情感居然打架了。看到此处，莞尔之余，我再一次深深感受到父亲对晚辈的殷殷关爱。

辩证思维早已融入父亲的血液，以至于他表达最真挚的感情时也一样辩证。

2007年，我母亲80岁生日时，父亲给她的祝词是这样写的："近日写关于《两论》的文章，谈到绝对与相对之理，于是得此数句：我们初次相逢时，你20岁，我26岁，我比你大6岁。60年后的今天，你80岁，我86岁，我仍比你大6岁。可见，绝对地说，我们都变老了，但是相对地说，我们仍然那么年轻。这不是诡辩，这是事实。因为在我眼前晃动的仍然是你年轻的容颜和身影。在我心目中，你永远年轻。"

父亲的哲思星星点点遍布他的日记和笔记。

比如夫妻关系，他说："报上有文章讲，夫妻应是朋友。一般而言，夫妻关系远比朋友关系更为亲密，难道还要向更疏远更浅的关系看齐吗？这启发我想起，岂止夫妻关系应首先是平等的，即符合人与人之间最起码的原则——人道主义，许多高层次关系都缺乏人道主义的平等原则，如亲子、亲戚、朋友、同事、同志……莫不如此！"

再比如关于生死。他看见杂志上介绍西方世界末日思想与近期大灾难的可能，写道："其实，就个人讲，人人都有一个'末日'，天天都有人到达末日。'世界末日'好像是遥远之事，'个人末日'则是极其平常的。人们都能度过其末日，不能也能，又何惧世界末日？人能具有乐观地度过有成有毁的一生，人类何独不能乐观地度过其有成有毁的一生呢？遥想无边无际的宇宙中当有无数个人类生生死死，正如地球上有无数个人生生死死一样；每一个人类都想方设法拖延自己的毁灭，正如每个人拖延自己的死亡一样。是不是这样呢？"

生则只争朝夕，死则从容归去。马克思主义哲学给了他科学的世界观，通达的人生观，辩证的生死观。如今他已离去三年，大家还会聚在一起探讨他的哲学思想，所以，他对于我们，对于这个世界，并没有离去。

正如他在90岁生日前一晚忽然悟得的那样："中华民族天生是一个无神论民族。根据是中华民族的最早的神话：盘古开天地，女娲补天。他们不是创世主，而是世界的改造者。宇宙是从来就有的，他们只是用自己的劳动改变世界。"从加入地下党，继而转向马克思主义哲学的研究与教学算起，父亲辛劳了70多年，他为用劳动改变世界奉献了自己的一生。

黄萱于2016年4月2日在《黄枬森哲学思想研讨会》上的发言。

原载于《人民日报》（2016年4月23日12版）

（黄萱，黄枬森先生三女儿，曾任《中国政协报》编辑）

父亲的信念为全家洒满阳光

黄　萱

我们家是个快乐的大家庭，一向都是三代同堂——早先是外婆、父母和我们姐妹三人，外婆去世后两年，我有了女儿，仍然是三代同堂。

四川人向来以高声大嗓著称，我们姐妹三个凑在一起向来都是毫无顾忌地高声谈笑，看到父亲做学问也不避讳，因为他从不因正在工作而限制我们的天性。对此父亲常常自诩他有不怕吵的特殊功力，说这本事是他当西南联大学生时在茶馆里读书练出来的。

我们的童年是充满快乐的。在我的记忆里，父亲常帮外婆和妈妈下厨，南方的炒菜，北方的面食，虽然那年月缺肉少油，他却能花样翻新让我们吃得有滋有味。父亲很会使用铁锹钳子等工具，他会修自行车，常帮母亲侍弄花草，还手把手教我挖菜窖、绑篱笆、种小白菜、修剪葡萄藤……最大的工程是唐山地震后带着我脱土坯盖"防震棚"，这间土坯房在接下来的两三年里成了我的卧室。那时候唯一由他独自包揽的活计，是为了省钱自己绑墩布，由于是用我们穿破的袜子、秋裤绑的，不经用，几乎每个月都要打散重新绑一次。父亲五音不全，不擅长唱歌，但是却喜好体育，他教会了我们游泳、滑冰、打乒乓、下象棋、打桥牌……

多年之后回头再看，我才意识到父亲维持这个家庭的快乐有多么不容易。从我年幼时起父亲就屡遭政治打击，"反右"时他被剥夺党籍、剥夺讲课的权力；"文革"时他被当作"漏网右派"，抄家、陪斗、关牛棚、下干校。母亲由于受他牵连很早就失去工作，家庭的经济状况一直很窘迫，两个姐姐去农村插队后更是雪上加霜。即使在这些时期，父亲也没有唉声叹气，更没有怨天尤人，种种委屈与失意并没有被他带到生活中来。

是父亲把愁苦、怨怼隐藏起来了吗？我不这么认为。在我们家，父亲奉行的是平等、民主的精神，父母就像我们的朋友，在父母面前我们可以畅所欲言，无话不谈，家庭事务也是人人参与，并不因为我们当时年龄还小而有事瞒着我们，家里的经济是公开的，父母受政治冲击的历史也是公开的，多年的共同生活使我能敏感地发现父母哪怕微小的情绪变化。我确信，父亲的平静与乐观发自内心。

改革开放之后，父亲忙起来了，一场接着一场的学术大论辩固然令他投入了很大精力，系主任的行政工作也为他平添了不少烦恼。不说别的，改革开放之初国家在职称、工资、住房等方面对百姓的欠账太多，僧多粥少，要做到公平公正，何其之难！但是他仍然没有牢骚和抱怨。政治动荡年月在他的心里就好像一本翻过去的旧日历，他面对的是一篇篇等待他书写的崭新的未来。

有的时候，我们也曾悄悄地猜想，父亲这般阳光的心态是不是在别人眼里有些傻气？——他冒着生命危险参加革命，加入地下党，共产党领导的翻天覆地的革命却剥夺了他祖上的家产；"反右"时期他在党内讨论会上满怀真诚的发言在今天看来全都是真知灼见，却使他在生命中最年富力强的20年成为不堪回首的蹉跎岁月；20世纪80年代末苏联解体，中国学术界弥漫着马克思主义哲学不过是政治、辩证唯物主义体系早已过时的指责，可是他却始终坚守着马克思主义哲学是科学、辩证唯物主义不能被否定的底线一步不退。父亲到底是为了什么？

这十几年来，我帮他录入文稿，记录整理传记和学术自传，从他一篇篇的文字当中，我体会到父亲走上革命道路，以马克思主义哲学为终生事业，是他根据自己的亲身经历以及观察思考之后做出的理性选择。正如父亲在他人生最后一篇未完成的文章《我和哲学》中所讲述的：

我出生于一个秀才家庭，从小父亲便把我送到私塾学习。中国传统文化中表面上没有哲学这门学问，但实际上其中充满了对普遍的终极知识的追寻和严密的系统的思考，而这就是哲学或哲学的因素。小学毕业后我又在父亲的私塾中学习了一年半，平时阅读儒家典籍和史书，周末写一篇几百字的论说文或史论，题目多选自阅读书籍，如《若夫为不善，非才之罪也》《刘邦项羽成败论》，等等，这无疑培养了我乐于理论思考的兴趣。在大学期间，我醉心于西方哲学，绝大部分时间用于学习西方哲学和外语（英、德、法语）。读研究生时，师从郑昕教授研究康德哲学。抗日胜利后，特别是西南联大三校复员后，国内社会矛盾日趋尖锐，学生运动风起云涌，我在学生运动中阅读了不少马克思主义理论著作，包括经典作家的哲学著作，日益信服马克思主义及其哲学的真理性和重要指导意义。

父亲在文中的第一个小标题就是："我认为我之所以成为一个马克思主义哲学专业工作者是中国社会的发展和我个人志趣互相选择的结果。"

父亲从不孤立地看待自己和家庭的遭遇，他总是把个人的遭遇放在整个社会乃至整个世界的大背景下来考量。在家里聊天时，他不止一次地对我说过，他坚信马克思主义哲学——辩证唯物主义是科学的、正确的。中国人民选择了马克思主义，才摆脱了积贫积弱任世界列强宰割的悲惨境地，站了起来。过去几十年党所犯的错误不是坚持马克思主义哲学指导的结果，恰恰相反，是违背了马克思主义哲学指导才引出的恶果。虽然我们国家一直存在着的各种各样的矛盾和问题，常常令人忧心忡忡，但这并不等于我们要选择西方的道路，因为在资本主义制度下，全球的几大根本矛盾——掠夺，战争，以及掠夺与战争所导致的贫穷，是解决不了的。有些人认为美国的穷人都有福利保障，马克思生活的时代那种资本对工人的血汗剥削早已过去了，可是把眼光放在全球背景下再来看，这种血汗剥削的表现形式跨过了国界，全球化了，变成了发达国家对发展中国家的剥削与掠夺。站在这种宏观的视角下，他个人的遭遇算什么呢？那只是历史造成的，他今天的全部努力，就是要使得我们的党、我们国家的社会主义现代化建设，能够坚持以马克思主义为指导思想，能够坚持以辩证唯物主义为哲学基础，少走弯路，不再犯曾经的错误，也不重蹈苏东的覆辙。

正是父亲的坚定信念，使得他不论面对什么样的挫折，都能淡然处之，始终拥有着阳光心态，并深深地影响着全家人。

我们家和邻居比起来、和朋友比起来，家庭成员的经历更坎坷，经济也更拮据，但是在聊天当中，父亲的心态却是最平和的。他会与大家分享信息，会一起讨论重大问题，却从不抱怨。他有时会不无担心地跟我说，如果总走不出政治动荡年月带给我们的阴影，生活中怎么会快乐？

父亲不仅自己身体力行，也教育我们积极面对人生。"文革"期间我的第一份工作很不理想，看不到前途，这让我十分苦闷。记得那天他特意推着自行车送我去单位，边走边和我聊。父亲对我说："一个人不怕身处逆境，就怕在逆境中自暴自弃。当你无法选择自身所处的环境时，就要设法改造环境，让环境朝着有利的方向发展。"父亲那天的话塑造了我一生的人生基调。那年我18岁，在此后的40年里，我经历过许多人生坎坷，包括下岗失业，包括严重眼疾，但我不会让自己停留在怨怼当中，而是通过脚踏实地的努力，去改变自己的命运。我的两个姐姐生活境遇比我差很多，她们在山西农村插队7年，吃过很多苦。她们也是在父亲鼓励下，通过自己的不懈努力，先后考上了大专院校，成为各自领域的专业人才……

亲爱的父亲——黄枬森匆匆地走了，他没有给我们留下任何产业，所遗存款也仅仅可以帮助母亲补贴家用。但是他却留下了摞起来2米多高的著作，装满一书橱的手稿、笔记，再就是堆满几间屋的哲学书籍。这些天，我一边含泪整理着他的书桌、书柜，一边默默地想，父亲留给我们最多、最有价值的，其实是他的精神遗产——他的坚定信念，他的阳光心态。

（黄萱，黄枬森先生三女儿，曾任《中国政协报》编辑）

黄梣森先生的最后斗争

不同于西方宗教信仰的中国人哲学信仰问题

王　东

2013年1月24日，和我们一起朝夕相处而又德高望重的黄梣森先生，遽归道山，永远离我们而去。

我在1982年有幸成为黄先生的第一个博士生，追随先生整整30年。尤其是自2010年以来这最后3年，更受先生嘱托，常侍先生左右，协助他创办北大马克思主义哲学研究中心，力争使之成为一个重点基地，完成重大课题研究，实现哲学创新，支撑中华复兴。

这3年来，我一直处于深深的思念之中，黄先生的音容笑貌常常浮现在脑海之中，而他晚年的最后拼搏与最后嘱托，更是久久萦绕心头，难以忘怀，激励我努力完成黄先生哲学夙愿、最后遗愿，出好"哲学创新北大六书"，尽可能实现先生哲学夙愿。

"晚年黄梣森""最后的斗争"，主要指的是2001年黄老八十华诞以后，特别是2010年年近九十，最后3年，他为马克思主义哲学创新，为中华复兴、现代起飞的哲学奠基，用整个身心和宝贵生命，做出的最后努力、最后冲刺、最后拼搏，也是他一生哲学创新思想的最后升华，并化作他的哲学遗愿、最后嘱托。

一、人生八十新起点

带头倡导马克思主义哲学创新

自2000年以来这十来年间，从黄先生的八十华诞到九十华诞，尤其是从2010年以来这最后3年，可以说黄先生的学术思想又有一个新的飞跃，新的升华，甚至可以说，这是他作为当代中国哲学家的最后拼搏、最后斗争。

世纪之交的20年间，他常和我说起，他对"世界向何处去，中国向何处去"的哲学思考。也正是2000年，他应邀为"百年来北大学者墨迹展览"题词，写出了他的"中国梦"，为21世纪带来新希望的社会理想，也是21世纪哲学创新主旨：

> 天下为公，世界大同，干戈止息，四海弟兄。
> 安居敬业，其乐融融，绿色大地，郁郁葱葱。
> 科技发达，人寿年丰，精神高尚，礼让成风。

2001年，中国与世界站在新世纪、新千年的历史起点上，也恰逢黄先生八十华诞。我正在筹备组织这一活动，6、7月间到黄先生家时，问起活动主题，是否先重点讨论一下他的学术贡献、理论观点、师德师风，顺便也议一议马克思主义哲学创新问题？黄先生语气平和而又十分郑重地对我说道："这么多人都凑到一起不容易，是不是重点讨论一个更有意义的基本理论问题，就是哲学创新问题，21世纪的哲学创新问题，当然首先是马克思主义哲学创新的问题"。于是，他的八十华诞纪念成了首届"21世纪哲学创新论坛"，会后由我主编了专题论文集《21世纪哲学创新》，2001年11月，由中央编译出版社出版。

这一年7月，根据黄枬森等六位哲学家提议，在深圳召开了全国性的大型学术研讨会，主题就是"中国共产党与马克思主义哲学创新"。翌年4月，又由中央编译出版社出版了由黄枬森主编的论文集《中国共产党与马克思主义哲学创新》。

也正是从这一年开始，黄先生开始了"马克思主义哲学体系创新"的重大课题研究。他很重视人才队伍的组织，发挥集体智慧的力量。正好这一年，北大哲学系马克思主义哲学的三个教研室合并为一，系领导让我出任教研室主任。我在向黄先生请教时，他嘱我不仅要把自己的学术研究搞好，还应把整个队伍带起来，发挥集体力量，共同搞好北大马克思主义哲学学科建设。

二、以哲学创新为十八大后中国创新铺路

  黄枬森先生的最后斗争、最后遗愿

《国际歌》中唱得好："这是最后的斗争，团结起来到明天……"

黄枬森先生晚年也进行了一场"最后的斗争"，这就是为马克思主义哲学信仰，为21世纪与当代中国马克思主义哲学创新，奋尽全力，做出了最后拼搏。

黄枬森是一名老共产党员，1948年加入北平地下党。更可贵的是，在改革开放新时期，晚年黄枬森保持了一名共产党人的真正本色，不治家私、不谋私利、不求名利。他没有为个人创收去费心，甚至没有为自家买房，没有为自己与家人谋后路。那么，他干了什么呢？晚年的黄枬森，一个最大的心愿，就是用最后的全部心

血，创立北大马克思主义哲学研究中心，千方百计使之建设成为教育部人文社会科学重点研究基地，用马克思主义哲学创新，为实现中华复兴的"中国梦"做哲学奠基、铺路石子。为了实现这个最大心愿，他在90岁高龄，人生最后3年，又用尽心血，先后做了六件大事：

第一件大事，2010年11月29日，这一天正逢黄先生八九华诞，黄枬森先生把我叫到家中，没有说到一件私事，而是嘱我在共同起草的一封致领导书信中，提出了大力加强北京大学马克思主义哲学学科建设的重要建议，希望这一重要事业得到党和国家的坚强领导和有力支持。

第二件大事，2011年4月，由人民出版社出版了由黄枬森领衔的《马克思主义哲学创新研究》四部全书：第一部，黄枬森亲自主编的《马克思主义哲学体系的当代构建》；第二部，王东主编的《时代精神与马克思主义哲学创新》；第三部，曾国屏主编的《现代科学技术与马克思主义哲学创新》；第四部，赵敦华、孙熙国主编的《中西哲学的当代研究与马克思主义哲学创新》。这是马克思主义哲学体系创新的最新成果。

第三件大事，2011年11月，年已90岁高龄的黄枬森先生自动请缨，带领王东、杨河、丰子义、郭建宁、孙熙国、聂锦芳、徐春等诸多同志，并协同陈志尚、赵光武等老先生，创立了北京大学马克思主义哲学研究中心，希望在马克思主义哲学创新中起到带头引领作用。

第四件大事，2011年年底，黄枬森、王东承担了教育部哲学社会科学研究重大委托项目《马克思主义哲学基本理论与现实问题研究》，他带领我们，力图让哲学基础理论研究工作掀开新的一页，并且让马克思主义哲学创新在新时代更贴近现实，更贴近生活，更贴近大众。

第五件大事，2011、2012年，在其家人与中央编译局支持下，编辑出版了《黄枬森文集》九卷本的皇皇巨著，还有最后两卷，也已经初步编成。这是改革开放新时期哲学创新的一家之言与重要成果。

第六件大事，在最近三五年内，已过耄耋之年，甚至超越九十高龄的黄枬森，独立发表论文50来篇。直到他住院前一天，2012年12月27日，他仍在伏案写作，论文题目为《我与哲学》。他工工整整写下4页手稿，由于感到过度疲劳，而不得不搁笔，其时女儿为他一量血压，已降至高压70，低压40……

这就是黄枬森先生的最后拼搏，最后冲刺，最后斗争。

三、把生命之火投入最后斗争

最后日记与女儿追忆

在2013年2月，"黄枬森先生追思会"上，女儿黄萱以《父亲的最大心愿》为题，以黄枬森2012年日记、台历为依据，向大家讲述了黄枬森先生的最后岁月、最大心愿。这里只是用如实记录的白描方式，摘要记下这段历史实录：

父亲用他生命的最后十年，完成了马克思主义哲学创新研究，这是他一生中的第三大工程。第一个大工程是20世纪60年代的《〈哲学笔记〉注释》，第二大工程是上世纪八九十年代的《马哲史》八卷本。就在我们大家都以为他会休息一下，写一写他计划多年却无暇动笔的属于他个人的哲思文章时，他却开始了另一个跋涉——北京大学马克思主义哲学学科的建设，并且为此殚精竭虑到最后一刻。

我想，最能表达父亲心愿的，当然是父亲自己。除了正式的报告文件外，他有没有留下相关的笔记？我记起整理父亲的笔记手稿时，曾翻看过他的日记。父亲的日记不是写在日记本上，而是写在台历上的。由于台历空间有限，所以父亲是有感才记，有时几天无字，有时一天写上几页，整本台历密密麻麻写满字迹，并无空隙。我仔细检视他的日记，在他生命的最后一年——2012年，从元旦第二天，到他重病缠身的年底，他共有17篇日记直接谈到这个问题，还有许多篇是关于马哲学科的思考。原本日记是很私密的文字，写日记的人并没想过要拿来公开，但是我想，要准确传达我父亲的心愿，最好的办法就是听听他的心声，我母亲和姐姐也同意我的想法，今天，我就不再读我写的纪念文章了，反正已经有复印稿发给了大家。我现在就把父亲在2012年里陆续写就的短短的17篇日记读给大家，就当是我父亲又一次站在讲台上和大家交谈吧。

1月2日：

查阅《北京大学关于加强马克思主义哲学学科建设的报告》（2011年3月18日），最后提出了6项具体措施：1.将马哲学科列入我校重点发展领域；2.组建马哲研究中心，并报教育部重点研究基地；3.3年内引进4—5名高层次人才，戴帽下达职称编制；4.未来5年每年投入50万元用于学科建设和发展；5.确保使用面积达到200米2（指办公面积）；6.扩大博士研究生名额一倍（从2人到4人）。由于已落实仅为：1.中心已成立，但为虚体；2.拨下启动费20万元，不足50万，也不是建设经费；3.教育部已批准委托科研项目经费80万元。时间已逝去9个多月，俟河之清，人寿几何？

1月3日：

徐春已同核心小组谈好，定5日上午在我家开会，床上思考了3个议题：1.核心小组的组成与分工；2.中心目前主要工作是落实学校的承诺；3.主要讨论重大项目的设计与研究人员的落实。

1月4日：

中心主任办公会在家召开，主要讨论重大专项落实问题。原想进行调研报告困难甚大，决定停止。哲学观由我负责具体化，马克思人学思想由陈志尚负责，中国化由马院负责具体化。另外还有一些子课题。还议论了副主任名单。

1月15日：

去年元旦上书各级领导，一年来围绕马哲中心的建立可以说是波涛起伏，有大喜，有深忧；有高潮，有低谷。今天虽说不是低谷，但前进道路坎坷不平，困难重重。去年3月是一高峰，刘延东、袁贵仁对我们的报告作了重要批示，李卫红前来传达，表现了极大的支持力度。学校向教育部作了把马哲作为重点建设目标，提出了六项具体落实的目标，使马哲军心大振！但建立中心的诺言及其他措施均未落实，不知何故，只好等待。6月刘延东来北大访问，单独同我谈话，事情又掀起了第二次高潮，有了刘的支持，工作当一帆风顺了。但一直拖到10月，学校才批准成立中心，但是虚体（三无单位），其他具体措施无一落实。朱善璐继任书记，我们寄予厚望，但也无进展。何以如此？传说是我们蒙蔽了中央，冤哉！

1月21日：

党委办突然通知朱善璐书记要来看望我，他原说年后来的，今天提前来了。系党委书记尚新建陪他一道来。他们是那样热情。言及已收到我的信，我特别强调马哲学科的地位在哲学，它是哲学的二级学科之一，不是马克思主义的二级学科之一，借以说明在哲学系设马哲为北大重点学科之必要。同时强调办公用房和高职称队伍的必要。他当即令秘书记下我的要求。他并将他的秘书衣××的电话和他的手机号码给了我。我想我以后当多找衣秘书，通过他转达我的要求。

2月13日：

同朱善璐秘书联系，希望见他一次，秘书回电暂时无时间，俟之他日。只好耐心等待。

2月20日：

王东和徐春商定了在3、4、5三个月各举行一次论坛，少数人参加，分别由黄、陈、郭准备；3月中旬召开一次落实科研项目的会。

2月23日：

定于下星期五召开哲学论坛，由我作《马克思主义哲学观》的主题发言。我认为哲学观的主要问题有三：一、哲学的本质，二、哲学在各种系统中的地位，三、哲学对人类社会发展的作用。而所谓马克思主义哲学观，其核心标准不是人而是事实。马哲观是科学，不是教义。

2月28日：

下月2日召开哲学论坛，讨论马克思主义哲学观，拟谈以下几点：1.一方面是论坛，同时也是科研项目子课题；2.哲学观应包括以下内容：哲学的本质、哲学的位置和哲学的作用；3.哲学观的重要问题是时代哲学、马哲、辩证唯物主义、历史唯物主义等4个问题，后三者也是争论不休的问题。

3月2日：

参加马哲论坛（29日）也是中心第二次会议。由我做主要发言。我讲了马克思主义哲学观的4个问题：哲学与时代、哲学、马哲、辩证唯物主义历史唯物主义。王东主持。聂锦芳、赵光武、杨学功作了发言。杨赞成我说的辩证唯物主义不是斯大林创立的，这是一个进步。

3月11日：

党委书记的衣秘书通知我，明日朱书记约我下午2时见面，我通知了王东和陈志尚，考虑明日谈什么。我拟谈4点：1.马克思主义哲学目前面临的严峻形势；2.去年元旦王东和我上书各级领导，呼吁采取有力措施支持马哲的学科建设，以及刘延东批示支持并得到学校的热烈响应，并提出六项具体措施的情况；3.目前的困难和急需解决的问题；4.我个人的进退。明日上午我们三人将商量一下谈些什么，怎么谈。希望能有实际进展。

3月12日：

如约同王东一起会见朱善璐，在座的还有杨河、刘伟、李强、衣秘书。我首先谈了我的4点想法，然后杨河、刘伟、李强相继发言，朱善璐最后讲话。整个过程都比较热情、积极，表现了对马哲学科的支持。朱善璐的最后讲话可以归结为以下几点：1.去年3月学校向教育部报告中提出的六点具体措施，都要逐步一一落实。2.目前需解决的问题由职能部门负责解决：重点基地的申请启动时社科部负责与中心联系办理，办公用房由房产部门安排，本月内先安排两间房间，把中心的牌子挂起来；增加一名高级职称名额，指定给予哲学学科。3.说你们蒙蔽中央的谣传绝不是党政领导所说，党政领导支持马哲学科不会改变。

3月13日：

王东打来电话，说学校已经落实先给中心两间办公用房的诺言。不知这两间房在何处。党委书记的支持看来是有力的。

6月2日：

近来马哲中心的工作毫无进展，深夜想及，遂致无眠。忽悟：应该退出了，让年轻人作主任，多少可以有所前进。反正我这个"主任"不是学校任命的，是自封的，无须学校批准，只要马哲中心几个人同意就行了。

8月9日：

王东、徐春来谈工作。谈了几点：1.形势对辩证唯物主义不妙，整个社会对它采取敬而远之的态度，就像过去人们对祖宗牌子一样。在此情况下，我们只能一面等待，一面坚持研究与发展，相信真理不会被埋没。2.抓紧中心的科研项目的落实，埋首把项目研究好，争取两三年内做出比较成功的成果。现在只定了两个子课题，争取再定下三四个课题。课题定了后再商量经费分配。3.把学术性活动开展起来，活跃大家的思想，能够围绕马哲的学科建设写出一些好文章。凡是以中心的名义发表的文章给予一定的奖励。

8月24日：

读今日《社科报》上的文章《心灵哲学用科学精神审视心灵》，谈到心灵哲学已成为西方最流行哲学，取代了语言哲学的地位。反思北大哲学系在新世纪渐失其特色，令人感慨良多。上世纪北大曾以马哲史享誉全国，但90年代以来，马哲教师人自为战，各奔前程，成为一盘散沙，抓不住制高点。上世纪还抓住过人学，后来价值论，今天心灵哲学也没有人抓住。我曾提出哲学的第三层次是精神哲学或意识哲学，但北大无人研究。马哲学科建设是一永恒的制高点，与北大地位相称，应紧紧抓住，然群众既不买账，当局也无远识，悲哉！？《北大十二五规划》已公布，且仔细看看它如何安排马哲学科建设再说。

9月20日：

14日马哲中心召开理论研讨会，由郭建宁报告《马哲中国化的理论前沿》谈了10个问题（见笔记本），对这个问题的研究很有启发。主要问题是：马克思主义的内容很多，马克思主义中国化是不是意味着它的一切内容都要中国化？中国化有没有深度不同，有没有层次之分？是不是一定要提马哲中国化、经济中国化？

此外，父亲9月8日的日记是关于哲学系百年系庆他准备的发言提纲，这篇日记是他在这一年里写的最长的一篇日记，共写满了5页，在日记末尾他提出的建议中说："在中国第一个哲学系系庆百年之际，我想提出来的是：全系8个二级学科都应走科学之路。"并谈了具体的理由，最后他写道："我认为这个问题涉及北大哲学系发展的百年大计、千年大计。"

从11月16日起连续数天父亲都在思考十八大报告精神，他在19日的日记中写道："'建设哲学社会科学的理论体系'使我受到极大鼓舞，我十几年来一直在从事此事。"

父亲的日记在后半年越来越多地被他的病痛占据了篇幅，可以看出，父亲一直在顽强地与疾病做着斗争，他曾在一篇日记中说："生命之火已在慢慢的逐渐熄灭，用外力使它更旺盛地燃烧起来，这不是加快消耗它的储备，使它更早地油干灯灭吗？"虽然明知如此，父亲在他生命的最后时段，仍丝毫没有犹疑彷徨，他的学生、他的同事都有一种明显的感觉，他好像更加执着，好像在追赶着什么。我们现在明白了，他是为了尽可能多一点实现他的心愿而在与死神争夺着时间。

我们希望，我们盼望，我们也相信，他未竟的事业，在座的各位一定能继续下去。①

四、终极关怀与信仰问题

黄枬森最后思考与最大遗产

黄枬森先生最后思考的哲学问题是什么？

那就是人的终极关怀问题，特别是中国人的信仰问题。

对于个人来说，人的终极关怀最大问题莫过于生死问题，生死观问题，实质上也就是生命的意义问题。其背后则是世界观和价值观，以世界观、价值观为前提的生死观，是人确立信仰的直接哲学基石。

从历史到当代，文明时代的人类多数，以地中海世界为源头的西方文明，多半是通过宗教信仰这条道路，来解决终极关怀与信仰问题的，把宗教信仰作为人生的精神家园、精神支柱、精神动力。

从历史到当代，中华民族大多数人，东亚大陆、太平洋体系中的中华文明多数族群，没有走宗教信仰道路，但这不意味着他们没有信仰，而是开创了一条哲学信仰道路，古代把天、地、君（国）、亲、师作为信仰体系，不少先进的现代中国人、中国共产党人则把马克思主义、科学共产主义作为信仰体系，而其支点不是有神秘色彩的宗教，而是实事求是、科学化的新哲学、新世界观、新价值观。

"哲学信仰"这个概念，还是马克思在1859年《政治经济学批判》序言中首先提出来的。②

黄枬森在探索这样一条宇宙人生大道，以马克思主义哲学创新支撑的哲学信仰

---

① 王东、徐春主编：《哲学创新的一面旗帜——黄枬森先生追思录》，中央编译出版社2014年版，第352—356页。
② 《马克思恩格斯选集》第2卷，人民出版社1995年版，第34页。

人生大道，旨在寻求一条在以和平发展为主题的新时代，能让人活得心安理得，也死得心安理得的人的自由解放之路，心灵自由解放的信仰之路。

这样，21世纪新哲学，也就有了内外两大功能：

对外功能，不仅要能解释世界，更要改变世界；

对内功能，要能提高人格境界净化心灵，让人活得更自由解放、心安理得。

这是黄先生最后岁月的一个心灵奥秘，哲学思想的最后奥秘。

不同程度上观察到这一点，说过这一点的，不仅有和他触最密切的女儿黄萱、黄丹、黄频频，最后和他接触最多的两个学生我和徐春，还有另外两个当年博士生袁吉富、李凯林，甚至还包括最后采访过他，和他进行过长篇对话的，原中央编译局的老局长韦建桦。

跟从黄先生研究人学的徐春，以女生的特有敏锐，最先捕捉到黄枬森晚年哲学求索、人学求索的这个新特点：

黄先生是一个工作没有止息的人。只要他身体能够胜任，他的事业就永无停止，而他的人生观、价值观从来都是君子荡荡，真正体现了自强不息、厚德载物的美德。我记得按照当时的政策，1995年黄先生74岁时就离休了，但是他依然关心教研室的各项工作，特别是马克思主义哲学的学科建设；他依然按照党员标准严格要求自己，按时认真参加组织生活。他说，他虽然人离休了，但还是党员，还要参加党的活动。记得有一次期末过民主生活会，要求大家总结一年来的工作情况、思想状态。我们每个人都沉默良久，不知从何说起，还是黄先生首先打破沉寂，带头实事求是客观地总结自己一年来的身体状况、工作状况和思想状况。他还把自己写的两首诗读给大家听，作为他的思想写照。多少年来，我们听他的学术观点，读他的学术文章，从未见他写过诗，我觉得这两首诗是黄先生对他一生的概括和总结，也是他晚年心境的真实写照，当时就把这两首诗记录了下来。

其一

晨起偶得

（1995 年 6 月 24 日）

人生满百又何为，苦辣酸甜我自知。

书山跋涉分真假，哲海浮沉辨是非。

中圣西贤徒古奥，马恩列毛得精微。

终身探索全无悔，宇宙人生两有之。

其二

初闻朋辈成新鬼，不禁涕泪满衣裳。

再闻朋辈成新鬼，昂首望天心暗伤。

三闻朋辈成新鬼，庭前踯躅意彷徨。

多闻朋辈成新鬼，始知生死本平常。

人生满百终须死，莫把时光论短长。

历史长河难阻挡，但求无悔活一场。

在座的老师们看到黄先生如此坦诚地表露心曲，无不深受感动。大家相继对自己的工作情况、个人想法做了实事求是、开诚布公的总结，并且真诚地做了批评与自我批评。它让我再次感受到黄先生的坦荡胸襟和高尚情操。

90多年的漫漫旅途，黄先生探索真理矢志不渝，几经人生沉浮，几经大浪淘沙……[1]

而袁吉富、李凯林两位弟子，在《黄枬森的精神魅力与"黄枬森命题"》一文中，特别留意到，在世纪之交、千年之交，黄枬森的两份题词，不仅是他留下的"墨宝"与"中国梦"，不仅展示的是黄老书法，而且是在用他的"心血"呼唤民族灵魂、精神支柱、社会理想，力图用"哲学的科学化"，为中华民族筑起新的长城，坚守信仰的长城：

黄枬森先生仙逝已近一年，他走得仓促，留有遗憾。尽管如此，作为一名哲学家和马克思主义理论家，作为一名教育家，他传承了一种精神并为中国哲学界贡献出宝贵的思想财富。其中，把学术看作一种崇高生活方式的精神、哲学的科学化这一黄枬森命题就是两个重要的方面。

12年前，黄枬森先生在《学术界》2001年第4期扉页上作了"学术是一个国家的灵魂"的题词。这个题词体现着先生对学术的定位，也体现着先生视学术为生命的精神追求。在先生看来，选择学术，并不是为学术而学术，而是自觉地选择了一种生活方式。这种生活方式，意味着把不断地揭示真理、超越自己作为生活的核心追求，它是对一个国家的发展至关重要的生活方式，是关涉当代社会根本的生活方式，呈孕育民族未来的生活方式。

在先生那里，这种生活方式首先表现为以学术服务于国家、民族和社会。它要

---

① 王东、徐春主编：《哲学创新的一面旗帜——黄枬森先生追思录》，中央编译出版社2014年版，第265、266页。

求以国家、民族和社会的思想自我为自我，要求小我融入这个大我之中，要求为百姓立心、为生民立命、为万世开太平。先生2000年在北大学者墨迹展览上的题词颇能表明他的这一心迹：

> 天下为公，世界大同，干戈止息，四海弟兄。
> 安居敬业，其乐融融，绿色大地，郁郁葱葱。
> 科技发达，人寿年丰，精神高尚，礼让成风。

显而易见，这样的生活方式或许并不轰轰烈烈，但绝对称得上是崇高。[①]

"众里寻他千百度，蓦然回首，那人却在灯火阑珊处。"我在遍查有关黄枬森各种文献之后，蓦然发现，对于这个问题，对于哲学与信仰的关系问题，对于当代中国，个人与民族、国家，应当怎样解决信仰失落，重建信仰长城的问题，讲得最透底，最直截了当，最实事求是的，其实就是黄枬森本人，在2011年，在他九十华诞前后，为《黄枬森文集》写下的《自序》。

这篇《自序》没有铺陈自己几十年的研究过程、研究成果，而是把全部哲学思想，集近于"哲学科学与人的信仰"这个焦点问题，称之为"我这几十年来经常在思考的几个问题"。其实他主要谈的就是三个问题，都围绕"哲学科学与人的信仰"这个主题。其中，一、三两个问题，首尾呼应，更集中地直指这个疑难问题、要害问题、根本问题：

如今出版社嘱我为这些文字写个序言，思来想去，我的观点，我的经历，我的心得，都在这套书里了，一定要说什么，就谈谈我这几十年来经常在思考的几个问题以及我对这些问题的认识吧。

首先是马克思主义的意识形态性和学术性的关系问题。

记得60年前北平解放后不久，北京大学在广大教师中开展马克思主义理论学习，我和一位女教师之间发生过一场争论。她认为马克思主义理论是一种政治理论，不是学术，它是为无产阶级和共产党服务的，而学术应该是中立的。我则认为它确实是为无产阶级解放自己以及全人类服务的，但它不仅是一种主观愿望的表述，同时还是一种科学的理论，而这一点是有充分的事实根据和逻辑论证的，它是意识形态性和学术性的统一。

---

① 王东、徐春主编：《哲学创新的一面旗帜——黄枬森先生追思录》，中央编译出版社2014年版，第199页。

　　后来我的认识渐渐更加深入了。马克思主义理论的意识形态性与学术性从根本上来说是可以一致的，这是由马克思主义理论的科学性决定的。但在现实中，这两种性质又常常处于矛盾之中，要使它们互动共强，分开来只会两败俱伤。

　　……

　　第三是马克思主义哲学的集体性和个体性的关系问题。

　　传统哲学都是个人的哲学，是哲学家的哲学，它的最大功能就是使哲学家有一个安身立命之处，从而可以得到终极关怀，活得心安理得。当然，个人的哲学也能形成门派，有一个小小的集体，但它基本上是个体性的。也有个别的哲学成为广大群众崇拜的对象，但其性质仍然是个体的，广大群众只是它的信徒，不是它的创造者。但马克思主义哲学却是集体的事业，这是由它的科学性质所决定的，因为科学总是集体的事业。马克思主义哲学虽然也是由个别人创立的，但任何人都可以为它的发展做贡献，就像其他科学那样。当然，马克思主义哲学在某种意义上来说也是个体性的，因为它终归要存在于成长于一个个个人的思想中，没有游离于个体思想之外的马克思主义哲学，它不是黑格尔绝对理念或世界精神。不仅如此，马克思主义哲学也可以成为个人安身立命之处，给个人以终极关怀。

　　在我看来，马克思主义者也是需要终极关怀的。他不会从极乐世界、天堂、永生中去获得这种关怀，因为他知道这些都是虚幻的。他的辩证唯物主义世界观告诉他，人是不可能超越自然去求得什么最后的慰藉，人只有遵循客观规律的必然发展才能获得真正的自由。他知道共产主义——全人类彻底解放的目标是一定可以实现的，许多共产党员正是在这种伟大而壮丽的理想的鼓舞下视死如归、英勇就义的。这个目标比极乐世界、天堂、永生这些虚幻的目标能够给人以更实在的关怀，因为它是科学的结论。

　　马克思主义哲学不仅给了我科学的思想、智慧，而且给了我科学的理想，使我活得更加清楚、明白。我庆幸我选择了马克思主义哲学作为我一生的事业。如今，我借助这套《黄枬森文集》把我一生的所思所想奉献给广大读者。为此，我再次感谢帮助我做到这一点的中央编译局、中央编译出版社的领导和同志们，感谢编辑委员会的辛勤劳作。①

　　看来，正是这个问题，以及一系列基本理论与重大现实问题，引起了原中央编译局老局长韦建桦的思想共鸣与高度关注，于是他带着《马克思主义与现实》编辑部主任冯雷等同志，两次专门到家中拜访了黄先生，先后进行了十来个小时的访

---

　　①《黄枬森文集》，中央编译出版社2011年版，《自序》，第1、3页。

谈、对话。在尾声之处，这两位当代中国重要理论家，把思想聚焦于"哲学信仰、民族精神支柱"问题，其中韦建桦的谈话在相当程度上是对黄枬森哲学思考的研究，评论与发挥：

韦建桦：公众对于哲学家的思想文化修养有很高的期许。在公众的心目中，"哲学家是智慧的爱好者，他不是仅爱智慧的一部分，而是爱它的全部"，因此公众希望了解哲学工作者如何在日常生活中提高自己的修养，积累丰富的知识，保持高尚的情怀。您能否围绕这个问题谈一谈自己的体会？

黄枬森：这个问题提得好，很重要，但往往为专业工作者、专家所忽视。专业是有范围的，但专家是人，人是社会的人、综合的人、全面的人。人不但应当有专业修养，还应当有综合修养，也就是你提出的思想和文化修养。这对哲学专业工作者尤其重要。因为哲学之为专业，在于综合、整合，在于全面、系统，在于普遍、一般；其为学也涉及百科，包含最广、最多、最深；这就是说，哲学专业工作者要具有渊博的知识、全面的文化修养。至于思想修养，我认为这也是哲学专业必然蕴含的内容之一。自古以来，艺术、道德、宗教、哲学四者何者应占主导地位，一直争论不断。事实上，在哲学的科学形态出现之前，这个问题是无解的，因为这四个领域都在追求最后的东西，即终极的东西，难分高下。只有在哲学成为科学之后，即辩证唯物主义这一科学的世界观出现之后，世界观的最后最高指导作用才显露出来。辩证唯物主义包含科学的历史观、科学的人生观、科学的价值观、科学的信仰——人类的共产主义目标。而在前科学时期，发挥最后最高的指导作用的不是世界观，而是超物质、超自然的感情、意志、心智，或者是"全知全能的神"。至于说到我个人，很惭愧，我没有自觉的思想文化修养，不过我的兴趣是广泛的，喜欢百科知识，欣赏文学艺术；不封闭，不自以为是；重视独立思考，不喜追风赶浪；遵循助人为乐、与人为善的古训。[①]

韦建桦：您刚才提到辩证唯物主义作为科学的世界观所具有的"最后最高的指导作用"。我想，这种最后最高的指导作用首先是指辩证唯物主义必然成为工人阶级认识世界、改造世界的思想武器，同时也是指它应当而且能够成为每一个人的心灵归宿和精神家园。它应当让千千万万在人生道路上艰辛跋涉的普通人获得启迪，从而以清醒理性、从容旷达的态度去面对浮沉顺逆、进退得失、灾祸疾病、衰老死亡。我相信马克思主义哲学能够使人活得更加清楚明白、乐观自信，能够引导人到达一种恬淡高洁、平和自然而又积极进取的人生境界，也就是说，

---

① 〔古希腊〕柏拉图：《理想国》，商务印书馆1986年版，第217页。

它能够使人获得真正有益的终极关怀。您在《黄枬森文集·自序》中也表述了这样的看法："马克思主义哲学也可以成为个人安身立命之处，给个人以终极关怀。"①然而据我所知，在现实生活中，许多人对这一点并不认同。他们在寻求终极关怀时往往只把目光投向旧时代的人生说教或现时代的流俗观念；一些人为了走出人生困境、获取精神抚慰而转向了宗教，其中也有共产党员。这个现实问题应当引起马克思主义哲学工作者的反思。我们应当重新思考哲学的现实功能和社会责任问题。在物欲主义和功利主义盛行的历史环境中，哲学有责任帮助人们免于沦为自身需要和欲望的奴隶，克服贪求躁进的心态，始终作为自身的主体保持一颗坚定安静之心，因为正如马克思所说："只有从安静中才能产生出伟大壮丽的事业，安静是唯一能生长出成熟果实的土壤。"②因此，哲学一方面要发挥引领社会发展的作用，一方面要关注和热爱人自身，并在新的历史条件下不断探索"人的解放"这个历久弥新的重大命题。可是我总觉得，多年来我们不太关注普通人在自觉或不自觉地追问人生意义时所产生的困惑、焦虑、忧惧和怅惘，不太重视研究、辨析和借鉴古今中外哲学在这方面的丰富资源，不太积极主动地围绕生命历程和归宿问题进行学术研讨和理论阐发工作，所以我们很少看到与此相关的学术成果和普及读物。我认为这种状况应当改变。我们要通过不懈的努力，使马克思主义哲学直接面对和真正深入当代中国人的心灵和生活世界，并与源远流长的中华文明贯通融会，成为亿万普通人由衷信服和自觉选择的实践指南、心理支柱和生存智慧，同时在这个过程中提升我们自己的思想修养，丰富马克思主义的哲学内涵。这是马克思主义哲学工作者的使命。如果不能做到这一点，我们还谈什么马克思主义的大众化和生命力呢？您在前面的谈话中曾经提到："群众中总有一种看法，认为马克思主义哲学就是政治，而不是学术、不是科学；认为马克思主义哲学只是为政治服务的。这种观点忽略了一个事实，那就是马克思主义哲学蕴含着很多科学真理。"我感到群众中之所以出现您所指出的这种片面性认识，主要是由于哲学在过去的意识形态领域曾经被教条化、庸俗化、政治化，同时也由于我们的哲学诠释和宣传普及存在着片面性，缺少对哲学"本当是什么"和"必须做什么"的科学回答和完整说明。群众的看法表明，我们还远远没有让马克思主义哲学蕴含的真理，包括这种哲学所揭示的客观规律和人生真谛深入人心……③

---

① 《黄枬森文集》第1卷，中央编译出版社2012年版，第3页。
② 《马克思恩格斯全集》第1卷，人民出版社1995年版，第457页。
③ 黄枬森、韦建桦：《关于哲学的十个问题》，《马克思主义与现实》，2012年第6期。

　　看来，在黄枬森的哲学求索中，包含着这样一个基本思想：为了筑起信仰长城，"艺术—道德—宗教—哲学"这四大支柱，都要起作用，形成一种强大合力；而马克思主义实现了哲学创新的当今时代，对于当代中国人，尤其是中国共产党人来说，"四大支柱，哲学为主"，要更加注重哲学主导作用，哲学世界观、价值观的主要精神支柱作用，重筑信仰长城中必须首先注意到哲学奠基作用。

　　还有一个引人深思的地方，就是黄萱追思中还透露出一个重要思想信息，就是在2012年8月24日，黄枬森日记中，还提出要用马克思主义哲学为指南，借鉴现代西方心灵哲学的最新成果、最新潮头，加强对精神现象，心灵哲学的哲学研究、理论创新，甚至称之为哲学理论思维的第三层次：

　　　读今日《社科报》上的文章《心灵哲学用科学精神审视心灵》，谈到心灵哲学已成为西方最流行哲学，取代了语言哲学的地位。反思北大哲学系在新世纪渐失其特色，令人感慨良多。上世纪北大曾以马哲史享誉全国，但90年代以来，马哲教师人自为战，各奔前程，成为一盘散沙，抓不住制高点。上世纪还抓住过人学，后来价值论，今天心灵哲学也没有人抓住。我曾提出哲学的第三层次是精神哲学或意识哲学，但北大无人研究。马哲学科建设是一永恒的制高点，与北大地位相称，应紧紧抓住，然群众既不买账，当局也无远识，悲哉！？《北大十二五规划》已公布，且仔细看看它如何安排马哲学科建设再说。

　　在这一点上，他的博士生弟子袁吉富、李凯林，是黄先生的思想知音，敏锐地察觉到黄先生一生哲学思想，尤其是其晚年最后思考，包括其"哲学科学化"的"黄枬森命题"，其思想主旨、深意所在，实际上是想解决"哲学与信仰"的关系问题，从而为解决改革开放新时期，"经济起飞—信仰失落"的尖锐矛盾、深层隐忧，开辟一条新的道路。《黄枬森的精神魅力与"黄枬森命题"》一文，记下了他们对黄先生最后思路的哲学思考。

　　2006年，在庆祝先生85华诞暨马克思主义哲学学术讨论会上的致辞中，时任北大党委副书记杨河教授这样讲："黄先生是北大师德的楷模。在他的身上，体现着一种特殊的人格魅力。这种人格的魅力既有中国传统关于师者传道、授业、解惑理念的历史积淀，也有我们今天所提倡的教书育人、求真务实、淡泊名利、宽厚谦让、甘为人梯的师德精神风范。"曾在先生门下就读的康健则称先生为"一品学者，一品好人"。在先生的遗体告别仪式上，叶朗、朱良志先生在所敬挽联中写道："海阔天空胸襟宽广宽容宽厚；光风霁月气象平澹平静平和。"

　　很有意思的是，这里讲到黄先生人格境界时，除了讲到"三宽"之外，还加上了"三平"的新提法：平澹、平静、平和，这真是惟妙惟肖的传神之笔。

2013年3月30日，先生女儿黄萱写了一篇纪念文章《父亲的信念为全家洒满阳光》。文中说：

有的时候，我们也曾悄悄地猜想，父亲这般阳光的心态是不是在别人眼里有些傻？——他冒着生命危险参加革命，加入地下党，共产党领导的翻天覆地的革命却剥夺了他祖上的家产；反右时期他在党内讨论会上满怀真诚的发言在今天看来全都是真知灼见，却使他在生命中最年富力强的20年成为不堪回首的蹉跎岁月；20世纪80年代末苏联解体，中国学术界弥漫着马克思主义哲学不过是政治、辩证唯物主义体系早已过时的指责，可是他却始终坚守着马克思主义哲学是科学、辩证唯物主义不能被否定的底线一步不退。父亲到底是为了什么？

这十几年来，我帮他录入文稿，记录整理传记和学术自传，从他一篇篇的文字当中，我体会到父亲走上革命道路，以马克思主义哲学为终生事业，是他根据自己的亲身经历以及观察思考作出的理性选择。

正是父亲的坚定信念，使得他不论面对什么样的挫折，都能淡然处之，始终拥有阳光心态，并深深地影响着家人。

亲爱的父亲——黄枬森匆匆地走了，他没有给我们留下任何产业，所遗存款也仅仅可以帮助母亲补贴家用。但是他却留下了摞起来两米多高的著作，装满一书橱的手稿、笔记，再就是堆满几间屋的哲学书籍。这些天，我一边含泪整理着他的书桌、书柜，一边默默地想，父亲留给我们最多、最有价值的，其实是他的精神遗产——他的坚定信念，他的阳光心态。[①]

黄萱的描述显然可以为我们对黄先生精神魅力的界定提供有力的佐证。最后落脚到了人生信仰、理想信念问题，真是知其父莫过于其女也。

2008年，先生把北大精神诠释为关心国家大事、投身学术事业。[②]应当说，先生对北大精神的界定未必全面，但对北大学人精神的界定则是非常准确的，同时也体现了他自己的精神风范，人格境界的精神制高点，是把学术创新、哲学创新，作为民族灵魂、精神支柱、信仰基石。

2012年12月27日，黄枬森写下的《我和哲学》一文开头，是黄枬森先生的最后绝笔，这位当代中国哲学家的"天鹅绝唱"，一开头就回到了他自己青年时代的学术理想、哲学理想：

"1939年我18岁时到自贡市蜀光中学上高中时，课外我阅读了艾思奇的《大众

---

① 黄萱的这篇文章，袁吉富曾在黄萱自制的纪念黄先生光盘中发现，全文已收入王东、徐春主编的《哲学创新的一面旗帜——黄枬森先生追思录》，中央编译出版社2014年版，第348—351页。
② 赵为民、郭俊玲主编：《精神的魅力（2008）》，北京大学出版社2008年版，第7页。

哲学》以及苏联哲学家的著作，知道有一门学问叫作哲学，它的任务是揭示宇宙的奥秘和人生的真谛。""在蜀光中学开始接触哲学时，我便很容易地把它作为一门学科，也就是一门科学接受了下来。"

在黄枬森的哲学观，尤其是马克思主义哲学观中，认为真正的哲学科学，既是"揭示宇宙奥秘"的世界观、历史观，又是"揭示人生真谛"的人生观、价值观，因而足以成为人的信仰基石、精神支柱。

马克思主义开创的新时代、新哲学，既是个人安身立命的信仰基石，又是民族精神现代革新的哲学砥柱，因为这是宇宙人生大道，同时揭示着"宇宙奥秘"和"人生真谛"：世界观历史观是前提基础，人生观、价值观是思想精髓。

黄枬森一生，上下七十年的哲学求索，为的就是这个学术理想，实现哲学创新，为中华民族筑起信仰的长城，让中华腾飞展开哲学智慧的翅膀！

为了解决人、中国人、当代中国人，首先是中国共产党人的信仰问题，黄枬森在尝试着开辟一条新的道路，同时也树立了一个榜样。

或许，这就是黄枬森最后的哲学思考；

这就是黄枬森最后提出的哲学问题与哲学命题；

这就是"哲学科学化"黄枬森命题的深意所在；

这就是晚年黄枬森最后留下的最大精神遗产！

这是我在梳理黄枬森先生所有文献之后，顿生的一种感悟，也算是对黄先生人格境界新发现，对其最后哲学创新的新发现。至于是否妥当，恳切希望大家批评指正！

五、让中华腾飞插上哲学翅膀
为中华民族现代复兴筑起新的长城

孔子当年总结概括出学者治学的两种境界：古之学者为己；今之学者为人。黄枬森作为当代中国的哲学大师，开创了一种全新的人格境界——他以自己70年如一日的哲学研究，力求为中华复兴筑起一道学术长城！

黄枬森先生的道德文章，不仅受到了北大师生爱戴敬仰，国内外学术界广泛好评，而且他的学术成就也得到了党中央和国家领导人的高度重视、高度评价。1981—1996年，他曾连任第一、二、三届国务院学位委员会学科评议组成员。

黄枬森先生是当代中国著名马克思主义哲学家、哲学史家、哲学教育家。

黄枬森先生在改革开放时代，做出了四个重大的哲学创新——开创马克思主义哲学史学科，首倡马克思主义哲学体系创新论，倡导中国特色社会主义文化守正创新观，开创人学。

黄枬森先生不愧是改革开放时代马克思主义哲学创新在学术界的一面旗帜。

黄枬森先生在改革开放新时期继承发展了马克思主义中国化的北大传统、北大学派。

黄枬森先生倡导的马克思主义哲学守正创新论产生了国际性的学术影响。

可以说，黄枬森是中国共产党与中华人民共和国造就的新一代哲学大师、学术大师。

黄枬森先生不仅留下了堪称大师的学术成就，而且留下了"鞠躬尽瘁，死而后已"的无私奉献精神，留下了一笔足以激励后人的宝贵精神遗产。

2012年11月底，91岁高龄的黄枬森先生，带病坚持参加十八大精神学习研讨会，认真做了准备，作了45分钟的长篇发言，这是他最后一次公开讲话。他对新的领导集体充满期待，坚信他必将带领我们开创改革开放中华复兴的新时代、新天地。

大力加强北大马克思主义哲学的学科建设，把北大马克思主义哲学研究中心建设好，使之成为教育部人文社会科学重点研究基地，以马克思主义哲学创新，为中华复兴作哲学铺垫——这是黄枬森先生晚年的学术理想与最大心愿，至今已成了他的未了之愿与最后嘱托。

也正是在这里，在黄枬森晚年思想、最后斗争这里，成功发现了黄枬森哲学足迹的深层奥秘，黄枬森精神追求的特殊价值所在。

某些西方政治家、思想家，为了贬低与排斥中华民族，提出一种观点：中国人是没有信仰的，因而，自外于人类文明大道。这种观点充满无知与偏见，却曾流行一时。

黄枬森倡导的马克思主义哲学守正创新论，把中华民族古老的大同理想，提高到马克思科学社会主义新高度，共产主义信念新高度，把握了宇宙人生大道的科学世界观高度，为中国人的信仰筑起一道新的长城！

作为后来人、北大人，我们一定要继承黄先生的遗志，发扬黄枬森精神，为实现他的哲学夙愿与最后嘱托，而努力拼搏，共同奋斗！

用辩证唯物主义、历史唯物主义哲学世界观，支撑起中国人的哲学信仰，做顶天立地的中国人，做开天辟地的大事业！

用马克思主义哲学创新，为中华民族现代复兴筑起新的长城！

用21世纪与当代中国马克思主义哲学新形态，为开辟中国式现代化新道路，作铺路石子！

用新时代、新哲学，作为哲学奠基，开创人类文明新形态，用东方文艺复兴为人类和平发展提供新的可能性！

（王东，北京大学哲学系教授，中国马克思恩格斯研究会副会长，列宁思想研究会会长）

后 记

为了开好《纪念黄枬森先生百年诞辰学术研讨会》，继承发展黄枬森先生开创的马克思主义哲学创新事业，我们编辑了这本专题论文集，荟萃了这一领域多年积累的一系列重要思想成果。

首先要感谢北京大学校党委与校领导，他们对会议的召开、论文集的编纂，提供了坚强有力的领导与支持。

北京大学哲学系，是黄枬森先生学习、工作70年的地方。系主任仰海峰教授，系党委书记束鸿君，继黄先生之后担任马克思主义哲学研究中心主任的丰子义教授，为我们的学术会议与文集编纂，提供了各方面支持与指导。

教育部人文社会科学重点研究基地、北大中国特色社会主义理论体系研究中心主任丰子义，办公室主任陈兰芳，协助我们作了大量具体组织工作。

北京大学马克思主义学院领导，尤其是副院长刘军教授，还有房静雅博士后，博士生杨与时，协助我们作了认真细致的文字校对工作。

在改革开放时期，黄枬森先生积极参与了几个学会的创建与建设发展工作。他们对我们的工作给予了巨大支持，特别是以下四家全国性一级学会及其领导：马克思主义哲学史学会两任会长梁树发与郝立新，人学学会会长丰子义，中国马克思恩格斯学会两任会长韦建桦与贾高建，还有中国辩证唯物主义学会会长王伟光。

这里，还要特别感谢吉林人民出版社的热情支持。

当年，还是在黄枬森与王东教授开始承担2012年教育部重大委托项目《马克思主义哲学基础理论与重大现实问题研究》时，吉林人民出版社就主动要求承担了课题成果的出版任务。

2013年年初，黄枬森先生不幸病逝，吉林人民出版社并没有因此退缩，而是帮助我们克服各种困难，在2014年、2015年，连续推出这一课题的系列研究成果——"哲学创新北大六书"。

2021年春天，吉林人民出版社总编辑吴文阁、副总编辑陆雨等人，又专程来到北京，与王东、韩庆祥、徐春、刘军等共同商定，保证又好又快地出版专题论文集

《当代中国哲学创新——黄枬森先生百年诞辰纪念文集》。为此，他们多方努力，作了大量工作。

黄枬森先生生前带出的十几位博士生，虽已分到各个不同单位，但仍是一个具有很强凝聚力的学术共同体，大家都为文集的编辑出版无私奉献。

我们还可喜地看到，在北京大学刘军教授、林锋教授，中国人民大学赵玉兰教授，中央党校李宏伟教授，浙江大学成龙教授等中青年教授带领下，一批二三十岁的年轻人、后来者，正茁壮成长起来，在他们身上，仍有黄枬森精神、北大传统、北大学派的血脉传承、发扬光大……

编辑工作可能有不够精细之处，为赶时间在黄先生百年诞辰前出版，缺点不足在所难免，欢迎大家不吝赐教，批评指正！

文集虽然编完了，出版了，但学习、弘扬黄枬森先生治学为人精神与守正创新精神，开创当代中国与21世纪马克思主义哲学新形态的工作，才仅仅是开了一个头，万里长征才刚刚迈出第一步。

但愿大家薪火相传，共襄盛举，"众人拾柴火焰高"，共同迎接中华民族伟大复兴，21世纪人类文明新时代！

王东

2021 年 9 月